DEUTSCH
gestern und heute

Teacher's Edition

Harry A. Walbruck
Roland H. Specht

EMC Publishing
Saint Paul, Minnesota

ABOUT THE AUTHORS

A native of Germany, *Harry A. Walbruck* received his Ph.D. at the University of Munich. He then worked in Germany as a language teacher, United Press correspondent, editor of the bilingual magazine *Die Brücke/The Bridge* and writer of short stories before emigrating to the United States with his family in 1953.

In the United States, Dr. Walbruck has taught German language, culture and literature for twenty years in the University of Wisconsin system, where he is now Professor Emeritus. He has also directed student exchange programs between the sister-cities of Kenosha, Wisconsin, and Wolfenbüttel in Germany. In addition to these activities, he has published many linguistic articles, as well as textbooks and readers.

Roland H. Specht, a native of Dortmund, West Germany, began his career in business management. He then turned to studies in law, pedagogy and German language and literature at the Ruhr-Universität Bochum. He is currently completing his Ph.D. at the Ruhr-Universität Bochum.

Since emigrating to the United States in 1983, Mr. Specht has developed a variety of educational materials for language study including audio tapes and programs for computer-assisted instruction. He presently teaches all levels of German language and literature at St. Cloud State University and is also involved in an expansion of the study-abroad programs.

CONTENTS

ISBN 0–8219–0223–7

© 1987 by EMC Corporation
All rights reserved. Published 1987.

EMC Publishing
300 York Avenue
Saint Paul, Minnesota 55101

Printed in the United States of America
0 9 8 7 6 5 4 3 2 1

INTRODUCTION

Recently, demands have been heard for a proficiency-based program that both tests and expands students' understanding of the basic skills learned in beginning language study. *Deutsch – gestern und heute* meets those demands within the framework of the reading selections, conversations, exercises and cultural vignettes that are included in each chapter.

The primary objective of this intermediate-level program is to introduce interesting and challenging materials while reviewing, reinforcing and expanding the students' knowledge of basic language skills. This is achieved through a variety of readings about topics of interest from the Germany of yesterday and today.

It is assumed that before beginning *Deutsch – gestern und heute* students have covered the basic grammar of the German language, have gained insight into German culture and have been exposed to a basic vocabulary in a four-skills oriented program (listening, speaking, reading and writing).

This teacher's edition of *Deutsch – gestern und heute* is designed to furnish an overview of this textbook program, describe its components, provide helpful suggestions for the sections in each chapter and supply the answers for all appropriate exercises.

COMPONENTS

Deutsch – gestern und heute is an intermediate-level German language program that includes the following components:

- textbook
- teacher's edition
- workbook
- cassette program

Textbook

The textbook has been designed for maximum flexibility. The chapters need not be covered in sequence. Continuity will not be sacrificed by introducing specific chapters out of sequence. Furthermore, individual sections within the chapters (reading and/or exercises) can be skipped if the students do not need additional practice on the topic.

There are ten chapters, a section on terminology, a grammar summary, a vocabulary (German/English) and an index in the text. Each chapter begins with a reading selection that reflects the general topic or theme of that chapter. Most chapters contain the following sections.

Lesestücke

In each chapter there is a variety of reading material beyond the introductory reading selection that provides interesting, thought-provoking content to increase the students' reading comprehension and understanding of German culture. These reading selections are either original literary excerpts or articles from German newspapers and magazines. Their authors range from the well-known to the unknown. They include Goethe, Schiller, Heine, Storm, Borchert, Böll and Kästner.

The reading selections were chosen based on their appropriateness to the chapter topic and their level of difficulty. The readings have been limited to a manageable length to maintain student interest. When first approaching a reading, students should try to read complete paragraphs or sections to determine if they can understand the general content. Then they can check the margin or end vocabulary for specific new vocabulary words. It's important to encourage contextual reading rather than mere word-for-word translation.

Poems, conversations and newspaper and magazine trivia appear in each chapter. They can be treated in the same way as the reading selections or covered in a more conversational setting such as reading aloud, questioning or discussing.

Fragen über den Text

Questions follow each reading. They are often open-ended, not asking for specific factual information, and thus allow students to express themselves more freely. They will serve as a stimulus for a wide range of conversation and discussion.

Gramatische Erklärungen

Grammar explanations are concise yet detail has not been sacrificed. Many examples in both German and English assure complete understanding of specific grammar topics. Each grammar section reviews basic grammar features and then provides more information. This will provide students with an in-depth knowledge of German grammar.

Übungen

Different kinds of exercises to reinforce the grammar presented are used. They include sentence completion, matching, tense manipulation, open-ended response, statement of opinion, sentence formation, essay and dialog writing, role-playing, translation, personal questions, and discussion of content. The exercises can be done either orally or in writing.

Diskussionsrunde

Most chapters include at least one section entitled *Diskussionsrunde*. This section provides additional opportunity for students to express themselves about the chapter theme or their personal life. The topics have been chosen to capture students' interest, thus motivating them to broaden their German speaking skills.

Leseecke

Most chapters have a *Leseecke* reading section. This optional feature is intended to offer additional opportunities for independent reading or class participation. The *Lesesecke* selections are purposely somewhat more difficult than others in the textbook. If time permits, the *Leseecke* will further strengthen and reinforce the students' ability to comprehend German literature.

Photo Essays

There are three full-color photo sections in the book. They follow Chapters 1, 5 and 9. These photos reinforce the topics covered in *Deutsch – gestern und heute* and provide an excellent opportunity for discussion.

Terminology

In this textbook, English has been limited to the grammar explanations. The instructions for each exercise are given in German. A list of particular German words used in grammar explanations along with their meanings can be found after Chapter 10 in the terminology section.

Grammar Summary

Basic German grammar is presented in this section for easy reference. Besides the condensed grammar summary, there is a list of the most commonly used irregular (strong) verbs including the infinitive, present, past and present perfect tenses, and the meaning of each verb.

Vocabulary

The end vocabulary includes all the words introduced in the first and second level of *Deutsch Aktuell* as well as in this textbook. Words that occur more than once are listed in the end vocabulary. Those words that appear only once are explained in the margin of the line in the reading selection in which they appear. They are not listed in the end vocabulary. Cognates and compound words, which are listed individually, are not included in the vocabulary.

Index

The index provides an easy reference to the grammar covered in this book.

Teacher's Edition

This teacher's edition contains information for the teacher in addition to the student textbook material. Besides a general description of the complete program, there are also helpful hints and suggestions for each chapter followed by the answers for the exercises.

Workbook

The workbook reinforces and expands the material covered in the textbook chapters. There are also sections such as *Redewendungen,* fill-in exercises, reading passages with follow-up activities, puzzles and original interviews that have been recorded on cassettes as well.

Cassette Program

The audio cassettes are an important part of *Deutsch – gestern und heute* through which students are exposed to a variety of native speakers. These cassettes contain selected readings (including questions) and poems and conversations from the textbook as well as the interviews and conversations that are printed in the workbook. An accompanying manual has the complete script of the recorded text.

TEACHING SUGGESTIONS

Since teaching approaches vary considerably among teachers, and students beginning this textbook may have been exposed to several different textbook series, it is not possible to provide a detailed plan for the individual chapters. However, the instructor may find the following suggestions helpful.

Each chapter has been designed in such a way that students can go through the complete chapter page-by-page. Based on student need and interest, it may sometimes be desirable to skip an exercise or reading section.

It is important to use German at all times except when discussing grammar explanations. The main objective of the textbook is to enable students to discuss topics without having to translate to and think in English.

Kapitel 1

Die Entwicklung Deutschlands

Encourage your students to go to the library and find more detailed information about German history. You might limit the topics to specific time periods or persons of special interest. Here are some suggestions: *Karl der Große, Otto von Bismarck, Das Erste, Zweite oder Dritte Reich, Der Erste oder Zweite Weltkrieg, Die Entwicklung der deutschen Sprache* or *Die Dialekte in Deutschland.*

Der verantwortliche Mann

This parable is well suited to develop student awareness of the function of writing. Students should begin to understand that not all their questions about German grammar can be answered easily. Have students expand the storyline by adding their own ideas, thus expanding vocabulary and imagination.

Diskussionsrunde

This section provides an opportunity for students to be creative and express their thoughts, using given cues. Point out to students the use of the subjunctive in matters of politeness, wishes or contrary-to-fact statements. Even though the subjunctive is not the main grammar topic at this point, it is important to point out the use of the subjunctive in practical, conversational application.

Grammatische Erklärungen

In this, as well as subsequent grammar sections, students will review and expand previously learned material. At the beginning of each section, students are exposed to familiar grammar points, which are then enhanced with additional information. In addition to grammar explanations, a grammar summary is included at the end of the book for further reference.

Übung 1

For additional practice, you may want to substitute other words like 1. boring (*langweilig*), 2. short (*kurz*), 3. exciting (*spannend*), or 4. older (*älter*). Find out if students noticed that all the sentences when read in sequence make up a short story.

Übung 2

This exercise allows creative continuation of a plot. Have students present their imaginative stories to the class and decide which one is the most interesting, imaginative and accurate (grammar) continuation of the story.

Übung 3

More items such as the following could be used: *portugiesisch, schweizerisch, niederländisch, irisch, schwedisch, dänisch* or *norwegisch*. You may also wish to ask such questions as: *Wo spricht man norwegisch?* (*Norwegisch spricht man in Norwegen.*) Ask students to use the passive voice: *Wo wird spanisch gesprochen?* (*Spanish wird in Mexiko gesprochen.*)

Übung 4

Ask students to use these synonyms to make sentences.

Ankunft in Hamburg

Have students search the text for compound nouns. You may want to make up some additional compound nouns besides those found in the text, such as: *Weihnachtsfest – Weihnachsfeier, Weihnachtstag,* or *Weihnachtsabend*. Ask students if they can identify with Hein Martens' problem of not bringing home a present or gift for which friends or relatives are waiting.

Übung 5

Replace adjectives and adverbs with different ones that are not related to the reading. Here are some examples: 1. happy (*glücklich*), 2. at home (*zu Hause*).

Übung 6

Have students use these words in sentences that are different from those in the textbook.

Das Wiedersehen

This story takes place in the early 50's when travel restrictions for East German residents were not as severe as they became when the Berlin Wall was built in August 1961. This story presents vocabulary related to the personal feelings and emotions. At this stage students should begin to express their own personal opinions in the target language and will find numerous idioms to help them in their effort.

Übung 7

Point out to students that adjective endings after *ein*-words are the same as those following *der*-words, except for *ein* (nominative masculine), *ein* (nominative neuter) and *ein* (accusative neuter). Special emphasis is given to possessive adjectives like *mein, dein, sein, ihr* that also require *der*-word endings for the adjective.

Übung 8

This exercise is a short story in itself. You may want to change the content by substituting different adjectives for additional practice.

Übung 9

The time expressions listed are examples only and will help students complete the assignment. They provide a pattern and need not be used. Students are expected to find the appropriate time expressions using this pattern. As an additional exercise, you may want to have students use these time expressions in complete sentences. Have students tell about their daily activities using them.

Austausch bringt uns näher – Eine Brücke der Freundschaft

Ask students if they know of an exchange student in their school or town. Have students interview exchange students and learn about such programs. Students should report their findings in German to the whole class.

Übung 10

Ask students to put the newly constructed sentences into different tenses. Have them change statements into questions and/or start sentences with words other than the subject. This is a good word-order exercise.

Übung 11

You may want to have students write these sentences in the present and present perfect tense.

Übung 12

Have students use other modal auxiliaries: *sollen, mögen, können, dürfen.*

Austausch bringt uns näher – Studenten suchen Gasteltern

Are there any students in your school who have been in a German-speaking country? Invite them or a guest speaker from the community to your class and have them relate their experiences to your students. This real-life report will motivate students.

Übung 13

This exercise enables your students to cope with typical situations that they will encounter in Germany. Ask students to role-play the parts of the tourist and the local person who knows the area. Use additional places from the map and have students give directions to those places. Also, have students start sometimes at places other than the *Kreuztor.* Have them start explanations from a different point, such as from the *Schloß* or the *Hallenbad.*

Originalton Süd – Bayrischer Dialekt

Ask students to cover the *Hochdeutsch* version and take a close look at the Bavarian text. Which words can they understand? Is there a pattern of vowels or consonants that differs in *Hochdeutsch* and *Bayrisch?*

Kapitel 2

Man nannte es „Volk der Dichter und Denker"

This text has been written with an eye to avoiding any stereotypes. An open-minded approach gives students a model for objective ways to interpret history. Point out to students that cultural awareness rather than biased opinion should govern their perception. You may want to have students research individual poets, philosophers or different periods of literature. Information about those poets mentioned in the textbook is available in any library.

Diskussionsrunde

Have students express their opinions about American writers and poets. In German have them tell about their favorite American books. The questions are samples and serve as a springboard for more intensive discussions.

Übung 1

Have students separate the main and relative clauses and form two complete sentences. Examples: *Das Geschäft gehört Frau Schmidt. Ich zeige es Ihnen.*

Übung 2

Have students translate the newly formed sentences to assure complete understanding of the German original.

Übung 3

Remind students that a relative pronoun matches its counterpart in gender and number only, not in case. This will help define the word that is being explained by the relative sentence. Have students find those two sentences that are not relative clauses. Explain the difference between conjunctions (*als, daß*) and relative pronouns.

Übung 4

Students should use these words in sentences. Such an exercise will help them develop a feeling for the language and reinforce sentence formation.

Übung 5

Divide the class into two sections for this game. Ask each section to find a challenging sentence in the textbook and divide it into syllables, putting them in random order. Have the other section put the puzzles together. Then reverse the order. Whoever can solve the puzzles fastest is the winner.

Übung 6

Have students hyphenate each word possible in the instructions to this exercise.

Ein bißchen Poesie

The poems presented are well known and will provide insight to German poetry. Have students choose their favorite poems and learn them by heart. Have them recite their poems in front of the class. Note that Goethe's poem *Wandrers Nachtlied* is also known as *Ein gleiches.*

Übung 7

Feel free to introduce other poems and folk songs that reflect German poetry. Ask students to analyze the poems, using the sentences provided.

Übung 8

Be sure to have students not only read across but vary their sentences as much as possible. This assignment has been designed to provide a variety of sentences.

Übung 9

Explain the differing usage of *sagen, reden, erzählen* and *sprechen.* These words often are mistakenly interchanged. You may want to use the following explanations:

sagen — unspecific way to tell, say or mention something

reden — addressed to a group of persons for the purpose of speeches or persuasion

erzählen — to tell any kind of experience or story in an informal manner

sprechen — the act of speaking (mostly formal)

Übung 10

Have students translate each sentence to assure proper understanding. Have them make other sentences with the words from the list to practice application.

Volksmärchen und Kinderbücher

Ask students about other fairy tales they know. Don't limit this to German fairy tales. It is very important that students begin to express all their random thoughts about a topic in the target language.

25 Millionen „Struwwelpeter"

Educational psychologists now object to the sometimes cruel manner in which children were taught to adhere to discipline in the 19th century. At that time learning was often reinforced with negative rather than positive models. There are several stories in the *Struwwelpeter* book by Dr. Hoffmann that display rigid and drastic measures to teach children certain behavior. Have students describe their feelings about the sequence of pictures in their own German words.

Der erste „Comic Strip"

Max und Moritz is the most widely read children's book in Germany. Almost all German children have memorized one or two of the pranks. The book has been translated into more than thirty languages. There are seven pranks altogether that describe the mean tricks that these two boys played on the townspeople. Encourage students to tell about pranks that they may have played.

Übung 11

After completion of the sentences, have students form questions asking for the subject and objects of the sentences.

Übung 12

Have students act out this situation. Ask them to write their own short play. (*Beim Fleischer, In der Werkstatt, Beim Friseur*)

Übung 13

Ask students to write their dialog(s) in the narrative in order to practice the third person singular and plural. They may also use different tenses.

Übung 14

If students have problems finding interesting topics, have them act out short sketches based on

their own family experiences. An interesting game would be as follows. Ask students to take a blank sheet of paper. Have students write their individual answers to a number of questions. Fold the paper after each answer to cover the last added sentence. Have students pass on their paper to the next person after each question. Upon completion of all the questions and answers, ask students to unfold the last sheets on which they wrote. Select individual students to read their assembled stories. It is fun to see how strange these multi-writer stories turn out to be.

Possible questions:

1. *Was tun Sie, wenn Sie Freizeit haben?*
2. *Wohin gehen Sie samstags abends?*
3. *Was machen Sie im Garten?*
4. *Warum haben Sie rote Haare?*
5. *Wann gehen Sie in den Keller?*
6. *Wer ist noch dort?*
7. *Wen haben Sie nicht gern?*
8. *Was schreiben Sie Ihrer besten Freundin?*
9. *Was essen Sie am liebsten?*
10. *Welche Show finden Sie besonders schlecht?*

Wie sich die Deutschen sehen

Ask your students to write a brief essay in German answering the question: „*Wie sehen Sie die Deutschen heute?*" Have students read their own summaries.

Andere über die Deutschen

Can your students identify with the opinions in the textbook? What discrepancies are there between your students' comments and those in the textbook?

Übung 15

Have students answer all the questions.

Wie ich als Türke Deutschland sehe

Have students summarize in their own words the problems of Turks in Germany. What are major cultural differences? What could be done to improve the situation? Who is right and who is wrong? Is it as easy as that question implies?

Übung 16

Ask students to use eight words of their choice in a paragraph instead of writing random sentences.

Übung 17

Have the student who reads his sentence ask another student in the class for his/her sentence. Then that student gives his/her sentence and calls the student of his/her choice. This method gives students an opportunity to talk and decreases teacher involvement.

Übung 18

Have students choose one adjective and call on a classmate to provide the noun that relates to it.

Bekenntnisse des Hochstaplers Felix Krull

Have students translate English passages into German. There is a film with the same title available about this famous story that you may want to try to get. It is available in English and German.

Übung 19

Have students find the sentences in the textbook in which the compound nouns appear.

Kapitel 3

Hitler und das Dritte Reich

Have students expand the topic from their own knowledge about this period of German history. They may have a special interest in this time and may have studied this era in a history class. Your students also may want to go to the library and do some research on the Hitler period. Encourage students to write about their findings in a short essay. Many films about this period in history are available. Contact the German Information Center, 410 Park Avenue, New York, New York, 10022, to find out where they can be obtained.

Übung 1

This exercise guides students in their discussion. Ask them to give their own opinions.

Übung 3

Review the three functions of the verb *werden* with students. To illustrate two of the meanings, you may want to give the following example: *Wer nichts wird, wird Wirt werden.* (He, who doesn't become anything, will become an innkeeper.) Also point out to students that the English word "will" means *werden* in German, while "to want to" is a modal auxiliary that is expressed in German by *wollen*.

Übung 4

It is helpful to explain to students that the present and simple past tenses have only one verb element, while the future, present perfect and past perfect tenses have two verb elements. They need an auxiliary to form the tense. If used in combination with a modal auxiliary or *hören, sehen, lassen*, the perfect and future tenses have three elements. (*Er hatte es nicht hören wollen.*) This requires the use of the double infinitive construction.

German TV Schedule

Point out that German TV has a very limited morning program. Also, there are no soap operas on German TV during the morning hours. Point out also that programs rarely run after midnight. Programs are not interrupted for commercials; there are two thirty-minute slots allocated for commercials during evening hours. There are two main TV stations, *ARD* and *ZDF*. Also, the *Bundesländer* offers regional TV under the auspices of the *WDR*. People who own a TV set or radio must pay a fee of about 20 DM monthly for program maintenance.

Übungen 9-10

As additional activity, have students discuss their preferences about American TV programs.

Das Brandopfer

Many German people still claim they did not know about the persecution of the Jewish minority in Germany before and during World War II. This story will give students an insight into the circumstances of daily life at that time. It was a high risk to even mention certain opinions in one's own family due to the strict policies enforced by the Nazis. Some people turned in their own family members.

Übung 15

Ask students to substitute other personal and possessive pronouns besides those listed. Give emphasis to the use of *sie/ihr* and *sie/ihr* (third person feminine singular and third person plural). Examples: *Es war Gerdas Erzählung aus dem Krieg. Es war ihre . . ., Es war Herr und Frau Schmidts Erzählung aus dem Krieg. Es war ihre . . .*

Übung 16

Explain to students the importance of the correct use of tenses in their conversation. Present perfect tense is used mainly for conversation while the simple past tense is used mainly for narration. It is helpful to illustrate this example to your students: *Ich ging in die Stadt. = Ich bin in die Stadt gegangen. Ich war in der Schule gewesen, bevor ich in die Stadt ging.* Obviously, being at school happened before going downtown. Without the use of the past perfect tense, this could not be expressed.

Nachts schlafen die Ratten doch

Wolfgang Borchert never wrote a long novel. He preferred to focus directly on single human problems. His brief but powerful style allows both for easy reading and discussion. He is considered to be the founder of the *Splitterliteratur*, a style of literature in which the story comes to a climax immediately.

Der Widerstand: Nicht alle machten mit!

Many people are unaware of the fact that resistance against Nazi politics began as early as 1932, just before Hitler came to power. The Nazis were able to eliminate all resistance through the persecution of all anti-Nazi groups.

Übung 19

Remind students that all conjunctions but five

(*und*, *oder*, *aber*, *sondern*, *denn*) are subordinate conjunctions that require the verb to appear in the last position of the clause.

Übung 20

For additional practice, have students start each sentence with the second clause. When starting with the subordinate clause, the verbs of both clauses are separated by the comma. Starting with the main clause places its verb in second position, while in the subordinate clause the verb appears last.

Übung 21

Ask students whether they have seen films about Nazi Germany. Do these films present an objective view and treat both sides truthfully? Have students speculate about this topic in German.

Warum ich geblieben bin

Erich Kästner is known not only for his outstanding children's books but also for his adult literature. He has captured and presented many true-to-life everyday situations. Some of his internationally known titles are *Emil und die Detektive*, and *Das fliegende Klassenzimmer*. Some of his adult literature criticized dictatorship and the Third Reich. Because of this, many of his works were burned in a public display. Contrary to the actions of many of his contemporaries whose works were also banned by the Nazis, Kästner didn't leave Germany.

„Heute" hängt von „Gestern" ab

Teenagers in Germany have opinions and perceptions about the events before, during and after World War II that are based on what they have read and what their relatives told them. Ask students how they feel about the impact of history on their lives today.

Kapitel 4

Deutschland in Europa

Students should realize that both West Germany and East Germany have alliances with other nations in Europe. The Common Market of which West Germany is a member, has become a major force in bridging cultural, economic and political obstacles among nations. However, problems about the market share of member countries and marketing quotas have come up. Let students discuss the topic "The United States in America" (including North and South America). Some questions could be:

Können die USA wirtschaftlich ohne ihre Nachbarn auskommen?

Worauf sind die USA angewiesen? (Export, Rohstoffe, Dienstleistungen)

Ist die BRD in Europa in einer ähnlichen Lage wie die USA auf dem amerikanischen Kontinent?

Übungen 1–2

It is important that students understand the different forms for the superlative. When used as a predicate adjective, the superlative form is *am + stem + st + en*. When used as an attributive adjective, the form has only one element: stem + *st* + ending. The latter doesn't allow the use of *am*. Again, you may substitute other suitable adverbs or adjectives.

Deutsche Sprachgebiete

Have students discuss why a single language develops in different ways in different countries. Why and how does the German language develop differently in the GDR than in the FRG? Also, discuss the reason for the many German dialects. Only two hundred years ago, Germany as a nation did not exist. More than three hundred small principalities were scattered all over the region and reflected the initial structure and location of German tribes. Each group had its own cultural environment and language pattern.

Die Länder der BRD

The purpose of this section is to provide selected information about all ten German states and the city of Berlin with its special status. Students should be made aware how these states were formed. This will show the impact of World War II. Students can learn more about each state by writing to the German Information Center for a free copy of *Facts about Germany*. Note that a map of the GDR with its fifteen districts (*Bezirke*) has been included so that students can compare the structure of the two Germanys.

Übung 7

Ask students to change word order by starting with the second clause.

Übungen 9–11

Students will have to learn those verbs with inseparable prefixes. Point out that the meaning of the same preposition changes depending on whether the verb stem is separable or inseparable. Example: *Die Studenten ziehen durch die Stadt.* (The students stroll through the city.) *Die neue Grenze durchzieht das Land.* (The new border runs across the country.)

Bummel durch Berlin

You may want to expand this topic by asking students, *„Warum gibt es heute zwei Teile in Berlin (Ost und West)?"* Your students have learned a great deal about the city. Have them discuss this section and go beyond the material provided.

Übung 13

For additional practice, ask students to convert sentences to the future, simple past, present perfect and/or past perfect tenses.

Die Lorelei

This very popular folk song still can be heard often in Germany. You may want to teach the words as well as the melody to your students.

Übung 16

Have students use the exercise beginning with the phrases: 1. *Wenn ich nicht arbeiten müßte,* ... 2. *Wenn du mitmachen würdest,* ... 3. *Wenn ich mit den anderen Projekten fertig wäre,* ...

Lang ist die Liste der Langs

This story is a good example of German tradition and immobility. Germans do not move from place to place as often as Americans do. Families can be easily traced back for centuries.

Kapitel 5

Forscher, Erfinder und Techniker

Have your students find additional German inventors, researchers, politicians and scientists and write a short paragraph about them. Examples are Wernher von Braun and General von Steuben.

Übungen 3–4

These exercises offer many combinations. Ask students to find additional sentences besides those suggested.

Am Fließband

Günter Wallraff has been in the headlines for several years. He is well known as a writer uncovering the lesser known facts of business life. He worked for the *Bild-Zeitung* for some months under the assumed name of Hans Esser to gain insight into its editorial management. His published revelations caused an uproar among German readers. He was threatened with murder and marketed his book from a secret location.

Besuch im Computercamp

Explain to students that German students only are beginning to use computers. In the home, computers are used mainly for educational games. Most computer brands are imported from Japan or the United States.

Der Wagen als Streitobjekt

Pollution caused by automobiles has become a serious problem. Acid rain has killed or affected more than half of the German forests. Some steps are being taken to lessen the problem. Unleaded gas has been available in Germany since 1985. In the near future, the installation of catalytic converters will be mandatory. Some Germans have started to fill their tanks with unleaded gas voluntarily.

Übungen 19–21

Ask students to use these words in complete sentences.

Der Fremde

This story explains some of the problems faced by the *Gastarbeiter* in Germany. In recent years, foreign workers have been accused of taking jobs from native Germans. This shortsighted view overlooks the fact that foreign workers were invited to work in Germany during the early sixties when there was a shortage of workers. Since that time, the unemployment rate has increased considerably and an atmosphere of distrust and hatred has grown. The German government tries to educate the children of *Gastarbeiter* to become immersed in the German environment.

Kapitel 6

Von der Frühzeit bis heute (Teil 1)

This reading section introduces students to outstanding cultural periods and leaders. You may wish to expand the topic by asking your students to select a period, person or piece of art and write a short essay in German after they have read more about their topic. Have them give a short presentation to the whole class. This activity will improve not only their writing, reading and speaking but also provide interesting cultural information for their classmates.

Diskussionsrunde

This exercise allows students to express their attitudes about cultural values and awareness of the influence of art in people's lives. Also, this section offers a chance for logical reasoning. Ask students to verify each of their ideas in order to produce a logical sequence of statements that supports their points.

Übung 1

Students should be made aware of the difference between factual statements (indicative) and conditional or contrary-to-fact statements, as well as wishes (subjunctive). You may want to expand each answer to include a positive consequence of the conditional sentence. Example: *Wenn er nur heute ein Auto kaufte, dann könnten wir heute schon in den Urlaub fahren.*

Übung 2

Have students vary the word order and start out with the main clause.

Übung 3

Ask students to make up their own wish list, thus expanding the choices, (*schon Ferien haben, uns besuchen, eine Karte schicken*) and substitute their own ideas. Example: *in die Oper gehen, eine Party haben, fernsehen.*

Übung 4

Point out to students that they can use this pattern whenever they are discontented and would rather prefer a different situation. Once this pattern is internalized, students will be able to rely on it. To further expand the exercise, ask students to give a reason for each sentence. Example: *Ich kann nicht wegfahren, weil mein Auto kaputt ist, . . . ich keine Zeit habe, . . . ich noch viel zu tun habe.*

Übung 5

Explain to students that *doch* serves the purpose of emphasizing a point. It means that something is different from the way it would be preferred to be. In the example, *Sie möchte aber doch ins Theater gehen*, she implies that she wishes to go despite any obstacles.

Übung 6

It is helpful for students to realize that umlauts in irregular and strong verbs most often indicate the subjunctive mode. Whenever regular verbs are changed to the subjunctive, the problem of identical forms with the indicative occurs. Therefore, weak verbs are often used with a „*würde*" construction. Example: *kämpfen – würde kämpfen, machen – würde machen.*

Das gestohlene Fahrrad

Note that idiomatic expressions, which are indicated by numbers, are explained at the end of the dialog. Have students use these idioms in their own writing and speaking as often as feasible. Ask students to role-play the text. Have them explain the obvious differences between student life in Germany and the United States. Do your students ride the public bus? Do they use bikes? Do they drive a car or motorcycle?

Übung 7

Point out that in conditional sentences, *wenn* is not always used in a text, even though a condition is involved. Also, have students practice the use of *dann* in the main clause. The word *dann* often may be omitted in text, but it is assumed (if-then; *wenn-dann*). Example: *Wäre Peter einkaufen gegangen, dann hätten wir etwas zu essen.*

Übung 8

This exercise uses the idiom *herzlich* only in its ironic meaning, thus documenting the broad use of positive phrases in an ironic sense. The student must be made aware of the slightly different pronunciation.

Von der Frühzeit bis heute (Teil 2)

The art of the 19th and 20th centuries is covered in this reading. Students will understand that often the new unknown artist or artist group is ahead of trends. These artists often find new ways and means of artistic expression. Also, the connection between poetry and poets in one vein and painters in the other often resulted in outstanding art and/or literature contributions.

Übung 10

Have students write meaningful sentences using compound nouns. Have students make new compounds on their own and monitor their results.

Übung 15

Substitute other modals and explain the change in meaning. Point out that sentences like *Das Haus muß schön sein*, always have two meanings. The first, "The house must be nice," only states a fact or desire. The second meaning, "The house is assumed to be nice," doesn't reflect a statement of fact. It is merely an opinion.

Das sonderbare Telefon

You will find that students' imagination takes on many different aspects when asked to act out this or similar situations. This is an opportunity to tell things that normally are not verbalized. Students get a chance to express their thoughts about a topic.

Kapitel 7
Kultur verbindet Menschen

The comparison of the American and European cultures will give students a deeper understanding of their own environment and of the similarities of and differences between the two cultures. Have students write short narratives about such cultural differences. Another possible topic is a comparison of cultural developments in the FRG and GDR as a result of the past modern history.

Übung 1

Have students find other meaningful verbs to complete each sentence.

Übung 2

Ask students to form these sentences in the future tense.

Übung 6

To motivate students, it is critical to give them the inventory of words and phrases that can be used to express personal concern. You may want to expand these sentences in order to offer students a forum for their own thoughts.

Übung 8

Have students use the subjunctive to express wishes. Example: *Ich hätte vor, mich nach Isarel fahren zu lassen.*

Übung 10

Give students examples such as *Ich habe gehört, daß keiner von den beiden Brüdern schlauer sei. Man sagt, daß Wilhelm Humboldt ab 1809 an der Berliner Universität mitgearbeitet habe.*

Diskussionsrunde

Have students write what they think a perfect school would look like. Encourage as much creativity as possible.

Petra bekommt kein BaföG mehr

American students often are surprised when they learn that no tuition is charged in German public universities and that there are very few private universities. However, German students lack part-time job opportunities and, therefore, depend on financial aid for their living expenses.

Übung 13

Encourage students to start a correpondence with penpals in Germany.

Übung 16

Have students write questions about the completed sentences. Example: *Warum mußt du dir einen warmen Mantel kaufen? Ich muß mir einen Mantel kaufen, weil es kalt ist.*

Übung 17

This exercise is an excellent way of reviewing all reflexive pronouns.

Übung 19

Have students think of more people and their professions or occupations. You also may play the game *Wer bin ich?* in which one student thinks of a profession or well-known person and answers questions that the other students in the class ask.

Kapitel 8

Von heute auf morgen

Ask students to describe everyday life in their families. Ask them what they would like to change. Make sure that students use the subjunctive mode answering such questions. How do their descriptions differ from those in the textbook? What have your students learned about German traffic, housekeeping and other topics?

Literatur und Unterhaltung

Initiate a discussion about the variety of entertainment available (TV, radio, video and audio tapes, magazines). How do students evaluate books in comparison? Is a book still worth reading?

Weniger schwitzen, seltener frieren – Das Wetter

Have students compare the weather in their area with that in Germany. Ask them about the weather during their last vacation. What unusual weather conditions have they encountered in the past?

Ein typischer Frauenberuf?

As in this country, the role of German women has changed dramatically. More and more women are working outside the home. Hardly any profession still is monopolized by men. The typical *Hausfrau* of the past is slowly disappearing. *Hausmänner* can be found more and more often.

Gastarbeiter und ihre Probleme

There are about five million foreigners in Germany today. Many of these are *Gastarbeiter* who have encountered problems unknown to the average German. Lack of communication skills and differing habits and customs often lead to a suspicion on both sides.

Übung 18

Have students use their answers to write a summary about the topic *Gastarbeiter in Deutschland*.

Mörder im Fahrstuhl (Teil 1)

This is the first of three parts of an exciting detective story. It is continued in Chapters 9 and 10. Discuss with students the development of the plot and who committed the crime.

Kapitel 9

Wanderlust und Heimweh

It should be pointed out that hiking and strolling (*wandern und spazierengehen*) are traditional leisure-time activities in Germany. Since the beginning of Romanticism in the early 19th century, hiking through nature has become a major feature of the German lifestyle.

Diskussionsrunde

Ask students to compare American and German tourist patterns. Have them develop their own dialog or essay about personal travel plans.

Übung 2

Students can use the words provided in the textbook to write sentences that reflect their lifestyle and expectations.

Übung 4

Ask students to provide a short essay using the vocabulary from this exercise.

Übung 5

Expand this topic and have students discuss the following ideas: 1. *Was muß man auf die Jagd mitnehmen?* 2. *Was müssen wir auf eine einwöchige Segeltour im Mittelmeer mitnehmen?* 3. *Was sollten wir an den Strand mitnehmen?*

Diskussionsrunde

This section is based on a NASA project. It will encourage interaction and help overcome speech barriers that often prevent students from expressing their ideas. It is a good idea to let students discuss several solutions and merge them into one final result. Students may find that certain items are not on the list. Have students add any items with the help of a dictionary.

Das Leben nach der Erfindung

This story reveals what happens when you are missing an item that you take for granted. Have students think of other items. How would their absence affect daily life?

Übung 11

Ask students to write a sentence for each item answered. Example: *Er tat es, ohne daß er fragte. Er tat es und fragte nicht.*

Jeden Samstag um halb Vier

Have students compare soccer with American football. (Include the number of teams and divisions, schedule and popular players.)

Übung 17

Have students give commands to each other. Example: *Komm mal her! Geh zur Tafel hin und zurück! Bring dieses Heft her! Setz dich auf diesen Stuhl hin!*

Kapitel 10

Blick auf Morgen

How does German youth differ from American youth? How do your students see their future? Encourage students to give ideas of their present environment and what they would like to see changed. Have groups of students develop a final report that is shared with the rest of the class.

Übung 6

Point out to students that *derjenige* is used mostly for persons, not often for things. If things are referred to, students should use regular demonstrative pronouns (*der, die, das*). *Derjenige* often is used when noting a special outcome for the person is described. (*Derjenige, welcher zuerst antwortet, gewinnt das Spiel.*)

Übung 8

Students should be able to provide antonyms for the adjectives given. Example: *hübsch – häßlich, intelligent – dumm.*

Ein Posten ist frei

Divide the class into pairs, each consisting of an interviewer and a job applicant. Have them conduct interviews. You may want to have the students prepare a list of questions ahead of time.

Die Jagd nach dem Job

Have students write their own résumés and pretend that they are applying for a job.

Übung 14

Change sentences to the present perfect tense.

Mörder im Fahrstuhl

After students have completed the reading of the three parts, they should write a condensed version of the story in dialog form and act it out.

EXERCISE ANSWER KEY

This section contains the answers to the exercises in the textbook. Although answers have been provided for most exercises, it should be pointed out that these answers may vary slightly. In exercises in which the answers are open-ended no specific answers are given.

Kapitel 1

(1) 1. interessant   2. langen   3. kurze   4. junger . . . Deutsche   5. französisches
     6. kühles   7. Amerikaner . . . freundlich   8. ausgezeichnete   9. Hochdeutsch

(2) Answers will vary.

(3) 1. der Norweger, die Norwegerin, Norwegen
     2. der Engländer, die Engländerin, England
     3. der Österreicher, die Österreicherin, Österreich
     4. der Franzose, die Französin, Frankreich
     5. der Schweizer, die Schweizerin, die Schweiz
     6. der Spanier, die Spanierin, Spanien
     7. der Pole, die Polin, Polen
     8. der Russe, die Russin, Rußland
     9. der Jugoslawe, die Jugoslawin, Jugoslawien
     10. der Italiener, die Italienerin, Italien

(4) 1. e   2. a   3. h   4. b   5. f   6. j   7. d   8. c   9. g   10. i

(5) 1. trauriger   2. an Bord   3. Seide   4. verheiratet   5. erklären
     6. Vorgesetzten   7. Trottel   8. Geschenk

(6) 1. das Alltagsleben – der Alltag, das Leben   7. die Hauptstadt – das Haupt, die Stadt
     2. der Ehemann – die Ehe, der Mann   8. der Festtag – das Fest, der Tag
     3. die Ehefrau – die Ehe, die Frau   9. das Weihnachtsfest – die Weihnacht, das Fest
     4. das Festgeschenk – das Fest, das Geschenk   10. die Teetasse – der Tee, die Tasse
     5. die Seemeile – die See, die Meile
     6. das Frachtschiff – die Fracht, das Schiff

(7) 1. -es, -em, -en   2. -e, -e, -e, -e   3. -er, -es, -en   4. -e, -er, -en   5. -er, -em, -en
     6. -er, -en, -en   7. -er, -em, -en   8. -e, -e, -e

(8) 1. -en   2. -en   3. -e   4. --   5. --   6. -es   7. -e   8. --, -en

(9) 1. an diesem Tag   2. mittags   3. abends   4. am nächsten Morgen   5. während
     des Sommers   6. nach den Ferien   7. nachmittags   8. bis Freitagabend

(10) 1. Lessing wohnte in dieser historischen Stadt.
      2. Sie hat viele mittelalterliche Straßen.
      3. Der Bürgermeister begrüßte uns herzlich auf dem Schloßplatz.
      4. Die deutschen Freunde haben uns in Amerika besucht.
      5. Wir haben eine Brücke der Freundschaft über den Ozean gebaut.
      6. Eine amerikanische Studentin hat dort ihren deutschen Freund geheiratet.

(11) 1. Anne hatte ihrer Freundin einen Brief schreiben wollen.
      2. Sie hatte nur einen kurzen Brief schreiben mögen.
      3. Sie hatte diesen Morgen nicht telefonieren können.
      4. Sie hatte mittags in die Stadt gehen dürfen.
      5. Sie hatte abends ihren Freund treffen sollen.
      6. Sie hatte ihm von diesem Tag erzählen wollen.
      7. Sie hatte nachts nicht gut schlafen können.
      8. Sie hatte sich mehr Zeit nehmen sollen.

(12) 1. Brigitte wird das Buch lesen wollen.
      2. Die Stadt wird ein Rathaus bauen wollen.
      3. Der Chef wird in Urlaub fahren wollen.
      4. Die Leute werden den Polizisten fragen wollen.
      5. Die Besucher werden vor dem Gebäude warten wollen.
      6. Oskar wird Fußball spielen wollen.
      7. Das Hotel wird leckeres Essen bieten wollen.
      8. Die Gäste werden ins Restaurant gehen wollen.

(13) Answers will vary.

Kapitel 2

(1) 1. das   2. deren   3. dem   4. den   5. die   6. den   7. den   8. die
     9. die   10. die

(2) 1. Jean Paul war ein deutscher Dichter, der in schlechten Verhältnissen lebte.
     2. Schlechte Verhältnisse sind oft eine Beschreibung, die etwas freundlicher klingt, für Armut.
     3. Viele Dichter, die im 18. und 19. Jahrhundert lebten, hatten nicht genug Geld, weil sie nur
        schlecht bezahlt wurden.
     4. Dichter schrieben Bücher, damit sie Menschen, die an der Literatur interessiert waren, lesen
        sollten.

5. Im 18. Jahrhundert gab es nur wenige Schulen, die für reiche Bürger und Adelige da waren.

6. Am Anfang des 19. Jahrhunderts lernten immer mehr Leute, die Bücher lesen wollten, lesen und schreiben.

7. Diese Zeit, in der es kein Fernsehen und kein Radio gab, nennen wir heute die Zeit der „Lesewut".

8. Deshalb mußten die Leute Bücher lesen, die über neue Abenteuer und Reisen berichteten.

(3) 1. e   2. c   3. f   4. h   5. b   6. g   7. a   8. d

(4) 1. Dich-tung   2. Ge-schich-te   3. Pe-ri-ode   4. mäch-tig   5. Lie-bes-lied
6. Über-set-zung   7. la-tei-nisch   8. Li-te-ra-tur   9. Dia-lekt   10. be-kannt
11. phi-lo-so-phisch   12. Mei-ster

(5) Geschichte / Dichtung / Dialekt / Meister / philosophisch / lateinisch / bekannt / mächtig / Periode

(6, 7, 8) Answers will vary.

(9) 1. sagen, erzählen   2. sprach   3. sagen   4. sagte   5. sagte
6. redete, erzählte, sprach   7. sprachen   8. sagte

(10) 1. Anzahl   2. Notwendigkeit   3. persönliche   4. Meinungen   5. Umwelt
6. Lernen   7. Unabhängigkeit   8. klassische

(11) 1. Walt Disney wählte viele Filmthemen aus der deutschen Märchenwelt.
2. Seine Filme ziehen immer wieder Millionen von Besuchern an.
3. Die Sammlung enthielt über zweihundert Volksmärchen der Gebrüder Grimm.
4. Sie sind Klassiker der Kinderliteratur geworden.
5. „Struwwelpeter" ist in der ganzen Welt bekannt geworden.
6. Hoffmanns Bildergeschichten hatten einen erzieherischen Charakter.
7. „Max und Moritz" von Wilhelm Busch wurde 1856 eine große Sensation.
8. Amerikaner ahmten auch seine neue Technik nach.
9. Buschs Humor schuf ihm viele Freunde und Feinde.
10. Sein Buch war die Geburt des „Comic Strips".

(12, 13, 14) Answers will vary.

(15) 1. was   2. wovor   3. wer   4. wogegen   5. wie   6. wofür   7. was
8. warum

(16) 1. republic   2. music   3. politics   4. philosopher   5. existence
6. principle   7. party   8. collection   9. cigarette   10. violin   11. station
12. generation   13. organization   14. phantasy   15. positive   16. negative
17. imperialist   18. utopian   19. concept   20. relation   21. detector
22. automatic

(17) Answers will vary.

(18) 1. die Trauer   2. die Lust   3. die Macht   4. das Englisch(e)   5. das Spanisch(e)
6. das Französisch(e)   7. das Italienisch(e)   8. das Russisch(e)   9. das Polnisch(e)
10. die Ironie   11. das Holländisch(e)   12. das Amerikanisch(e)   13. die Kritik
14. die Philosophie   15. der Punkt   16. der Mensch   17. der Freund
18. die Möglichkeit   19. der Norden   20. die Geschichte   21. der Vater
22. die Zuversicht

(19) 1. das Lesezimmer   2. das Portweingesicht   3. achtzehnjährig
4. das Hereinkommen   5. der Frühstücksraum   6. der Dienstbereich   7. weggehen
8. der Ledersessel   9. der Augenblick   10. der Fingerrücken

Kapitel 3

(1)   Answers will vary.

(2)   1. österreichischer   2. politische   3. Widerstand   4. Kollektivschuld
      5. aufgebaut   6. sozialistischen   7. Demokratie   8. Staat

(3)   1. wird   2. werden   3. wird   4. werden   5. Wird   6. werden
      7. wurde   8. wirst ... werden   9. wird   10. werden

(4)   1. Die Freunde sind (waren) morgens von Kameraden abgeholt worden.
      2. Auf dem Schulweg sind (waren) Geschichten erzählt worden.
      3. Die Schule ist (war) von allen gern besucht worden.
      4. Die Schüler dieser Schule sind (waren) besonders gut unterrichtet worden.
      5. Diese Schule ist (war) „Elite-Schule" genannt worden.
      6. Hier ist (war) mehr als auf anderen Schulen gelernt worden.
      7. Nur wenigen Schülern ist (war) angeboten worden, sie zu besuchen.
      8. Die Schüler sind (waren) von der Industrie gern genommen worden.

(5)   *Werden* is used four times as a simple verb (*Vollverb*), all other times as a passive form (*Passiv*).

(6)   1. Mit dem Geschenk (von ihr) wurde mir eine große Freude gemacht.
      2. Eine Schallplatte von H. G. wurde (von ihr) gekauft.
      3. Er wurde (von mir) in einer Berliner Disko gehört.
      4. Seine Musik wird sehr gern (von mir) gehört.
      5. Sie wurde (von mir) auf die Reise mitgenommen.
      6. Diese tolle Platte wird jetzt (von mir) jeden Tag gespielt.
      7. In der Musikszene werden (von vielen Leuten) nur schlechte Produktionen gemacht.
      8. Das ist (von vielen Freunden) gesagt worden.

(7)   1. Millionen Gegner wurden von den Nazis in Konzentrationslager geschickt.
      2. Diese schweren Verbrechen wurden nicht vergessen.
      3. Die Regierung wurde 1933 durch eine Koalition der rechten Parteien gebildet.
      4. Den Deutschen wurde nach dem Krieg eine Kollektivschuld gegeben.
      5. Viele Nazis wurden in den Nürnberger Prozessen verurteilt.
      6. Leider wurden einige Nazis nach Südamerika gebracht und nicht verurteilt.

(8)   1. Man verfolgte besonders die Juden.
      2. Man eliminierte die meisten Gegner der Nazis.
      3. Man publizierte die volle Wahrheit erst nach dem Krieg.
      4. Man darf Millionen Menschenleben nicht vergessen.
      5. Man teilte Deutschland in zwei Staaten.
      6. Man verbot die Bücher von E. K. in der Nazizeit.

(9, 10)   Answer will vary.

(11)   1. Hitler stürzte die Welt in eine der größten Katastrophen dieses Jahrhunderts.
       2. Deutschlands Siege wurden in den ersten Jahren gemeldet.
       3. Ab 1942 gab es keine Siege mehr sondern Verluste.
       4. Nach dem Krieg wurde das zerstörte Deutschland aufgeteilt.
       5. Die Nazis hatten seit 1933 zuerst ihre starke politische Opposition vernichtet.
       6. Danach wurde mit der systematischen Verfolgung aller Juden begonnen.
       7. Während der Naziherrschaft hatten viele Deutsche Angst gehabt.
       8. 800 000 Deutsche hatten aktiven Widerstand gegen das System gewagt.

(12)   1. vergessen   2. gewußt   3. haben   4. aufgenäht   5. löschen
       6. hörte ... zu   7. gemeint   8. stand   9. verstand   10. begann

(13)   1. ein humaner   2. den kurzen   3. die verschiedenen   4. einen

      kleinen   5. diesen bestimmten   6. eine gute   7. den gelben   8. Die neuen
      9. einem alten   10. den richtigen   11. eines großen   12. das ganze

(14) 1. den bestimmten   2. eine gute   3. den gelben   4. einem alten
      5. den richtigen   6. das ganze

(15) 1. seine   2. unserer   3. Meine   4. Meinen   5. deine   6. ihre
      7. meinem   8. euere   9. ihre   10. ihre   11. unsere   12. meiner

(16) 1. Man wußte es lange nicht.   5. Sie kam nach der Mittagspause.
      Man hatte es lange nicht gewußt.   Sie war nach der Mittagspause gekommen.
      2. Das war schon vor dem Jahre 1938 so.   6. Ich erlebte alles an diesem Abend.
      Das war schon vor dem Jahre 1938 so gewesen.   Ich hatte alles an diesem Abend erlebt.
      3. Sie lief ohne ihren Mantel fort.   7. Man hatte keine Zeit zum Denken.
      Sie war ohne ihren Mantel fortgelaufen.   Man hatte keine Zeit zum Denken gehabt.
      4. Mein Mann legte die Zeitung weg.   8. Ich ging zur Tür hinaus.
      Mein Mann hatte die Zeitung weggelegt.   Ich war zur Tür hinausgegangen.

(17) Answers will vary.

(18) 1. Juristen   2. Menschen   3. Häuser   4. Jungen   5. Mauern   6. Schutt
      7. Bomben   8. Nachbarn

(19) Answers will vary.

(20) 1. viele Deutsche ins KZ kamen
      2. sie sich retten konnten
      3. Hitler das Attentat überlebt hatte
      4. sie einen Putsch planten
      5. es gab von Anfang an viele Gegner der Nazis
      6. alle anderen einfach verboten wurden

(21) Answers will vary.

(22) 1. dem   2. unserer   3. die   4. der   5. ihren   6. dem   7. der
      8. nächsten   9. den   10. seiner   11. die   12. ihrer   13. die   14. den
      15. seine   16. dem   17. den   18. seine   19. der   20. die

(23) 1. des Sommers   2. deiner Schwester   3. Pauls   4. eines Buches   5. der Stadt
      6. diesseits des Berges

(24) Answers will vary.

(25) 1. Schuldgefühl   2. Frankreich   3. Sprachschule   4. Folgen
      5. Verantwortung   6. Demokratie

(26) 1. schlechtes   2. jungen   3. deutscher   4. ersten   5. älteren
      6. interessanten

(27) konnte, lebte, mußten, fühlte, unterhielten
      Vera: hatte, war   *Daniela:* hatte, waren, kamst   *Bärbel:* hätten, wurde, hatten, mußten,
      blieb   *Thomas:* --   *Markus:* konnte   *Bärbel:* glaubte, hatten, fehlte, war   *Daniela:*
      war, konnte, konnte   *Kathi:* war, war, sagten, war, lebte   *Bärbel:* konnten, hatten
      Markus: schützten, verlorenging

Kapitel 4

(1)   1. länger, am längsten   2. spannender, am spannendsten   3. schneller, am schnellsten
      4. mehr, am meisten   5. mehr, am meisten   6. langsamer, am langsamsten
      7. Mehr . . . mehr, Am meisten   8. lieber, Am liebsten

(2) 1. höher   2. größer   3. am höchsten   4. am meisten   5. mehr   6. besser
     7. am liebsten   8. billigere

(3) 1. Ich habe sie viel lieber als die anderen.
     2. Sie geht gern einkaufen.
     3. Er ist lieber zu Hause und sieht fern.
     4. Rosi arbeitet mehr als ich.
     5. Peter schreibt am liebsten.
     6. Alex spielt meistens nachmittags.
     7. Meistens hat Kevin keine Zeit für mich.
     8. Der zweitbeste Spieler ist nie glücklich.
     9. Wir gehen lieber nicht zu ihm nach Hause.
     10. Der Krach stört mich am meisten.

(4) 1. -meisten   2. -beste   3. mehr   4. liebsten   5. meisten   6. lieber
     7. mehr   8. mehr   9. mehr   10. viel   11. höchste   12. viel

(5, 6) Answers will vary.

(7) 1. Wir holten Lisa zu Hause ab, . . .
        Wir hatten Lisa zu Hause abgeholt, . . .
     2. Als wir gerade von ihrem Haus weggingen, blieb sie stehen.
        Als wir gerade von ihrem Haus weggegangen waren, war sie stehen geblieben.
     3. Ich drehte mich um und fragte, was los war.
        Ich hatte mich umgedreht und gefragt, was losgewesen war.
     4. Lisa vergaß wieder ihr Geld und wollte es jetzt holen.
        Lisa hatte wieder ihr Geld vergessen und hatte es jetzt holen wollen.
     5. Bevor wir abfuhren, erinnerte sie mich, daß wir Peter abholen mußten.
        Bevor wir abgefahren waren, hatte sie mich erinnert, daß wir Peter hatten abholen müssen.
     6. Das vergaß ich schon wieder und ich fuhr schnell mit ihr bei Peter vorbei.
        Das hatte ich schon wieder vergessen und ich war schnell mit ihr bei Peter vorbeigefahren.
     7. Peter sah etwas ungeduldig aus, weil er so lange warten mußte.
        Peter hatte etwas ungeduldig ausgesehen, weil er so lange hatte warten müssen.
     8. Aber sein Ärger verschwand schnell, als wir im Schwimmbad ankamen.
        Aber sein Ärger war schnell verschwunden, als wir im Schwimmbad angekommen waren.
     9. Schnell warf er seine Sachen hin und rannte ins Wasser.
        Schnell hatte er seine Sachen hingeworfen und war ins Wasser gerannt.
     10. Als wir aus dem Wasser kamen, zogen wir uns unsere T-shirts an.
        Als wir aus dem Wasser gekommen waren, hatten wir uns unsere T-shirts angezogen.
     11. Lisa freute sich, daß wir Peter mitnahmen, weil er so lustig war.
        Lisa hatte sich gefreut, daß wir Peter mitgenommen hatten, weil er so lustig gewesen war.

(8) 1. Er schloß die Tür ab.   7. Sie kamen nach dem Frühstück vorbei.
     2. Wann stehst du sonntags auf?   8. Tom hört ihr nicht zu.
     3. Meine Eltern bezahlten die Rechnung. 9. Er verstand ihn nicht.
     4. Er übersetzte die Geschichte.   10. Wir holten ihn zu Hause ab.
     5. Peter kommt mit.   11. Sie riefen ihn morgens an.
     6. Sie wird es später besprechen.   12. Sie vergaß alles zu Hause.

(9) 1. umgeben   2. unternehmen   3. unterbrochen   4. überrascht
     5. untersuchen   6. überzeugt   7. überholt   8. überrede   9. widersprechen
     10. unterrichten   11. unternimmt   12. wiederholt

(10) 1. Sie betrügt ihren Vater.
     2. Er hatte diese Klasse zwei Wochen lang unterrichtet.

    3. Wir werden dies bald untersuchen.

    4. Er konnte sie nicht überzeugen.

    5. Sie überredete ihn zu bleiben.

    6. Sie haben ihre Furcht (Angst) überwunden.

    7. Wälder umgeben die Stadt.

    8. Sie unterbrachen das Fernsehprogramm.

(11)   Answers will vary.

(12)   1. Während des Krieges waren drei Flakbunker in Berlin.

    2. Sie wurden von Soldaten der Sieger gesprengt.

    3. Bei einem Bunker gelang es nur zum Teil.

    4. Zwei der vier Türme blieben erhalten.

    5. Sie ragen jetzt aus den Trümmern heraus.

    6. Heute ist die Szene gespenstisch.

    7. Der Eingang in den Bunker ist wieder verschlossen.

    8. Jugendliche betrachten die Ruine als Spielplatz.

(13)   1. gehört . . . an   2. geht . . . hinüber   3. denkt . . . nach   4. sieht . . . vorbei

    5. geht . . . weiter   6. laufen . . . hinunter   7. kommt . . . herauf   8. atmet . . . auf

(14)   1. . . . sie in die Stadt gehen werde.   5. . . . du habest keinen längeren Weg.

    2. . . . er gelobt werde.   6. . . . ihr einen neuen Plan habet.

    3. . . . hätte vor, einen Brief zu schreiben.   7. . . . ich Chemiker von Beruf würde.

    4. . . . Frau Schulz nicht im Büro sei.   8. . . . Mutter dir alles erklären werde.

(15)   1. Ich ginge gern jeden Tag mit Holger aus.

    2. Dieser Chemiker gefiele mir gut.

    3. Ich hoffte, daß er mich lieben würde.

    4. Seine Komplimente würden mich sehr glücklich machen.

    5. So einen Mann sollte man als Ehemann haben.

    6. Ich hoffte, daß er mich heiraten würde.

(16)   Insert „würde ich" at the beginning of each main clause.

(17)   1. Urlaubsort   2. bummeln   3. Schaufenster   4. schnitzte   5. Lederhosen

    6. Zeitungen   7. Apfelstrudel   8. Kunstläden

(18)   1. Würdet ihr diskutieren, was wir auf dem Fest machen wollen?

      Könntet ihr bitte diskutieren, was wir auf dem Fest machen wollen?

    2. Peter und Claudia, würdet ihr bitte dieses Bild hier malen?

      Könntet ihr bitte dieses Bild hier malen, Peter und Claudia?

    3. Würdet ihr das Essen fürs Büffet fertigmachen?

      Könntet ihr bitte das Essen fürs Büffet fertigmachen?

    4. Würdet ihr mir mit der Stereoanlage helfen, Manfred und Anne?

      Könntet ihr mir bitte mit der Stereoanlage helfen, Manfred und Anne?

    5. Würdet ihr Tischdecken auf die Tische legen?

      Könntet ihr bitte Tischdecken auf die Tische legen?

    6. Bernd, würdest du die Kerzen holen und eine auf jeden Tisch stellen?

      Könntest du bitte die Kerzen holen und eine auf jeden Tisch stellen, Bernd?

    7. Würdet ihr den Schauspielern sagen, daß sie jetzt kommen können?

      Könntet ihr bitte den Schauspielern sagen, daß sie jetzt kommen können?

    8. Würdet ihr die Programme auf den Tisch legen, Elke und Jochen?

      Könntet ihr bitte die Programme auf den Tisch legen, Elke and Jochen?

    9. Würdet ihr alle nachdenken, was wir vergessen haben?

      Könntet ihr bitte nachdenken, was wir vergessen haben?

Kapitel 5

(1) Answers will vary.

(2) 1. Viertel nach fünf (siebzehn Uhr fünfzehn)   2. ein Uhr und fünfundzwanzig Minuten (fünfundzwanzig Minuten nach eins)   3. fünfzehn Uhr fünfunddreißig
4. Viertel vor drei   5. Viertel nach elf   6. dreiundzwanzig Uhr fünfundzwanzig
7. fünf nach sechs   8. Viertel nach zwei   9. acht

(3, 4) Answers will vary.

(5) 1. fünf nach vier   2. Viertel nach vier   3. vier Uhr siebenunddreißig
4. vier Uhr zweiundvierzig   5. Viertel vor fünf   6. fünf vor fünf   7. fünf Uhr
8. acht nach fünf   9. zwölf nach fünf   10. Viertel nach fünf   11. halb sechs
12. zehn vor sechs

(6) 1. sechzehn Uhr fünf   2. sechzehn Uhr fünfzehn   3. sechzehn Uhr siebenunddreißig
4. sechzehn Uhr zweiundvierzig   5. sechzehn Uhr fünfundvierzig   6. sechzehn Uhr
fünfundfünfzig   7. siebzehn Uhr   8. siebzehn Uhr acht   9. siebzehn Uhr zwölf
10. siebzehn Uhr fünfzehn   11. siebzehn Uhr dreißig   12. siebzehn Uhr fünfzig

(7) 1. Wir spielten den ganzen Abend mit ihr.
2. Ich habe meinen Freund ein ganzes Jahr nicht gesehen.
3. Nächsten Montag werden wir eine Party haben.
4. Er liest während seines Mittagessens.
5. Während der letzten paar Monate hat sie mich nicht angerufen.
6. Im Verlauf des Jahres haben wir vier Jahreszeiten.
7. Innerhalb einer Woche hat sich die Situation geändert.
8. Ich konnte die ganze Nacht nicht schlafen.
9. Sie blieben für einen Tag bei uns.
10. Ich wartete bis fünf Uhr nachmittags.

(8) sprach, Gesellschaft, diskutierte, Entdeckung, interessierten, Fotografie, präsentierte, Röntgenstrahlen, technische, Druckpresse, erfunden, Erbauer, Naturforscher, Zündkerze, Gründer, Kühler

(9) 1. R.V. ist der Pionier, der auf dem Gebiet der Pathologie arbeitete.
2. W.W. ist der Erfinder, der die Telegraphie entdeckte.
3. P.R. ist der erste Mann, der ein einfaches Telefon baute.
4. G.M. ist der Spezialist, der die Genetik begründete.
5. A.B. ist der Zimmermann, der die Mechanik kennenlernte.
6. C.R. ist der Physiker, der die X-Strahlen entdeckte.
7. R.K. ist der Mediziner, der die Tuberkulose bekämpfte.
8. J.G. ist der Meister, der die Druckpresse erfand.

(10) 1. erklärende   2. arbeitende   3. vorbereitende   4. Klagende   5. kämpfenden
6. bedeutender   7. Wachsende   8. Drohende

(11) 1. -e, -e   2. -en   3. -e   4. -e   5. -e, -en   6. -e   7. --e   8. -e

(12) 1. benannt   2. geschaffen   3. ausgebreitet   4. gewählten   5. entdeckt
6. fotografierte   7. herausgefunden   8. gesammelten

(13) 1. sich die Technik schnell entwickelt.
2. die Schüler in der Schule Computersprachen lernen.
3. es leicht ist, eine andere Sprache zu lernen.
4. man in Portugal schöne Wollpullover kaufen kann.
5. du auf der Uni in Mainz studieren wirst.
6. dein Auto schon wieder kaputt ist.

7. der Winter bei uns von Oktober bis Mai dauert.
8. der Politiker ein paar Fehler macht.

(14) Ich denke, daß . . .
1. die Technik sich schnell entwickelt hat.
2. die Schüler in der Schule Computersprachen gelernt haben.
3. es leicht gewesen ist, eine andere Sprache zu lernen.
4. man in Portugal schöne Wollpullover hat kaufen können.
5. du auf der Uni in Mainz studiert hast.
6. dein Auto schon wieder kaputt gewesen ist.
7. der Winter bei uns von Oktober bis Mai gedauert hat.
8. der Politiker ein paar Fehler gemacht hat.

(15) Answers will vary.

(16) 1. Sabine besuchte das Museum im Stadttheater.
Sabine hat das Museum im Stadttheater besucht.
Sabine hatte das Museum im Stadttheater besucht.
Sabine wird das Museum im Stadttheater besuchen.
2. Sie konnte nur abends dorthin gehen, weil sie arbeiten mußte.
Sie hat nur abends dorthin gehen können, weil sie hat arbeiten müssen.
Sie hatte nur abends dorthin gehen können, weil sie hatte arbeiten müssen.
Sie wird nur abends dorthin gehen können, weil sie wird arbeiten müssen.
3. Abends war das Museum ab fünf Uhr geschlossen.
Abends ist das Museum ab fünf Uhr geschlossen gewesen.
Abends war das Museum ab fünf Uhr geschlossen gewesen.
Abends wird das Museum ab fünf Uhr geschlossen sein.
4. Sie mußte wohl einen Tag Urlaub nehmen, damit sie die Ausstellung sehen konnte.
Sie hat wohl einen Tag Urlaub nehmen müssen, damit sie die Ausstellung hat sehen können.
Sie hatte wohl einen Tag Urlaub nehmen müssen, damit sie die Ausstellung hatte sehen können.
Sie wird wohl einen Tag Urlaub nehmen müssen, damit sie die Ausstellung wird sehen können.
5. Ihr Chef ließ sie dann am Mittwoch zwei Stunden früher gehen.
Ihr Chef hat sie dann am Mittwoch zwei Stunden früher gehen lassen.
Ihr Chef hatte sie dann am Mittwoch zwei Stunden früher gehen lassen.
Ihr Chef wird sie dann am Mittwoch zwei Stunden früher gehen lassen.
6. Sabine hatte Glück, daß ihr Chef so nett war.
Sabine hat Glück gehabt, daß ihr Chef so nett gewesen ist.
Sabine hatte Glück gehabt, daß ihr Chef so nett gewesen war.
Sabine wird Glück haben, daß ihr Chef so nett sein wird.

(17) 1. beobachten   2. hinweisen   3. forschen   4. entladen   5. berichten
6. strahlen   7. vortragen   8. erkennen   9. erfinden   10. studieren
(Answers for sentences will vary.)

(18) 1. Dichtung   2. Entdeckung   3. Vertretung   4. Begründung   5. Beschreibung
6. Umgebung   7. Meinung   8. Richtung   9. Betrachtung   10. Vernichtung
11. Teilung   12. Zerstörung
(Answers for sentences will vary.)

(19) 1. der Denker, die Denkerin   2. der Sprecher, die Sprecherin   3. der Läufer, die
Läuferin   4. der Tänzer, die Tänzerin   5. der Arbeiter, die Arbeiterin   6. der
Schreiber, die Schreiberin   7. der Helfer, die Helferin   8. der Macher, die Macherin
9. der Forscher, die Forscherin   10. der Seher, die Seherin

(20) 1. die Herrin   2. die Chefin   3. die Köchin   4. die Malerin   5. die Rednerin
     6. die Gräfin

(21) 1. k   2. j   3. g   4. l   5. i   6. c   7. h   8. d   9. b
     10. f   11. a   12. e

(22) Answers will vary.

(23) 1. umweltfreundlich   2. wunderschön   3. alltäglich   4. vielgestaltig
     5. riesengroß   6. weltberühmt   7. althochdeutsch   8. kulturhistorisch
     9. tausendjährig   10. mitteleuropäisch

Kapitel 6

(1) 1. Wenn wir uns nur heute träfen!   6. Wenn Sie nur heute in Berlin wären!
    2. Wenn ich nur heute neue Bücher kaufte! 7. Wenn ich nur heute viele Freunde hätte!
    3. Wenn er sie nur heute sähe!   8. Wenn ich mich nur heute gut fühlte!
    4. Wenn du nur heute Deutsch studiertest!
    5. Wenn sie nur heute nach Italien reisten!

(2) 1. Wenn ich dir hälfe (hülfe), würdest du schneller fertig werden.
    2. Wenn Ronald Französisch studierte, würde er es gut sprechen.
    3. Wenn Alexander und Annette nach Jugoslawien führen, würden sie ihre Eltern dort treffen.
    4. Wenn Wolfgang und ich bis in die Nacht tanzten, würden wir am nächsten Tag sehr spät
       aufstehen.
    5. Wenn Gisela Spanisch lernte, würde sie nach Mexiko reisen.
    6. Wenn der Hausmeister das Zimmer putzte, würde es sauber sein.

(3) Answers will vary.

(4) 1. Wenn ich nur ins Museum gehen könnte/dürfte!   8. Wenn ich nur Musik hören dürfte/könnte!
    2. Wenn ich nur in die Berge fahren könnte/dürfte! 9. Wenn ich nur weggehen dürfte/könnte!
    3. Wenn ich nur in Ruhe reden könnte/dürfte!   10. Wenn ich nur eine Pause machen dürfte/
    4. Wenn ich nur ein Essen kochen könnte/dürfte!   könnte!
    5. Wenn ich dich nur besuchen könnte/dürfte!
    6. Wenn ich nur Fehler machen dürfte/könnte!
    7. Wenn ich dich nur sehen dürfte/könnte!

(5) 1. E. möchte aber doch Bücher schreiben.
    2. M. möchte aber doch in der Sonne liegen.
    3. Du möchtest das Buch aber doch in die Ecke werfen.
    4. F. möchte aber doch faul sein.
    5. U. und F. möchten das aber doch sagen.
    6. K. möchte ihn aber doch anrufen.
    7. P. möchte aber doch Eis holen.
    8. O. möchte aber doch Gitarre spielen.
    9. Ich möchte aber doch den Wagen reparieren.
    10. D. möchte aber doch den Käse schneiden.
    11. P. und C. möchten aber doch so viel essen.
    12. M. und A. möchten aber doch nach Amerika reisen.

(6) 1. Wenn es gleiche Chancen gäbe, würden die Menschen fair sein.
    2. Wenn es nicht viele Waffen gäbe, würden die Leute sie nicht benutzen.
    3. Wenn es Arbeit gäbe, würden die Leute sich freuen.
    4. Wenn man Hilfe bekäme, würde man nicht allein sein.
    5. Wenn die Leute Zeit hätten, würden sie miteinander reden.
    6. Wenn ich es nicht so machte, würde ich keine Probleme haben.

(7)　1. Wäre Peter einkaufen gegangen, . . .
　　　2. Wäre das Geschäft nicht geschlossen gewesen, . . .
　　　3. Wäre Herr Emmrich früher aus dem Büro gekommen, . . .
　　　4. Hätte sein Chef ihm weniger Arbeit gegeben, . . .
　　　5. Hätte seine Freundin ihn eingeladen, . . .
　　　6. Hätte er Geld, . . .
　　　7. Hätte sie das früher gewußt, . . .
　　　8. Hätte er nur eine kleine Blume für Petra, . . .

(8)　1. Herzlichen Dank　　　2. Herzlichen Glückwunsch　　　3. Herzliche
　　　Grüße　　　4. Herzliche Leute　　　5. Herzlich wenig　　　6. Herzliche Grüße, Herzlich wenig

(9)　1. eine Großstadt = ein kleines Dorf　　　2. herrschte = arbeitete　　　3. expressionistisch =
　　　naturalistisch　　　4. kleiner = umfangreicher　　　5. Farbe = Harmonie　　　6. zwei bekannte
　　　„Sprachen der Bilder" = eine Sprache der Bilder　　　7. Portraitmaler = Landschaftsmaler
　　　8. Religion = Kunst　　　9. harmonisch = unharmonisch　　　10. Dichter = Künstler
　　　11. Hamburg = Bremen　　　12. Haus = Häuschen　　　13. die Umwelt = ihre innere Stimme
　　　14. vor dem 2. Weltkrieg = 1945

(10)　　1. car door: der Wagen = car, die Tür = door; Tür
　　　　2. end of work shift; die Schicht = shift, das Ende = end; Ende
　　　　3. (train) station exit: die Bahn = train, der Hof = yard, court, der Ausgang = exit; Ausgang
　　　　4. streetcar stop: die Straße = street, die Bahn = train, die Haltestelle = stop; Haltestelle
　　　　5. farm: der Bauer = farmer, der Hof = yard, court; Hof
　　　　6. freeway rest area: das Auto = car, die Bahn = train, die Rast = rest, der Platz = place; Platz
　　　　7. youth hostel identification; die Jugend = youth, die Herberge = hostel, der Ausweis =
　　　　　identification; Ausweis
　　　　8. artwork: die Kunst = art, das Werk = work; Werk
　　　　9. scientist: die Natur = nature, der Forscher = researcher; Forscher
　　　10. watersports area: das Wasser = water, der Sport = sport, das Gebiet = area; Gebiet
　　　11. diary: der Tag = day, das Buch = book; Buch
　　　12. airport ticket (counter) agent; der Flug = flight, der Hafen = harbor, der Schalter = counter,
　　　　　der (die) Angestellte = clerk; Angestellte
　　　13. (book) author: das Buch = book, der Autor = author; Autor
　　　14. soccer game: der Fuß = foot, der Ball = ball, das Spiel = game; Spiel
　　　15. travel destination: die Reise = trip, das Ziel = goal, destination; Ziel

(11)　Answers will vary.

(12)　1. Bernd kommt nach Hause, anstatt in die Disko zu gehen.
　　　2. Brigitte sieht ein Fußballspiel, anstatt zu lernen.
　　　3. Ich fahre nie Auto, ohne vorsichtig zu sein.
　　　4. Die Familie arbeitet, anstatt in die Ferien zu fahren.
　　　5. Ich sehe das Bild nur an, ohne es zu kaufen.
　　　6. Ihr sollt das nicht tun, ohne immer zu fragen.
　　　7. Die Eltern sind gegangen, ohne ein Wort zu sagen.
　　　8. Die Preise sind gefallen, anstatt zu steigen.

(13)　1. Anstatt in die Disko zu gehen, kommt Bernd nach Hause.
　　　2. Anstatt zu lernen, sieht Brigitte ein Fußballspiel.
　　　3. Ohne vorsichtig zu sein, fahre ich nie Auto.
　　　4. Anstatt in die Ferien zu fahren, arbeitet die Familie.
　　　5. Ohne es zu kaufen, sehe ich das Bild nur an.

    6. Ohne immer zu fragen, sollt ihr das nicht tun.
    7. Ohne ein Wort zu sagen, sind die Eltern gegangen.
    8. Anstatt zu steigen, sind die Preise gefallen.

(14)   1. Anstatt die Karotten zu schneiden, sollte er die Kartoffeln schneiden!
     2. Anstatt die kleinste Schüssel zu nehmen, sollte er den Teller nehmen.
     3. Anstatt das Schnitzel zu kochen, sollte er es braten.
     4. Anstatt zu telefonieren, sollte er in der Küche arbeiten.
     5. Anstatt sich in sein Zimmer zu setzen, sollte er die Küche aufräumen.
     6. Anstatt nichts hören zu wollen, sollte er zuhören.
     7. Anstatt seine Ruhe zu wollen, sollte er das Thema diskutieren.
     8. Anstatt eine Cola trinken zu wollen, sollte er Milch trinken.

(15)   1. Der neue Anzug muß teuer sein.
     2. Die Krawatte muß alt sein.
     3. Das Kleid muß schon alt sein.
     4. Der Mantel muß zu kurz sein.
     5. Die Dame muß freundlich sein.
     6. Das Wetter muß schön sein.
     7. Der Herr muß viele Fragen fragen.
     8. Die Fahrt muß lange dauern.
     (English sentences will vary.)

(16)   1. Nein, die könnte er nicht gebaut haben. Ja, die kann er gebaut haben.
     2. Nein, die könnte sie nicht gesprochen haben. Ja, die kann sie gesprochen haben.
     3. Nein, die könnte er nicht gespielt haben. Ja, die kann er gespielt haben.
     4. Nein, die könnte er nicht gelaufen sein. Ja, die kann er gelaufen sein.
     5. Nein, die könnte sie nicht gekannt haben. Ja, die kann sie gekannt haben.
     6. Nein, das könnte er nicht gesprochen haben. Ja, das kann er gesprocehn haben.
     7. Nein, den könnte sie mir nicht mitgebracht haben. Ja, den kann sie mir mitgebracht haben.
     8. Nein, die könnte er nicht gesungen haben. Ja, die kann er gesungen haben.

(17)   1. Sie muß ein kluges Mädchen sein. (scheint . . . zu sein)
     2. Sie müssen davon gehört haben. (scheinen . . . zu haben)
     3. Sie könnten vielleicht kommen.
     4. Dieser Mann scheint viele Fragen zu stellen.
     5. Sie könnte gute Aufsätze geschrieben haben.
     6. Ihr solltet uns zuerst fragen.
     7. Brigitte sollte mich um zehn treffen.

(18)   1. arbeiten   2. ausdrücken   3. ausstellen   4. entscheiden   5. entwickeln
     6. erinnern   7. malen   8. mischen   9. protestieren   10. vergleichen
     11. schaden   12. verschmutzen   (Sentences will vary.)

(19) Answers will vary.

(20) 1. e   2. a   3. b   4. h   5. c   6. j   7. i   8. f   9. g   10. d

(21, 22, 23) Answers will vary.

(24) 1. Sommernachmittag   2. murmelte   3. undankbare   4. Krieg   5. Sorge
     6. Buchhalter   7. Ruine   8. holen   9. unternahm   10. Blumenhandel
     11. Schwarzmarkt   12. blühen

(25) A: Museum
     B: großartig, Interesse, modernen
     C: Meinung, gern, Mittelalter
     A: liebsten, Frühzeit

C: größte, Dom, geschaffen
B: Jahrhundert, wunderbare, Semper
A: Bild, zerstört
C: Künstlern, Zeitung, Bus

Kapitel 7

(1) 1. reparieren   2. reinigen   3. basteln   4. vorbeigehen   5. sagen   6. hören 7. kommen   8. gehen

(2) 1. habe / hatte   2. hat / hatte   3. habe / hatte   4. habe / hatte   5. hat / hatte 6. hat / hatte   7. hat / hatte   8. haben / hatten

(3) Answers will vary.

(4) 1. hören   2. lassen   3. lassen   4. lassen   5. sehen   6. sehen, lassen, hören   7. lassen, sehen, helfen   8. sehen, lassen, hören   9. lassen   10. sehen

(5) Answers will vary.

(6) Kannst du nicht . . .
1. das Rauchen im Schlafzimmer lassen?
2. das Briefelesen lassen?
3. das Fernsehen lassen?
4. das Schlafen im Wohnzimmer lassen?
5. das Anrufen lassen?
6. das Klavierspielen lassen?
7. das Witzeerzählen lassen?
8. das laute Lachen lassen?

(7) Answers will vary.

(8) Ich habe vor, . . . (Wir haben vor, . . .)
1. mir (uns) ein Buch schreiben zu lassen.
2. mir (uns) eine Dokumentation filmen zu lassen.
3. mir (uns) alle Schuhe putzen zu lassen.
4. mir (uns) ein Haus bauen zu lassen.
5. mir (uns) den Garten schöner machen zu lassen.
6. mir (uns) einen Hund kaufen zu lassen.
7. mir (uns) mein (unser) Auto verkaufen zu lassen.
8. mir (uns) eine Party arrangieren zu lassen.
9. mir (uns) eine Rheinfahrt machen zu lassen.
10. mir (uns) keine Werbesendungen zeigen zu lassen.

(9) 1. . . . wer von den Brüdern der berühmtere gewesen sei.
2. . . . wie das zu erklären wäre.
3. . . . wo Wilhelm studiert habe.
4. . . . was sie für ihren König getan hätten.
5. . . . wer das Bildungswesen geschaffen habe.
6. . . . was Humboldt ab 1809 gemacht habe.
7. . . . was an den Schulen anders gewesen sei.
8. . . . welche Prüfungen Humboldt eingeführt habe.
9. . . . was für ihn das Fundament der Bildung sei.
10. . . . wann die Uni in Berlin gegründet worden sei.

(10) Answers will vary.

(11) An Dietmars Stelle würde ich . . .
1. nie (auch) in die Disko gehen.

2. keine (auch) 16 Stunden am Tag arbeiten.

3. keine (auch eine) Pause machen.

4. keine (auch) interessante Texte schreiben.

5. nicht (auch) nur noch Butterbrote essen.

6. nicht (auch) nur noch an Christine denken.

7. keine (auch) Äpfel zu teuer finden.

8. keinen (auch einen) Computer haben.

9. nicht (auch) gern mit Christine telefonieren.

10. nicht (auch) selten mit ihr ins Restuarant gehen.

(12) 1. älter = jünger   2. innerhalb = außerhalb   3. die Öffentlichkeit = das Privatleben
4. groß = sprachbegabt   5. Postsystem = Bildungswesen   6. Komponisten = Kultusminister   7. Maler = Lehrer   8. russische = griechische   9. Auflösung = Gründung   10. letzte = erste

(13, 14)   Answers will vary.

(15)   Dich / mich / sich / sich / sich / sich / Dir / sich / uns / sich / mich / mir

(16) 1. Du mußt dir einen neuen Regenschirm kaufen.

2. Du mußt keinen dicken Wollpullover tragen.

3. Du mußt wirksame Tabletten kaufen.

4. Du mußt dir Hustensaft geben lassen.

5. Du mußt dich an die Geschichte erinnern.

6. Du mußt dich auf alles freuen.

(17) 1. dich   2. dich   3. dich   4. dir   5. dich   6. dich   7. dich   8. dich

(18) 1. einander   2. einander   3. einander   4. dich   5. einander   6. sich, einander   7. einander

(19) 1. h   2. c   3. f   4. g   5. a   6. e   7. b   8. d   9. i   10. j

(20) 1. sechs Opern

2. *Cavalleria Rusticana/Der Bajazzo, Madama Butterfly*

3. *Der Freischütz* von Carl Maria von Weber

4. *Schwanensee* von Peter Tschaikowsky. Nein.

5. *Der Tod des Handlungsreisenden* von Arthur Miller und *Endstation Sehnsucht* von Tennessee Williams

6. *Der Freischütz*

7. *Der zerbrochene Krug*

8. *Der Tod des Handlungsreisenden* und *Endstation Sehnsucht*

(21)   Answers will vary.

Kapitel 8

(1) 1. Immer mehr Frauen haben Berufe.

2. Sie fragten uns immer wieder.

3. Immer mehr Leute machen Ferien (Urlaub).

4. Die Leute interessieren sich immer mehr fürs Lesen.

5. Wir werden es immer wieder tun.

6. Sie berichteten die Nachrichten immer wieder.

7. Es wird immer dunkler.

8. Sie sieht immer jünger aus.

(2) 1. Immer mehr Leute fahren in den Schwarzwald.

2. Immer mehr Leute gehen drei Wochen nicht zur Arbeit.

3. Immer mehr Leute haben danach immer noch 14 Tage frei.

   4. Immer mehr Leute treffen sich wieder mit guten Freunden.
   5. Immer mehr Leute reden öfter mit den Nachbarn.
   6. Immer mehr Leute sehen fern, kritisieren Nachrichten und diskutieren darüber.
   7. Immer mehr Leute haben interessante Hobbys, die die Zeit kurz erscheinen lassen.
   8. Immer mehr Leute arbeiten nicht mehr so viel wie nach dem Krieg.
   9. Immer mehr Leute haben mehr Ansprüche ans Leben.

(3) 1. Das Wetter soll man erst am Abend loben.
   2. Wetterberichte finden bei den Deutschen großes Interesse.
   3. Man berechnet dort das Wetter nach der Celsius-Skala.
   4. Deutschland liegt in der gemäßigten Zone Mitteleuropas.
   5. Die Fahrenheit-Skala stammt aus dem 17. Jahrhundert.
   6. 26°C gelten in Deutschland als eine hohe Temperatur.

(4) Answers will vary.

(5) Situation 1: dieses, Das, das, jenes, Das, dessen, diese, das
   Situation 2: die, denen, dem, Die

(6) Answers will vary.

(7) 1. Dieser   2. diesem   3. diese   4. diesem . . . jenem   5. Jener
   6. Diese   7. Jene   8. dessen

(8) München = 50°F; Hamburg = 53.6°F; Bremen, Essen, Freiburg = 55.4°F; Helgoland, Norderney, Frankfurt, Stuttgart = 57.2°F; Berlin, Saarbrücken = 59°F

(9) Jim: Gesundheit, Geld; Otto: Umwelt; Jim: Automotoren, Blei; Otto: Europäische Gemeinschaft, guten, Länder, bleifreies; Jim: Altersgrenze; Otto: Betriebe, pensionieren, normal, niemand; Otto: arbeiten; Otto: Steuern

(10) 1. braucht   2. braucht   3. Brauchst   4. brauchen   5. brauche   6. brauche
   7. brauchst, müssen   8. Muß, braucht   9. muß   10. muß, brauche

(11) 1. Sie brauchen kein Auto.
   2. Sie dürfen kein Taxi nehmen.
   3. Sie brauchen nur zwei Meilen zu gehen.
   4. Sie brauchen nichts mitzubringen.
   5. Wir müssen einkaufen gehen.
   6. Warum brauchen sie nichts mitzubringen?
   7. Weil wir sie eingeladen haben, müssen wir die Sachen kaufen.
   8. Muß ich mitkommen?

(12) -e, -es / -er, -en, zu / sich, -er, zu / die, -e, helfen wird, -en / das, würde / ihm / sich, ihn / Redakteur, es, ihr

(13) 1. schleppt   2. trägt   3. weiß   4. beginnt   5. verdienen   6. gibt es

(14)   1. Die meisten Gastarbeiter sind Hilfsarbeiter.
   2. Sie bleiben lieber länger in der BRD.
   3. In Deutschland geht es ihnen wirtschaftlich besser als zu Hause.
   4. Sie bekommen nur die schwersten Arbeiten.
   5. Sie sind nicht in die Kultur integriert.
   6. Ihre Kinder sprechen wenig oder kein Deutsch.
   7. Nicht alle Kinder gehen in deutsche Schulen.
   8. Manche Deutsche akzeptieren die Ausländer nicht als Mitbürger.
   9. Manche Ausländer fühlen sich in der BRD als Fremde.
   10. Sie vermissen bei den Deutschen Freundlichkeit und Toleranz.

(15) 1. Doch, jeder weiß, was wir machen werden.

2. Doch, ich kann jedem glauben.
3. Doch, ich habe jeden kommen hören.
4. Doch, sie hat es jedem gesagt.
5. Doch, jeder Mann kann das richtig verstehen.
6. Doch, er will jeden von euch wieder anrufen.
7. Doch, ihr möchtet, daß euch jeder versteht, was?
8. Doch, Sie können jeden Tag länger hier bleiben, Herr Wiese.
9. Doch, sie haben jede Gelegenheit, das zu tun.
10. Doch, jedem Jungen wollte Ingrid davon erzählen.

(16) 1. einer   2. Jemand   3. Niemand   4. Einer   5. Niemand   6. Jemand
      7. niemand   8. Niemand   9. jemand   10. welche   11. jemand   12. einer

(17) -es / -er (-e) / -er / -er (-e) / -er (-e) / -er (-e) / -er (-e) / -en / -er (-e) / -en (-e) / -er (-e) / -e

(18) Answers will vary.

(19) 1. Wer   2. wessen   3. was   4. Wem   5. was   6. Wer   7. Was

(20) 1. Verkehrsmittel   2. Straßenbahn   3. Lastwagen   4. U-Bahn
      5. Busse   6. Züge

(21) 1. . . . , weil (da) die S-Bahn schon voll war.
      2. . . . , weil (da) er von dort den Zug nach Herdecke nehmen konnte.
      3. . . . , weil (da) er mit dem Auto fuhr.
      4. . . . , weil (da) sie Angst vor seinem schnellen Fahren hatte.
      5. . . . , weil (da) sie nicht mit Uli zu fahren brauchten.
      6. . . . , weil (da) keine Straßenbahn dorthin führe.

(22) Answers will vary.

(23) 1. Sidessen arbeitete in seinem Büro schon sehr lange.
      2. Er machte Ordnung auf seinem Schreibtisch.
      3. Er sah dann Alberti auf dem Boden liegen.
      4. Jemand stieß im Laufen an einen Stuhl.
      5. Der Mörder war im Fahrstuhl.
      6. Der Zeuge hatte den Mörder nicht gesehen.
      7. Alberti hatte Brink in die Firma genommen.
      8. Vor drei Monaten hatte er ihn hinausgeworfen.
      9. Sidessen sagte es der Frau am Telefon.
      10. Brink zog den Anzug seines Schwagers an.

Kapitel 9

(1) Answers will vary.

(2) 1. Wenn Sie schon kochen, können Sie doch wenigstens das Geschirr spülen!
     2. Wenn Sie schon malen, können Sie doch wenigstens Bilder zeigen!
     3. Wenn sie schon eine Party feiern, können Sie doch wenigstens aufräumen!
     4. Wenn Sie schon Freunde zu Besuch haben, brauchen Sie doch nicht so laut zu sein!
     5. Wenn Sie schon Italienisch kochen, müssen Sie doch wenigstens Käse kaufen!
     6. Wenn Sie schon telefonieren, sollen Sie doch wenigstens das Ferngespräch bezahlen!
     7. Wenn Sie schon Karten spielen, können Sie doch wenigstens die Ergebnisse aufschreiben!
     8. Wenn Sie schon ins Theater gehen, müssen Sie sich doch wenigstens nett anziehen!

(3) Answers will vary.

(4) 1. eine Woche Camping viel zu kurz ist.
     2. wir die Schlafsäcke mitnehmen.
     3. auch im Sommer die Nächte manchmal kalt sind.
     4. wir unser eigenes Essen kochen.

    5. wir jeden Tag in einem kleinen Geschäft einkaufen gehen.
    6. wir wenig Geld ausgeben wollen.
    7. wenn wir sparen, wir noch eine Woche bleiben können.
    8. wenn wir nette Leute treffen, wir sie einladen.
    9. auch unser Hund mit will.
    10. das ein toller Urlaub werden wird.

(5)   Answers will vary.

(6)   1. Ja, aber er war nicht im Büro.
    2. Ja, aber ich hatte keine Zeit.
    3. Ja, aber ich mußte erst alles einkaufen.
    4. Ja, aber wir wollen Tee trinken.
    5. Ja, aber ich muß doch erst alles fertig machen.
    6. Ja, aber es ist doch noch zu früh.
    7. Ja, aber sie will doch nicht.
    8. Ja, aber das ist doch nicht wichtig.

(7)   1. Ja, der ist doch schon gestern gebracht worden.
    2. Ja, das ist doch schon heute morgen montiert worden.
    3. Ja, die ist doch schon heute früh abgeholt worden.
    4. Ja, der ist doch schon vor zwei Wochen repariert worden.
    5. Ja, die sind doch schon gestern weggeschickt worden.
    6. Ja, die ist doch schon vor einer Viertelstunde angerufen worden.
    7. Ja, die ist doch schon vor fünf Minuten akzeptiert worden.
    8. Ja, der ist doch schon vor der Pause geschickt worden.
    9. Ja, die ist doch schon vor wenigen Minuten informiert worden.
    10. Ja, der ist doch schon vor allem nach Bern und Genf bestellt worden.

(8)   Answers will vary.

(9)   1. Nicht viel bleibt zu tun.
    2. Sie scheinen jetzt einen größeren Appetit zu haben, Frau Schmidt.
    3. Barbara und ihr Bruder verstehen wirklich ihre Freizeit zu nutzen.
    4. Er versteht tatsächlich zu kochen.
    5. Sie kamen hierhin, um die Alpen zu sehen.
    6. Die Adresse war leicht zu finden.
    7. Sie tanzten, um Spaß zu haben.
    8. Ich wurde gebeten, die Liste mit der Post zu schicken.

(10)   1. . . . , wessen Fahrrad gestohlen wurde.
    2. . . . , wem dieses Heft mit den Aufsätzen gehört.
    3. . . . , wie ich schnell zum Bahnhof komme.
    4. . . . , warum der Zug heute nicht geht.
    5. . . . , weshalb es kein Essen im Zug gibt.
    6. . . . , wie lange die Reise dauert, wenn ich um 8 Uhr losfahre.
    7. . . . , wem ich die Geschenke geben soll, wenn ich ankomme.
    8. . . . , wessen Haus ich suchen soll.
    9. . . . , wen ich dann dort treffe.
    10. . . . , warum das alles nötig ist.

(11)   1. . . . , ohne es jemandem zu sagen.
    2. . . . , ohne es jemanden merken zu lassen.
    3. . . . , anstatt darüber zu sprechen.
    4. . . . , statt auf den Campingplatz zu gehen.
    5. . . . , ohne jemand anderen zu sehen.

    6. ..., nur auf Campingplätzen übernachten zu dürfen.

    7. ..., ohne Restriktionen zu machen.

    8. ..., ohne gesehen zu werden.

(12) 1. ..., statt daß sie spazierengehen.

    2. Ohne daß sie jemanden fragte, ...

    3. ..., statt daß wir an die Nordsee fahren.

    4. ..., daß sie leben können.

    5. ..., statt daß er lernt.

    6. ..., daß sie sich erholt.

(13) 1. ..., ohne daß sie begrüßt worden war.

    2. ..., ohne daß dabei geredet worden war.

    3. ..., ohne daß ein Kommentar gegeben worden war.

    4. ..., ohne daß der Besitzer gefragt worden war.

    5. ..., ohne daß dafür Geld genommen worden war.

(14) 1. rüber   2. runter   3. runter   4. rein   5. rauf   6. rauf ... runter
    7. rein   8. rüber

(15) 1. Wohin gehst du, mein Freund?

    2. Woher kommst du jetzt gerade?

    3. Geht ihr oft hin, Andreas und Barbara?

    4. Sie fahren jeden Tag hin und her.

    5. Woher kommt das Geschenk?

    6. Sie fuhr fünf Minuten vor uns hin.

(16) Answers will vary.

(17) Würdest du bitte ...

    1. das Gemüse auf den Küchentisch hinlegen?

    2. die Milch aus dem Kühlschrank herbringen?

    3. aufpassen, die Butter nicht fallen zu lassen.

    4. jetzt zu dem Lebensmittelgeschäft hinfahren?

    5. mit den Sachen sofort wieder herkommen?

    6. dem Nachbarn frisches Obst hinbringen?

(18) 1. Das Auto wird jede Woche hin- und hergefahren.

    2. Die Bücher werden von Sophie hergebracht.

    3. Oma und Opa werden von Vater hergebracht.

    4. Die Geburtstagsgäste werden von Freunden hingefahren.

    5. Jeden Mittwoch wird die Wäsche von Leuten hergeholt.

    6. Im Winter wird für Vögel Futter hingelegt.

(19) Answers will vary.

(20) 1. Viele Jugendliche aus der DDR verbringen ihre Ferien auf Campingplätzen.

    2. Das läßt die Tage schnell vorbeigehen.

    3. Sie verbringen ihre Ferien mit Sport.

    4. Außerdem gibt es viele Jugendherbergen zum Übernachten.

    5. Eine Million Gäste verbringen jährlich ihre Ferien hier.

    6. Man kann bis zum Abend an der frischen Luft sein.

(21) Answers will vary.

Kapitel 10

(1) 1. We have to do this soon, I suppose.

    2. Don't you feel well, Birgit?

    3. Whether I like it or not, I must call her.
    4. I will probably be with you at 4 o'clock.
    5. How can this take so long?
    6. This woman is so friendly!
    7. We won't do it this way any more!
    8. I suppose you are new in this town?

(2)   Answers will vary.

(3)   1. Als der Herbst gekommen war, wollten die Freunde einen langen Spaziergang im Wald machen.
    2. Die Blätter der Bäume bekamen langsam bunte Farben, und sie sahen wunderschön aus.
    3. Da schlug Lisa vor: „Wenn ihr alle kommenden Samstag Zeit habt, können wir ja einen Ausflug mit Picknick machen."
    4. Ernst meinte, daß er doch am nächsten Wochenende arbeiten müsse und ob man nicht Montag nachmittags gehen könnte.
    5. Klaus sagte: „Leider muß ich Montag Nachmittag zum Arzt, und ich kann diesen Termin nicht fallen lassen."
    6. Da meinte Brigitte, daß doch jetzt alle zusammen seien und daß es am besten wäre, jetzt sofort zu gehen.
    7. „Du denkst wirklich praktisch," sagte Lisa.
    8. Klaus schlug vor: „Da brauchen wir auf kein anderes Wochenende zu warten. Also los, holt ein paar Sachen aus dem Kühlschrank und dann ab in die Natur. Wer weiß, wie nächste Woche das Wetter sein wird?"

(4)   Answers will vary.

(5)   1. Ich halte immer dieselbe Lieblingsplatte nicht aus.
    2. Ich halte immer nur dasselbe Thema nicht aus.
    3. Ich halte immer dasselbe Telefonieren mit Herbert nicht aus.
    4. Ich halte immer dasselbe Sprechen über die Nachbarn nicht aus.
    5. Ich halte immer dasselbe Fragen, wie es in der Schule gewesen ist, nicht aus.
    6. Ich halte immer dasselbe Bitten, ihm wieder einmal zu helfen, nicht aus.
    7. Ich halte immer dasselbe Bitten, mit ihm über Politik zu diskutieren, nicht aus.
    8. Ich halte immer dieselbe Reklame im Fernsehen nicht aus.
    9. Ich halte immer denselben Alltag im Büro nicht aus.
   10. Ich halte immer denselben langweiligen Autor nicht aus.

(6)   1. Nein, an diejenige . . .
    2. Nein, an diejenigen . . .
    3. Nein, an denjenigen . . .
    4. Nein, an diejenige . . .
    5. Nein, an diejenige . . .
    6. Nein, an diejenigen . . .
    7. Nein, an denjenigen . . .

(7)   Peter: —; Claudia: Den, dem (jenigen); Peter: den (jenigen); Claudia: dieselben; Peter: denen (denjenigen), den; Claudia: —; Peter: Die (jenige); Claudia: die (jenige); Peter: die (jenige); Claudia: den; Peter: —; Claudia: Den; Peter: —; Claudia: die (jenige); Peter: die (jenigen); Claudia: —

(8)   1. der Hübsche, die Hübsche, das Hübsche
    2. der Intelligente, die Intelligente, das Intelligente

3. der Kalte, die Kalte, das Kalte
4. der Arme, die Arme, das Arme
5. der Talentierte, die Talentierte, das Talentierte
6. der Starke, die Starke, das Starke
7. der Schwache, die Schwache, das Schwache
8. der Neue, die Neue, das Neue
9. der Gute, die Gute, das Gute
10. der Böse, die Böse, das Böse
(Sentences will vary.)

(9) 1. Vorige Woche habe ich mich um einen Posten beworben.
2. Der Personalchef hat mich viele Dinge gefragt.
3. Zuerst hat er wissen wollen, ob ich Steno kann.
4. Dann hat er mich gefragt, ob ich Auto fahren kann.
5. Über seine Firma habe ich nicht viel gewußt.
6. Aber er hat einen Mann mit Selbstvertrauen gesucht.
7. Ich habe keine Erfahrung im Umgang mit Kunden gehabt.
8. Am nächsten Tag habe ich anfangen können.

(10) 1. Herr Konrad stellte sich beim Personalchef vor.
2. Er konnte nicht Schreibmaschine schreiben.
3. Er hatte keine Erfahrung im Umgang mit Kunden.
4. Die internationale Firma suchte eine Person mit Selbstvertrauen.
5. Herr Konrad trat am nächsten Tag seinen Posten an.
6. Die Firma war ein weltweites Unternehmen.

(11) Answers will vary.

(12) 1. Derjenige   2. denjenigen   3. Dieselbe   4. derjenige   5. Demjenigen
6. Derselbe   7. Dasselbe   8. demjenigen   9. derjenige   10. dieselben
(The femine forms will change accordingly.)

(13) 1. Arbeitslose   2. Neues   3. Geschriebene   4. Gute   5. Dramatische
6. Interessantes   7. Neue   8. Bekanntes

(14) 1. von den spannenden   2. für deine   3. für solche   4. alte . . . auf
5. auf . . . neue   6. um . . . dummen   7. an . . . schwierigen   8. an . . . dummen

(15, 16)   Answers will vary.

(17) 1. Die deutschen Teenager haben verschiedene Meinungen.
2. Sie müssen mit ihrer Geschichte leben.
3. Viele von ihnen haben so etwas wie ein Schuldgefühl.
4. Wir müssen alles tun, um die Demokratie zu erhalten.
5. Der Franzose war in Deutschland Kriegsgefangener gewesen.
6. Die Schwester von Markus war in London auf einer Sprachschule.
7. Die Deutschen sind nicht auf ihre eigene Nation stolz.
8. Alles ist wieder nach dem Krieg aufgebaut worden.

DEUTSCH
gestern und heute

Authors

Harry A. Walbruck
Roland H. Specht

Consultants

Shawn Jarvis
University of Minnesota

Hans J. König
The Blake Schools
Hopkins, Minnesota

George Kopecky
West Torrance High School
Torrance, California

Eva Schnasse
Eden Prairie High School
Eden Prairie, Minnesota

Linda Slagle
Fairfax High School
Fairfax, Virginia

Rita M. Walbruck
Language Specialist

EMC Publishing, Saint Paul, Minnesota

ISBN 0-8219-0221-0

© 1987 by EMC Corporation
All rights reserved. Published 1987

Published by EMC Publishing
300 York Avenue
St. Paul, Minnesota 55101

Printed in the United States of America
0 9 8 7 6 5 4 3 2 1

Introduction

The title of this textbook, *Deutsch – gestern und heute*, states its theme. We've planned this text to give you a view of the German-speaking countries, both as they were in the past and as they are today. By reading German literature, learning about German art and music, studying the history of these countries and meeting the people, you will begin to understand the German culture. Your study of the language will have an added dimension.

Deutsch – gestern und heute is designed to build on the German language skills you have learned. This text will help you understand, speak, read and write German better. In your study of German, you learned the basic grammar of the language. That is the foundation upon which this text rests. Material to review and strengthen this knowledge of German grammar and language is included in this text.

The many and varied readings in *Deutsch – gestern und heute* will build on that foundation. In fact, it is from the readings that you will learn about the Germany of yesterday and today. You will learn how the German people of today are influenced by their cultural heritage and tradition. You will read interesting literature by German authors. You will read interviews, conversations, excerpts from newspaper articles, ads and more. Idiomatic expressions and regional dialects are explained. Some topics covered in the text are art, cultural life, travel, leisure-time activities, family life, youth, German history, places and events, and research and inventors. These readings will introduce you to the people and culture of the German-speaking countries.

Each chapter in this text has a theme, which is set by the first reading in the chapter. Other readings in the chapter build on the theme. Most chapters also include a *Diskussionsrunde*, designed to give you a chance to discuss a broad variety of subjects in German. The *Leseecke* will expose you to more challenging reading selections by German authors. Each chapter also has several grammar sections (*Grammatische Erklärungen*), which are followed by exercises that can be done orally or in writing. Although each chapter focuses on a specific theme, the chapters do not have to be studied in sequence. They can be selected on the basis of interest in a specific theme or the grammar reinforced in that chapter.

Deutsch – gestern und heute will help you master and expand your basic language skills. You will be able to speak with German-speaking people, understand spoken German, write letters or essays in German and read German newspapers, magazines and books. And, perhaps more important, you will have gained insight into the German culture and people.

Contents

Kapitel 1 – Gestern und heute   *1*

Kapitel 2 – Die Deutschen   *25*

Kapitel 3 – Zwölf dunkle Jahre   *61*

Kapitel 4 – Von Ländern und Städten   *98*

Kapitel 5 – Aus Forschung und Technik   *130*

Kapitel 6 – Von deutscher Kunst   *169*

Kapitel 7 – Das kulturelle Leben   *205*

Kapitel 8 – Der deutsche Alltag   *239*

Kapitel 9 – Freizeit und Reisen *276*

Kapitel 10 – Die deutsche Jugend *313*

1 Gestern und heute

Die Entwicklung Deutschlands

Das Wort „deutsch" hat viele Bedeutungen°. Man *meanings*
bezeichnet° damit eine Gruppe von Menschen, ein Volk, *designates*
seine Sprache und seinen Lebensstil°. Die Entwicklung° *lifestyle/*
Deutschlands zu dem, was es heute ist, resultiert aus den *development*
geschichtlichen Ereignissen. Das deutsche Volk bestand aus
vielen Stämmen°, die nicht die gleichen Interessen und *tribes*
Intentionen hatten. Deshalb sprechen wir vom Ersten Reich° *Empire*
erst seit dem Jahre 800 n.Chr. Karl der Große war Herrscher° *ruler*
in diesem Reich, das er durch viele Eroberungen° immer *conquests*
größer machte. Er kam aus der Familie der Karolinger, die
seit 751 n.Chr. das Frankenreich regierte. Nach dem Tode
Karls des Großen zerfiel° dieses Reich wieder, und es *disintegrated*
dauerte 1 000 Jahre, bis das Zweite Reich entstand°. Der *originated*
berühmte Kanzler° Otto von Bismarck vereinte° die meisten *chancellor/unified*
deutschen Kleinstaaten und half 1871 bei der Begründung° *founding*
des Zweiten Reiches.

Nach dem Ersten Weltkrieg°, der vier Jahre lang von 1914 *World War*
bis 1918 in Europa dauerte, verlor Deutschland einige
Gebiete° wieder. Noch kleiner wurde Deutschland nach dem *territories*
Zweiten Weltkrieg. Mit dem Zweiten Weltkrieg ging auch
eine Zeit zu Ende, die wir heute als das „Dritte Reich"
bezeichnen. Das sind die Jahre von 1933 bis 1945, als die
Nazis und Hitler in Deutschland regierten. Drei Jahre nach
dem Kriegsende entstand die Bundesrepublik Deutschland
(BRD) aus den amerikanischen, britischen und französischen Besatzungszonen°. Aus der sowjetischen Besatzungs- *zones of*
zone wurde die Deutsche Demokratische Republik (DDR). *occupation*
Die frühere Hauptstadt Berlin liegt wie eine Insel in der
DDR. Ost-Berlin ist Teil der DDR und wird als seine Hauptstadt betrachtet°, während der westliche Teil der Stadt wie *considered*
ein Land der BRD behandelt° wird. *treated*

Hochdeutsch ist die Schriftsprache°, die Martin Luther *written language*
geschaffen° hat. Daraus entstand die Umgangssprache°, die *created/colloquial*
man heute in Deutschland spricht und schreibt. Viele *language*
Deutsche sprechen aber noch ihre Dialekte aus den alten

Karl der Große

Otto von Bismarck

Soldaten im 1. Weltkrieg

Die Bibel, von Martin
Luther übersetzt

BIBLIA,
Das ist:
Die
Heilige Schrift
Altes und Neues
Testaments,
Nach der Deutschen Uebersetzung
D. Martin Luthers,
Mit jedes Capitels kurtzen Summarien, auch
beygefügten vielen und richtigen Parallelen;
Nebst einem Anhang
Des dritten und vierten Buchs Esrä und des
dritten Buchs der Maccabäer.
_____
Germantown:
Gedruckt bey Christoph Saur, 1743.

Zeiten, als die Menschen noch zu kleineren Stämmen gehörten und nicht zu einem deutschen Staat. Deshalb kann man im Norden noch Plattdeutsch° hören, während die Deutschen im Süden bayrische° Dialekte sprechen. Bayrisch ist dem Österreichischen ähnlich. Auch in der Schweiz sprechen die meisten Leute einen deutschen Dialekt, das Schwyzerdütsch°. Ein Friese° aus Norddeutschland kann den deutschsprachigen Schweizer nur dann verstehen, wenn beide hochdeutsch miteinander sprechen. Die Dialekte sind sehr verschieden.

Low German
Bavarian

Swiss German/
Friesian

   Die deutsche Kultur ist ein Resultat der vielen Jahrhunderte deutscher Geschichte. Sie ist die Summe aller Traditionen der Stämme, die in Deutschland lebten. Diese Traditionen leben weiter und zeigen sich auch heute noch im täglichen Leben.

Fragen über den Text

1. Was bezeichnet das Wort „deutsch"?
2. Wann und von wem wurde das Erste Reich gegründet?
3. Aus welcher Familie kam Karl der Große?
4. Wann gründete Bismarck das Zweite Reich?
5. Was verlor Deutschland nach dem Ersten Weltkrieg?
6. Aus welchen Besatzungszonen entstand die BRD?
7. Was ist mit der sowjetischen Besatzungszone geschehen?
8. In welchem der beiden Länder liegt die alte Hauptstadt Berlin?
9. Wer hat die moderne Schriftsprache geschaffen?
10. Welchen Dialekt sprechen viele Leute im Norden der BRD?
11. Welchem Dialekt ist das Österreichische ähnlich?
12. Warum müssen Schweizer und Norddeutsche hochdeutsch miteinander sprechen?
13. Woraus entstand die deutsche Kultur?
14. Wo zeigen sich noch heute viele Traditionen?

Der verantwortliche Mann

J. H. von Zeitgeist (geb. 1951)

Immer wieder fragen viele Leute, warum dieses grammatische Problem so, jene Lösung anders und diese Ausnahme° wieder anders ist. Warum gibt es den Konjunktiv I und II, wo doch einer genug wäre. Warum steht aus-außer-bei-mit-nach-seit-von-zu immer mit dem Dativ? Warum werden Nomen groß geschrieben usw.

exception

Zunächst muß ich sagen, daß ich wirklich nicht schuld° *at fault*
daran bin. Verantwortlich ist der Mann, der die deutsche
Sprache erfunden hat.

Eines Tages saß dieser Mann an seinem Küchentisch und
las die Zeitung. Das tat er jeden Tag, immer um die selbe
Stunde, mittags um zwölf. In der Zeitung las der Mann von
einem großen Bauprojekt° irgendwo in Vorderasien, in einer *building project*
Stadt mit dem Namen Brabbel. Dort sollten Leute dabei sein,
ein Hochhaus zu bauen, das bis in den Himmel gehen sollte.
Also ein ziemlich hohes Haus. Man plante, so von der Erde,
wo jeder arbeiten mußte, an einen angenehmeren Ort zu
kommen, wo man faul sein darf und den ganzen Tag Musik
machen kann. Das gefiel dem verantwortlichen Mann nicht.
Er wurde ganz böse, daß die Leute solche Gedanken hatten,
und er hatte sofort einen Plan, wie er diesen Bau in Brabbel
verhindern° könnte. Er fuhr nach Brabbel und sprach dort *prevent*
mit den Arbeitern. Er sagte ihnen, daß er eine Sprache
kennen würde, die viel lustiger als ihre eigene Sprache wäre.
Einige Leute waren sofort begeistert und wollten diese
Sprache lernen. Viele fanden die Idee aber dumm und
wollten nichts davon hören. So lernte etwa ein Viertel der
Bauarbeiter von dem verantwortlichen Mann die neue
Sprache. Sie hieß Deutsch und machte den Arbeitern so viel
Spaß, daß sie keine Zeit mehr hatten, auf dem Bau zu

arbeiten. Deshalb ist das Hochhaus zu Brabbel nie fertig geworden. Und deshalb sprechen heute einige Leute deutsch.

Sie könnten mich jetzt fragen, was das denn mit Ihnen zu tun hat. Ziemlich viel, glaube ich. Denn der einzige, der die deutsche Sprache komplett kannte und verstand, war der verantwortliche Mann. Leider ist er gestorben, bevor er alles darüber aufschreiben konnte. Wenn Sie also Fragen haben, die ich auch nicht weiß, ich bin nicht schuld. Schuld ist der verantwortliche Mann, der zu früh starb, als daß er noch eine Grammatik hätte schreiben können.

Fragen über den Text

1. Wer hat als erster deutsch gesprochen?
2. Wohin fuhr der verantwortliche Mann?
3. Was wollten die Leute in Brabbel bauen?
4. Gefiel das dem verantwortlichen Mann nicht?
5. Warum schrieb der verantwortliche Mann keine Grammatik?
6. Wer kann heute die Fragen der Studenten beantworten?

Diskussionsrunde

Diskutieren Sie bitte diese Fragen mit Ihren Klassenkameraden. Sie können dazu die folgenden Redewendungen benutzen.

1. Was will der Text „Der verantwortliche Mann" uns sagen?
2. Was würden wir tun, wenn der verantwortliche Mann noch lebte?
3. Was würden Sie den verantwortlichen Mann fragen, wenn Sie eine einzige Frage stellen dürften?

Der Text will uns erklären, warum...
Dieses Stück gibt uns eine Erklärung, warum...
Ich würde wissen wollen, warum...
Ich würde fragen, warum...
Ich hätte die Frage, warum...
Ich möchte von dem verantwortlichen Mann wissen, warum...
Meine Frage an ihn wäre: „..."

Grammatische Erklärungen

Capitalization

In German, all nouns are capitalized.

die Insel   *der Kanzler*
das Reich   *der Sozialismus*

Other words, such as verbs, are also capitalized if used as nouns.

Das Blühen der Kultur
Das Schreiben über Deutschland
Das Verstehen der Geschichte

When an adjective is used as a noun, it also must be capitalized.

Jeder weiß, daß Bayrisch ein süddeutscher Dialekt ist.
Das Schöne an Bayern ist die Landschaft.
Der amerikanische Besucher spricht sehr gut Deutsch. Und ein bißchen Bayrisch lernt er auch.

Übungen

1. Ersetzen Sie die englischen durch deutsche Wörter.

1. Das Thema der Stunde ist (interesting) ____.
2. Wir sprechen von dieser (long) ____ Entwicklung.
3. Die (short) ____ Geschichte spielt in Europa.
4. Ein (young) ____ Amerikaner macht Urlaub in Paris und lernt dort eine (German) ____ kennen.
5. Die beiden gehen abends in ein (French) ____ Restaurant in Paris.
6. Zuerst trinken sie ein (cool) ____ Glas Bier.
7. Die Deutsche und der (American) ____ sehen sich (friendly) ____ in die Augen.
8. Die beiden haben sich gern, und das (excellent) ____ Essen schmeckt ihnen gut.
9. Der junge amerikanische Student spricht ein sehr gutes (High German) ____ und möchte die Deutsche gern besuchen.

2. Bitte schreiben Sie, was dann in der Geschichte oben weiter passiert. Besucht der Amerikaner die Deutsche? Lieben sie sich? Besucht die Deutsche ihren neuen Freund in Amerika? Schreiben Sie einen kurzen Aufsatz darüber.

3. Die folgenden Adjektive bezeichnen Nationalitäten. Bilden Sie daraus drei neue Wörter. Die neuen Wörter haben verschiedene Endungen. Bitte benutzen Sie ein Wörterbuch, wenn Sie nicht sicher sind.

Beispiel: *deutsch*
der Deutsche, die Deutsche, Deutschland

1. norwegisch
2. englisch
3. österreichisch
4. französisch
5. schweizerisch
6. spanisch

7. polnisch
8. russisch
9. jugoslawisch
10. italienisch

4. Geben Sie für die folgenden Wörter in der ersten Spalte ein passendes Synonym aus der zweiten Spalte an.

1. beschreiben		a. viele
2. zahlreiche		b. reden
3. abschließen		c. immer
4. sprechen		d. Heimkehr
5. daher		e. schildern
6. einige		f. darum
7. Rückkehr		g. nennen
8. ständig		h. beenden
9. bezeichnen		i. erzählen
10. berichten		j. manche

Ankunft in Hamburg

Hans Fallada (1893–1947)

Bevor der Autor 1930 mit seinem kritischen Roman ,,Bauern, Bonzen° und Bomben'' großen Erfolg° hatte, war er als Journalist und Verlagsdirektor° in Berlin tätig°. Sein Schreibstil ist kurz und klar. Der Roman ,,Kleiner Mann, was nun?'' machte ihn 1932 berühmt. Während des Dritten Reiches waren seine Werke in Deutschland nicht erwünscht°. Er gehört zu den Schriftstellern der neuen Sachlichkeit, die das Milieu der einfachen Leute, ihre Nöte° und Sorgen beschreiben. ,,Ankunft in Hamburg'' ist eine gekürzte Fassung aus seiner Erzählung ,,Das Festgeschenk''.

  bigwigs
  success
  director of publishing company/ active

  desired
  needs

Als das Frachtschiff° ,,Fröhlicher Neptun'' nach fast einem Jahr Ostasienfahrt in Hamburg am 22. Dezember festmachte°, waren siebenunddreißig sehr fröhliche Männer an Bord° – und ein sehr trauriger° Mann, der zweite Offizier Hein Martens.

  freighter
  anchored
  on board/sad

Daß die siebenunddreißig Leute so vergnügt waren, hatte einen bestimmten Grund. Es ist immer herrlich, nach langer Fahrt in den Heimathafen° einzulaufen. Und besonders am 22. Dezember, direkt vor dem lieben Weihnachtsfest. Eltern und Kindern, Freunden und Freundinnen, allen, die

  home port

ungeduldig warten, bringt man viele Geschenke mit: denn
ein Geschenk ist immer das Schönste zum Weihnachtsfest.

Aber gerade das nahm dem zweiten Offizier Hein Martens
alle Freude an der Heimkehr°, und der Gedanke an das nahe   *homecoming*
Weihnachtsfest machte ihn traurig. Er hatte die schönste
Seide° aus Japan in seinem Koffer, dünne Teetassen und   *silk*
eine Vase in Schwarz mit Rot und Gold, über die jede Frau
sich freuen mußte. Doch was er nicht mehr hatte, was er
einmal gehabt hatte, wonach er mit Geduld gejagt° hatte,   *hunted*
was er die ganze Zeit in der Tasche getragen und zehntau-
sendmal angesehen und angefaßt hatte, was ein junger und
sehr verliebter Ehemann in sein kleines, neues Heim° mit-   *home*
bringen kann, das hatte er nicht mehr! Ein paar Seemeilen°   *nautical miles*
vor der Heimat war es ihm aus den Händen gefallen, in die
grauen Wellen°. Tschüs, kleiner Buddha, tschüs, ich sehe   *waves*
dich nie wieder, tschüs!

Der Kapitän ist immer ein guter Freund. Er fragte seinen zweiten Offizier: ,,Na, Martens, wie ist es mit Ihnen? Wenn ich recht habe, müssen Sie diesmal Wache halten°, alle Festtage.''   *be on guard duty*

,,In Ordnung, Kapitän'', antwortete Martens, so traurig wie ein Fisch, der auf Land liegt.

,,Was?'' rief der Kapitän und rollte vor Überraschung° seine runden Augen. ,,In Ordnung, sagen Sie junger Ehemann? Als wir vor zehn Monaten hier in Hamburg abfuhren, waren Sie sechs Wochen verheiratet ...?''   *surprise*

,,Fünf Wochen und vier Tage, Kapitän.''

,,Na also! Und Sie protestieren nicht, daß Sie alle Festtage Wache halten müssen? Was ist denn mit Ihnen passiert?''

,,Darf ich Ihnen erklären, Kapitän ... Ich möchte wirklich die Festtage ...''

,,Lassen Sie Ihren Vorgesetzten° nicht fertig reden, Herr ...? Ich gebe Ihnen jetzt den Befehl°, zu schweigen°, Herr Martens. Und übermorgen um acht Uhr morgens verschwinden° Sie vom Schiff. Verstanden, Herr Martens?''   *superior* / *order/be silent* / *disappear*

,,Zu Befehl°, Herr Kapitän!'' sagte Herr Martens sehr leise° und grüßte mit der Hand an der Mütze. ,,Fisch!!!'' sagte der Alte ziemlich laut hinter ihm her. ,,Trottel°!!! So ein dummer Trottel!''   *yes, sir!/softly* / *fool*

Und wirklich, ganz wie ein dummer Trottel fühlte sich Hein Martens, als er am Morgen des Weihnachtstages die ,,Fröhliche Neptun'' verließ. In jeder Hand hatte er einen Koffer. In den Koffern waren all die schönen Dinge, die bereits genannt wurden: Seide, Teetassen, Vase. Aber der kleine Buddha war nicht darin. Der kleine Buddha lag in dem Meer, und gerade er war so wichtig. Den kleinen Buddha hatte er seiner jungen Frau versprochen, er hatte ihn schon in der Tasche, und direkt vor dem Ziel war er ins Wasser gefallen. Es ist eine schreckliche° Sache, wenn man eine Aufgabe im Leben gemacht hat, und plötzlich – durch ein dummes Unglück° – ist die Freude zerstört° ...   *terrible* / *accident/destroyed*

Fragen über den Text

1. Wie lange war das Frachtschiff unterwegs und woher kam es?
2. Warum waren die Männer auf dem Schiff so froh?
3. Was machte den zweiten Offizier Hein Martens traurig?
4. Was war ihm aus den Händen gefallen?
5. Womit ist Hein Martens zufrieden?
6. Wie lange hatte er mit seiner Frau zusammengelebt?

7. Welches Geschenk hatte er seiner Frau versprochen?
8. Wie fühlte sich Hein Martens, als er von Bord ging?

Diskussionsrunde

Diskutieren Sie mit Ihren Klassenkameraden die Fragen:
1. Wie leben die Seeleute auf einem Schiff?
2. Was ist am Leben eines Seemanns interessant?
3. Was vermissen Seeleute am meisten?

Benutzen Sie die folgenden Satzanfänge in Ihrer Diskussion:

Ich glaube, daß . . .
Ich weiß genau, daß . . .
Ich bin nicht sicher, ob . . .
Ich bin auch der Meinung, denn . . .
Ich bin anderer Meinung, weil . . .

Übung

5. **Ersetzen Sie die eingeklammerten englischen Wörter durch die richtigen deutschen Ausdrücke.**

1. Hein war ein sehr (sad) _____ Mann.
2. Die anderen Männer (on board) _____ waren fröhlich.
3. Er hatte die schönste (silk) _____ aus Japan bei sich.
4. Hein war erst seit sechs Wochen (married) _____.
5. Er möchte es seinem Kapitän gern (explain) _____.
6. Er ließ seinen (superior) _____ nicht fertig reden.
7. Er fühlte sich wie ein dummer (fool) _____.
8. Der Buddha war das wichtigste (present) _____.

Grammatische Erklärungen

Compound nouns

The gender of a compound noun is determined by the noun in last position.

die Lebensform = das Leben + die Form
der Schiffskapitän = das Schiff + der Kapitän
das Eheleben = die Ehe + das Leben

Übung

6. Setzen Sie die richtigen bestimmten Artikel vor diese zusammengesetzten Hauptwörter. Wie heißen die Wortpaare?

Beispiel: *Jahreszeit*
die Jahreszeit – das Jahr, die Zeit

1. Alltagsleben
2. Ehemann
3. Ehefrau
4. Festgeschenk
5. Seemeile
6. Frachtschiff
7. Hauptstadt
8. Festtag
9. Weihnachtsfest
10. Teetasse

Leseecke

Das Wiedersehen

Anneliese Probst (geb. 1926)

Die in Düsseldorf geborene Autorin lebt jetzt in Halle in der DDR.
1950 begann sie zu schreiben und hat seitdem mehrere Jugendbücher°,   juvenile books
Theaterstücke° und Erzählungen geschrieben. Diese gekürzte Erzählung   plays
ist eine ihrer ersten. Sie beschreibt darin die Besuchsreise einer alten Frau
aus der DDR in die BRD. Sie will dort ihre Tochter wiedersehen, die vor
einigen Jahren dorthin gezogen° ist.   moved

Die Frau in dem Abteil° zweiter Klasse des Zuges Leipzig-   compartment
Köln macht einen scheuen Eindruck°. Sie sitzt in ihrer Ecke,   impression
hat die Hände im Schoß°, schaut zum Fenster hinaus, aber   lap
sie sieht nichts von der Landschaft draußen. Bäume,
Wiesen°, Felder, einzelne Häuser. Sie sieht Dinge, die   meadows
andere nicht sehen können: ein kleines, rundes Kinder-
gesicht, das ihr entgegenlacht°, das Gesicht eines jungen   laughs at
Mädchens, das flüstert°: Ich muß bei ihm bleiben, Mutter,   whispers
versteh bitte. Und sich selbst sieht sie, nachts, da ist die
Wohnung leer, und sie geht durch die Zimmer und sucht
Ellen, aber sie ist allein, und als sie zur Tür läuft, um Ellen
zurückzurufen, stolpert° sie und fällt hin, das Bein tut   stumbles

irrsinnig° weh. Das Bein ist gebrochen°, sie wird in ein Krankenhaus gebracht, da liegt sie und möchte sterben, aber sie bleibt am Leben. Sie lernt auch wieder gehen, und von Ellen kommt Post aus Duisburg, dort sind sie schließlich gelandet, und Mutter solle sich nicht sorgen°, schreibt sie, es gehe ihnen ganz gut. Natürlich sorgt sich die Mutter doch, schwerer aber ist die Einsamkeit°, das Leben hat eine graue Farbe, es gibt kaum die Hoffnung° auf ein Wiedersehen.

Sie wohnt in einem Dorf in der Nähe der Stadt, ihr Haus ist winzig°. Theo hat es nach der Arbeit gebaut, kurz vor dem Krieg ist es fertig geworden. Ein paar Jahre hat sie mit Theo darin gewohnt, ein paar glückliche Jahre. Dann wurde Theo eingezogen°, und sie blieb mit der Tochter allein. Auf dem Amt° fand sie eine Stelle°, außerdem hielt sie Hühner, mit den Eiern konnte sie sich in den schlechten Zeiten über Wasser halten. Eier waren ein gutes Tauschobjekt°, und Ellen brauchte Kleider, Schuhe, Bücher, ein Fahrrad. Von Theo hörte sie nichts mehr, vermißt° irgendwo im Osten, der Schmerz wurde eine milde Trauer°, sie hatte ja das Kind.

Als dieser Herbert kam, wußte sie gleich, daß die Sache nicht gutgehen würde. Herbert war ein Hitzkopf°, wurde entlassen, fand Arbeit als Schweißer°, redete immer was von Weggehen und ein anderes Leben beginnen. Ellen bestand°

insanely/broken

worry

loneliness
hope

tiny

drafted
town hall/position

bartering item

missing
mourning

hothead
welder
insisted

darauf, ihn zu heiraten, sie selbst bereitete ihnen die
Hochzeit vor. Herberts Eltern waren im Krieg geblieben.

Zwei Jahre wohnten sie alle zusammen in dem kleinen
Haus, es ging einigermaßen°. Herbert und Ellen arbeiteten   *somehow*
in der Stadt, Herbert besuchte noch eine Fachschule°, sie   *vocational school*
hatte die Stelle beim Amt behalten, sie wollte sich nicht
abhängig° von den Kindern fühlen. Und dann kam Ellen   *dependent*
eines Abends an ihr Bett, küßte° sie, weinte, sagte was von   *kissed*
Fortgehen und Verzeihen°, sie wußte erst später, daß das ein   *forgiving*
Abschied° war.   *farewell*

Wieviel Zeit ist seitdem vergangen? Sie weiß es nicht
mehr. Eine lange Zeit. Sie ist inzwischen alt geworden, und
nun kann sie endlich zur Tochter fahren, sie hätte schon
längst fahren dürfen, aber Ellen hat das nicht gewollt. Warte
noch ein bißchen, hat sie geschrieben, wir geben dir
Nachricht, wenn du zu uns kommen kannst. Das hat sie
jahrelang in jedem Brief gelesen. Es ist nur selten° ein Brief   *rarely*
gekommen, und den hat sie jedesmal gleich in der Tür
gelesen, hat sich nicht mal Zeit genommen, mit dem Brief in
die Stube° zu gehen. Ellen hat immer weniger von sich hören   *living room*
lassen, immer zu tun, ein Haus haben sie sich gebaut, ein
Auto haben sie sich gekauft, und zwei Kinder bekommen.
Ja, auf die freut sich die kleine Frau sehr.

Das ist übrigens ihre erste große Reise. Bis jetzt ist sie nur
mit dem Bus in die Stadt gefahren. In einem Zug hat sie noch
nicht gesessen. Mit einer kleinen Neugier° ist sie in den   *curiosity*
Wagen gestiegen, eine richtige große Reise soll das werden,
und die wird Ellen wiedersehen, die Tochter!

Mit den Mitreisenden° redet sie kaum ein Wort. Bei der   *fellow-travelers*
Paßkontrolle zittern° ihre Hände. „Na, na, Muttchen", sagt   *tremble*
der Polizist, „wir beißen° doch nicht." Sie lächelt. Wie lange   *bite*
muß sie noch fahren? Sechs Stunden? Eine Ewigkeit°.   *eternity*

Die Nacht kommt, ihr ist kalt. Sie will nicht schlafen, aber
sie dämmert° so ein bißchen vor sich hin, die Füße beginnen   *dozes*
zu kribbeln°, davon wird sie wieder wach. Eine Weile steht   *tingle*
sie draußen auf dem Gang°, eine einsame° Frau, manche   *corridor/lonely*
sagen, sie hätte noch gute Jahre vor sich. Möglich, daß Ellen
sie bittet, bei ihnen zu bleiben, dann bleibt sie natürlich und
wird sich um Ellen und die Kinder kümmern°.   *take care*

Etwa° eine Stunde vor der Ankunft des Zuges steht sie   *about*
fertig angezogen im Gang, den Koffer neben sich, da sind
ein paar Geschenke drin, für Ellen hat sie eine Tischdecke
gestickt°, eine bunte Kaffeedecke, im Amt hat man sie   *embroidered*
bewundert°. Sibylle bekommt eine Puppe, der Junge einen   *admired*
Ball, viel Geld besitzt sie nicht, vielleicht freuen sich die
Kinder doch ein bißchen.

Die Zeit wird ihr nicht lang, fast wünscht sie, der Zug möge nie ankommen. Doch natürlich kommt er an, morgens fünf Uhr dreißig, die Waggontür wird geöffnet, der Schaffner° hilft ihr beim Aussteigen. „Lassen Sie", sagt er, „ich gebe Ihnen den Koffer." Sie nickt°, steht auf dem Bahnsteig, schaut sich nach Ellen um, einer schlanken°, großen, hübschen° Frau von fünfundzwanzig Jahren, findet sie nicht, nur eine Fremde° kommt auf sie zu, bleibt bei ihr stehen, sagt: „Mutter!" Warum: Mutter? . . .

conductor

nods

slender

pretty

stranger

Fragen über den Text

1. Warum sieht die Frau im Zug nichts von der Landschaft?
2. Was tat sie in der Nacht, nachdem Ellen sie verlassen hatte?
3. Was schrieb ihre Tochter ihr später aus Duisburg?
4. Warum hatte Ellen nichts mehr von Theo gehört?
5. Wovon hatte Herbert immer geredet?
6. Worauf freut sich Ellens Mutter sehr?
7. Was für Geschenke hat sie bei sich?
8. Warum erkennt sie ihre Tochter bei der Ankunft nicht?

Grammatische Erklärungen

Adjectives and adverbs

An adjective can be used in two places in a sentence – preceding the noun or after the verb in the predicate but still describing the noun. When an adjective precedes the noun, it has to agree with the noun and have the appropriate ending. Adjectives following *der*-words have these endings:

	masculine		feminine		neuter		plural	
nominative	der	-e	die	-e	das	-e	die	-en
accusative	den	-en	die	-e	das	-e	die	-en
dative	dem	-en	der	-en	dem	-en	den	-en
genitive	des	-en	der	-en	des	-en	der	-en

der-words: *der* (the), *dieser* (this), *jeder* (each, every), *welcher* (which), *mancher* (some, many a)

> *Manches schwierige Problem steht hinten im Buch.*
> *Kannst du die leichte Lösung nicht finden?*
> *Ich besuche Sie während dieser schönen Ferien.*

Adjectives following *ein*-words and all possessive adjectives have these endings:

	masculine		feminine		neuter		plural	
nominative	ein	-er	eine	-e	ein	-es	keine	-en
accusative	einen	-en	eine	-e	ein	-es	keine	-en
dative	einem	-en	einer	-en	einem	-en	keinen	-en
genitive	eines	-en	einer	-en	eines	-en	keiner	-en

ein-words and possessive adjectives: *ein, kein, mein, dein, sein, ihr, sein, unser, euer, ihr, Ihr*

> *Ein schwieriges Problem steht hinten im Buch.*
> *Kannst du keine leichte Lösung finden?*
> *Ich möchte seiner netten Tante helfen.*

An adjective that describes a noun but does not precede it is a predicate adjective. An ending is never added to the base form of a predicate adjective.

> *Das Problem wird schwierig.*
> *Die Lösung findet man leicht.*
> *Sie sagt, daß die Haare braun sind.*
> *Er sagt, daß sein Onkel größer ist.*

Adverbs describe verbs. An ending is not added to the base form of adverbs.

> *Er geht schnell.*
> *Sie sprechen sehr gut.*
> *Wir blieben im Kino ruhig.*
> *Kinder essen selten langsam.*

Adverbs can also describe adjectives. An ending is not added to the base form in this instance either.

> *Im Radio kommt die sehr spannende Geschichte von James Bond.*
> *Das laut rufende Mädchen verkauft Obst auf dem Markt.*

Übungen

7. **Der erste Teil jedes Satzes steht immer im Nominativ. Welcher Fall ist im zweiten Teil richtig? Setzen Sie die fehlenden Endungen ein.**

   1. Ein groß ____ Schloß. Ich komme aus ein ____ groß ____ Schloß.
   2. Ein ____ spannend ____ Geschichte. Ich lese ein ____ spannend ____ Geschichte.
   3. Ein alt ____ Freund. Ich schreibe dem Sohn ein ____ alt ____ Freundes.

4. Eine traurig _____ Sache. Von ein _____ traurig _____ Sache mag ich nichts hören.

5. Sein krank _____ Nachbar. Er will sein _____ krank _____ Nachbarn helfen.

6. Ein bös _____ Hund. Es ist dumm, ihr _____ bös _____ Hund zu streicheln.

7. Ein nett _____ Bekannter. Paul dankt ein _____ nett _____ Bekannten.

8. Eine schön _____ Reise. Mir hat unser _____ schön _____ Reise gefallen.

8. Setzen Sie die korrekten Endungen dort ein, wo es nötig ist. Passen Sie gut auf! Nur Adjektive vor Nomen haben Endungen.

1. Peter und Birgit stiegen in den blau _____ Bus ein.
2. Ulla zog ihre dick _____ Handschuhe an und ging auch.
3. Es war der letzt _____ Tanz des Abends für mich.
4. Nach diesem Tanz war ich traurig _____.
5. Es war so schön _____ gewesen, mit Rita zu tanzen.
6. Zu Hause sah meine Schwester mein traurig _____ Gesicht.
7. Sie hatte lang _____ Stunden auf mich gewartet.
8. Sie war besonders nett _____ zu mir an diesem traurig _____ Abend.

9. Geben Sie die deutschen Ausdrücke für die folgenden englischen Zeitausdrücke an. In der Liste gibt es ähnliche Ausdrücke.

Beispiele für Zeitausdrücke:
am nächsten Abend / während des Frühlings / nach der Reise / an diesem Sonntag / bis Samstag morgen / morgens / mittags / nachmittags / abends

1. on this day
2. at noon
3. in the evening
4. the next morning
5. during the summer
6. after the vacation
7. in the afternoon
8. by Friday night

Austausch bringt uns näher

Die zwei Beispiele in diesem Kapitel sollen einen kleinen Einblick° in interessante Programme geben, die mit Studenten-Austausch und Studienaufenthalt° zu tun haben.

insight

study visit

Eine Brücke der Freundschaft

Wolfenbüttel ist die Stadt, in der während des 18. Jahrhunderts einer der berühmtesten deutschen Dichter wohnte – Gotthold Ephraim Lessing (1729–1781). Schon sechshundert Jahre vor ihm war in Wolfenbüttel ein schönes mittelalterliches Schloß gebaut worden. Inmitten der mittelalterlichen Fachwerkhäuser und der typischen kleinen Gassen° erkennt hier jeder Besucher auch heute noch viel *narrow streets* von der langen Geschichte der Stadt. Berühmt ist auch Wolfenbüttels Bibliothek, die von Herzog August im 17. Jahrhundert gegründet° wurde. Darin gibt es über 8 000 alte *founded* Handschriften°. Aber davon soll hier weniger die Rede sein *manuscripts* als von den aufgeschlossenen° Menschen, die dort leben. *open-minded* Und von den Besuchern, die seit 1970 von Kenosha in Wisconsin dorthin kommen. Der Direktor dieses Austauschs erzählt sein Erlebnis.

Als wir vor zum ersten Mal mit unseren Deutsch-Studenten nach Wolfenbüttel kamen, begrüßte uns dort nicht nur der Bürgermeister. Auf dem Schloßplatz spielte eine Musikkapelle, und unsere Gasteltern° warteten schon *host parents* neugierig° auf uns Amerikaner. Dieses Bild hat sich seit *curiously* damals schon viele Male wiederholt, und an Gegenbesuchen unserer Wolfenbütteler Freunde in den Vereinigten Staaten hat es auch nicht gefehlt. Die Idee war von Anfang an sehr einfach, denn die Verständigung° zwischen den Nationen *understanding* beginnt auf einer persönlichen Basis. Diese Erwartung° hat *expectation* sich erfüllt°. Ein herzliches Verhältnis ist zwischen den *fulfilled* Studenten und ihren Gasteltern entstanden. Wir haben voneinander gelernt und miteinander gelebt.

Einer der Höhepunkte unseres Austauschprogramms war 1976 die 200-jährige Geburtstagsfeier der Vereinigten Staaten von Amerika in unserer deutschen Partnerstadt. Im festlich geschmückten° Rathaus gab es einen großen Empfang° für *decorated/* unsere Gruppe aus Kenosha. Dem Bürgermeister der Stadt *reception* haben wir damals eine Fahne mit der Aufschrift° „Happy *inscription* Birthday America!" gegeben. Und bei einem der Gegenbesuche vieler Jugendlicher und Erwachsener aus Wolfenbüttel fand an unserer Universität ein großes deutsches Volksfest statt. Daran haben mehr als eintausend Gäste teilgenommen. Aus diesem Austausch entstand eine der engsten Verbindungen einer unserer Studentinnen mit einem jungen Mann aus Wolfenbüttel. Die beiden heirateten°. Sie blieb *married* gleich da und besucht uns nur noch manchmal hier in den U.S.A. – dann aber mit der ganzen jungen Familie.

Gute Stimmung bei der Geburtstagsfeier

Übung

10. Bilden Sie Sätze nur aus diesen Wörtern. Die Wörter haben schon die richtigen Endungen.

1. Lessing / wohnte / in / Stadt / dieser / historischen
2. mittelalterliche / sie / viele / Straßen / hat
3. uns / begrüßte / Bürgermeister / dem / Schloßplatz / der / auf / herzlich
4. die / in / Amerika / besucht / Freunde / deutschen / haben / uns
5. Ozean / Brücke / Freundschaft / der / gebaut / haben / wir / eine / über / den
6. geheiratet / amerikanische / deutschen / Freund / Studentin / hat / eine / ihren / dort

**Der Landkreis Wolfenbüttel – im hügeligen Harzvorland
gelegen – gehört zu den letzten Gebieten, die heute noch
unberührt von der Hektik, weit ab vom großstädtischen
Treiben, ihren ländlichen Charme bewahrt haben.**

Fremdenverkehrsverband Landkreis Wolfenbüttel
Bahnhofstraße 11, 3340 Wolfenbüttel, Tel. 0 53 31/8 44 08

Was steht in dieser Anzeige?

1. Was beschreibt die Anzeige?
2. Wo liegt dieser Landkreis?
3. Liegt es in der Nähe einer Großstadt?
4. Was hat das Gebiet noch immer?
5. Wo bekommt man weitere Informationen über dieses Gebiet?

Grammatische Erklärungen

Modal auxiliaries in the perfect tenses and double infinitive constructions

infinitive	simple past (narrative past)	past participle	past participle (double infinitive)
dürfen	durfte	gedurft	dürfen
können	konnte	gekonnt	können
mögen	mochte	gemocht	mögen
müssen	mußte	gemußt	müssen
sollen	sollte	gesollt	sollen
wollen	wollte	gewollt	wollen

Modal auxiliaries have two forms in the perfect tenses. The regular form *gedurft, gekonnt, gemocht, gemußt, gesollt, gewollt* is used when the modal is the main verb without a dependent infinitive. When a dependent infinitive occurs, the modal appears before the other infinitive in its infinitive form. This variant form is identical to the infinitive (*dürfen, können, mögen, müssen, sollen, wollen*). This construction is called the double infinitive construction.

Ich habe es nicht gewollt.
(I didn't want to.)
Ich habe es nicht tun wollen.
(I didn't want to do it.)

Sie hat es gemußt.
(She had to.)
Sie hat es tun müssen.
(She had to do it.)

In a dependent clause, the auxiliary verb immediately precedes the double infinitive.

Ich weiß, daß sie hat kommen wollen.
(I know that she wanted to come.)

Er sagte, daß er es allein hatte tun können.
(He said that he had been able to do it alone.)

Übungen

11. Schreiben Sie diese Sätze im Plusquamperfekt.

> **Beispiel:** *Wir wollten ins Kino gehen.*
> *Wir hatten ins Kino gehen wollen.*

1. Anne wollte ihrer Freundin einen Brief schreiben.
2. Sie mochte nur einen kurzen Brief schreiben.
3. Sie konnte diesen Morgen nicht telefonieren.
4. Sie durfte mittags in die Stadt gehen.
5. Sie sollte abends ihren Freund treffen.
6. Sie wollte ihm von diesem Tag erzählen.
7. Sie konnte nachts nicht gut schlafen.
8. Sie sollte sich mehr Zeit nehmen.

12. Schreiben Sie diese Sätze im Futur und benutzen Sie das Modalverb *wollen*.

> **Beispiel:** *Das mache ich gern.*
> *Das werde ich gern machen wollen.*

1. Brigitte liest das Buch.
2. Die Stadt baut ein Rathaus.
3. Der Chef fährt in Urlaub.

4. Die Leute fragen den Polizisten.
5. Die Besucher warten vor dem Gebäude.
6. Oskar spielt Fußball.
7. Das Hotel bietet leckeres Essen.
8. Die Gäste gehen ins Restaurant.

Studenten suchen Gasteltern

Während der Monate Januar bis Mai fahren jedes Jahr zwischen 15 und 20 Studenten von der St. Cloud State Universität nach Ingolstadt. Diese Stadt, in der etwa 90 000 Menschen wohnen, liegt nur eine Stunde mit dem Auto von München im Süden und Nürnberg im Norden entfernt. Die Studenten nehmen an einem Intensivkurs für Deutsch teil und wohnen die ganze Zeit bei Ingolstäder Familien.

Nicht immer war es leicht, genug hilfsbereite Familien zu finden, bei denen die Studenten wohnen konnten. Dann erschien ein Artikel in der Ingolstädter Zeitung. Die Resonanz der Bevölkerung auf diesen Artikel war so groß, daß man schon zwei Tage später alle amerikanischen Studenten bei ihren neuen Familien unterbringen konnte.

Der „Fünfmonatsplan" ist schon nach drei Tagen in Gefahr°: Neun amerikanische Studenten von der Universität aus St. Cloud, die seit Samstag in einer Ingolstädter Pension wohnen, suchen Gasteltern, wo sie während ihres Studienaufenthaltes wohnen können. „Seit über zehn Jahren kommen Studenten nach Ingolstadt, um hier fünf Monate lang von deutschen Lehrern und mir unterrichtet zu werden", erklärt Hubert Picus, der Direktor aus St. Cloud. „In diesem Jahr haben wir zum ersten Mal Schwierigkeiten°, sie unterzubringen. Die Studenten können sich die Zusatzkosten° durch den Aufenthalt in der Pension nicht mehr lange leisten°." *in danger*

difficulties
additional costs
afford

Für die Jugendlichen im Alter von 19 bis 24 Jahren war es nicht die Aussicht° auf Ferien, die sie nach Ingolstadt gebracht hat. 160 Unterrichtsstunden im Quartal stehen auf dem Programm. Dazu kommen Hausaufgaben und Besuche von Vorstellungen im Stadttheater. Außerdem fahren die jungen Leute ins Altmühltal, nach Neuburg, Eichstätt, München und Dachau. Höhepunkte des Aufenthalts sind Reisen ins Ruhrgebiet und nach Berlin. Der Unterricht findet von Montag bis Freitag in der Jugendherberge im Oberen Graben statt. *expectation*

Insgesamt 15 Studenten nutzten° die Möglichkeit, einige Monate im Ausland zu studieren. 3 200 Dollar muß jeder dafür bezahlen. Das Taschengeld°, das in dieser Summe enthalten ist, beträgt sechs Mark pro Tag. Die hohen Studiengebühren° von 5 000 DM pro Jahr finanzieren die meisten amerikanischen Studenten durch Jobs selber. *used*
pocket money

tuition

Amerikanische Studenten in Ingolstadt

Wer einen Studenten oder eine Studentin aufnehmen möchte, kann das Kulturamt der Stadt anrufen. Hubert Picus sagte, daß die Studenten keinen Sonderstatus in der Familie haben sollten. „Wichtig ist, daß die Studenten in der Familie leben können, wie Töchter und Söhne," erklärte der amerikanische Lehrer. Die Ingolstädter Gasteltern erhalten eine sogenannte „Anerkennungsgebühr" von elf Mark pro Tag. Diese Summe sollen die Gasteltern nicht als Bezahlung° verstehen. Die jungen Gäste sollen in das Familienleben integriert werden. Während der Osterferien gehen die meisten auf Reisen, um Europa zu sehen.

payment

Fragen über den Text

1. Warum kommen die Studenten nach Ingolstadt?
2. Wo wohnen sie zur Zeit?
3. Warum können die Studenten nicht länger in der Pension bleiben?
4. Wieviele Stunden Unterricht bekommen die Studenten pro Quartal?
5. Wer unterrichtet die Studenten?
6. Wo findet der Unterricht statt?
7. Wo sollen Familien anrufen?
8. Was wollen die Studenten während der Osterferien tun?

Übung

13. Wie komme ich von ... nach ...?

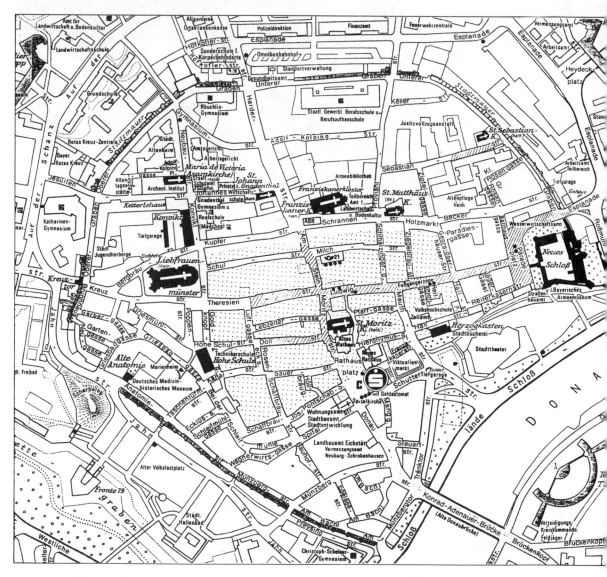

Bitte sehen Sie sich die Stadtkarte von Ingolstadt an. Stellen Sie sich vor, Sie stehen am Kreuztor. Sie kennen die Stadt gut und geben anderen Touristen Auskunft, die verschiedene Sehenswürdigkeiten der Stadt finden wollen. Bitte erklären Sie den Weg.

Beispiel: *Der Tourist möchte zur Moritzkirche.*

Sie erklären ihm:
„Gehen Sie geradeaus auf der Kreuzstraße. Dann kommen Sie zur

Theresienstraße. Gehen Sie auf der Theresienstraße weiter bis zur Moritzstraße. Dort gehen Sie nach rechts und sehen dann gleich ein Stück weiter auf der linken Seite die Moritzkirche."

Tourist 1: Wie komme ich denn bitte zum Liebfrauenmünster?
Tourist 2: Können Sie mir den Weg zum Hallenbad erklären?
Tourist 3: Wie kommt man zum Neuen Rathaus?
Tourist 4: Kennen Sie den Weg zur St. Matthäus-Kirche?
Tourist 5: Würden Sie mir bitte sagen, wie ich zum Stadttheater komme?
Tourist 6: Wie muß ich gehen, um zur Donau zu gelangen?
Tourist 7: Wo ist bitte die Konrad-Adenauer-Brücke? Ich glaube, sie hieß früher Alte Donaubrücke.
Tourist 8: Die Hohe Schule soll nicht sehr weit von hier sein. Wie finde ich die?

Originalton Süd – Bayrischer Dialekt

Die folgenden Verse sind im bayrischen Dialekt geschrieben. Auf hochdeutsch klingt es nicht so gut wie im Original.

Auf bayrisch

„Hast des glesn, was in dera Zeitung heut steht?"
„Na, warum?"
„Daß amal unser Welt total untergeht."
„Wiaso?"
„Ja, weil's, so steht drin, irgendwann amal knallt, und alls in a schwarzes Loch zsammenfallt."
„Alls, moanst?"
„Ja, alls, steht da: unser Erde, dia Stern, alls daad irgendwann aufgsogn wern."
„Und was bleibt dann über?"
„Nix bleibt, nix bleibt über.
Alls geht dann einfach drunter und drüber."
„Sauber- und wann soll des nachat sei?"
„Da in der Zeitung steht's drinna ganz klar, ungefähr in 800 Milliardn Jahr."
„Wann hast gsagt?"
„I hab daas doch gsagt, daß des in rund 800 Milliardn Jahr passiern kunnt."
„Hast du mi derschreckt, weil i nämli grad a falsche Zahl verstandn jetzt hab.
Da bin i jetzt froh, des konn i dir sagn, hab gmoant mir gaang's in 80 Milliardn Jahr scho an Kragn."

Auf hochdeutsch

„Hast du das gelesen, was heute in der Zeitung steht?"
„Nein, warum?"
„Daß unsere Welt einmal ganz untergeht°."   *perishes*
„Wieso?"
„Ja, weil es – so steht es drin – irgendwann einmal knallt°   *bangs*
und alles in ein schwarzes Loch° zusammenfällt."   *hole*
„Alles, meinst du?"
„Ja, alles, steht da: unsere Erde, die Sterne°, alles das wird   *stars*
irgendwann aufgesogen°."   *sucked in*
„Und was bleibt dann übrig?"
„Nichts, nichts bleibt übrig.
Alles geht dann einfach drunter und drüber°."   *topsy-turvy*
„Toll: Und wann soll das einmal sein?"
„Da in der Zeitung steht es ganz klar, ungefähr in 800
Milliarden Jahren."
„Wann hast du gesagt?"
„Ich habe das doch gesagt, daß es in etwa 800 Milliarden
Jahren passieren könnte."
„Wie hast du mich erschreckt°, weil ich nämlich gerade eine   *frightened*
falsche Zahl verstanden habe!
Da bin ich jetzt froh, das kann ich dir sagen.
Hab' gemeint, mir ginge es schon in 80 Milliarden Jahren an
den Kragen°."   *I would be in
                                                                     for it.*

Der Stein

Heinz Erhardt

Fast wär vom Dach ein Ziegelstein°   *brick*
mir auf den Kopf geflogen,
jedoch „es hat nicht sollen sein":
er machte einen Bogen°.   *detour*

Daß er das tat, ja das war gut!
Doch hat der Fall bewiesen°:   *proven*
man sei beständig° auf der Hut°   *always/on guard*
und geh nie ohne diesen!

Wer ein gutes Auge hat, wird einen Preis gewinnen. (oben links)
Wann kommen denn die Klassenkameraden endlich? (oben rechts)
Ohne Helm darf man nicht Motorrad fahren. (mitte links)
Sonntags ist auf der Kirmes immer etwas los. (mitte rechts)
Ein Klassenausflug ist eine schöne Abwechslung. (unten)

Im Norden sind die Häuser ziemlich klein... (oben links)
...aber drinnen ist es um so gemütlicher. (oben rechts)
Dieses Haus ist typisch für die Nordseeinseln. (unten links)
Idyllische Plätze gibt es viele in Bamberg. (unten rechts)

Die Gesamthochschule Siegen zeigt
den modernen Trend zu bunten
Farben. (oben links)
Die Frankfurter Innenstadt verbindet
alte und neue Architektur. (oben
rechts)
Manche Kleinstädte wie Bad Wimpfen
haben ihren mittelalterlichen
Charakter bewahrt. (unten links)
Bunte Blumen wachsen im Garten
dieses Bauernhofes im Schwarzwald.
(unten rechts)

In diesem Park bei Hagen können Sie kleine
Museen bewundern. (oben links)
In seiner Geburtsstadt Frankfurt sind die Leute
stolz auf Goethe. (oben rechts)
Die Pinakothek ist ein weltbekanntes Museum in
München. (mitte links)
Johann Wolfgang von Goethe war Dichter,
Politiker und Forscher. (unten rechts)
„Draußen vor der Tür" hat Wolfgang Borchert
berühmt gemacht. (unten)

2 Die Deutschen

Man nannte es „Volk der Dichter und Denker"

Der deutsche Dichter Jean Paul (1763–1825) hat diese Definition im Jahre 1808 zum ersten Mal benutzt. Deutschland lebte zu dieser Zeit unter der Vorherrschaft° des französischen Kaisers° Napoleon und hatte viele Probleme mit seiner nationalen Identität und Integrität. Jean Paul wollte damit sagen, daß nicht nur in Italien, Spanien, Frankreich und England berühmte und kreative Menschen leben, sondern auch in seinem Heimatland°. Später wurde dieser Satz oft mißbraucht°, um zu sagen, daß die Deutschen anderen Nationen überlegen° sind. Das war besonders im Dritten Reich der Fall. Deshalb soll man diesen berühmten Satz so interpretieren, wie er von Jean Paul gemeint war. Auch aus Deutschland kommen viele Dichter und Denker.

supremacy
emperor

homeland
misused
superior

Alle Künste eines Volkes drücken seine Charakteristiken und Eigenschaften° aus. Die Malerei° zeigt uns den Charakter eines Volkes zu einer bestimmten Zeit durch Bilder. Die bildenden Künste° tun dies durch Skulpturen und andere dreidimensionale Werke. Die Musik schenkt uns Lieder und Kompositionen, die Beweise für verschiedene Epochen der Völker sind. Und die Literatur und Poesie°? Sie zeigt uns, wie Menschen gelebt und gehandelt° haben, was sie gedacht und gefühlt haben. Und sie berichtet über die sozialen Verhältnisse von Land und Leuten.

qualities/ painting
fine arts

poetry
acted

Aus dem ersten Jahrtausend n.Chr. (nach Christus) existieren nur noch sehr wenige Handschriften°. Damals wurde noch Althochdeutsch° geschrieben, eine Sprache, aus der sich unser heutiges Deutsch entwickelt° hat. Die Schreiber waren fast nur Mönche° und Priester°, da es noch keine Schulen für das Volk gab. Die meisten Menschen konnten weder lesen noch schreiben. Das älteste Dokument in deutscher Sprache ist ein deutschlateinisches Wörterbuch namens „Abrogans". Es wurde um 770 n.Chr. in Althochdeutsch geschrieben. Dann gibt es noch das „Wessobrunner Gebet°", das auch in Althochdeutsch geschrieben ist, und einige Handschriften von Liedern aus dem 9. Jahrhundert.

manuscripts
Old High German
developed
monks/priests

prayer

Abgrogans-Handschrift

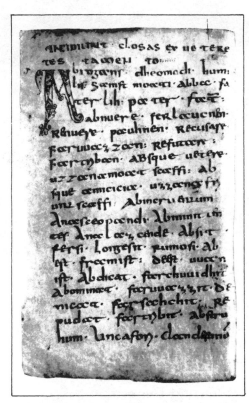

Die dann folgende Literaturepoche waren die einhundert-fünfzig Jahre von 1150 n.Chr. bis 1300 n.Chr. Man nennt diese Zeit auch „Hohes Mittelalter". Aus dem Althoch-deutschen entwickelte sich zu dieser Zeit das Mittelhoch-deutsche°. Jetzt waren es nicht mehr nur die Priester und Mönche, die christliche Bücher schrieben, sondern auch die Adeligen°, die von ihrem Leben als Ritter° erzählten. Aus der Volksdichtung° dieser ersten klassischen Periode ragt ein Werk hervor, das viele Lieder zu einem langen Werk verei-nigte. Es heißt „Nibelungenlied", und ein unbekannter Dichter hat es etwa um 1210 herum geschrieben. Es war die Zeit, in der auch die höfische° Dichtung blühte. Dies ist die Dichtung der Ritter und Adeligen in Schlössern und Burgen. Wolfram von Eschenbach (ca. 1170–1220) und Walther von der Vogelweide (ca. 1168–1228) sind zwei ihrer bekann-testen Vertreter°. Wolfram von Eschenbachs bekanntestes Werk ist „Parzifal", ein Ritterroman. In 24 840 Versen beschreibt er die Entwicklung des Ritters Parzifal vom christlichen Ritter bis zum Gralskönig°. Walther von der Vogelweide ist berühmt für seine Liebeslieder. Man nannte sie „Minnesang", denn „Minne" ist das mittelhochdeutsche Wort für „Liebe". Aber außer Liebesliedern hat er auch sehr

Middle High German

noblemen/knights

folk literature

courtly

representatives

King of the Grail

kritisch über Fürsten und das höfische Leben geschrieben. Oft hat er die Kritik in seinen Minneliedern versteckt°.   *hidden*

Die zweihundert Jahre von 1300 bis 1500 nennen wir heute das „Späte Mittelalter". Während dieser Jahre wurde die Macht° der Ritter immer kleiner, und die Bürger in den   *power* Städten bekamen mehr und mehr Einfluß, weil sie das Handwerk° und den Handel° förderten°. Die traurige politi-   *handicraft/trade/* sche Lage Deutschlands führte damals zu einer demorali-   *promoted* sierten Stimmung. Außerdem lebten die Menschen in Stadt und Land immer unter der Angst vor gefährlichen Seuchen°.   *diseases* Pest° und Cholera töteten zehntausende von Menschen. Die   *plague* Literatur dieser Zeit wurde nicht mehr allein an den Höfen der Fürsten gemacht, sondern auch in den Städten. Aber die Dichtung war nicht mehr so innovativ wie zuvor. Die Sprache

Handwerker
im Mittelalter

der mittelhochdeutschen Meistersänger° war degeneriert,   *mastersingers*
weil man glaubte, daß die Dichtung nur ein Handwerk sei,
das man wie jedes andere Handwerk lernen könnte. Über
einen der populärsten Vertreter, Hans Sachs, gab es den
Volksspruch°:   *popular saying*
   ,,Hans Sachs war ein Schuhmacher und Poet dazu.''

In der folgenden Periode von 1500 bis 1625 passierte etwas
sehr Wichtiges mit der deutschen Sprache. Martin Luther
beendete 1534 seine Bibelübersetzung° aus dem Lateinischen.   *Bible translation*
Er schrieb sie in der neuhochdeutschen Schriftsprache, die
auf alten Dialekten und dem Mittelhochdeutschen aufgebaut ist. Nun gab es außer der lateinischen Bibel auch die
deutsche Bibel. Diese Periode heißt auch Reformationszeit°,   *Reformation*
weil Luther den katholischen Glauben reformierte und   *period*
damit den protestantischen Glauben schuf. Es war auch eine
Blütezeit° des Kirchenliedes. Eines der bekanntesten Kir-   *heyday*
chenlieder von Luther heißt: ,,Eine feste Burg° ist unser   *a mighty fortress*
Gott.''

Der Dreißigjährige Krieg (1618–1648) und die folgenden
Jahre bis zur Mitte des 18. Jahrhunderts bilden wieder eine
Epoche in der Geschichte der Literatur. Der grausame° Krieg   *cruel*
hatte die deutsche Länder sehr geschwächt°. Wie immer   *weakened*
ging es Kultur und Literatur schlecht, als Krieg das Land
regierte°. Frankreich dominierte das kulturelle Leben in   *ruled*
Deutschland. Französische Kultur und Politik beeinflußten°   *influenced*
den deutschen Sprachraum. Die Deutschen haben in dieser
Zeit viele französische Wörter übernommen°. Es war damals   *taken over*
für jeden gebildeten° Deutschen selbstverständlich, die   *educated*
französische Sprache zu sprechen. Im Europa jener Tage war
Französisch die Sprache der Diplomaten und Politiker.

Eine neue Blütezeit der deutschen Literatur waren die fast
hundert Jahre zwischen 1750 und 1848. Während dieser Zeit
schrieben einige Dichter ihre Werke, die heute als Klassiker
gelten°. Gotthold Ephraim Lessing (1729–1781) war ein   *are considered*
bedeutender Dramatiker°. Mit seiner ,,Hamburgischen   *dramatist*
Dramaturgie'' wollte er eine neue Grundlage° für das Theater   *basis*
schaffen. Der bekannteste Dichter ist Johann Wolfgang von
Goethe (1749–1832), den viele Leute gern einen Dichter-
fürsten° nennen. Er war ein Universalgenie und arbeitete   *prince of poetry*
nicht nur an Lyrik°, Dramen und Romanen, sondern auch in   *lyric poetry*
den Naturwissenschaften° und in der Politik. Ein guter   *natural sciences*
Freund Goethes war Friedrich Schiller (1759–1805). Die
beiden haben manche Flasche Wein miteinander getrunken
und dabei oft über eine eigene Literaturzeitschrift° Schillers   *literary magazine*
diskutiert, die er unter dem Namen ,,Die Horen'' publizierte.

Johann Wolfgang von Goethe   Friedrich Schiller

Ein anderes Thema der beiden berühmten Dichter war das deutsche Nationaltheater. Goethe wollte für die Deutschen ein einheitliches° Nationaltheater haben, damit sich die deutsche Bevölkerung durch die Kunst vereinigen sollte. Beide Dichter waren der Meinung°, daß die Kunst die Menschen miteinander verbinden kann. Die literarischen Themen der beiden gehen aber über Deutschland und die Deutschen weit hinaus. So hat Goethe zum Beispiel während einer Italienreise dort viele Anregungen° und Motive gesammelt, die er dann später in seinen Werken gebraucht hat.

Die literarischen Vorbilder° für Goethe und Schiller waren die griechischen° Dichter der Antike. Man ist heute der Meinung, daß beide eine Dichtung geschaffen haben, die man mit der Qualität der alten griechischen Literatur vergleichen° kann. Außer diesen beiden Dichtern gab es viele andere, die heute berühmt sind, weil auch sie zu Beginn des 19. Jahrhunderts eine eigene Literatur entwickelt haben. Diese Dichter gehören zur romantischen Schule: Friedrich Schlegel, Friedrich von Hardenberg, der sich ab 1798 „Novalis" nannte, Ludwig Tieck, Josef von Eichendorff, E.T.A. Hoffmann, Eduard Mörike, Ludwig Uhland und andere. Nach dieser Zeit der Romantik, die mehr an

uniform

opinion

ideas

models
Greek

compare

Harmonie interessiert war, folgte eine Phase des politischen
Aufschwungs°. Diese Zeit heißt „Junges Deutschland''. *upswing*
Georg Büchner und Heinrich Heine sind zwei ihrer Schriftsteller. Sie wollten die Gesellschaft° und Literatur moderni- *society*
sieren und sich mit den politischen Problemen der Jahre
aktiv beschäftigen°. *occupy*

   Nach der gescheiterten° Revolution von 1848 gab es eine *failed*
neue literarische Bewegung°, den Realismus. Der Drang° zu *movement/drive*
mehr Realismus in der Literatur zeigt sich in den Werken
Theodor Storms, Gustav Freytags, Gottfried Kellers und
anderer Dichter. Sie waren nicht so sehr an der Politik
interessiert als an einer genauen Beschreibung des Lebens
der Bürger. Sie schilderten vor allem die alltäglichen° Dinge *everyday*
des Lebens.

   Seit damals hat es bis heute noch verschiedene Epochen
der Dichtung und Literatur gegeben. Einige Dichter sollen
aber noch genannt werden. Franz Kafka zum Beispiel ist in
Amerika sehr beliebt. Und die beiden Brüder Heinrich und
Thomas Mann sind noch heute viel gelesene Autoren,
obwohl sie ganz verschiedene Ansichten° über die Literatur *opinions*

Revolution von 1848 (Berlin-Alexanderplatz)

hatten und sich persönlich nicht sehr gut verstanden. Thomas Mann lebte und arbeitete während des Dritten Reiches in den Vereinigten Staaten, da er nicht im Nazi-Deutschland leben konnte. Wie er hat auch der Dramatiker Bertolt Brecht einige Jahre in den U.S.A. geschrieben, da er nicht in Deutschland leben konnte. Nach dem Krieg ging er nach Ostberlin und arbeitete in der DDR. Thomas Mann erhielt 1929 den Nobelpreis für Literatur. Diese höchste Auszeichnung° für einen Schriftsteller° bekam 1972 auch *distinction/writer* Heinrich Böll, der bis 1985 bei Köln lebte.

Es hat in Deutschland viele bekannte und berühmte Dichter gegeben, und der Satz von Jean Paul über das Land der Dichter und Denker steht für die vielen Männer und Frauen, die sich in der Dichtung ausgezeichnet° haben. Andere *distinguished* wichtige Personen sind hier nicht genannt worden, und es ist sicher interessant, mehr über die Geschichte der deutschen Dichter und Denker zu erfahren.

Heinrich und Thomas Mann

Bertolt Brecht

Fragen über den Text

1. Warum nannte Jean Paul die Deutschen ein Volk der Dichter und Denker?
2. Was drücken die Künste eines Volkes alles aus?
3. Was ist das ,,Abrogans''?
4. Welche Literaturepoche dauerte 150 Jahre?
5. Was hat Wolfram von Eschenbach geschrieben?
6. Was passiert in diesem Ritterroman?
7. Wer schrieb die Minnelieder?
8. Wen hat Walther von der Vogelweide kritisiert?
9. Was wurde im Späten Mittelalter anders?
10. Welche Berufe hatte Hans Sachs?
11. Warum ist Martin Luther so wichtig für die deutsche Sprache?
12. Wann hatte die französische Sprache und Kultur großen Einfluß auf Deutschland?
13. Wer schrieb die Hamburgische Dramaturgie?
14. Welche Vorbilder hatten Goethe und Schiller?
15. Warum war den beiden das Nationaltheater so wichtig?
16. Woran waren die Dichter des Realismus interessiert?
17. Wer ist Bertolt Brecht, und wo hat er gelebt und gearbeitet?

Diskussionsrunde

Diskutieren Sie mit Ihren Klassenkameraden die folgenden Themen:
1. Warum sind viele Nationen stolz auf ihre Literatur und Dichtung?
2. Was beschreibt die Literatur und Dichtung?
3. Was lernen wir über die Entwicklung der Nation?
4. Warum ist Literatur immer auch ein Spiegel der Geschichte?
5. Warum lesen Menschen Bücher? Seit wann tun sie das?

Grammatische Erklärungen

Relative pronouns

There are two types of relative pronouns in German. Both are used to introduce a new clause that relates to a previously used noun and explains it. The first type is well known to you. It is identical with the definite articles *der, die, das* in the different cases.

Der Mann, der hier steht, hat nichts zu tun.
Die Dame, die sich eine Zeitung gekauft hat, wollte lesen.
Das Kind, das die Dame etwas fragte, war sieben Jahre alt.

The question words *welcher, welche, welches* are the second type of relative pronoun. They are used primarily in writing. They are not used in everyday speech.

> *Der Mann, welcher hier steht, hat nichts zu tun.*
> *Die Dame, welche sich eine Zeitung gekauft hat, wollte lesen.*
> *Das Kind, welches die Dame etwas fragte, war sieben Jahre alt*

A relative pronoun must agree with the noun it replaces in gender and in number (singular or plural).

> *Die Frage, die ich gestellt habe, ist sehr einfach.*
> *Die Antworten, die er schreibt, sind schwer.*
> *Dem Ausländer, der in diesem Hotel wohnt, gefällt diese Stadt.*
> *Den Freund, der in der Nähe wohnt, hat er lange nicht gesehen.*

The last two examples show that a relative pronoun may or may not have the same case as the noun it replaces. The case of a relative pronoun is determined by its function in the relative clause.

> *Die Frau, der ich helfe, ist schon alt.*

In this example, *helfen* requires the dative case. The relative pronoun must be in this case. This chart shows the forms of the relative pronouns used in each case.

	singular			plural
nominative	der	die	das	die
accusative	den	die	das	die
dative	dem	der	dem	denen
genitive	dessen	deren	dessen	deren

The pronouns *welcher, welche, welches* use the same endings as *der, die, das.* The endings of relative pronouns are the same as those for definite articles. The genitive case and the dative plural are the only exceptions.

	genitive singular			genitive plural	dative plural
definite articles	des	der	des	der	den
relative pronouns	dessen	deren	dessen	deren	denen

Übungen

1. Finden Sie die richtigen Relativpronomen.

1. Das Geschäft, _____ ich Ihnen zeige, gehört Frau Schmidt.
2. Die Besitzerin, _____ Geschäft dies ist, ist stolz darauf.
3. Der Angestellte, _____ sie einen Auftrag gibt, ist jung.
4. Sein Auftrag, _____ er bekommen hat, ist nicht kompliziert.
5. Er soll mehr Briefumschläge holen, _____ die Leute oft kaufen.
6. Frau Schmidt gibt ihm einen Scheck, _____ sie schnell schreibt.
7. In dem Wagen, _____ er vor dem Geschäft parkte, fährt er ab.
8. Nach zwei Stunden, _____ der Besitzerin wie eine Ewigkeit scheinen, kommt er zurück.
9. Die Briefumschläge, _____ er bringen sollte, hat er bei sich.
10. Jetzt können die Kunden, _____ sie haben wollten, die Briefumschläge bekommen.

2. Benutzen Sie Relativpronomen, um die Satzpaare miteinander zu verbinden.

Beispiel: *In allen Ländern der Erde leben kreative Menschen.*
Sie beschäftigen sich mit der Kunst.

In allen Ländern der Erde leben kreative Menschen, die sich mit der Kunst beschäftigen.

1. Jean Paul war ein deutscher Dichter.
   Er lebte in schlechten Verhältnissen.
2. Schlechte Verhältnisse sind oft eine Beschreibung für Armut.
   Die Beschreibung klingt etwas freundlicher.
3. Viele Dichter hatten nicht genug Geld, weil sie nur schlecht bezahlt wurden.
   Die Dichter lebten im 18. und 19. Jahrhundert.
4. Dichter schrieben Bücher, damit Menschen sie lesen sollten.
   Die Menschen waren an der Literatur interessiert.
5. Im 18. Jahrhundert gab es nur wenige Schulen.
   Die Schulen waren für reiche Bürger und Adelige da.
6. Am Anfang des 19. Jahrhunderts lernten immer mehr Leute lesen und schreiben.
   Die Leute wollten Bücher lesen.
7. Diese Zeit nennen wir heute die Zeit der „Lesewut".
   In dieser Zeit gab es kein Fernsehen und kein Radio.
8. Deshalb mußten die Leute Bücher lesen.
   Die Bücher berichteten über neue Abenteuer und Reisen.

3. Finden Sie zu den Hauptsätzen die passenden Nebensätze.

Hauptsätze

1. Es war das Wessobrunner Gebet, . . .
2. Luther gab den Deutschen eine deutsche Schriftsprache, . . .
3. Viele sahen die Dichtung als ein Handwerk, . . .
4. Goethe war ein berühmter Dichter, . . .
5. Das hohe Mittelalter war die Zeit, . . .
6. Die Bevölkerung war nach dem 30-jährigen Krieg so schwach, . . .
7. Den Nobelpreis für Literatur erhielt Thomas Mann, . . .
8. Bertolt Brecht lebte einige Jahre in den U.S.A., . . .

Nebensätze

a. der 1938 aus Protest gegen die Nazi-Herrschaft auswanderte.
b. in der die Liebesdichtung blühte.
c. die auf Dialekten und dem Mittelhochdeutschen aufgebaut war.
d. als die Nazis Deutschland regierten.
e. das in Althochdeutsch geschrieben war.
f. das man erlernen konnte.
g. daß es fast kein kulturelles Leben mehr gab.
h. dessen Freund Schiller auch viele Werke geschrieben hat.

Grammatische Erklärungen

Syllabification

Most German words have more than one syllable (*Kinder: Kinder*). Sometimes you must divide between syllables. If possible, divide between two consonants: *brin-gen*. Do not divide between two vowels: *See-le*. When dividing between *c* and *k* the *c* is changed to a *k*: *Jacke, Jak-ke*. For compound words, divide between the elements: *Bauernhof, Bauern-hof*; *wunderschön, wunder-schön*. Do not separate *s* and *t* in *st*: *Reste, Re-ste*. One exception to the last rule is a compound word. If the first part of it ends in *s*, divide after the *s*: *Donnerstag, Donners-tag*. Compound words are divided according to their components: *Mit-tag-essen*.

Übungen

4. Trennen Sie die folgenden Wörter:

1. Dichtung
2. Geschichte

3. Periode
4. mächtig
5. Liebeslied
6. Übersetzung
7. lateinisch
8. Literatur
9. Dialekt
10. bekannt
11. philosophisch
12. Meister

5. **Konstruieren Sie neun Wörter aus den folgenden Silben. Diese Wörter kennen Sie doch schon, oder nicht?**

   Ge / tung / tig / schich / te / ster / tei / kannt / lekt /
   Dich / ri / ode / mäch / / be / nisch / Mei / Dia / la /
   lo / phisch / phi / Pe / so

6. **Sie arbeiten als Journalist bei einer Zeitung und schreiben Artikel. Leider haben Sie nur eine fünf Zentimeter breite Spalte, um den folgenden Text zu schreiben. Zeichnen Sie auf Ihr Blatt Papier einen Kasten von oben nach unten, mit einem Abstand von fünf Zentimetern. Und jetzt müssen Sie den Text neu schreiben. Bitte trennen Sie alle Wörter, die nicht mehr ganz in eine Zeile passen. Und bitte im Kasten immer genau von links bis nach rechts schreiben!**

Goethe trifft Napoleon

Zeitungsartikel

Die Zukunft des deutschen Volkes sah Goethe nicht nur in der Politik und in den Wissenschaften. Deshalb wollte er sich weniger mit Politik beschäftigen als mit philosophischen und dichterischen Arbeiten. Aber seit dem Kampf bei Jena war Goethe der Meinung, daß Kaiser Napoleon ein großer Politiker sei, der das französische Volk zum stärksten in Europa machen könnte. Von den liberalen Ideen der französischen Revolution wollte Goethe nichts wissen. Im Oktober 1808 lernte er dann Kaiser Napoleon persönlich kennen. Ihr Treffen fand in Erfurt statt. Napoleon lobte Goethe für die dichterischen Arbeiten, und die beiden entwickelten eine tiefe Sympathie für einander.

Ein bißchen Poesie

Frühlingsglaube

Ludwig Uhland (1787–1862)

Die linden° Lüfte sind erwacht,   *gentle*
Sie säuseln° und weben Tag und Nacht,   *flutter*
Sie schaffen° an allen Enden.   *work*
O frischer Duft°, o neuer Klang!   *fragrance*
Nun, armes Herze, sei nicht bang°!   *afraid*
Nun muß sich alles, alles wenden°.   *change*

Epigramm – Würde des Menschen

Friedrich Schiller (1759–1805)

Nichts mehr davon, ich bitt euch. Zu essen gebt ihm,
    zu wohnen. Habt ihr die Blöße° bedeckt,   *nakedness*
        gibt sich die Würde von selbst.

Das Fräulein stand am Meere

Heinrich Heine (1797–1856)

Das Fräulein stand am Meere
Und seufzte° lang und bang,   *sighed*
Es rührte° sie so sehre   *touched*
Der Sonnenuntergang.

Heinrich Heine

„Mein Fräulein! sein Sie munter°,   *cheerful*
Das ist ein altes Stück:
Hier vorne geht sie unter
Und kehrt von hinten zurück."

Wandrers Nachtlied

Johann Wolfgang von Goethe (1749–1832)

Über allen Gipfeln°   *summits*
Ist Ruh,
In allen Wipfeln°   *tree tops*
Spürest° du   *feel*
Kaum einen Hauch°;   *breath*
Die Vögelein schweigen° im Walde,   *are silent*
Warte nur, balde
Ruhest° du auch.   *rest*

Treue Liebe

Altes Volkslied

Ach, wie ist's möglich dann,
Daß ich dich lassen° kann!   *let you go*
Hab' dich von Herzen lieb°,   *am fond of you*
Das glaube mir!
Du hast die Seele mein
So ganz genommen ein°,   *occupy*
daß ich kein andren lieb'
Als dich allein.

Übungen

7. **Sehen Sie sich die Gedichte und das Epigramm an. Bilden Sie kurze Sätze, in denen Sie die folgenden Ausdrücke verwenden. Die Ausdrücke haben folgende Bedeutung:**

   1. Etwas wird dargestellt: Eine Person erklärt etwas.
   2. Von etwas handeln: Spezielle Aktivitäten beschreiben.
   3. Aus . . . bestehen: Etwas hat folgende Elemente.
   4. Sich mit etwas befassen: An einer Sache arbeiten.
   5. Etwas als . . . bezeichnen: Man gibt einer Sache einen Namen.

   Beispiele: *Heinrich Heines Gedicht besteht aus zwei Teilen.*
   Friedrich Schiller befaßt sich mit der Würde.

1. Es wird dargestellt, daß . . .
2. Das Gedicht handelt von . . .
3. Die Werke des Dichters bestanden aus . . .
4. Er hat sich mit . . . befaßt.
5. Man kann es als . . . bezeichnen.

8. **Bilden Sie Sätze aus den Elementen der drei Spalten. Schreiben Sie die Sätze im Präsens, dann im Perfekt und am Ende im Plusquamperfekt.**

   Beispiel: Präsens: *Seine Werke handeln von der Liebe.*
   Perfekt: *Seine Werke haben von der Liebe gehandelt.*
   Plusquamperfekt: *Seine Werke hatten von der Liebe gehandelt.*

Subjekte	Prädikate	Objekte und Ergänzungen
Diskussionen	bestehen	ein armer Poet
Die Romane	handeln	von der Liebe
Heinrich Heine	schreiben	mit viel Ironie
Seine Werke	bezeichnen	eine Literaturepoche
Jean Paul	sein	aus Argumenten

9. **Sagen, reden, erzählen und sprechen? Was tun die folgenden Personen? Sagen sie etwas? Sprechen sie? Reden sie? Erzählen sie etwas? Tragen Sie die passenden Verben ein. Manchmal sind mehrere Verben richtig.**

   Bedeutungen: *sagen* (to say something)
   reden (to give a speech, to talk about)
   erzählen (to tell stories)
   sprechen (to speak, give a presentation)

   1. Der Großvater wollte uns _____, was er als junger Mann erlebt hat.
   2. Der Schauspieler _____: ,,Wer baute den großen Tempel?''
   3. Alle Studenten _____ Gutes über ihren Lehrer.
   4. Der Freund _____: ,,Ich liebe dich.''
   5. Der Redner _____ kein Wort über das große Problem.
   6. Der Professor _____ über die Geschichte des 2. Weltkriegs.
   7. Die Ausländer _____ mit einem Akzent.
   8. Das kleine Kind _____ schon ganze Sätze.

10. **Setzen Sie die passenden Wörter aus der Liste ein.**

    persönliche / Notwendigkeit / Lernen / Meinungen / Umwelt / klassische / Anzahl / Unabhängigkeit

    1. Zu diesem Thema gibt es eine große _____ von Stimmen.
    2. Die Würde des Menschen ist eine _____ des Lebens.

3. Das ist meine ____ Meinung.
4. Die ____ der Philosophen sind unterschiedlich.
5. Die junge Generation will die ____ schützen.
6. Die Schule ist ein Ort zum ____.
7. Die Länder betonen ihre ____.
8. Goethe wollte Deutschland mehr ____ Kultur geben.

Volksmärchen und Kinderbücher

Walt Disney hat der deutschen Märchenwelt viel zu ver-
danken°. Er wählte aus ihr die Themen für einige seiner   *owe*
erfolgreichsten° Filme aus. Diese Filme werden immer wieder   *most successful*
gespielt: Aschenputtel (Cinderella), Dornröschen (Sleeping
Beauty), Schneewittchen (Snowwhite and the Seven Dwarfs)
und viele andere. Auch die bunte deutsche Fachwerkhaus-
Atmosphäre von Disney-Land und Disney-World zieht
immer wieder Millionen von Besuchern an°. Deutsche   *attracts*
Märchen sind in der ganzen Welt bekannt und beliebt.

 Im Jahre 1812 erschien die erste große Sammlung deutscher
Märchen. Die Gebrüder Grimm waren ihre Autoren. In den

Gebrüder Grimm

zehn Jahren bis 1822 haben die beiden Brüder die Sammlung auf 200 Märchen und zehn Legenden vergrößert°. Aber *enlarged* woher kannten die Brüder denn alle diese Märchen? Sie besuchten viele Leute und ließen sich von ihnen die alten Märchen erzählen. Dann schrieben sie diese auf und veröffentlichten° sie. Vor den Brüdern hatte noch niemand die *published* mündlich° vererbten° Geschichten aufgeschrieben. Die Mär- *orally/inherited* chen waren davor immer nur erzählt worden, denn die meisten Menschen konnten noch nicht lesen und schreiben. Durch die Arbeit von Jakob und Wilhelm Grimm sind diese Märchen zu Klassikern der deutschen Kinderliteratur geworden. Ihrem Zauber° konnte noch keine Generation *magic* entrinnen°. *escape*

Fragen über den Text

1. Was erschien 1812?
2. Wie heißen die Autoren?
3. Wer erzählte den Autoren die Märchen?
4. Welche Filme über Märchen gibt es?
5. Was zieht immer wieder viele Besucher an?
6. Haben Sie früher selbst Märchen gelesen? Welche?

25 Millionen „Struwwelpeter"

1845 kam ein Kinderbuch auf den Markt, von dem bis heute mehr als 25 Millionen Exemplare° auf der ganzen Welt *copies* verkauft wurden. Die Originalität seines Autors, des Frankfurter Arztes Dr. Heinrich Hoffmann, hat zu diesem großen Erfolg geführt. Das Originalmanuskript kann man im Nürnberger Germanischen Museum sehen. Dr. Hoffmann hatte das Buch als Weihnachtsgeschenk für seinen Sohn Carl Phillip geschrieben und auch selber die Bilder dazu gezeichnet. Als sein Sohn das Buch geschenkt bekam, war er erst dreieinhalb Jahre alt. Später sahen Freunde der Familie das Buch und fragten, ob sie nicht ein Exemplar haben könnten. Also ließ es Dr. Hoffmann drucken° und gab ihm den *print* Namen „Struwwelpeter". Es enthält verschiedene Bilder- geschichten, die alle zur Erziehung° der Kinder beitragen° *education/* sollten. Der Held dieser Geschichte ist ein kleiner Junge, der *contribute* sich nie die Haare und Fingernägel° schneiden lassen wollte *fingernails* und deshalb von allen verspottet° wurde. Heute sind die *mocked* Eltern und Erzieher verschiedener Meinung, ob man den Kindern dieses Buch geben sollte. Die kleinen Untaten° der *atrocities* Helden in den Geschichten werden immer sehr grausam

bestraft°. Aber ganz sicher ist dieses Buch für uns heute   *punished*
ein Beweis° für die strikte Erziehung der Kinder im   *proof*
19. Jahrhundert.

Sieh einmal, hier steht er,
Pfui! der Struwwelpeter!
An den Händen beiden
Ließ er sich nicht schneiden
Seine Nägel° fast ein Jahr;   *nails*
Kämmen ließ er nicht sein Haar.
Pfui! ruft da ein jeder:
Garst'ger° Struwwelpeter!   *ugly*

Die Geschichte vom Suppen-Kaspar

Der Kaspar, der war kerngesund°,   *very healthy*
Ein dicker Bub und kugelrund.
Er hatte Backen° rot und frisch;   *cheeks*
Die Suppe aß er hübsch° bei Tisch.   *nicely*
Doch einmal fing er an zu schrei'n:
,,Ich esse keine Suppe! Nein!
Ich esse meine Suppe nicht!
Nein, meine Suppe ess' ich nicht!''

Am nächsten Tag, – ja sieh nur her!
Da war er schon viel magerer°.   *skinnier*
Da fing er wieder an zu schrei'n:
,,Ich esse keine Suppe! Nein!
Ich esse meine Suppe nicht!
Nein, meine Suppe ess' ich nicht!"

Am dritten Tag, oh weh und ach!
Wie ist der Kaspar dünn° und schwach°!   *thin/weak*
Doch als die Suppe kam herein,
Gleich fing er wieder an zu schrei'n:
,,Ich esse keine Suppe! Nein!
Ich esse meine Suppe nicht!
Nein, meine Suppe ess' ich nicht!"

Am vierten Tage endlich gar°
Der Kaspar wie ein Fädchen° war.
Er wog vielleicht ein halbes Lot°, –
Und war am fünften Tage tot.

even
thin thread
10 grams

Der erste „Comic Strip"

Eine noch größere Sensation als der Struwwelpeter war das
Bilderbuch „Max und Moritz", das im Jahre 1856 veröffentlicht wurde. Es erzählt die schlimmen Streiche° der beiden   *pranks*
Jungen Max und Moritz als eine fortlaufende Serie von
Bildern und Text. Der Zeichner° und Autor dieser Geschichte *illustrator*
ist Wilhelm Busch, der von 1832 bis 1908 lebte. Mit diesem
Buch war der erste Comic Strip geboren. Und wenn sich
auch einige Zeitgenossen° von diesem Buch angegriffen   *contemporaries*
fühlten, so lachte doch bald ganz Deutschland über die
ironischen Texte und die komischen Karikaturen. In New
York wurden Max und Moritz sofort als die „Katzenjammer
Kids" imitiert°. Immer mehr amerikanische Zeitungen   *imitated*
brachten ähnliche Bildserien heraus und verbreiteten° so die *spread*
neue Technik des Comic Strips.

   Wilhelm Busch wollte damals nicht nur für Kinder schreiben, denn die vielen Bildgeschichten, die folgten, waren
mehr für die Erwachsenen gedacht. Er wollte den Leuten
ihre eigene Selbstgefälligkeit° und Scheinheiligkeit° vor   *self-complacency/*
Augen führen. Das hat ihm nicht nur Freunde, sondern   *hypocrisy*
auch Feinde° gemacht. In „Max und Moritz" zeigt er uns,   *enemies*
was die beiden mit der armen Witwe° Bolte gemacht haben.   *widow*
Am Ende der Bildgeschichte bekommen Max und Moritz
„natürlich" ihre Strafe. Aber bevor es so weit ist, spielen sie
noch vielen Leuten im Dorf ihre schlimmen Streiche. Hier ist
ein Teil des ersten Streiches der beiden Freunde Max und
Moritz.

Erster Streich

Mancher gibt sich viele Müh'° *effort*
Mit dem lieben Federvieh°; *poultry*
Einesteils der Eier wegen,
Welche diese Vögel legen,
Zweitens: weil man dann und wann
Einen Braten° essen kann; *roast*
Drittens aber nimmt man auch
Ihre Federn zum Gebrauch
In die Kissen° und die Pfühle°, *pillows/cushions*
Denn man liegt nicht gerne kühle. –

Seht, da ist die Witwe° Bolte, *widow*
Die das auch nicht gerne wollte.

Ihrer Hühner waren drei
Und ein stolzer Hahn dabei. –

Max und Moritz dachten nun:
Was ist hier jetzt wohl zu tun? –
– Ganz geschwinde°, eins, zwei, drei, *fast*
Schneiden sie sich Brot entzwei°, *apart*

In vier Teile, jedes Stück
Wie ein kleiner Finger dick.
Diese binden sie an Fäden,
Übers Kreuz, ein Stück an jeden,
Und verlegen sie genau
In den Hof° der guten Frau. –   *yard*
Kaum hat dies der Hahn gesehen,
Fängt er auch schon an zu krähen°:   *crow*

Kikeriki! Kikikerikih!! –
Tak, tak, tak! – da kommen sie.

Hahn und Hühner schlucken munter
Jedes ein Stück Brot hinunter;

Aber als sie sich besinnen°,   *think*
Konnte keines recht von hinnen°.   *away*

In die Kreuz und in die Quer°
Reißen° sie sich hin und her,

in all directions
tear

Flattern° auf und in die Höh',
Ach herrje, herrjemine!

flutter

Ach, sie bleiben an dem langen,
Dürren° Ast° des Baumes hangen. –
– Und ihr Hals wird lang und länger,
Ihr Gesang° wird bang° und bänger;

barren/branch

singing/scared

Jedes legt noch schnell ein Ei,
Und dann kommt der Tod° herbei. –

death

Fragen über den Text

1. Aus welchen deutschen Märchen sind Disney-Filme gemacht worden?
2. Wo wurden die deutschen Märchen bekannt und beliebt?
3. Wer hat die erste Sammlung deutscher Märchen geschrieben?
4. Wen haben die beiden gebeten, die Märchen zu erzählen?
5. Warum haben die Leute sich die Märchen erzählt und sie nicht vorgelesen?
6. Für wen schrieb Dr. Hoffmann den „Struwwelpeter"?
7. Was für Bildergeschichten enthielt das Buch?
8. Was hat Wilhelm Busch erfunden?
9. Warum fühlten sich manche Zeitgenossen von Wilhelm Busch angegriffen?
10. Was tun Max und Moritz mit den Hühnern der Witwe Bolte?

Diskussionsrunde

Welche Streiche spielen die amerikanischen Jugendlichen?
Erzählen Sie einen Ihrer Lieblingsstreiche! Welche Streiche sind akzeptabel – und wo hört der Spaß auf?
Sind die Streiche von Max und Moritz akzeptabel?

Übungen

11. **Bilden Sie aus folgenden Wörtern vollständige Sätze.**

    1. Filmthemen / der / wählte / deutschen / Walt Disney / viele / Märchenwelt / aus
    2. ziehen / von / Millionen / an / immer wieder / seine / Besuchern / Filme
    3. enthielt / Gebrüder Grimm / der / zweihundert / Sammlung / über / Volksmärchen / die
    4. geworden / Kinderliteratur / sie / Klassiker / sind / der
    5. Welt / geworden / ist / „Struwwelpeter" / der / bekannt / ganzen / in
    6. hatten / Bildergeschichten / Hoffmanns / einen / Charakter / erzieherischen
    7. Sensation / von / 1856 / „Max und Moritz" / große / eine / wurde / Wilhelm Busch
    8. ahmten / neue / Amerikaner / nach / Technik / seine / auch
    9. Humor / schuf / Feinde / Buschs / ihm / Freunde / viele / und
    10. „Comic Strips" / die / Buch / war / Geburt / sein / des

12. Wo können Sie das folgende Gespräch hören?

Wir sehen Sie dann in zwei Tagen wieder.
Auf Wiedersehen!
Auf Wiedersehen!
Der nächste, bitte!
Guten Tag, Frau Doktor.
Guten Tag, Herr Schetinsky.
Bitte setzen Sie sich schon 'mal in den Sessel.
Bitte Mund auf!
Etwas weiter, wenn's geht.
Sehr schön.
Ah ja. Der gefällt mir gar nicht.
Tut's weh?
Nicht sehr.
Trotzdem – ich muß bohren.
Bitte spülen.
Grgrgrgrgrgrgr.
So, das war's schon für heute.
Also, bis zum nächsten Mal.
Wann denn?
In einer Woche, bitte. Um dieselbe Zeit.
Auf Wiedersehen, Frau Doktor.
Wiedersehen.
Der Nächste, bitte.
Guten Tag, Paul.
Guten Tag, Frau Doktor.

1. Wer spricht mit wem?
2. Was geschieht? Wo?
3. Wer spricht welche Sätze?
   Spielen Sie die Rollen des Dialogs in der Klasse.
4. Was passiert mit dem nächsten Patienten?
   Erfinden Sie einen kurzen Dialog zwischen Frau Doktor und Paul.

13. Schreiben Sie kurze Dialoge.

1. beim Friseur: Friseur spricht mit seinem Kunden.
2. beim Metzger: Verkäuferin spricht mit Kunden.
3. im Kaufhaus: Direktor spricht mit Verkäuferin über mehr Geld.
4. beim Autoverkäufer: Eine Studentin will sich einen gebrauchten Wagen kaufen. Der Autoverkäufer will ihr ein neues Auto verkaufen.
5. bei der Bank: Die Studentin fragt den Angestellten, ob sie einen Kredit bekommen kann.

14. Spielen Sie die fünf Dialoge aus Übung 13 mit Ihren Klassenkameraden. Lesen Sie Ihre eigenen Dialoge nicht selbst, sondern bitten Sie andere Klassenkameraden dies zu tun!

Wie sich die Deutschen sehen

Einmal das ,,Volk der Dichter und Denker'' genannt, haben die Deutschen selbst später ihren Materialismus und Imperialismus kritisiert. Friedrich Nietzsche (1844–1900), einer der kritischsten Philosophen, schrieb gegen Ende des 19. Jahrhunderts: ,,Es gab eine Zeit, wo man gewöhnt° war, die Deutschen ‚tief' zu nennen . . . Die deutsche Seele° ist vor allem vielfach°, verschiedenen Ursprungs°.'' Als Volk der Mitte, so schrieb er, seien die Deutschen unfaßbar°. Wenn man die deutsche Seele demonstriert sehen wolle, müsse man nur den deutschen Geschmack°, die deutschen Künste und Sitten° anschauen. ,,Mag die deutsche Tiefe sein, was sie will,'' sagte der Philosoph schließlich, ,,wir tun gut daran, ihren guten Namen auch weiter in Ehren zu halten.''

Oswald Sprengler (1880–1936) schrieb schon 1918: ,,Der Erste Weltkrieg war für uns nur der erste Blitz° und Donner°.'' Da der Mensch ein Raubtier° sei, bedeute sein Schrei° ,,Nie wieder Krieg'' nichts. Denn der Kampf sei eine Urtatsache° des Lebens. ,,Die Zeit kommt – nein, sie ist schon da, die keinen Raum mehr hat für zarte Seelen und schwächliche° Ideale''.

used to

soul
diverse/origin
imcomprehensible

taste
customs

lightning
thunder/beast of prey
cry
basic fact

weak

Einen positiveren Standpunkt hatte der bekannte Humanist
Albert Schweitzer (1875–1965). In seinem Buch ,,Erfurcht°
vor dem Leben'' setzte er sein Vertrauen° in das rationelle
Denken seiner Zeit. ,,Wahrhaftigkeit ist das Fundament des
geistigen Lebens,'' schrieb er. Auch er wolle dafür sorgen°,
daß man wieder neu zu denken anfinge.

    reverence

    confidence

    make sure

Dies sind die Meinungen einiger deutscher Philosophen
in der Vergangenheit. Wie sieht sich nun aber die jetzige
Generation selbst? Praktisches Denken überwiegt° in der
jungen Generation. Die mehr philosophischen Konzepte der
früheren Zeiten sind nicht mehr ,,in''. Die jungen Menschen
erkennen, daß man mit den Nachbarn in Ost und West
gemeinsam neue Konzeptionen und Wege entwickeln muß.
Nationales Denken ist in Europa nicht mehr das Wichtigste,
da die Länder Europas politisch enger zusammenarbeiten als
je zuvor. Die Deutschen wollen bei dieser neuen Philosophie
der Freundschaft und Zusammenarbeit mitmachen und alles
dazu beitragen, was in ihren Kräften steht.

    predominates

Albert Schweitzer

Fragen über den Text

1. Wie ist die deutsche Seele?
2. Finden Sie, daß ein Volk eine Seele hat, oder nicht?
3. Was erklärt Nietzsche über die „deutsche Tiefe"?
4. Ist der Mensch ein Raubtier?
5. Sind Sie der Meinung von Oskar Sprengler?
6. Was war der zweite „Blitz und Donner", wenn der Erste Weltkrieg der erste war?
7. Was meinte Albert Schweitzer?
8. Was ist in Deutschland und Europa nicht mehr so wichtig?

Andere über die Deutschen

Es ginge den Deutschen gut, war in verschiedenen Beiträgen zur „German Tribune" zu lesen. Manche Presseleute° aus dem Ausland glauben, daß die Deutschen Angst haben. Vor allem vor der Möglichkeit eines neuen Krieges. Den haben sie schon zweimal in diesem Jahrhundert angefangen und sie wissen schon, was der bedeutet. Deshalb diskutieren besonders die älteren Deutschen oft die Ideen eines vereinigten Europas, stärkere Annäherung° an die DDR oder die mögliche Neutralisierung Deutschlands. *journalists* *rapprochement*

Die Jugend aber, finden die Journalisten, ist an Politik nicht sehr interessiert. Einige haben gegen Aufrüstung° protestiert, wie in anderen europäischen Ländern. Aber es geht den meisten mehr um ein „gutes Leben". „Es sind vor allem die Intellektuellen, die in der Friedensbewegung° arbeiten", schrieb ein Korrespondent des Pariser „Figaro". Die deutsche Jugend zeige wenig Bereitschaft°, ihr Land zu verteidigen, sie gefährdeten° damit aber seiner Meinung nach ihr eigenes Glück und das der Nation. Er nannte diese Haltung° der Jugend eine Trendwende°. Auch der britische Journalist Michael Binyon bemerkte diesen Wandel°. Es sei schwer, so etwas wie eine „deutsche" Identität zu erkennen, fand er. Aber eines sei sehr deutlich: die Jugend wolle anders sein als ihre Väter. *arms race* *peace movement* *willingness* *endanger* *attitude* *change of trend* *change*

Und wie steht es mit dem früher oft gelobten Fleiß°? Es stimme nicht mehr, daß die Deutschen nur für ihre Arbeit lebten, glauben alle Journalisten. „Und das ist auch gut so", meinte der israelische Korrespondent Witzthum dazu. „Der einzelne Deutsche ist nicht fleißig, aber das System funktioniert", schrieb ein anderer Journalist. *industriousness*

Fragen über den Text

1. Wovor scheinen die Deutschen, wie der Journalist sagt, Angst zu haben?
2. Welche Ideen diskutieren viele Deutsche?
3. Ist die Jugend an Politik interessiert?
4. Was schrieb ein Korrespondent des Pariser ,,Figaro''?
5. Warum will die Jugend anders sein als ihre Väter?
6. Sind die Deutschen immer noch fleißig?

Übung

15. Benutzen Sie bitte die richtigen Fragepronomen aus dieser Liste: *wie, wovor, was, wofür, wer, wogegen, warum.*

1. _____ fiel den Presseleuten auf?
2. _____ schienen sie Angst zu haben?
3. _____ ist an Politik kaum interessiert?
4. _____ hat ein Teil der Jugend protestiert?
5. _____ steht es mit dem deutschen Fleiß?
6. _____ leben die Deutschen nicht nur?
7. _____ diskutieren die älteren Leute in Deutschland?
8. _____ kann das System trotzdem gut funktionieren?

Wie ich als Türke Deutschland sehe

Die Deutschen? Das Seltsamste° an ihrem Land ist, daß hier Männer Kinderwagen schieben und Radios so billig und Teppiche° so teuer sind. Hunde und Katzen leben in Deutschland wie Könige. Es gibt hier Leute, die haben Geld und sehen trotzdem traurig aus. Sollen sie doch die Sorgen denen überlassen°, die kein Geld haben. Die Deutschen sind pünktlich wie die Eisenbahn°. Das kommt daher, daß sie nur ein Gleis° kennen, nie vom Wege abgehen, kein Unkraut°, keine Blumen in den Seitenwegen pflücken°. Sie fahren immer geradeaus°.

In Deutschland bekommen die Frauen das Haushaltsgeld°. Bei uns behält der Mann alles Geld. In Deutschland sind die Frauen aber trotzdem arm, arm am Herzen. Sie haben nicht genug Liebe. Die Deutschen haben Angst vor dem Leben, verstehen von der Liebe soviel wie Steine – eigentlich sind sie arme Menschen, die immer arbeiten, Häuser bauen. Sie tun mir so leid°. Bei uns können die Männer oft gut singen.

most peculiar

carpets

to leave to
train
track/weeds
pick
straight ahead
household money

I'm sorry for them.

Mustapha el Hajah und seine Kinder

Es gibt bei uns Polizisten, die im Fernsehen auftreten°, mit *appear*
Tanzen und Singen. Ich kenne keinen deutschen Polizisten,
der im Fernsehen mit Tanz und Gesang auftritt.

In Deutschland gibt es viel Reklame°. Zu Hause beginnen *advertising*
wir das Leben mit dem Koran, in Deutschland beginnt es mit
Reklame. In Deutschland ist es möglich, gegen seine Eltern
zu sprechen. Ein Sohn nennt seinen Vater dumm. Das wäre
in islamischen Ländern unmöglich.

Mustapha el Hajah

Fragen über den Text

1. Wo sind Teppiche billiger als in Deutschland?
2. Warum sind Radios so billig?
3. Wer bekommt das Geld in Deutschland und wer in der Türkei?
4. Wovon verstehen die Deutschen so viel wie Steine?
5. Was machen manche türkischen Polizisten im Fernsehen?
6. Wo kann man Reklame finden?
7. Was wäre in islamischen Ländern unmöglich?

Grammatische Erklärungen

Cognates and derived words

Many German words are similar to words from other languages. This is because the word in German and the other language has the same derivation, most often from Greek or Latin.

German   *Identität*
French   *identité*
English   *identity*

When words look alike and mean the same, they are called cognates. If the spelling is adjusted to the standard spelling rules in the language, the word is called a derived word. There are several ways in which the spelling might be adjusted.

English	German
c	*z* or *k*
calory	Kalorie
certificate	Zertifikat
sh	*sch*
English	Englisch
shock	Schock
y	*ie*
harmony	Harmonie
irony	Ironie

Sometimes words simply are taken into another language. *Autobahn, Kindergarten, Bratwurst* and *Sauerkraut* are examples of German words that have become common in English. Some English words have become common in German use, too. Some examples are *Show, Shorts, Shopping Center, Computer, Software, Marketing.*

International communication through trade, research and business has led to the use of many technical and business terms in common.

Übungen

16. Welche englischen Wörter sind das?

1. Republik
2. Musik
3. Politik
4. Philosoph
5. Existenz
6. Prinzip
7. Partei
8. Kollektion
9. Zigarette
10. Violine
11. Station
12. Generation
13. Organisation
14. Fantasie
15. positiv
16. negativ
17. Imperialist
18. utopisch
19. Konzept
20. Relation
21. Detektor
22. Automatik

17. **Suchen Sie sich aus der letzten Übung zehn Wörter aus und konstruieren Sie zehn Sätze.**

   Beispiele: *Kollektion ... Die Kollektion gefällt mir besonders gut.*
   Fantasie ... Für diese Übung brauche ich viel Fantasie.
   Generation ... Die junge Generation will alles besser machen.

18. **Von welchen deutschen Nomen kommen diese Adjektive und welche Artikel haben die Nomen?**

1. traurig	12. amerikanisch
2. lustig	13. kritisch
3. mächtig	14. philosophisch
4. englisch	15. pünktlich
5. spanisch	16. menschlich
6. französisch	17. freundlich
7. italienisch	18. möglich
8. russisch	19. nördlich
9. polnisch	20. geschichtlich
10. ironisch	21. väterlich
11. holländisch	22. zuversichtlich

Leseecke

Bekenntnisse des Hochstaplers Felix Krull

Thomas Mann (1875–1955)

Der in Lübeck geborene Verfasser wohnte seit 1893 in München und verließ Deutschland 1933 aus politischem Protest. Er ging zuerst in die Schweiz, dann in die U.S.A., wo er 1939 Professor an der Universität in Princeton wurde. Er verbrachte einige Zeit in Kalifornien und ging dann wieder zurück in die Schweiz. Dort starb er 1955. Mehrere Novellen und Romane des Nobelpreisträgers° sind verfilmt worden. In diesem stark gekürzten Auszug aus seinem unvollendeten° Roman mit dem gleichen Titel lernt Felix, der als Hotelkellner in Paris arbeitet, eine hübsche englische Touristin kennen.

Nobel Prize winner
unfinished

Twentymans, Vater, Mutter und Tochter nebst° einer Zofe°, bewohnten° mehrere Wochen lang eine Suite im Saint James and Albany. Mrs. Twentyman war eine freudlose° Frau. Mehr Gutmütigkeit° ging aus von Mr. Twentyman mit seinem roten Portweingesicht. Sein Töchterchen, die siebzehn- oder achtzehnjährige Eleanor, die ihm an meinem

besides/maid
lived in
joyless
benevolence

Tisch Nr. 18 gegenübersaß, war ein blondes Ding, hübsch nach Art eines Zickleins°. *kid (young goat)*

Ich war gut zu meinem Zicklein, umgab sie mit der Aufmerksamkeit eines ergebenen° Bruders, legte ihr das Fleisch vor, brachte ihr das Dessert zum zweitenmal, versah sie mit Grenadine, die sie sehr gern trank – und tat entschieden zuviel. Bald mußte ich gewahr° werden, daß die Kleine sich über und über in mich verliebt° hatte. Ihre blauen Augen hingen ständig an mir, und wenn die meinen ihnen begegneten, so senkte° sie wohl den Blick auf ihren Teller, hob ihn aber gleich wieder ... *devoted* *aware* *fell in love* *lowered*

Plötzlich erschien sie, schon acht Uhr früh, bei mir unten zum Petit déjeuner°, während sie doch bis dahin, wie ihre Eltern, auf ihrem Zimmer gefrühstückt hatte. Gleich beim Hereinkommen wechselte sie die Farbe, suchte mich mit ihren geröteten° Augen und fand – denn um diese Stunde war der Frühstücksraum noch dünn besetzt – nur zu leicht Platz in meinem Dienstbereich°. *breakfast (French)* *reddened* *service area*

,,Good morning, Miss Twentyman. Did you have a good rest?''

,,Very little rest, Armand, very little.''

Ich zeigte mich betrübt°, das zu hören. ,,Aber dann'', sagte ich, ,,wäre es vielleicht weiser° gewesen, noch ein wenig im Bett zu bleiben und dort Ihren Tee und Ihr Porridge zu haben, die ich Ihnen nun gleich bringen werde. Es ist so ruhig und friedlich dort im Zimmer, in Ihrem Bett ...'' *saddened* *wiser*

Was antwortete dieses Kind?

,,No, I prefer to suffer.''

,,But, you are making me suffer, too'', erwiderte ich leise, indem ich ihr auf der Karte die Marmelade zeigte, die sie nehmen sollte.

,,Oh, Armand, then we suffer together!'' sagte sie und schlug ihre unausgeruhten° Augen tränend zu mir auf. *unrested*

Beim Sonntagsdiner wurde viel Champagner getrunken im Saal. Nach Tische, wie gewöhnlich, servierte ich Kaffee in der Halle. Sehr wenig war das Zimmer benutzt; nur morgens saßen dort meistens einige Leute und lasen die neu ausgelegten Blätter°. Jemand hatte das Journal des Débats mit in die Halle genommen und es beim Weggehen auf dem Stuhl an seinem Tischchen liegen lassen. Ich trug es ins leere Lesezimmer hinüber, als Eleanor sich einfand°. Sie kam auf mich zu, schlang mit Zittern ihre Ärmchen um meinen Hals und stammelte°. *newspapers* *appeared* *stammered*

,,Armand, I love you so desperately and helplessly, I don't know what to do, I am so deeply, so utterly in love with you that I am lost, lost, lost … Say, tell me, do you love me a little bit, too?"

,,For heaven's sake, Miss Eleanor, be careful, somebody might come in … for instance, your mother. Of course, I love you, sweet little Eleanor! But now get your arms off my neck and watch out … This is extremely dangerous."

,,What do I care about danger! I love you Armand, let's flee together, let's die together, but first of all kiss me … Your lips, your lips, I am parched with thirst for your lips …"

,,Nein, dear Eleanor", sagte ich, indem ich versuchte, ihre Arme von mir zu lösen, ,,wir wollen damit nicht anfangen. Ohnedies° haben Sie Champagner getrunken, mehrere *besides* Gläser, schien mir, und wenn ich Sie nun auch noch küsse, so ist es aus mit Ihnen. Nicht wahr, nun sind Sie ein gutes Kind und lassen mich los und gehen zu Mummy."

,,O, Armand, was sind Sie so kalt, grausam°, und haben *cruel* doch gesagt, daß Sie mich ein wenig lieben? Zu Mummy, ich hasse° Mummy, und sie haßt mich, aber Daddy, der liebt *hate* mich, und ich bin sicher, daß er sich in alles finden wird. Wir müssen nur einfach fliehen – fliehen wir diese Nacht mit dem Expreß, zum Beispiel nach Spanien, nach Marokko, ich bin ja gekommen, Ihnen dies vorzuschlagen. Da wollen wir uns verstecken° …" *hide*

Ich nahm endlich sanft° ihre Arme von mir herunter. ,,Das *softly* alles sind Träume, um deretwillen ich nicht meinen Weg verlassen kann."

,,Ohuhu!" weinte sie los. ,,No kiss! Poor, unhappy me! Poor little Eleanor, so miserable and disdained!" Und die Händchen vorm Gesicht warf sie sich in einen Ledersessel und schluchzte° herzzerbrechend. Ich wollte zu ihr treten, *sobbed* bevor ich ging. Das aber war einem anderen vorbehalten°. Es *reserved for* kam nämlich in diesem Augenblick jemand herein, – nicht irgend jemand, es war Lord Kilmarnock von Nectanhall.

Den Kopf ein wenig zur Schulter geneigt°, betrachtete er *bowed* unter seinen Brauen° die in ihre Hände Weinende, trat zu *eyebrows* ihrem Stuhl und streichelte ihr mit dem Fingerrücken die Wange°. Offenen Mundes sah sie zu dem Fremden auf, *cheek* sprang vom Stuhl und lief durch die andere Tür hinaus.

Sinnend° blickte er ihr nach. Dann wandte er sich mit *pondering* Ruhe zu mir.

,,Felix", sprach er, ,,der letzte Augenblick° zur Entschei- *moment* dung ist gekommen. Ich reise morgen, schon früh. Noch in der Nacht müßten Sie packen, um mich nach Schottland zu begleiten°." ,,Mylord", erwiderte ich, ,,ich danke und bitte *accompany* um Nachsicht°. Ich fühle mich der mir angebotenen Stellung° *patience/position*

nicht gewachsen°.'' Er senkte das Haupt° und hob es nur *suited/head*
langsam wieder. Dabei nahm er seinen sehr schönen
Smaragd° vom Finger – ich hatte ihn oft an seiner Hand *emerald*
bewundert und trage ihn diesen Augenblick.

Fragen über den Text

1. Wen lernt Felix Krull im Hotel kennen, und woher kommt diese Person?
2. Was passierte mit Eleanor, als er sie so aufmerksam bediente?
3. Was tat sie, als er sie allein im Lesezimmer traf?
4. Was wollte Eleanor zusammen mit Felix tun?
5. Wie reagierte sie, als er nicht mit ihr fliehen wollte?
6. Was für ein Angebot machte der Lord dem Felix Krull?
7. Weshalb wollte Felix ihn nicht nach Schottland begleiten?
8. Was schenkte ihm der Lord?

Übung

19. Bilden Sie aus den Wörtern der beiden Spalten zusammengesetzte
    Nomen. Diese Wörter kommen aus dem Lesestück ,,Bekenntnisse des
    Hochstaplers Felix Krull''. Welche Artikel haben die neuen Wörter?

    Beispiel: *das Haus + die Tür = die Haustür*

1. lesen	a. gehen
2. der Portwein	b. der Blick
3. achtzehn	c. das Gesicht
4. herein	d. das Zimmer
5. das Frühstück	e. jährig
6. der Dienst	f. das Kommen
7. weg	g. der Raum
8. das Leder	h. der Rücken
9. das Auge	i. der Sessel
10. der Finger	j. der Bereich

Die freie Republik

Dieses Lied berichtet davon, was mit sechs Studenten passierte, die am 3. April 1833 von der Polizei in Frankfurt am
Main verhaftet° wurden, weil sie für ein vereinigtes Deutsch- *arrested*
land kämpften°. Vier Jahre saßen sie im Gefängnis, bis man *fought*
sie 1837 zu langen Strafen° verurteilte. Am 10. Januar 1837 *sentences*
konnten die sechs dann heimlich° weglaufen, und die Polizei *secretly*
fand sie nicht wieder. Sie sind zum Symbol für den bürger-
lichen Kampf° für eine deutsche Republik geworden. *civil war*

In dem Kerker° saßen   *prison*
zu Frankfurt an dem Main
schon seit vielen Jahren
sechs Studenten ein,
die die Freiheit° wollten   *freedom*
und das Bürgerglück°   *prosperity of*
                                                               citizens
und die Menschenrechte°   *human rights*
der freien Republik.

Und der Kerkermeister°   *prison guard*
sprach es täglich aus:
Nein, Herr Bürgermeister,
die kommen hier nicht raus.
Und sie sind doch verschwunden
abends aus dem Turm,
um die zwölfte Stunde,
bei dem großen Sturm.

Und am nächsten Morgen
hört man den Alarm
Oh, es war entsetzlich°,   *terrible*
der Soldatenschwarm°!   *troops*
Sie suchten auf und nieder,
sie suchten hin und her.
Sie suchten sechs Studenten
und fanden sie nicht mehr.

Das merkwürdige Jahr 1848

3 Zwölf dunkle Jahre

Hitler und das Dritte Reich

Adolf Hitler wurde am 30. Januar 1933 „Führer°" des Dritten Reiches. Die Zeit der Demokratie in Deutschland, die vom Ende des Ersten Weltkrieges bis zu Hitlers Machtergreifung° gedauert hatte, war damit vorbei. Die totale Diktatur folgte. Wie konnte ein österreichischer Arbeitsloser° so viel Macht bekommen? Warum gelang es ihm, Deutschland und die Welt in eine der größten Katastrophen der Weltgeschichte zu stürzen°?

    Die Historiker streiten° sich über die verschiedenen Gründe dafür. Eines ist aber sicher: Adolf Hitler hat nur mit Hilfe seiner Partei, der Nationalsozialistischen Deutschen Arbeiterpartei (NSDAP), und durch die Unterstützung° vieler Deutscher seine Diktatur aufbauen können. Da nicht mehr als ein Drittel der Wähler° 1933 für die Nationalsozialisten gestimmt° hatte, gelang es dem neuen Führer nur mit Hilfe einer Koalition mit den konservativen Parteien, seine Regierung zu bilden. Der Einfluß der Nazis wurde dann aber sehr schnell größer, und viele Mitglieder° konservativer Parteien wurden Mitglied bei den Nationalsozialisten.

leader

seizure of power

unemployed person

plunge

argue

support

voters
voted

members

Nach der Machtergreifung 1933 gab es bald keine politische Opposition mehr. Alle politischen Gegner des Dritten Reiches wurden eliminiert. Dafür gab es eine besondere Polizei im Reich, die Geheime Staatspolizei° (Gestapo). Alle Menschen im Lande wurden von ihr überwacht°, jede Form der politischen Opposition wurde von der Gestapo unterdrückt°. So kam es, daß viele Deutsche Angst hatten, ihren Mund aufzumachen und zu protestieren. Wer es trotzdem wagte°, wurde sofort von der Gestapo verhaftet, gefoltert° und in ein Konzentrationslager° geschickt. Aus Angst haben viele Leute nichts gesagt, obwohl sie wußten, daß die Nationalsozialisten viele Verbrechen° begingen. Heute kann man sich nur noch schwer vorstellen, wie rigide die Herrschaft° der Nazis war. Die NSDAP organisierte schon kurz nach der politischen Machtergreifung die vielen Jugendlichen in staatlichen Jugendorganisationen.

State Secret Police
controlled
suppressed

dared
tortured
concentration camp
crimes
rule

Die größte Organisation war die Hitlerjugend, kurz HJ genannt. Viele Jugendliche wurden Mitglied in der HJ und lernten dort die Ideologie der Nazis kennen. Sie waren oft begeistert von der Idee, daß Deutschland zum mächtigsten° Land der Erde werden sollte. Ein wichtiger Teil dieser Ideologie war, daß das Wohl° Deutschlands wichtiger war, als das Wohl des einzelnen Deutschen. Die Jugendlichen in der HJ wurden dazu ausgebildet°, die Erwachsenen zu kontrollieren und zu denunzieren°, wenn Kritik am Dritten Reich geübt wurde. So kam es zu dem traurigen Ergebnis, daß manche Kinder ihre eigenen Mütter und Väter denunzierten, weil diese etwas gegen den Staat gesagt hatten.

most powerful

well-being

trained
denounce

Wenn jemand einen anderen denunziert hatte, wurde er von
der Gestapo verhaftet und oft nie wieder gesehen. Amtliche° *official*
Zahlen beweisen, daß bis zum Kriegsende drei Millionen
Deutsche in Konzentrationslager und Zuchthäuser° geschickt *penitentiaries*
wurden. 800 000 von ihnen hatten aktiven Widerstand° gegen *resistance*
das System gewagt.

   Vor allem hat die Verfolgung° der Juden, die im Holocaust *persecution*
endete, dazu geführt, daß allen Deutschen nach dem Krieg
eine Kollektivschuld° gegeben wurde. Die volle Wahrheit° *collective guilt/*
über alle Naziverbrechen gegen die Menschlichkeit° ist aber *truth*
erst nach dem Ende des Zweiten Weltkrieges bekannt *humanity*
geworden. Viele Deutsche sagten nach dem Krieg, daß sie
nichts von den Verbrechen gewußt hätten. Das stimmt
vielleicht sogar, denn es gab in Deutschland den Spruch
,,Was ich nicht weiß, macht mich nicht heiß''. Das bedeutet,
daß man allen Schwierigkeiten° am besten aus dem Wege *difficulties*
geht, wenn man sich um nichts kümmert°. So haben die *don't pay*
meisten Deutschen sich nicht um die Verbrechen geküm- *attention to*
mert, weil sie Angst um sich selber hatten.

   Das Resultat dieser Angst und der Machtpolitik der Nazis ist
uns heute bekannt. Als am 8. Mai 1945 der Zweite Weltkrieg
für Deutschland zu Ende war, war damit auch das Ende des
von den Nazis proklamierten ,,Tausendjährigen Reiches''
gekommen. Nach zwölf Jahren wurde die Macht der
Nationalsozialisten gebrochen und Deutschland von den
Alliierten besetzt°. Deutschland wurde in zwei Staaten geteilt *occupied*
und verlor große Teile seines Staatsgebietes. Im Westen
entstand die Bundesrepublik Deutschland (BRD) und im
Osten die Deutsche Demokratische Republik (DDR). Während die BRD nach dem Krieg unter amerikanischer Hilfe
wieder aufgebaut wurde und später Mitglied der NATO und
der Europäischen Gemeinschaft° wurde, gehört die DDR *European*
zum sozialistischen Staatenbund° und ist Mitglied des War- *Community*
schauer Pakts. *confederation*

Das Brandenburger Tor in Berlin bei
Kriegsende

Frankfurt im Jahre 1945

Viele Menschen müssen ihre Heimat
verlassen.

Fragen über den Text

1. Mit wessen Hilfe hat Hitler 1933 die Regierung gebildet?
2. Wie viele Wähler haben 1933 für die NSDAP gestimmt?
3. Was war die Aufgabe der Gestapo?
4. Warum war es gefährlich, Kritik am Staat zu üben?
5. Wie viele Deutsche sind in Konzentrationslager und Zuchthäuser geschickt worden?
6. Warum sah man die Menschen, die denunziert worden waren, oft nie wieder?
7. Warum wurde den Deutschen nach dem Krieg eine Kollektivschuld gegeben?
8. Wann ist die volle Wahrheit über die Naziverbrechen erst bekannt geworden?
9. Wann war der Zweite Weltkrieg für Deutschland zu Ende?
10. Warum gibt es heute zwei deutsche Staaten, die DDR und die BRD?

Übungen

1. **Sie hören bei einer Diskussion die folgenden Meinungen. Entscheiden Sie sich, welche davon Sie gut finden und deshalb verteidigen wollen und welche Sie schlecht finden und deshalb nicht akzeptieren.**

Meinung 1: Eine Diktatur ist gut, weil nur einer entscheiden kann.
Meinung 2: Ich bin für einen starken Führer.
Meinung 3: Individuelle Freiheit ist nicht wichtig, sondern das Wohl des Staates.
Meinung 4: Eine Diktatur ist gefährlich, weil das Volk keine Macht hat.
Meinung 5: In einer Demokratie soll jeder entscheiden und verantwortlich sein.
Meinung 6: Das Dritte Reich ist ein Beweis dafür, daß Diktatur gefährlich ist.
Meinung 7: In einer Demokratie gibt es keine Judenverfolgung.
Meinung 8: Es ist gut, daß Deutschland den Zweiten Weltkrieg verloren hat.

1. Fragen Sie Ihre Klassenkameraden nach deren Wahl!
2. Fragen Sie Ihre Klassenkameraden, warum sie nicht Ihrer Meinung sind!
3. Diskutieren Sie die Punkte, bei denen Sie anderer Meinung sind!
4. Sagen Sie ein paar Gründe für Ihre Meinung!

2. Ersetzen Sie die Wörter in Klammern mit deutschen Wörtern.

1. Hitler war ein (Austrian) _____ Arbeitsloser.
2. Es gab keine (political) _____ Opposition mehr.
3. Etwa 800 000 Deutsche hatten aktiven (resistance) _____ gegen das System gewagt.
4. Allen Deutschen wurde eine (collective guilt) _____ gegeben.
5. Die BRD wurde mit amerikanischer Hilfe wieder (rebuilt) _____.
6. Die DDR gehört dem (socialist) _____ Ostblock an.
7. In Deutschland herrscht heute (democracy) _____.
8. Viele Juden leben heute in ihrem eigenen (state) _____ Israel.

Grammatische Erklärungen

The three functions of *werden*

The word *werden* has three functions: (1) as a full verb (meaning: to become), (2) as an auxiliary to express future tense (*werden* + infinitive), and (3) as an auxiliary form of the passive voice (*werden* + past participle).

The first function is as a full verb. In this use, it means ,,to become.''

> *Wir werden immer älter.*
> *Paul wird Lehrer, und seine Schwester wird Apothekerin.*

The second function is as an auxiliary verb expressing future tense. In this use, *werden* has an accompanying verb that expresses the action and goes to the end of the sentence or clause.

> *Ich werde in die Stadt fahren. Dort werde ich meine Mutter treffen. Wir werden im Kaufhaus einkaufen. Das wird schön sein.*

The third function is as an auxiliary forming the passive voice. The action is expressed by the past participle of the action verb, which stands in the last position of the clause. The past participle expresses how the subject of the passive sentence is being acted upon. The subject of a passive sentence is the former direct object of an active sentence.

> *Sie trinkt eine Tasse Kaffee.*
> *Eine Tasse Kaffee wird von ihr getrunken.*

The subject of the active sentence can still appear in the passive sentence. It is then called an agent and stands with the preposition *von*. The present passive is formed by using the present tense of the auxiliary *werden*.

> *Der Wagen wird repariert.*
> *Die Sendung wird gezeigt.*

The past passive is formed by using the simple past of the auxiliary *werden*.

> *Der Wagen wurde repariert.*
> *Die Sendung wurde gezeigt.*

The present perfect passive and past perfect passive use the auxiliary *sein* plus the past participles of the action verb and *worden*.

> *Der Wagen ist (war) repariert worden.*
> *Die Sendung ist (war) gezeigt worden.*

Notice that the past participle form of *werden* (*werden, wurde, geworden*) is not *geworden* but rather *worden* when used in the present and past perfect tenses of a passive sentence.

Übungen

3. Setzen Sie die richtige Form von *werden* ein.

1. Peters Freundin ____ Ärztin.
2. Deutschland sollte zum mächtigsten Land der Erde ____.
3. Herr Schulze ____ von der Gestapo verhaftet.
4. Wann ____ die Jugendlichen zusammenkommen?
5. ____ das Wetter morgen schön sein?
6. Die Autos ____ in der Werkstatt repariert.
7. Letztes Jahr ____ mein Bruder Professor.
8. Was ____ du denn ____?
9. Die Reise ____ sofort organisiert.
10. Die Erwachsenen ____ dort ausgebildet.

4. Schreiben Sie diese Sätze zuerst im Perfekt und dann im Plusquamperfekt.

Beispiel: *Die Dame wurde informiert.*
Die Dame ist informiert worden.
Die Dame war informiert worden.

1. Die Freunde wurden morgens von Kameraden abgeholt.
2. Auf dem Schulweg wurden Geschichten erzählt.
3. Die Schule wurde von allen gern besucht.
4. Die Schüler dieser Schule wurden besonders gut unterrichtet.
5. Diese Schule wurde „Elite-Schule" genannt.
6. Hier wurde mehr gelernt als auf anderen Schulen.
7. Nur wenigen Schülern wurde angeboten, sie zu besuchen.
8. Die Schüler wurden von der Industrie gern genommen.

5. Lesen Sie den Text *Hitler und das Dritte Reich* und suchen Sie alle Sätze heraus, in denen das Wort *werden* vorkommt. Erklären Sie in jedem Satz, ob *werden* als (1) Vollverb, (2) als Element für das Futur oder (3) als Element für das Passiv benutzt wird.

6. Schreiben Sie die folgenden Sätze im Passiv. Setzen Sie das Subjekt des Aktivsatzes in Klammern in den Passivsatz ein.

Beispiel: *Sie ging ins Geschäft und kaufte das Geschenk.*
Das Geschenk wurde (von ihr) im Geschäft gekauft.

1. Sie machte mir mit dem Geschenk eine große Freude.
2. Sie hatte eine Schallplatte von Herbert Grönnemeyer gekauft.
3. Ich hörte ihn in einer Berliner Disko.
4. Ich höre seine Musik sehr gern.
5. Ich nahm sie auf die Reise mit.
6. Diese tolle Platte spiele ich jetzt jeden Tag.
7. In der Musikszene machen viele Leute nur schlechte Produktionen.
8. Das haben viele Freunde gesagt.

7. **Ändern Sie die folgenden Sätze ins Passiv um.**

   Beispiel: *Man nannte Hitler den neuen Führer.*
   Hitler wurde der neue Führer genannt.

   1. Die Nazis schickten Millionen Gegner in Konzentrationslager.
   2. Man vergaß diese schweren Verbrechen nicht.
   3. Man bildete die Regierung 1933 durch eine Koalition der rechten Parteien.
   4. Man gab den Deutschen nach dem Krieg eine Kollektivschuld.
   5. Man verurteile in den Nürnberger Prozessen viele Nazis.
   6. Leider brachte man einige Nazis nach Südamerika und verurteilte sie nicht.

8. **Ändern Sie die folgenden Sätze vom Passiv ins Aktiv. Benutzen Sie eine Aktivform mit *man*.**

   Beispiel: *Sie wurden vernichtet.*
   Man vernichtete sie.

   1. Besonders die Juden wurden verfolgt.
   2. Die meisten Gegner der Nazis wurden eliminiert.
   3. Erst nach dem Krieg wurde die volle Wahrheit publiziert.
   4. Millionen Menschenleben dürfen nicht vergessen werden.
   5. Deutschland wurde in zwei Staaten geteilt.
   6. Die Bücher von Erich Kästner wurden in der Nazizeit verboten.

Übungen

9. **In Deutschland reden die Leute viel über das Fernsehen. Meistens sind sie nicht ganz zufrieden mit den Sendungen, mit der Sendezeit oder mit dem Ansager.**
   Spielen Sie die Rollen der deutschen Fernsehzuschauer und kritisieren Sie mal so richtig das Fernsehprogramm.

Beispiel: *Nachrichten zu spät senden*
Die Nachrichten werden zu spät gesendet.

1. Wetterbericht zu langweilig sprechen
2. Krimi zu grausam filmen

ERSTES DEUTSCHES FERNSEHEN

10.00 heute	17.25 1:0 für die Kinder
10.03 Glücklich geschieden...	17.50 Tageschau
10.50 Globus	18.00 Hier und heute
11.20 Was bin ich?	18.25 Musik-Convey
12.10 Die Seidenstrasse	19.00 Schieß in den Wind, Ho
12.55 Presseschau	20.00 Tagesschau
13.00 heute	20.15 Lousiana
13.15 Reagan in Deutschland	21.15 Der 5.5.55
Der US-Präsident auf Schloß	Die Bundesrepublik nach 30
Hambach/Pfalz. Ansprache an	Jahren NATO-Bündnis
die Jugend	22.00 Freitag's Abend
15.40 Videotext für alle	22.30 Tagesthemen
16.00 Tagesschau	23.00 Schwarzer Sturm
16.10 Höchste Zeit	Spielfilm, Mexico 1965
16.45 Chic	0.55 Tagesschau

ZWEITES DEUTSCHES FERNSEHEN

13.15 Videotext für alle	19.30 Reportage am Montag
15.40 Videotext für alle	Ein Weltkrieg ohne Ende: Über
16.00 heute	die 40-Jahr-Feiern der Sowjet-
16.04 Auf Stippvisite bei Mitmen-	union
schen	20.15 Der Jäger von Fall
16.35 Boomer, der Streuner	Deutscher Spielfilm von 1974
17.00 heute	21.43 denkmal
17.15 Der Staatsbesuch	21.45 heute-journal
Präsident Reagan auf dem	22.15 Rekonstruktionen: Der letzte
Hambacher Schloß (Zusam-	Akt – Kriegsende '45
menfassung)	23.15 Tadellöser & Wolff (Wdh.)
17.50 Ein Colt für alle Fälle	0.50 heute
19.00 heute	

wdr
Westdeutsches Fernsehen

DRITTES PROGRAMM

19.00 Aktuelle Stunde	schlag – das Stadttheater Mün-
20.00 Tagesschau	ster
20.15 Hilferufe Menschen	22.15 Auf der Kippe
21.15 Medizin-Magazin	Der Alltag der Familie S.
21.45 Vor 30 Jahren ein Donner-	23.30 Letzte Nachrichten

3. Western nicht senden
4. Kommentar undeutlich sprechen
5. Ansagerin zu lange sprechen lassen
6. Programme morgens nur zwei Stunden senden
7. Nur zwei Werbesendungen pro Tag bringen
8. Keine Fußballspiele am Morgen zeigen
9. Selten Tierfilme produzieren und zeigen
10. Zu viel Geld vom Zuschauer nehmen

10. Schreiben Sie in zehn Sätzen Ihre Meinung über das Fernsehen. Sehen Sie sich dazu das Fernsehprogramm an und lesen Sie die Namen der Sendungen.

Beispiel: *Mir gefällt der Spielfilm ,,Schwarzer Sturm'' aus Mexiko, weil ich schon einmal in Mexiko war.*

Sagen Sie, . . .
1. was Ihnen sehr gefällt.
2. was Ihnen nicht besonders gefällt.
3. wie wichtig das Fernsehen für Sie ist.
4. wie oft Sie fernsehen.
5. was Sie von Werbesendungen halten.
6. was Sie im Programm vermissen.
7. was Sie anderen Leuten empfehlen können.
8. warum Sie nur selten fernsehen.
9. was Sie als Fernsehdirektor besser machen würden.
10. was Ihre Lieblingssendung ist.

11. Sie kommen in Ihr Büro und finden auf Ihrem Schreibtisch ein Blatt mit diesen acht Sätzen. Sie lesen die Sätze und verstehen nichts, weil die Wörter nicht in der richtigen Ordnung stehen. Die Überschrift ist so spannend, daß Sie die Sätze verstehen wollen. Also müssen Sie die Wörter neu ordnen. Schreiben Sie die Sätze in der richtigen Wortfolge.

1. größten / in / dieses / Katastrophen / die / stürzte / der / Jahrhunderts / Welt / eine / Hitler
2. Jahren / gemeldet / in / Deutschlands / den / ersten / wurden / Siege
3. Ab / Siege / mehr / 1942 / gab / es / sondern / keine / Verluste
4. Krieg / dem / nach / das / Deutschland / zerstörte / aufgeteilt / wurde
5. Die / vernichtet / starke / Nazis / zuerst / Opposition / ihre / politische / hatten / 1933 / seit

6. Danach / systematischen / Juden / der / Verfolgung / begonnen / mit / wurde / aller
7. Deutsche / während / hatten / Naziherrschaft / gehabt / Angst / viele / der
8. das / 800 000 / gegen / System / Deutsche / gewagt / aktiven / Widerstand / hatten

Leseecke

Das Brandopfer

Albrecht Goes (geb. 1908)

Der Verfasser studierte Theologie und wurde 1930 Pfarrer°. Während des Krieges war er 1940–45 an der Ostfront°. Danach wurde er freier Schriftsteller. Sein Werk, zu dem auch Gedichte und Essays gehören, zeichnet ihn als einen christlichen, humanen Dichter der Gegenwart aus. Dies ist der Beginn einer Novelle, in der er die Reaktion verschiedener Deutscher auf die Judenverfolgung° der Nazis beschreibt.

Die Vergangenheit wecken°? Warum?

Nicht, damit der Haß° dauert.

Man hat vergessen. Und es muß ja auch vergessen werden; denn wer könnte leben, der nicht vergessen kann?

Aber manchmal muß einer da sein, der an die Vergangenheit erinnert, der an die erinnert, die zu Staub und Asche° wurden, einer, der sagt:

,,Bis hierher und nicht weiter.''

Denn sie sind mehr als nur Asche im Wind. Ein Feuer ist da. Die Welt würde erfrieren°, wenn dieses Feuer nicht wäre.

Es ist das Zeichen des Ewigen°.

,,Wenn das mit dem Kinderwagen nicht dazugekommen wäre, hätte ich's wohl nicht getan. Lieber Herr, der Mensch ist faul° und bequem. Wir sagen vielleicht: das sollte nicht sein – und sagen: aber das ist ja furchtbar! Und dann gewöhnen wir uns daran. Und im Geschäft heißt es dann gleich: Kunde ist Kunde, und gutes Geld ist gutes Geld. Sehen Sie, ich habe von den Juden nie so richtig etwas gewußt; hier in unserer Nähe wohnten nur zwei Familien. Da waren die Rosenbaums gegenüber in Nr. 18. Aber die sind gleich, als Hitler kam, nach Holland gegangen. Dr. Rosenbaum war so etwas wie Sie, Herr Doktor, Bibliothekar°,

minister
Eastern front

persecution of the Jews
awaken
hatred

ashes

freeze to death

eternal

lazy

librarian

glaube ich. Und dann das kleine Fräulein Wolf. Aber die kam nie mehr unter die Leute. Und man hat es lange nicht gewußt, daß sie zu Hause das Gas aufgemacht hatte ... das war schon vor dem Jahre 1938. Nein, so richtig gewußt habe ich nichts. Ich sage das nicht, um mich zu entschuldigen.

Das kann auch nicht entschuldigt werden. Man hätte es wissen müssen.

Vor den neuen Herren in Uniform hatte ich keine Angst. Sie kamen herein und holten sich ein viertel Pfund Leberwurst und ein Stück Schweinefleisch. Ich machte es ihnen fertig und sagte: ,,Auf Wiedersehen!" Und mein Mann sagte: ,,Heil Hitler°!"   *Nazi greeting*

Da hatten wir dann manchmal einen Streit° darüber.   *quarrel* ,,Nun hast du wieder nicht richtig gegrüßt", sagte mein Mann.

Und ich sagte nur: ,,Ja, und?"

,,Das ist kein Spaß!" sagte dann mein Mann, ,,Dachau° ist   *name of* nicht so weit, wie du denkst."   *concentration camp*

Und ich fragte: ,,Dachau – was ist das?"

Ja, lieber Herr, so habe ich gefragt, denn ich habe es wirklich nicht gewußt. Und das war schon im Jahre 1935 oder 36.

Mein Mann sagte dann: ,,Dachau – das ist nichts für zarte°   *tender* Ohren." Da war ich still und fragte nicht weiter.

So ging das in den ersten Jahren. Bis dann – im Dezember 1938 war es, und ich weiß den Tag noch gut, es war ein sehr

kalter Tag – ja also, bis dann das erstemal eine Frau in den
Laden kam, die den gelben Stern° auf dem Mantel trug. *star*
Gleich nach der Mittagspause war sie gekommen, und ich
war allein im Geschäft. „Ein halbes Pfund Kochfleisch,
bitte", sagte sie, und dabei sah sie zur Ladentür zurück, als
wenn jemand hinter ihr wäre.

„Soll's mit Knochen° sein?" frage ich, wie ich's zu fragen *bones*
gewohnt° bin. Und da sehe ich den Stern an ihrem Mantel, *used to*
recht sauber war er aufgenäht° mit gelbem Faden, so für die *sewn on*
Dauer.

„Ja, bitte mit Knochen", sagt sie. Und ich gebe es ihr, und
sie bezahlt und sagt „Guten Tag" und geht hinaus.

Aber am Abend – auch das weiß ich noch, wie wenn es
gestern gewesen wäre – mein Mann hatte die Zeitung
weggelegt und drehte am Radio herum, da fragte ich ihn:
„Wie war das eigentlich neulich mit der Synagoge, und
warum habt ihr den Brand nicht löschen° können?" *extinguish*

Er war damals bei der Feuerwehr°, mein Mann.   *fire department*

,,Ganz einfach'', sagte mein Mann, ,,wenn man den
Schlauch gar nicht an das Wasser angeschlossen° hat''.   *attached*

,,Sondern?'' fragte ich.

,,Sondern –'' sagte mein Mann, und wurde weiß, ,,– man
muß nicht alles wollen. Nimm's nicht so schwer, Grete, das
ist nun vorbei°'', sagte er noch.   *over*

Aber dann war ich auch schon aufgestanden und zur Tür
hinausgegangen. Und ich lief ohne Mantel durch unsere
Stadt, eine Stunde lang oder länger. In der Petruskirche,
damals stand sie ja noch, war Licht. Ich blieb einen Augenblick im Eingang stehen und hörte dem Gesang zu. Da
wußte ich plötzlich, wie es kommen würde. Und es kam
dann sechs Jahre später, fast auf den gleichen Tag.

,,Bist du so fort° gewesen?'' hatte mein Mann gefragt, als   *away*
ich zurückkam, ,,so ohne Mantel? Du kannst dir ja den Tod°   *death*
holen!''

Und ich sagte: ,,Ja, den Tod . . .''

Es kam der Krieg, und mein Mann mußte gleich am
zweiten Tag fort. Es hatte ihm nichts geholfen, daß er noch
in die Partei° gegangen war, und daß er gesagt hatte, eine   *(Nazi) Party*
Metzgerei sei ein lebenswichtiges° Geschäft.   *essential*

,,Ihre Frau ist ja zu Hause, und die kann das machen'',
hatten sie gesagt.

Ich blieb dann hier allein bis zum Herbst 1947. Im Herbst
1947 erst kam mein Mann aus Rußland zurück.

In den ersten Kriegsmonaten hatte man sehr viel zu tun.
Es gab so viele neue Regeln° und Gesetze°. Die mußte man   *rules/laws*
alle im Kopf haben. Man hatte keine Zeit zum Denken, und
ich war froh darüber. In der Kundschaft° gab es Leute, die   *customers*
einem sagten: ,,Passen Sie auf, Frau Walker, Sie bekommen
bald eine schöne Metzgerei in Paris oder in London. Was
glauben Sie, am 10. Oktober sind wir in London; das hat
mein Bruder direkt von der obersten Leitung° gehört.''   *management*

Ich gab kein Wort zurück auf solche Reden, sah nur
manchmal zur Petruskirche hinüber, die Spitze konnte man
gerade sehen durch das große Ladenfenster, und dann
dachte ich: wie lange noch? Und dann – der Tag, an dem die
zwei Männer von der politischen Führung° kamen, zwei   *leadership*
ganz junge Männer, muß ich sagen. Ja, und die zogen ein
Papier aus der Tasche.

,,Befehl° von der Partei'', sagten sie.   *order*

,,Ja – und?'' fragte ich, und ich hatte einen unguten Geschmack auf der Zunge°.   *tongue*

,,Sie bekommen eine ganz besondere Aufgabe, Frau
Walker'', fing der eine an, und der andere: ,,Und da gehört

viel politisches Feingefühl° dazu, zu dieser Aufgabe." — *delicacy*

Ich konnte mir gar nicht denken, was man von mir wollte. "Was soll ich denn?" fragte ich.

"Sie werden die Judenmetzig°", sagte nun der eine. — *butcher shop for Jews*

Ich sehe ihn noch, wie er dastand, ein dicker Kerl mit gelber Brille°, noch nicht dreißig Jahre alt. — *glasses*

Und der andere schrie: "Die Judenmetzig", und dann lachten sie los, so als hätten sie einen besonders guten Scherz° erzählt: "Die Judenmetzig, die Judenmetzig", und konnten gar nicht wieder aufhören°. Schließlich hieß es dann so: alle Juden der Stadt dürfen von jetzt ab nur noch hier ihre Fleischwaren einkaufen, und zwar am Freitag, an jedem Freitagnachmittag zwischen fünf und sieben Uhr wird meine Metzgerei für sie offengehalten. — *joke* / *stop*

"Das ist eine besondere Ehre°, wissen Sie." Das klang wie eine Drohung° und war ja auch so gemeint. — *honor* / *threat*

Die Kerle° holten ihre Zigaretten heraus, machten noch ein paar dumme Bemerkungen° und gingen weg. Am anderen Tag stand die finstere° Nachricht schon in der Zeitung. Und wieder einen Tag später war sie der Gesprächsstoff° für meine Kunden. — *guys* / *remarks* / *sinister* / *topic of conversation*

Nun muß ich sagen, es gab nicht wenige, denen das nicht gefiel, und die schwiegen, wenn andere davon redeten. Es gab sogar einige, die sagten: "Wenn das nur gut geht!"

Und einige andere meinten: "Das geht bestimmt nicht gut!"

Aber plötzlich rief dann einer: "Machen Sie aber nur Freitag nacht alle Fenster auf, sonst riecht° es am nächsten Tag so furchtbar nach den Juden, Frau Walker." — *smells*

Und eine junge Frau – ich sehe sie noch vor mir, Herr
Doktor, – die sagte: ,,Mein Mann ist gerade im Urlaub da. Er
fragt, ob er Ihnen für nächsten Freitag seine Gasmaske°   *gas mask*
geben soll.''

Lieber Herr, wenn ich es bis dahin noch nicht gemerkt
hätte, dann mußte ich wohl jetzt verstehen, wie schlimm° es   *bad*
stand.

Ich weiß noch sehr genau, wie es am ersten Freitagnachmittag war. Ich hatte kurz vor fünf Uhr die Ladentür wieder
aufgeschlossen. Sie sollten nicht draußen warten. Doch
wurde es Viertel nach fünf, bevor die ersten Kunden kamen.
Sie hatten wohl schon ihre Erfahrungen° gemacht mit der   *experiences*
anderen Kundschaft und wollten sicher sein, daß sie hier
niemandem begegneten.

Ich habe es dann an diesem Abend alles zum ersten mal erlebt, was man da erleben konnte. Die Angst, mit der sie mir ihre Lebensmittelkarten° über den Tisch gaben, die Karten mit dem grossen „J": „Jude" hieß das. *ration coupons*

Und was man für diese Karten kaufen konnte, war schon längst zum Leben zu wenig. Sie kannten mich ja nicht. Und so folgten sie mir mit mißtrauischem° Blick, wenn ich die Karten nahm. *distrustful*

Später verstand ich das alles, das Mißtrauen und die Angst. Ich verstand auch, warum manche unter ihnen so müde waren, daß sie sich am Ladentisch° festhalten mußten. Sie waren ja bis hierher eine Stunde oder zwei Stunden lang zu Fuß gegangen. *counter*

Die Straßenbahn durften sie nicht benutzen. Und auf den Bänken im Park stand: Nicht für Juden. Einige hatten große Eile°, das merkte ich bald. Aber ich verstand erst später den Grund dafür: am Freitagabend um sechs beginnt ja der Sabbat°. Und ein guter Jude muß dann zu Hause den Sabbat vorbereiten. Man hatte diese Einkaufszeit gewählt, um ihnen ihren Sabbatanfang zu verderben°. *hurry* *Sabbath* *spoil*

Schon am dritten oder vierten Freitag kam „Besuch" zur Kontrolle. Kontrolle? Nein, Kontrolle kann man eigentlich nicht sagen. Denn mit mir beschäftigten sie sich so gut wie gar nicht. Sie kamen zu zweit oder zu dritt, in Uniform. Kann man so etwas je vergessen? Wie sie so dastanden, die blonden Jungens, ganz hübsche Gesichter. Und dann die anderen daneben, die so arm aussahen: die Frauen mit ihren Einkaufstaschen aus Papier, in ihren alten Kleidern, und Männer auch, und alle Gesichter voll Angst ...

Fragen über den Text

1. Welchen Gruß hatte man zur Hitler-Zeit in Deutschland?
2. Was bedeutete der gelbe Stern?
3. Warum mußten die Juden dieses Zeichen auf ihrer Kleidung tragen?
4. Warum war Frau Walker eine Stunde lang ohne Mantel durch die Stadt gelaufen?
5. Wann mußte Herr Walker in den Krieg?
6. Wann kam er wieder nach Hause zurück?
7. Was bedeutete „Judenmetzig"?
8. Wie reagierten die anderen Kunden, als sie hörten, daß Frau Walker die „Judenmetzig" geworden war?
9. Warum waren die Juden zu Anfang so voller Angst und Mißtrauen?
10. Warum waren die Juden so müde, als sie in den Laden kamen?

Übungen

12. **Setzen Sie das richtige Verb von der Liste ein. Natürlich müssen Sie auf die richtige Zeit und Person achten, damit die Verbform zum Subjekt paßt. Ein Tip, bevor es losgeht: Suchen Sie zuerst das Subjekt des Satzes und sehen Sie sich dann die Verben an. Welche Aktion paßt zum Kontext des Satzes?**

haben / meinen / zuhören / wissen / beginnen / verstehen / löschen / aufnähen / stehen / vergessen

   1. Wer konnte leben, der nicht ____ kann?
   2. Man hat es lange nicht ____, daß sie das Gas aufgemacht hatte.
   3. Wir ____ manchmal einen Streit darüber.
   4. Der Stern war recht sauber ____.
   5. Habt ihr den Brand nicht ____ können?
   6. Ich ____ dem Gesang ____.
   7. Es war wie eine Drohung ____.
   8. Ich verstand, wie schlimm es ____.
   9. Später ____ ich alles.
   10. Am Freitagabend ____ ja der Sabbat.

13. **In den folgenden zwölf Sätzen sind die bestimmten (der, die, das) oder unbestimmten Artikel (ein, eine, ein) eingeklammert. Prüfen Sie, ob die Endungen der Artikel korrekt sind. Wenn die Endungen nicht korrekt sind, setzen Sie die richtige Endung ein. Das folgende Adjektiv ist auch eingeklammert und muß eine Endung bekommen.**

Beispiel: *Das Ende (das) (spannend) Fußballspiel kommt bald im Fernsehen.*
Das Ende des spannenden Fußballspiels kommt bald im Fernsehen.

   1. Der Verfasser ist (ein) (human) Dichter.
   2. Wir lasen (der) (kurz) Anfang dieser Novelle.
   3. Sie zeigt uns (die) (verschieden) Reaktionen der Deutschen.
   4. Wir hatten manchmal (ein) (klein) Streit.
   5. Ich weiß (dieser) (bestimmt) Tag noch genau.
   6. Mein Mann hatte (eine) (gut) Metzgerei.
   7. Ich sah (der) (gelb) Stern an ihrem Mantel.
   8. (Die) (neu) Regeln und Gesetze waren nicht bekannt.
   9. Mein Bruder hat es (ein) (alt) Freund erzählt.
   10. Ich verstand erst später (der) (richtig) Grund dafür.
   11. Man sah die Spitze (ein) (groß) Fensters.
   12. Ich gab ihr (das) (ganz) Stück Fleisch.

14. **Hier sind noch einmal sechs Sätze aus der vorigen Übung. Bitte ersetzen Sie einen bestimmten durch einen unbestimmten Artikel und umgekehrt.**

Beispiele: *Man sah die Spitze (ein) (groß) Fensters.*
Man sah die Spitze eines großen Fensters.

Man sah die Spitze (das) (groß) Fensters.
Man sah die Spitze des großen Fensters.

1. Ich weiß (ein) (bestimmt) Tag noch genau.
2. Mein Mann hatte (die) (gut) Metzgerei.
3. Ich sah (ein) (gelb) Stern an ihrem Mantel.
4. Mein Bruder hat es (der) (alt) Freund erzählt.
5. Ich fand erst später (ein) (richtig) Grund dafür.
6. Ich gab ihr (ein) (ganz) Stück Fleisch.

15. Schreiben Sie in den folgenden Sätzen die eingeklammerten Personal- oder Possessivpronomen mit den richtigen Endungen.

1. Es war (sein) Erzählung aus dem Krieg.
2. Sie wohnten in (unsere) Nähe.
3. (Mein) Frau kam in die Metzgerei.
4. (Mein) Mantel hatte ich vergessen.
5. ,,Es ist (dein) Metzgerei'', sagte ich.
6. Sie hatte (ihr) Lebensmittelkarten bei sich.
7. Ich sagte es (mein) Mann.
8. Der Kerl fragte: ,,Ist dies (euer) Metzgerei?''
9. Sie mußten jetzt alle hier (ihr) Fleischwaren kaufen.
10. Die Kerle holten (ihr) Zigaretten heraus.
11. Er gab mir (unser) Zeitung.
12. Ich gab ihr den Rest (mein) Karten.

16. Mit der Zeit ändert sich alles. Sogar die Verbformen. Schreiben Sie die folgenden Sätze im Imperfekt und Plusquamperfekt neu.

Beispiel: *Sie ist stolz auf ihn gewesen.*
Sie war stolz auf ihn.
Sie war stolz auf ihn gewesen.

1. Man hat es lange nicht gewußt.
2. Das ist schon vor dem Jahre 1938 so gewesen.
3. Sie ist ohne ihren Mantel fortgelaufen.
4. Mein Mann hat die Zeitung weggelegt.
5. Sie ist nach der Mittagspause gekommen.
6. Ich habe alles an diesem Abend erlebt.
7. Man hat keine Zeit zum Denken gehabt.
8. Ich bin zur Tür hinausgegangen.

Nachts schlafen die Ratten doch

Wolfgang Borchert (1921–1947)

*Der Autor dieser gekürzten Erzählung, war gerade 18 Jahre alt, als der
Zweite Weltkrieg begann. Wegen negativer Bemerkungen über das Naziregime wurde er zum Tode verurteilt, dann aber wegen seiner Jugend
begnadigt°. Er mußte als Soldat an die russische Front und wurde dort* — pardoned
schwer verwundet°. Als der Krieg 1945 zu Ende war, war Wolfgang — wounded
*Borchert ein todkranker Mann. Er lebte nur noch zwei Jahre. Seine Werke
sind realistische Geschichten über die unmenschliche Naziherrschaft. Sein
bekanntestes Werk ist das Schauspiel° „Draußen vor der Tür", das er in* — drama
nur acht Tagen schrieb.

Das Fenster in der Mauer gähnte° voll früher Abendsonne. — yawned
Er hatte die Augen zu. Mit einmal wurde es noch dunkler. Er
merkte, daß jemand gekommen war und nun vor ihm stand,
dunkel, leise. Jetzt haben sie mich! dachte er. Als er ein
bißchen blinzelte°, sah er nur zwei Beine. Die standen — squinted
ziemlich krumm° vor ihm, daß er zwischen ihnen hindurch- — crooked
sehen konnte. Er erkannte einen älteren Mann. Der hatte ein
Messer und einen Korb in der Hand. Und etwas Erde an den
Fingerspitzen.
Du schläfst hier wohl, was? fragte der Mann. Jürgen blinzelte
zwischen den Beinen des Mannes hindurch in die Sonne
und sagte: Nein, ich schlafe nicht. Ich muß hier aufpassen.
Der Mann nickte: So, dafür hast du wohl den großen Stock
da?
    Ja, antwortete Jürgen mutig und hielt den Stock fest.
    Worauf paßt du denn auf?
    Das kann ich nicht sagen. Er hielt die Hände fest um den
Stock.
    Wohl auf Geld, was? Der Mann setzte den Korb ab und
wischte° das Messer an seinen Hosen hin und her. — wiped
    Nein, auf Geld überhaupt nicht, sagte Jürgen. Auf ganz
etwas anderes.
    Na, was denn?
    Ich kann es nicht sagen. Was anderes.
    Na, denn nicht. Dann sage ich dir natürlich auch nicht,
was ich hier im Korb habe. Der Mann stieß mit dem Fuß an
den Korb.
    Pah, kann mir denken, was in dem Korb ist, meinte
Jürgen, Kaninchenfutter°. — rabbit food
    Donnerwetter, ja°! sagte der Mann. Wie alt bist du denn? — You don't say!
Neun.
    Oha, denk mal an, neun also. Dann weißt du ja auch,
wieviel drei mal neun sind, wie?

Klar, sagte Jürgen und um Zeit zu gewinnen, sagte er noch: Das ist ja ganz leicht. Und er sah durch die Beine des Mannes hindurch. Dreimal neun, nicht? fragte er noch mal, siebenundzwanzig. Das wußte ich gleich.

Stimmt, sagte der Mann, genau soviel Kaninchen habe ich.

Jürgen machte einen runden Mund: Siebenundzwanzig?

Du kannst sie sehen. Viele sind noch ganz jung. Willst du?

Ich kann doch nicht. Ich muß doch aufpassen, sagte Jürgen unsicher.

Immer? fragte der Mann, nachts auch?

Nachts auch. Immerzu. Immer. Jürgen sah an den krummen Beinen hoch. Seit Sonnabend schon, flüsterte° er.   *whispered*
Aber gehst du denn gar nicht nach Hause? Du mußt doch essen.

Jürgen hob einen Stein hoch. Da lag ein halbes Brot. Und eine Blechschachtel°.   *tin box*

Du rauchst°? fragte der Mann, hast du denn eine Pfeife°?   *smoke/pipe*

Jürgen faßte seinen Stock fest an und sagte: Ich drehe°.   *roll cigarettes*
Pfeife mag ich nicht.

Schade, die Kaninchen hättest du ruhig mal ansehen können. Vor allem die Jungen. Vielleicht hättest du dir eines ausgesucht. Aber du kannst hier ja nicht weg.

Nein, sagte Jürgen traurig, nein, nein.

Der Mann nahm den Korb und richtete sich auf°. Na ja, *stood up*
wenn du hierbleiben mußt – schade. Und er drehte sich um°. *turned around*
Wenn du mich nicht verrätst, sagte Jürgen da schnell, es ist
wegen den Ratten.

Die krummen Beine kamen einen Schritt zurück: Wegen
den Ratten?

Ja, die essen doch die Toten. Von Menschen. Da leben sie
doch von.

Wer sagt das?

Unser Lehrer.

Und du paßt nun auf die Ratten auf? fragte der Mann. Auf
die doch nicht! Und dann sagte er ganz leise: Mein Bruder,
der liegt nämlich da unten. Da. Jürgen zeigte mit dem Stock
auf die zusammengesackten° Mauern. Unser Haus kriegte° *collapsed/got*
eine Bombe. Mit einmal war das Licht weg im Keller. Und er
auch. Wir haben noch gerufen. Er war viel kleiner als ich.
Erst vier. Er muß hier ja noch sein. Er ist doch viel kleiner als
ich.

Der Mann sagte plötzlich: Ja, hat euer Lehrer euch denn
nicht gesagt, daß die Ratten nachts schlafen?

Nein, flüsterte Jürgen und sah mit einmal ganz müde aus,
das hat er nicht gesagt.

Na, sagte der Mann, das ist aber ein Lehrer, wenn er das
nicht mal weiß. Nachts schlafen die Ratten doch. Nachts
kannst du ruhig nach Hause gehen. Nachts schlafen sie
immer. Wenn es dunkel wird, schon.

Jürgen machte mit seinem Stock kleine Kuhlen° in den *grooves*
Schutt°. Lauter kleine Betten sind das, dachte er, alles kleine *rubble*
Betten. Da sagte der Mann (und seine krummen Beine
waren ganz unruhig dabei): Weißt du was? Jetzt füttere ich
schnell meine Kaninchen und wenn es dunkel wird, hole ich
dich ab. Vielleicht kann ich eins mitbringen. Ein kleines
oder, was meinst du?

Jürgen machte kleine Kuhlen in den Schutt. Lauter kleine
Kaninchen. Weiße, graue, weißgraue. Ich weiß nicht, sagte
er leise und sah auf die krummen Beine, wenn sie wirklich
nachts schlafen.

Der Mann stieg über die Mauerreste° weg auf die Straße. *wall remnants*
Natürlich, sagte er von da, euer Lehrer soll einpacken°, *quit*
wenn er das nicht mal weiß.

Da stand Jürgen auf und fragte: Wenn ich eins kriegen
kann? Ein weißes vielleicht?

Ich will mal versuchen, rief der Mann schon im Weggehen,
aber du mußt hier solange warten. Ich gehe dann mit dir
nach Hause, weißt du? Ich muß deinem Vater doch sagen,

wie so ein Kaninchenstall° gebaut wird. Denn das müßt ihr   *rabbit cage*
ja wissen.

    Ja, rief Jürgen, ich warte. Ich muß ja noch aufpassen, bis es
dunkel wird. Ich warte bestimmt. Und er rief: Wir haben
auch noch Bretter zu Hause. Kistenbretter°, rief er. Aber das   *box boards*
hörte der Mann schon nicht mehr. Er lief mit seinen krummen
Beinen auf die Sonne zu. Die war schon rot vom Abend und
Jürgen konnte sehen, wie sie durch die Beine hindurch-
schien°, so krumm waren sie. Und der Korb schwenkte°   *was shining*
aufgeregt hin und her. Kaninchenfutter war drin. Grünes   *through/swung*
Kaninchenfutter, das war etwas grau vom Schutt.

Fragen über den Text

1. Wen sah der Junge im Keller über sich stehen?
2. Was hatte der Mann in seinem Korb?
3. Warum glaubte Jürgen, daß er hier bleiben mußte?
4. Wer lag unter den Mauerresten?
5. Warum hatte Jürgen vor den Ratten Angst?
6. Was versprach ihm der Mann, bevor er ging?

Übung

17. **Etwas Theater, bitte! Lesen Sie den Text ,,Nachts schlafen die Ratten
doch" noch einmal durch. Zwei Personen sprechen im Text miteinander. Wir brauchen also zwei Schauspieler für den alten Mann (es
darf auch eine alte Frau sein) und für Jürgen (es könnte auch ein
Mädchen sein). Dann brauchen wir einen Erzähler, der den Text
vorliest. Spielen Sie diese kurze Theaterszene mit Ihren Klassenkameraden in den Rollen. Bei der Aufführung müssen Sie den Text
nicht Wort für Wort ablesen. Seien Sie doch kreativ und improvisieren
Sie Ihre eigenen Dialoge!**

Grammatische Erklärungen

Masculine nouns ending in *n* or *en*

There is a group of masculine nouns that have the ending *n* or *en* in all cases
except nominative singular.

	nominative	accusative	dative	genitive
singular	der Mensch	den Menschen	dem Menschen	des Menschen
plural	die Menschen	die Menschen	den Menschen	der Menschen

Other words in this group are: *der Automat, der Journalist, der Junge, der Kollege, der Jurist, der Nachbar, der Tourist, der Herr, der Graf, der Beamte, der Angestellte.*

Übung

18. Ändern Sie die eingeklammerten Nomen, wo es nötig ist.

1. Der Autor wurde von einem nationalsozialistischen (Jurist) verurteilt.
2. Die Geschichte dieses (Mensch) ist spannend.
3. Es war eines der zerstörten (Haus).
4. Unter den Trümmern lag der kleine Bruder des (Junge).
5. Er sah die Reste vieler zerstörter (Mauer).
6. Er machte ein paar Kuhlen in den (Schutt).
7. Alles war von den (Bombe) zerstört worden.
8. Leider war das Haus des (Nachbar) auch zerstört.

Der Widerstand: Nicht alle machten mit!

Kurz nach Hitlers Machtergreifung, in den ersten Wochen des Naziregimes, versuchten kleine Widerstandsgruppen die Nationalsozialisten zu bekämpfen. Es waren besonders die Kommunisten, Sozialdemokraten und Gewerkschaftler°, *union members* die gegen Hitler etwas tun wollten, weil sie die Gefahr für Menschenrechte und Humanität erkannten. Aber die Deutschen sind keine geborenen Revolutionäre, und die Aktionen der kleinen Widerstandgruppen waren nicht koordiniert, sondern geschahen allein. Da war es ein Ausländer, ein Holländer, der seinem Protest einen deutlichen Ausdruck gab.

Um die deutschen Arbeiter zum Aufstand zu bewegen, steckte der holländische Anarchist Marius van der Lubbe ein Gebäude an°, das für die Deutschen eine besondere Bedeu- *set fire* tung hatte – den Reichstag° in Berlin. Dieser Brand hat *Parliament building* Geschichte gemacht. Die Nazis benutzten ihn als Grund, im Deutschen Reich einen totalen Ausnahmezustand° zu er- *state of emergency* klären. Über Nacht verhaftete die Polizei den größten Teil der kommunistischen Funktionäre, liberale, christliche und sozialistische Schriftsteller, Journalisten und Künstler. In wenigen Monaten waren in Deutschland alle nichtfaschistischen Parteien und Vereine sowie die Gewerkschaften verboten. Trotzdem haben in den ersten Jahren viele Sozialisten und auch soziale oder christliche Gewerkschaftler dem Terrorsystem der Nazis widerstanden°. Man verteilte Flug- *resisted*

blätter°, die auf geheimen Druckpressen° hergestellt oder
aus dem Ausland eingeschmuggelt wurden. Systematisch
hat die Gestapo fast allen Widerstand eliminiert. Kommunisten
und andere wurden zu Tode gefoltert oder erschossen.
Die Zahlen sprechen für sich.

    In den ersten sechs Jahren der Diktatur wurden 225 000
Menschen aus politischen Gründen von Nazi-Gerichten
verurteilt. Etwa 20 000 davon wurden sofort umgebracht°,
und viele andere starben in den Konzentrationslagern. Im
KZ starben viele Gefangene einen grausamen Tod. Aber
nicht nur dieser Terror machte den Widerstand so schwer.
Die Widerstandskämpfer fühlten sich in den ersten Jahren

*leaflets/printing
presses*

killed

isoliert, weil das Naziregime von den meisten Deutschen unterstützt wurde. Es bildeten sich aber trotzdem verschiedene Gruppen, die den Juden bei der Flucht ins Ausland halfen oder ihnen Lebensmittelkarten und falsche Ausweise gaben. Allein in der Reichshauptstadt Berlin konnten 6 000 Juden vor der Deportation gerettet werden. Sie wurden von Freunden oder Helfern versteckt. Jeder dieser Helfer riskierte dabei nicht nur sein eigenes Leben, sondern auch das seiner Familie und Freunde.

Widerstand war immer nur die Sache einzelner oder kleiner Gruppen. Das bekannteste Beispiel ist der Tischler° Georg *carpenter* Elser, der ganz allein eine Bombe baute und damit ein Attentat° auf Hitler versuchte. In wochenlanger Nachtarbeit *assassination* installierte er die Bombe im Münchner Bürgerbräukeller, und am 8. November 1939 explodierte sie dort. Hitler hatte aber schon einige Minuten vorher den Saal verlassen. Die Kriegsgefahr° hatte schon 1938 einige Offiziere, Diplomaten *war risk* und abtrünnige° Nazis zusammengeführt. Sie planten einen *rebellious* Putsch°, d.h.° sie wollten die politische Macht in Deutschland *coup/that means* ergreifen. Aber noch 1938 verhandelten° in München die *negotiated* Westmächte mit Hitler.

Damit war die Hoffnung auf Hilfe zerstört. Obwohl viele Offiziere der Wehrmacht° keine Nazis waren, konnten sie *German army* sich nicht zum Widerstand entschließen, da Deutschland in den ersten zwei Kriegsjahren immer nur militärische Erfolge hatte. Als aber die deutschen Truppen keine Siege mehr melden° konnten, war es zum Widerstand zu spät. *report*

In dieser Situation entschlossen sich in München und anderen Städten einige Studenten zu handeln. Mit Flugblättern forderten sie die Deutschen zum Widerstand auf°. *called on* Diese Gruppe hieß „Weiße Rose". Es war schwer für die Widerstandsgruppe, ihre Flugblätter zu drucken. Sie mußten dazu Papier und Druckpressen organisieren. In ihrem letzten Flugblatt meinten sie: „Der deutsche Name bleibt für immer geschändet°, wenn nicht die deutsche Jugend endlich auf- *shamed* steht." Die „Weiße Rose" wurde schnell von der Gestapo entdeckt°. Die beiden bekanntesten Widerstandskämpfer, *discovered* das junge Geschwisterpaar Hans und Sophie Scholl, starben auf der Guillotine.

General Henning von Trescow versuchte mit Hilfe junger Offiziere ein Attentat auf Hitler zu planen. Die Vorbereitungen dazu gelangen ihnen nicht. Dann planten er und Graf von Stauffenberg im Sommer 1944 ein neues Attentat. Stauffenberg nahm an einem Treffen zwischen Hitler und anderen Generälen teil und brachte in seiner Aktentasche eine Bombe mit. Die Bombe explodierte in der Baracke, wo

Das Reichstagsgebäude heute

Hans und Sophie Scholl, die bekanntesten Widerstandskämpfer der „Weißen Rose"

Die KZ-Gefangenen werden bei Kriegsende befreit.

die Konferenz stattfand, und zerstörte sie ganz. Aber Adolf
Hitler überlebte auch dieses Attentat. Stauffenberg wurde
noch in derselben Nacht erschossen. Mehr als 600 Ver-
schwörer° wurden von der Gestapo verhaftet, 200 von ihnen   *conspirators*
sofort hingerichtet°.   *executed*

In den verschiedenen Widerstandsgruppen waren Menschen aus allen gesellschaftlichen Klassen. Arbeiter, Beamte,
Offiziere, Diplomaten, Konservative, Kommunisten, Christen
und Liberale haben am Widerstand gegen das Regime teilgenommen. Obwohl diese Gruppen klein waren, wagten sie
ihr Leben, um Hitler zu stürzen°.   *overthrow*

Fragen über den Text

1. Wer kämpfte schon 1933 gegen die Nazis?
2. Warum hat ein Holländer den Reichstag angesteckt?
3. Was taten die Nazis, nachdem der Reichstag brannte?
4. Was passierte mit den Sozialisten, Kommunisten und
   Gewerkschaftlern?
5. Wie viele Menschen wurden in den ersten sechs Jahren aus politischen
   Gründen verurteilt?
6. Wie halfen einige Deutsche ihren jüdischen Nachbarn oder Freunden?
7. Wie wollte der Tischler Georg Elser Hitler töten?
8. Warum hatte er keinen Erfolg?
9. Warum arbeitete die ,,Weiße Rose'' mit Flugblättern?
10. Was geschah mit Hans und Sophie Scholl, nachdem die Gestapo sie als
    Widerstandskämpfer entdeckt hatte?
11. Wo hatte Graf von Stauffenberg seine Bombe versteckt?
12. Was geschah mit ihm am Tag des Attentats?
13. Welche Gruppen haben am Widerstand teilgenommen?
14. Was ist der Unterschied zwischen einem Attentat und einem Mord?
15. Wofür haben viele Frauen und Männer ihr Leben gewagt?

Grammatische Erklärungen

Conjunctions

There are two kinds of conjunctions used in German. The first kind is called
a *coordinating conjunction*. Coordinating conjunctions combine main clauses.

The verb remains in the second position, and normal word order is maintained. The coordinating conjunctions are:

aber	but
denn	for, because
oder	or
sondern	but (on the contrary)
und	and

Es ist Sommer, aber die Sonne scheint nur selten.
Ich freue mich auf den Urlaub, denn ich habe hart gearbeitet.

The second kind is the *subordinating conjunction*. Subordinating conjunctions introduce dependent clauses. The context of the whole sentence is necessary in order to understand the meaning of the dependent clause. A dependent clause often begins with a subordinating conjunction. The verb of such a clause is always located at the end. Subordinating conjunctions are:

als	when	obgleich	although, even though
bevor	before	obwohl	although, even though
bis	until	seitdem	since
da	since, inasmuch as	seit	since
damit	in order to, so that	sobald	as soon as
daß	that	solange	as long as
ehe	before	während	while
nachdem	after (having)	weil	because
ob	whether, if	wenn	when, if, whenever

Paul mag neue Autos, weil er die alten nicht reparieren kann.
Sie fährt öfter mit dem Zug, obwohl sie lieber fliegt.
Manchmal fragt sich Paul, was er mit zwei Fernsehapparaten machen soll.
Er weiß nicht, welches Fahrrad er kaufen will.

Other dependent clauses are preceded by words that are not considered conjunctions even though they have a similar function. These are the relative pronouns *der, die, das, welcher, welche, welches* and the interrogative pronouns *wer, wie, was, wann, wo, warum*.

Übungen

19. Kombinieren Sie die Sätze in Spalte A mit denen in Spalte B. Benutzen Sie die Konjunktionen *und, oder, aber, sondern, denn*. Bilden Sie zehn Kombinationen.

Spalte A

1. Die Nazis verhafteten viele ihrer Gegner.
2. Geheime Flugblätter wurden gedruckt.
3. Viele Gegner wurden zum Tode verurteilt.
4. Dieses System war unmenschlich.
5. Die Nazis hatten keine Gnade mit ihren Gegnern.

Spalte B

A. Sie lösten die Gewerkschaften auf.
B. Alle hatten Angst vor dem Terror.
C. Manche konnten auswandern.
D. Die Angeklagten kamen ins KZ.
E. Alles geschah heimlich.

20. Bringen Sie die eingeklammerten Satzteile in die korrekte Wortfolge, wo das nötig ist.

1. Während (viele Deutsche kamen ins KZ), konspirierten manche gegen das brutale System.
2. Einige Juden bekamen falsche Ausweise, damit (sie konnten sich retten).
3. Zuerst wußte niemand genau, ob (Hitler hatte das Attentat überlebt).
4. Da (sie planten einen Putsch), kamen einige Nazigegner zusammen.
5. Der Widerstand bestand während der ganzen Zeit, denn (es gab von Anfang an viele Gegner der Nazis).
6. Es gab nur noch nationalsozialistische Gewerkschaften und Vereine, weil (alle anderen einfach verboten wurden).

21. Sie unterhalten sich mit einer Person im Café. Ihr Partner fragt Sie viele Dinge und Sie antworten immer: *Ich bin sicher, daß* ... **oder** *Ich weiß nicht genau, ob* ... *(warum, wann, ...).* **Wenn Sie Ihre Antwort genau wissen, sagen Sie: „***Ich bin sicher, daß* ...**". Wissen Sie die Antwort nicht so genau, dann sagen Sie besser: „***Ich bin nicht sicher, ob* ...**".**

Beispiel: Frage: *Waren alle Deutschen Nazis?*
Ihre Antwort: *Ich bin nicht sicher, ob alle Deutschen Nazis waren.*

1. War Hitler ein grausamer Diktator?
2. Warum hat die Wehrmacht Hitler nicht gestürzt?
3. War die Gestapo gefährlich?
4. Waren die Deutschen begeistert über den Krieg?
5. Warum haben die Engländer nichts gegen Hitlers Deutschland getan?
6. Haben die Engländer, Franzosen und Amerikaner sich in München mit Hitler getroffen?

7. Wann hat Hitler Polen überfallen?
8. Ist die Geschichte des Zweiten Weltkriegs wichtig für uns?

Warum ich geblieben bin

Erich Kästner (1899–1974)

Der Verfasser gehörte bis zum Beginn des Dritten Reiches zu den beliebtesten deutschen Autoren. Dann wurde ihm das Schreiben verboten. Er blieb in Deutschland und setzte sich weiter für mehr Menschlichkeit ein°. — stood up for
In diesem Auszug aus seiner ,,Kleinen Chronologie'' erklärte er im Januar 1946, warum er Deutschland während der Nazizeit nicht verlassen hat.

Amerikaner haben mich gefragt, warum ich in Deutschland geblieben sei, obwohl ich doch nahezu° zwölf Jahre verboten — almost
war. Ich habe ihnen gesagt: ,,Ein Schriftsteller will und muß
erleben°, wie ein Volk, zu dem er gehört, in schlimmen — experience
Zeiten sein Schicksal° erträgt°. Gerade dann ins Ausland zu — fate/bears
gehen rechtfertigt° sich nur durch akute Lebensgefahr°. — justifies/risk of life

Nun also, ich bin zwölf Jahre Zeuge° gewesen. Ich habe — witness
erlebt, wie schwer es den Deutschen gemacht wurde, ihre
menschlichen Tugenden° zu bewahren, und wie leicht es — virtues
manchem fiel, sie aufzugeben. Aber ich weiß auch, daß die
nicht recht haben, die heute sagen, wir seien endgültig° — finally
unfähig° geworden, menschlich zu empfinden° und ,,demo- — incapable/feel
kratisch'' zu handeln. Wir wollen ihnen beweisen, daß sie
unrecht haben°. Wir wollen Deutschland neu aufbauen und — are wrong
bei unserem Charakter beginnen!

Fragen über den Text

1. Warum haben die Amerikaner diese Frage gestellt?
2. Was muß nach Kästners Meinung jeder Schriftsteller tun?
3. War er in akuter Lebensgefahr?
4. Was wurde den Deutschen schwer gemacht?
5. Sind die Deutschen unfähig, menschlich zu empfinden?
6. Wessen Charakter soll neu aufgebaut werden?

Grammatische Erklärungen

Prepositions

Words following prepositions may be in the genitive, dative or accusative cases. The genitive case follows these prepositions:

anstatt	instead (of)	statt	instead of
außerhalb	outside (of)	trotz	in spite of
diesseits	on this side (of)	um...willen	for the sake of
innerhalb	inside (of)	unterhalb	under, underneath
jenseits	on that side (of)	während	during
oberhalb	above	wegen	because of, due to

Oberhalb der Mauer, diesseits des Tores, ist eine Brücke.
Wegen meiner Freundin kann ich nicht hingehen.
Während des Frühlings blühen dort die ersten Blumen.

The dative case is required after these prepositions:

aus	out of, from	nach	to, after
außer	besides, except	seit	since, for
bei	at, with, near	von	from
mit	with	zu	to, at

Martina kommt aus dem Haus. Sie will zum Friseur gehen. Vom Friseur aus will sie dann mit ihrem Freund zur Party gehen.

The accusative case is used after these prepositions:

durch	through	ohne	without
für	for	um	at, around
gegen	against	wider	against

Ich sehe durchs Fenster und kann es nicht glauben.
Steht da nicht Paula gegen die Wand gelehnt?
Sie hatte doch heute keine Zeit für mich.

The following prepositions are followed by either the dative or the accusative case:

an	on, at, to	über	above, over
auf	on	unter	under, below
hinter	behind	vor	before, in front of
in	in, into	zwischen	between
neben	next to, beside		

If the context indicates motion and direction toward a goal or destination, the accusative is used.

Ich gehe auf den Parkplatz.
Gehen Sie nicht über die Straße!

When the verb and context express a fixed location or motion within a fixed place, the dative case is used.

Sie steht vor der Tür.
Warum läufst du in der Bibliothek herum?
Ich sitze auf einem harten Stuhl.

Many of the two-way prepositions also occur in idiomatic expressions together with a verb. In this case, you must memorize which case follows the preposition.

Ich warte auf ihn.
Er freut sich auf unseren Besuch.

Übungen

22. Finden Sie die richtige grammatische Form. In manchen Sätzen werden Artikel und Präpositionen kombiniert.

1. Sie trug einen gelben Stern auf (der) Mantel.
2. In (unsere) Nähe steht eine Ruine.
3. Es erinnert mich an (die) Vergangenheit.
4. Ich sah zu (die) Petruskirche hinüber.
5. Sie lief ohne (ihr) Mantel weg.
6. Mein Bruder war gerade in (der) Urlaub da.
7. Er hatte es von (die) Leitung gehört.
8. Am (nächste) Freitag kam der Besuch.
9. Sie gab mir die Lebensmittelkarten über (der) Tisch.
10. Er war wegen (seine) Bemerkung verhaftet worden.
11. Er schrieb Geschichten über (die) Nazizeit.
12. Sie war mit (ihre) Einkaufstasche gekommen.
13. Er wurde an (die) russische Front geschickt.
14. Er stand zwischen (die) anderen.
15. Der Mann sah auf (seine) Haare hinab.
16. Er zeigte mit (der) Stock auf die Mauer.
17. Er hielt seine Hände fest um (der) Stock.
18. Jürgen sah durch (seine) Beine hindurch.
19. Er hatte Angst wegen (die) Ratten.
20. Der Mann ging über (die) Mauerreste.

23. Setzen Sie die richtigen Formen für den Genitiv ein.

1. Während (the summer) _____ gehe ich schwimmen.
2. Wegen (your sister) _____ kann ich nicht schlafen.
3. Er kaufte das alte Auto trotz (Paul) _____ Warnung.
4. Er gab ihr Blumen anstatt (a book) _____.
5. Außerhalb (the city) _____ gibt es nicht viele Museen.
6. Es regnet mehr (on this side of the mountain) _____.

Heute hängt von *Gestern* ab

Geschichte kann man nicht betrachten wie einen Glaskasten°. *glass box*
Sie lebt mit uns. Wir müssen mit ihr leben. Wie fühlt man
sich als Deutscher, fast ein halbes Jahrhundert nach dem
Krieg? In diesem Auszug aus der Zeitschrift „Jugend-Scala"
unterhalten sich einige Jugendliche darüber.

    Vera: Ich habe immer noch so etwas wie ein Schuldgefühl°, *feeling of guilt*
wenn ich als Deutsche im Ausland bin, in den Ferien zum
Beispiel.

    Daniela: Ja, man hat immer ein schlechtes Gewissen° *conscience*
Manchmal sind die anderen ja auch sehr direkt. „Woher
kommst du?" – Aus Deutschland." – „Nazi!" Das hab ich
mal erlebt. Aber der Junge, der das gesagt hat, hat sich
später entschuldigt. Er hatte sich wohl nichts dabei gedacht.

Bärbel: Aber wir haben die Verantwortung°, daß so etwas wie Hitler und die Nazis nicht wieder möglich wird. Wir haben jetzt eine Demokratie. Und wir müssen alles tun, damit es auch weiter so bleibt. *responsibility*

Thomas: Ich habe einmal in Frankreich einen sechzigjährigen Mann getroffen. Der hat mir erzählt, wie er als Kriegsgefangener° in Deutschland war. Er war aber trotzdem wie ein Freund zu mir. Er hatte überhaupt keine Vorurteile°. Er war einfach froh, sich mit einem jungen Deutschen unterhalten zu können. Die Sprache hat er damals gelernt. *prisoner of war* / *prejudices*

Markus: Es kann aber auch ganz anders sein. Meine Schwester war jetzt für ein halbes Jahr in London auf einer Sprachschule°. Der Vater ihrer Lehrerin war im Krieg in deutscher Gefangenschaft. Dort hat man ihn sehr schlecht behandelt. Als er nach zehn Jahren zum ersten Mal wieder nach Deutschland kam, ist er sofort wieder zurückgefahren. Die Sprache war ein Horror für ihn. *language school*

Bärbel: Ich glaube, die Deutschen haben manchmal zu viele Schuldgefühle. Uns fehlt der Stolz° auf die eigene Nation, wie das bei anderen ganz natürlich ist. *pride*

Daniela: Es ist ja auch kein Wunder, daß man das nach der Vergangenheit gar nicht mehr haben kann. Zuviel Nationalstolz° kann ja auch negative Folgen° haben. *national pride/* *consequences*

Kathi: Aber es ist doch erstaunlich, wie gerade bei älteren Leuten der Wunsch nach einem Nationalbewußsein° heute wieder stark ist. Viele sagen: ,,Ich bin froh, daß ich hier lebe.'' *national* *consciousness*

Bärbel: Ältere Menschen können stolz darauf sein, daß sie nach dem Krieg alles wieder aufgebaut haben. Aber wir sind da einfach hineingeboren in die sechziger Jahre. Der Reichtum° war schon da. Darum haben wir auch keinen Grund, stolz zu sein. *wealth*

Markus: Vielleicht doch: wenn wir die Demokratie schützen°, damit sie nicht wieder verlorengeht. *protect*

Fragen über den Text

1. Welches Gefühl hat Vera immer?
2. Was hat einer zu Vera gesagt?
3. Was hat Thomas in Frankreich erlebt?
4. Für wen war Deutsch ein Horror?
5. Was meint Bärbel zu den Schuldgefühlen?
6. Was ist bei alten Leute wieder stark?
7. Wer hat den neuen Reichtum geschaffen?
8. Warum muß die Demokratie geschützt werden?

Übungen

24. Was denken Sie über die Meinungen der deutschen Jugendlichen?
Wie denken Sie als Amerikaner über Ihr Land? Diskutieren Sie diese
Fragen mit Hilfe dieser Satzanfänge:

Ich finde, daß . . .
Ich bin der Meinung, daß . . .
Ich bin anderer Ansicht/Meinung/Überzeugung, weil . . .
Ich bin mit dem, was . . . sagt, nicht einverstanden, denn . . .
Ich bin auch der Meinung von . . . (z.B. Markus), daß . . .
So sehe ich das nicht, denn . . .

25. Ersetzen Sie die eingeklammerten Wörter mit deutschen Ausdrücken.

1. Vera hat ein (feeling of guilt) ＿＿＿.
2. Thomas traf in (France) ＿＿＿ einen alten Mann.
3. Markus' Schwester war auf der (language school) ＿＿＿.
4. Daniela sagt, daß Nationalstolz negative (consequences) ＿＿＿
   haben kann.
5. Bärbel fühlt eine starke (responsibility) ＿＿＿.
6. Markus will nicht, daß die (democracy) ＿＿＿ wieder verlorengeht.

26. Setzen Sie in den folgenden Sätzen die fehlenden Adjektive aus der
Liste ein. Vergessen Sie die richtigen Endungen nicht!

erst / deutsch / interessant / jung / schlecht / älter

1. Manche Leute haben ein ＿＿＿ Gewissen.
2. Er war froh, sich mit einem ＿＿＿ Deutschen unterhalten zu
   können.
3. Er war in ＿＿＿ Gefangenschaft gewesen.
4. Er kam zum ＿＿＿ Mal wieder nach Deutschland.
5. Bei ＿＿＿ Leuten ist der Wunsch stärker.
6. Ich habe viel aus diesem ＿＿＿ Gespräch gelernt.

27. Bitte lesen Sie das Gespräch der deutschen Teenager noch einmal
durch. Ändern Sie alle Verben, die im Präsens geschrieben sind und
schreiben Sie sie im Imperfekt neu.

Beispiel: *Aber wir haben die Verantwortung.*
Aber wir hatten die Verantwortung.

Spottverse aus der Nazi-Zeit

Diese Verse haben Leute gedichtet, die heimliche Kritik an Hitler und
seiner Partei üben wollten. Die Verse kommen aus dem Volksmund. Es

war sehr riskant, solche Verse zu sagen. Einer, der es getan hat, war
Wolfgang Borchert. Man hatte ihn dafür zum Tode verurteilt.

1. Es geht alles vorüber,
   es geht alles vorbei.
   zuerst Adolf Hitler,
   dann seine Partei.

2. Unter der Laterne°   *street lamp*
   vor der Reichskanzlei
   hängen alle Nazis,
   der Führer hängt dabei.
   Alle Leute bleiben stehn,
   sie wollen ihren Führer sehn.

3. Wer Hitler kennt und ihm vertraut°,   *trusts*
   dem ham'se° den Verstand geklaut°.   haben sie/*stolen*

4 Von Ländern und Städten

Deutschland in Europa

Die Amerikaner haben es leicht. Nordamerika gehört ihnen und die Kompetenzen der 50 Staaten und der Bundesregierung in Washington D.C. sind ziemlich klar. In Europa sieht das Bild etwas anders aus. Von Portugal im Westen bis nach Griechenland im Osten und von Norwegen bis zum italienischen Sizilien gibt es viele Länder, die ganz verschiedene historische Traditionen haben und politisch selbständig° *independent* sind. Fast jedes Land hat seine eigene Landessprache, seine eigenen Politiker und Strategien in der Außenpolitik und in der Innenpolitik.

Daten über Deutschland werden im Statistischen Bundesamt in Wiesbaden gesammelt.

Deutschland innerhalb eines vereinigten Europas ist daher immer noch ein Wunschtraum° geblieben, der schon seit zwei Jahrtausenden immer wieder diskutiert worden ist. Die BRD machte 1967 zusammen mit fünf anderen westeuropäischen Ländern – Frankreich, Italien, Belgien, den Niederlanden und Luxemburg den ersten Schritt in diese Richtung. Diese Staaten gründeten die Europäische Gemeinschaft (EG). Als siebtes Land kam 1973 Dänemark zur Gemeinschaft. Dann folgten England, Irland und Griechenland. Portugal und Spanien sind die neuesten Mitglieder.

pipe dream

Einige Länder Europas sind nicht Mitglied in der EG. Kein Ostblockstaat gehört dazu. Island, Schweden, Österreich, Liechtenstein und die Schweiz haben einen Vertrag° mit der EG über die Förderung° und den Verkauf von Kohle und Stahl. Sie gehören aber nicht zur EG.

treaty
extraction and production

Das Europa-Parlament in Straßburg

Von den 434 Abgeordneten kommen aus

Land	Anzahl	Land	Anzahl
Deutschland	81	Luxemburg	6
England	81	Dänemark	16
Niederlande	25	Irland	15
Griechenland	24	Frankreich	81
Belgien	24	Italien	81

Jedes EG-Land schickt seine Vertreter ins Europäische Parlament nach Straßburg. Aus der Tabelle° sehen Sie, daß Frankreich, Italien, die BRD und England je 81 Parlamentarier haben, weil diese Länder etwa gleich groß sind. Kleinere Mitgliedsländer wie Belgien, Irland, Griechenland

chart

und Dänemark haben relativ weniger Parlamentarier. Das Ziel der EG ist ein koordinierter europäischer Markt. Jedes Land soll produzieren dürfen, was es will. Aber bevor Güter° auf dem europäischen Markt angeboten werden, *goods* muß die EG entscheiden, wieviel ein Land anbieten darf, damit andere Mitgliedsstaaten, die diese Güter auch produzieren, auch eine Chance zum Verkauf haben. Manchmal führt das zu ernsten Problemen zwischen den Ländern der EG. Eines davon ist zum Beispiel der Weinmarkt°. Italien *wine market* und Frankreich sind große Weinproduzenten° und streiten *wine producers* sich oft, wer wieviel Wein verkaufen darf.

Neben diesen Problemen gibt es viele Vorteile° durch die *advantages* EG. An der Grenze kann man das zuerst bemerken. Die genauen Kontrollen gibt es nicht mehr. Das Vertrauen zwischen den Ländern ist heute größer als früher. Die Grenzbeamten lassen die Reisenden fast immer passieren, ohne sich intensiv um das Gepäck oder den Wagen des Reisenden zu kümmern. Jetzt sind die Wartezeiten an den Grenzen nur noch sehr kurz.

Die freie Wahl des Landes, in dem man arbeiten will, ist garantiert. Ein Franzose kann ohne Probleme in Deutschland arbeiten, und wenn er dann nach einem Jahr gern in Italien arbeiten möchte, kann er das auch tun. Zwei Probleme sind noch nicht gelöst. Eines ist die Sprache. In der EG gibt es fast so viele Sprachen wie Länder. Wenn sich das Europäische Parlament in Straßburg trifft, haben die Dolmetscher° *interpreters* Hochsaison. Für jede Sprache gibt es mehrere Dolmetscher, die simultan alles übersetzen, was die Redner im Parlament sagen. Im Gegensatz zu den U.S.A., wo die offizielle Sprache Englisch ist, haben die Europäer also mehr Probleme, miteinander zu sprechen. Damit die deutschen Schüler wenigstens ein bißchen von einer fremden Sprache lernen, ist Englisch ein Pflichtfach°. Auf den Gymnasien lernen sie *required subject* meistens auch noch Französisch und Latein. In den Niederlanden und Dänemark lernen die Schüler oft sogar drei Sprachen, Englisch, Deutsch und Französisch, damit sie sich in Europa überall helfen können.

Das zweite Problem bei der Arbeitssuche in einem anderen EG-Land sind die Arbeitszeit und die verschiedenen Arbeitsbedingungen°. In der folgenden Tabelle sehen Sie die *working* *conditions* Stunden, die ein Arbeitnehmer im Durchschnitt° pro Woche *on the average* arbeitet. Wer also in einem ánderen Land arbeiten möchte, muß sich daran gewöhnen°, daß er im Vergleich zu seinem *get accustomed* Heimatland pro Woche mehr oder auch weniger arbeiten muß.

Wie lange arbeitet man in den Ländern der EG pro Woche?

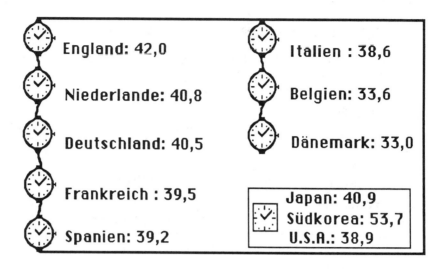

England: 42,0

Niederlande: 40,8

Deutschland: 40,5

Frankreich : 39,5

Spanien: 39,2

Italien : 38,6

Belgien: 33,6

Dänemark: 33,0

Japan: 40,9
Südkorea: 53,7
U.S.A.: 38,9

Die europäischen Staaten arbeiten in der EG für ein Europa der Zukunft. Aber die EG kann keinen Mitgliedsstaat zu etwas zwingen°. Die wirtschaftliche Zusammenarbeit geht manchmal nur langsam weiter, weil alle Meinungen diskutiert werden müssen. Die einzelnen Länder sind politisch immer noch ganz unabhängig.   *force*

Fragen über den Text

1. Warum sind die europäischen Sprachen ein Problem für ein vereinigtes Europa?
2. Wie kommt es, daß die Parlamentarier in Straßburg doch miteinander diskutieren können?
3. Welche Länder sind von Anfang an dabei?
4. Wie viele Vertreter dürfen Luxemburg, Dänemark, Belgien und Griechenland zusammen schicken?
5. Warum wächst das Vertrauen zwischen den Mitgliedsstaaten der EG, und woran merkt der Reisende das?
6. Welche Sprachen lernen die Schüler in Dänemark? Warum?
7. Wie viele Stunden muß ein Arbeiter in Südkorea arbeiten?
8. Wer muß am wenigsten arbeiten?
9. Wie viele Parlamentarier hat die BRD in Straßburg?
10. Wie lange arbeiten die Menschen in der BRD pro Woche, und wie vergleicht sich das mit der Arbeitszeit in den U.S.A.?

Grammatische Erklärungen

Comparison of adjectives and adverbs

Adjectives describe nouns (*das große Haus des alten Mannes*). Adverbs describe adjectives and verbs (*Der Wagen fährt sehr schnell*). In this sentence, *sehr* is an adverb and *schnell* is a predicate adjective. Predicate adjectives and adverbs take no endings.

There are, however, two more forms that we have to look at: the comparative and the superlative. They are used for comparison.

> *Der Wagen fährt schneller als ich dachte.*
> *Raimund Filter ist der schnellste Fahrer heute.*

The comparative is formed by adding the ending *-er* to the stem: *schneller, hübscher, schlauer, gelber.* As predicate adjectives, comparative forms have no gender or case endings. As attributive adjectives (those preceding the noun), they take the same adjective endings as any other adjective (*die schlauere Frau, ein hübscheres Kind*). The superlative is formed by adding the ending *-st* to the stem: *schnellst-, hübschest-, schlaust-, gelbst-.* As attributive adjectives, they take regular adjective endings; as predicate adjectives, they take the ending *-en* and are preceded by *am*. In the latter case, they often function as adverbs. (*Er lacht am lautesten. Sie spricht am schnellsten.*)

Notice that an *e* is inserted after *sch* to make the pronunciation easier. This happens when the stem ends in an *s* or *z*-sound, in *d* or *t* (*weiß . . . am weißesten, interessant . . . am interessantesten, hart . . . am härtesten*). As you can see from the example *hart*, an umlaut is required in the comparative and superlative. Most one-syllable adjectives with the vowel *a, o* or *u* in the stem add umlauts in their comparative and superlative forms:

hart, härter, härtest-	am härtesten
kalt, kälter, kältest-	am kältesten
warm, wärmer, wärmst-	am wärmsten
kurz, kürzer, kürzest-	am kürzesten
jung, jünger, jüngst-	am jüngsten
dumm, dümmer, dümmst-	am dümmsten

There is also a group of irregular adjectives and adverbs.

gut, besser, best-	am besten
gern, lieber, liebst-	am liebsten
viel, mehr, meist-	am meisten
nah, näher, nächst-	am nächsten*
hoch, höher, höchst-	am höchsten*

*Note that *nah* and *hoch* add *c* before the *h* in their superlative form.

As a predicate adjective, *hoch* is regular. (*Der Berg ist hoch.*) When it takes an ending, the *c* is dropped (*die hohen Berge der Alpen*).

These adjectives, ending in *el* or *er* drop the *e* in the comparative:

teuer, teurer, teuerst-	am teuersten
dunkel, dunkler, dunkelst-	am dunkelsten
bitter, bittrer, bitterst-	am bittersten

To further emphasize the superlative, you can add the prefix *aller-* to it. It means "very," as in "my very best friend Paul."

Das allerschönste Kind ist mein eigenes.
Der allerschönste Urlaub war letztes Jahr.
Die allerbeste Torte macht meine Großmutter.
Mein allerbester Freund ist sauer auf mich.

Übungen

1. Vergleichen Sie die folgenden Sätze.

Beispiel: *Das Zelt ist hoch. Der Baum ist höher.*
Das Gebäude ist am höchsten.

1. Der Weg ist lang. Die Straße ist ____. Die Autobahn ist ____.
2. Die Geschichte ist spannend. Das Abenteuer ist ____. Das eigene Erlebnis ist ____.
3. Paul fährt schnell. Mary fährt ____. Peter fährt ____.
4. Erik ißt viel. Ich esse ____. Du ißt ____.
5. Sabine liest viel. Sie sollte ____ lesen. Mutter liest ____.
6. Die Uhr geht langsam. Die Zeit geht ____, scheint mir. Ein Arbeitstag geht ____.
7. Viele Geschenke machen viel Freude. ____ Geschenke machen ____ Freude. ____ freue ich mich auf dein Geschenk.
8. Gern geht die Frau ins Büro. Sie möchte ____ einen freien Tag haben. ____ verbringt sie die freien Tage mit ihren Freunden.

2. Finden Sie bitte die richtige Form und setzen Sie sie in die Sätze ein.

1. Die Preise sind (higher) ____ geworden.
2. Sie ist (bigger) ____ geworden.
3. Dieses Gebäude ist (highest) ____.
4. Daniel liest (the most) ____.
5. Er hat auch (more) ____ getrunken.
6. Das schmeckt (better) ____ als in der Cafeteria.
7. Was machst du denn (to like to do best) ____?
8. Marlis kauft das (cheaper) ____ Kleid.

Grammatische Erklärungen

gern – viel

The adverb *gern* means "to like to."

   Sie spielt gern Schach. (She likes to play chess.)

Lieber, the comparative form of *gern*, means "to prefer."

   Ich würde lieber Tennis spielen. (I'd rather play tennis.)

Am liebsten means "to like best of all."

   Schwimmst du am liebsten? (Do you like to swim best of all?)

Viel means "much," "many," or "a lot."

   Wir arbeiten viel.   We work a lot.

Mehr means "more" or, if negated, "any longer."

   Mein Vater arbeitet dort nicht mehr. (My father doesn't work there any
                                    longer.)
   Susi liest mehr als ich. (Susi reads more than I do.)

Am meisten means "most of all." It occurs in many idiomatic phrases.

   Am meisten stört mich . . . (It bothers me the most . . .)
   Am meisten liebe ich . . . (I love . . . most of all.)

Meistens derives from this form, too. It means "most often."

   Meistens gehen wir nach der Schule zu meiner Freundin.
   Meistens habe ich keine Zeit für Hobbys.
   Er sagt meistens kein Wort, wenn er geht.

Meist and other superlative forms are also used with ordinal numbers.

   Bauer Klug erntete die drittmeisten Kartoffeln.
   Der viertbeste Sportler in unserer Klasse ist Karl.
   Der Watzmann ist der zweitgrößte Berg.

Übungen

3. Übersetzen Sie die englischen Sätze ins Deutsche.

   1. I like her much more than the others.
   2. She likes to go shopping.
   3. He prefers to be at home and watch TV.
   4. Rosi works more than I do.
   5. Peter likes writing most of all.
   6. Alex plays most often in the afternoon.
   7. Most often Kevin has no time for me.
   8. The second best player is never happy.

9. We prefer not to go to his house.
10. The noise bothers me most of all.

4. Finden Sie die fehlenden Wörter.

1. Am aller _____ vermisse ich deutsches Brot.
2. Der zweit _____ Spieler ist nie glücklich.
3. Karin redet _____ als wir alle zusammen.
4. Der Patient geht am _____ im Park spazieren.
5. Am _____ stört mich der Krach auf der Straße.
6. Ich gehe _____ früh ins Bett als lange aufzubleiben.
7. Manche Leute fragen _____ als sie wissen wollen.
8. Ich freue mich, dort nicht _____ arbeiten zu müssen.
9. Wer gern ißt, sollte _____ Sport treiben.
10. Ich mag es _____ mehr als die anderen Geschenke.
11. Der _____ Berg ist die Zugspitze.
12. Wer viel fragt, bekommt auch _____ zu hören.

Deutsche Sprachgebiete

Nicht nur in der BRD und der DDR spricht man deutsch. Andere deutsche Sprachgebiete in Europa sind Österreich, die Schweiz und das kleine Fürstentum Liechtenstein.

1. BRD   62   Millionen
2. DDR   17   Millionen
3. Österreich   7   Millionen
4. Schweiz   6   Millionen
5. Liechtenstein 0,024 Millionen
Zusammen: 92,024 Millionen

Außerdem spricht man deutsch noch in vielen anderen Teilen der Welt. Zusammen sind das ungefähr 120 Millionen Menschen. Immer, wenn deutsche Siedler° in andere Kontinente auswanderten, brachten sie die deutsche Sprache mit. So wird auch heute noch in einigen Gegenden Südamerikas, vor allem in Brasilien und Argentinien, in Kanada und den Vereinigten Staaten von Amerika deutsch gesprochen. In den U.S.A. gibt es Gemeinden°, in denen die Traditionen und Sprache von den Eltern auf die Kinder weitergegeben werden. Das ist zum Beispiel in Minnesota, Ohio und Wisconsin der Fall. Fast alle Deutsch-Amerikaner sprechen aber englisch und benutzen ihre Muttersprache nur noch unter sich.

In der BRD und DDR entwickelt sich die Sprache immer weiter, und schon heute können wir kleine Unterschiede

settlers

communities

bemerken. Wo man im Westen von „Hähnchen" spricht, sagt man in der DDR jetzt „Broiler". Dieses Wort ist in der BRD unbekannt. Die Abkürzung° LPG ist jedem Bürger der DDR bekannt, und er liest und sagt sie oft. In der BRD wissen die meisten Menschen aber nicht, daß damit eine Landwirtschaftliche Produktionsgenossenschaft° gemeint ist, in der die Bauern eines Bezirks organisiert sind und zusammenarbeiten. Die verschiedenen politischen Systeme in Ost und West führen also zu einer anderen Sprachentwicklung. Der sozialistische Weg, den die DDR geht, macht es nötig, einige Wörter neu zu schaffen und andere nicht weiter zu benutzen. So kommt es dazu, daß dasselbe Wort plötzlich für DDR- und Bundesbürger eine andere Bedeutung bekommt. Das Wort „Profit" hat in der DDR sicherlich nur noch eine negative Bedeutung, während es in der BRD nicht so negativ ist, da fast jeder Profit machen möchte.

abbreviation

farmer's cooperative

In Österreich spricht man auch deutsch. In den großen Städten Wien, Salzburg, Graz, Linz und Innsbruck gibt es aber verschiedene Dialekte. Es ist gar nicht so einfach, einen Wiener zu verstehen, wenn man nur Hochdeutsch kann. Das „Wienerische" kommt dem Ausländer manchmal wie eine fremde Sprache vor, die nichts mit dem Deutschen zu tun hat.

In der Schweiz sprechen etwa 65 Prozent der Leute deutsch, 18 Prozent italienisch und 12 Prozent französisch. In ein paar südlichen Tälern spricht man auch noch rätoromanisch. Die Menschen sprechen schwyzerdütsch. In der Hauptstadt Bern kann man noch alles verstehen; auf dem Lande wird es aber schon schwieriger. Auch die Grammatik ist etwas anders als in Deutschland.

Zum Beispiel gibt es in der Schweiz kein „ß", sondern nur „ss". Das scheint ganz praktisch zu sein, denn das „ß" hat keine eigene Bedeutung, sondern steht nur für zwei „s". Aber es ist für die Deutschen schwer, sich vom „ß" zu trennen, weil es Tradition hat.

Im kleinsten deutschsprachigen Gebiet Europas, Liechtenstein, sprechen die Leute so ähnlich wie in Österreich und der Schweiz. Liechtenstein liegt in den Alpen zwischen diesen beiden Ländern und arbeitet eng mit der Schweiz zusammen.

Fragen über den Text

1. In welchen Ländern Europas wird deutsch gesprochen?
2. In welchen anderen Teilen der Welt sprechen Leute auch deutsch?

3. Wie viele Menschen sprechen Deutsch als Muttersprache?
4. Welche Städte in Österreich kennen Sie?
5. Welche Sprachen sprechen die Schweizer?
6. Was bestimmt die Sprachentwicklung eines Landes?
7. Was ist ein Broiler?

Die Länder der BRD

In der BRD gibt es zehn Bundesländer. Das Land Berlin hat einen speziellen Status. Das war nicht immer so, denn erst lange nach dem Zweiten Weltkrieg hat sich gezeigt, welche Gebiete zur BRD kommen sollten. Die Bundesländer sind selbständig. Selbständig heißt, daß die Bundesregierung in Bonn sie dem Ausland gegenüber repräsentiert, während Schulen und Kultursachen, Steuern und eine eigene Verfassung° in den Händen jedes Bundeslandes selbst liegen.   *constitution*

Schleswig-Holstein

Hoch im Norden, zwischen Nord- und Ostsee, liegt dieses kleine Land, in dem nur 2,6 Millionen Menschen leben. Es liegt an der Grenze zu Dänemark und der DDR. Seine Hauptstadt ist Kiel. Erst 1866 wurde es preußische Provinz, 1946 dann ein selbständiges Land der Bundesrepublik.

Niedersachsen

Niedersachsen grenzt an Schleswig-Holstein, die DDR, Nordrhein-Westfalen, Hessen und die Niederlande. Es ist ein wichtiger Produzent° für alle landwirtschaftlichen Produkte. Hier leben dreimal mehr Menschen als in Schleswig-Holstein, genau 7,3 Millionen Einwohner. Hannover ist seine Hauptstadt. Die Leute dort sind bekannt für das gute Hochdeutsch, das hier gesprochen wird. Im Sommer fahren viele deutsche Urlauber auf die Nordseeinseln. Dort kann man schöne Ferien machen, da das Wetter meistens gut und die Strände weit und sauber sind. Die meisten Nordseeinseln sind relativ klein. Man kann an einem Tag um sie herumlaufen. Auf vielen dieser Inseln gibt es keine Autos.   *producer*

Nordrhein-Westfalen

In Nordrhein-Westfalen leben die meisten Menschen, nämlich 17 Millionen. Hier liegen am Rhein auch die Bundeshauptstadt Bonn und nördlich davon die Landeshauptstadt Düsseldorf. Das Ruhrgebiet hat viel Kohle- und Stahlindustrie°. In diesem Land leben die Menschen eng zusammen. Die Städte Duisburg, Gelsenkirchen, Essen, Bochum und Dortmund liegen im Ruhrgebiet und sind bekannt für die schlechte Luft dort. Aber das stimmt nicht ganz, denn dort gibt es außer Fabriken auch viele Wälder und Parks. Köln ist ein kulturelles Zentrum dieses Bundeslandes.   *coal and steel industry*

West-Berlin

Dortmund, Ruhrgebiet

Frankfurt am Main

Bonn, Marktplatz

Berlin

Berlin wurde im 13. Jahrhundert gegründet, blieb aber bis 1871 eine relativ unwichtige Stadt. Dann aber wurde Berlin Hauptstadt des Zweiten deutschen Reiches und damit zur Weltstadt. Hauptstadt ist es bis 1945 geblieben. Seit dem Kriegsende regieren dort die vier Siegermächte°. 1948 wurde *victorious powers* der östliche Teil der Stadt, das jetzige Ost-Berlin, Teil der DDR. Dreizehn Jahre später baute man dort die Berliner Mauer. Wer aus der BRD nach Berlin fahren will, muß auf dem kürzesten Wege immer noch fast zwei Stunden mit dem Auto durch die DDR fahren.

Hamburg

Karl der Große ließ 811 die Burg „Hammaburg" an der Elbe gründen, da er eine Festung gegen die Dänen brauchte. Heute ist Hamburg mit seinem großen Hafen „Deutschlands Tor zur Welt". Die Schiffe fahren von dort die Elbe hinunter zur Nordsee. Hamburg ist die größte Stadt der BRD. Hier leben etwa 1,6 Millionen Menschen. Viele arbeiten im Hafen.

Bremen

Bremen ist das kleinste deutsche Bundesland und der zweitgrößte Hafen der BRD. Es wurde einige Jahre vor Hamburg gegründet. Es gibt heute etwa 700 000 Einwohner in Bremen. Die Fischerei° ist eine der wichtigsten Industrien *fishing industry* der Hansestadt Bremen.

Hessen

Hessen ist das fünftgrößte Bundesland und liegt mitten in der BRD. Zwischen Rhein und Main ist das größte Wirtschaftsgebiet mit der Metropole° Frankfurt am Main. Frank- *metropolis* furt ist neben Hamburg und München der wichtigste Handelsplatz° in der BRD. Viele ausländische Firmen sind *trading center* hier vertreten. Hessen ist nicht so eng besiedelt; es wohnen dort etwa 5,6 Millionen Menschen. Die Landeshauptstadt ist nicht Frankfurt, sondern Wiesbaden.

Rheinland-Pfalz

Rheinland-Pfalz liegt im Südwesten an der Grenze zu Belgien, Luxemburg und Frankreich. Es entstand 1946 aus Teilen von Preußen, Hessen und Bayern. Hier wächst der gute deutsche Wein entlang des Rheins und der Mosel. Machen Sie eine Bootsfahrt auf Rhein oder Mosel, um die vielen schönen Burgen zu sehen, die entlang dieser Flüsse vor Jahrhunderten gebaut worden sind. Die Hauptstadt Mainz ist bekannt wegen ihrer bunten Karnevalssaison, wenn viele Mainzer und Besucher sich die Karnevalsparaden ansehen.

Saarland

Das Saarland liegt wie eine Insel zwischen Frankreich und Rheinland-Pfalz. Es wurde erst 1920 gegründet. Frankreich hatte starken politischen Einfluß hier. Es kam dann 1935 wieder zu Deutschland. Nach dem Zweiten Weltkrieg versuchte Frankreich wieder, dieses kleine Land zu bekommen. Erst im Jahre 1957 wurde es dann ein Land der Bundesrepublik, als die Bevölkerung klar dafür gestimmt hatte. Hier leben nur 1,1 Millionen Menschen, viele davon in der Hauptstadt Saarbrücken. An der Universität in Saarbrücken müssen alle Studenten auch Französisch lernen.

Baden-Württemberg

Im April 1952 wurde aus der französischen und amerikanischen Militärzone ein Bundesland gemacht. Dieses Bundesland bestand nun aus den alten traditionellen Ländern Baden und Württemberg. Insgesamt leben hier heute 9,2 Millionen Einwohner. In Stuttgart sitzt die Landesregierung. Der bekannte Schwarzwald mit seiner wunderschönen Landschaft liegt im Südosten. Neben seinem Wein ist Baden-Württemberg bekannt für seine ausgezeichnete Industrie.

Bayern

München, die Hauptstadt Bayerns, ist für viele die „heimliche Hauptstadt" Deutschlands. Besonders ausländische Touristen lieben diese Stadt und sein weltberühmtes Oktoberfest. Man kann von hier aus in einer Stunde in den Alpen sein. Die Bayern sind besonders stolz auf ihre Unabhängigkeit. An der Grenze stehen weiß-blaue Schilder, die es allen deutlich machen: hier fängt Bayern an! Bayern gehört zu den schönsten Bundesländern, denn es gibt Berge, Seen, Flüsse und märchenhafte Dörfer und Städtchen hier.

Wohngebäude am Olympia Park in
München

In der DDR gibt es 15 Bezirke.

An der Grenze stehen weiß-blaue
Schilder.

Übung

5. **Suchen Sie sich ein Bundesland aus und sprechen Sie darüber. Ihre Besprechung soll einige der folgenden Fragen beantworten.**

   1. Wie viele Mensche leben dort?
   2. Wo liegt es? Im Norden, Süden, Osten, Westen?
   3. Welche Städte gibt es dort?
   4. Was ist die Hauptindustrie?
   5. Warum wollen Sie dorthin fahren? Warum nicht?
   6. Welche sind die Nachbarländer dieses Bundeslandes?

Grammatische Erklärungen

Separable and inseparable prefixes

Verb prefixes can often be separated from the root. Prefixes change the meaning of the root verb (*fangen* – to catch, *anfangen* – to begin; *kommen* – to come, *bekommen* – to receive). When they are separable, the prefixes are separated from the verb root only in the present and simple past tenses.

> *Er hört mit der Arbeit auf.*
> *Er hörte mit der Arbeit auf.*

The prefix is not separated in the future tense.

> *Er wird mit der Arbeit aufhören.*

In the perfect tenses, the tense marker *ge* is inserted between prefix and verb root. Verbs ending in *-ieren* (*abmontieren* – to dismantle) do not insert *ge*. (*Er hat die Teile abmontiert.*)

Inseparable prefixes are *be-, emp-, er-, ge-, miß-, ver-*, and *zer-*.* They are never separated from the verb and cannot be preceded by *ge-* for the past participle (*bekommen*, past participle – *bekommen*; *gefallen*, past participle – *gefallen*). *Miß* – is always negative, as in *mißfallen* (to displease), *mißglücken* (to fail).

The prefix *zer-* always indicates separation or destruction of things: *zerbrechen* (to destroy by breaking), *zerfallen* (to decay).

*Some of these prefixes are also used as noun and adjective prefixes, for example: *Mißverständnis* (misunderstanding), *Zerstörung* (destruction), *Empfindung* (feelings), *bekannt* (well-known), *erweitert* (widened).

Übungen

6. **Bilden Sie aus diesen Wörtern kurze Sätze im Präsens, Perfekt und Futur.**

Beispiel: *bedanken*
Er bedankt sich für das Geschenk.
Sie hat sich für die Hilfe bedankt.
Ihr werdet euch bei uns bedanken.

1. bedanken
2. entstehen
3. gefallen
4. verstehen
5. begeistern
6. entwickeln
7. vereinigen
8. entscheiden
9. erleben
10. verhaften
11. erschrecken
12. vertreten
13. zerstören
14. empfangen

7. **Schreiben Sie diese Sätze neu und ändern Sie die Verben ins Imperfekt und Plusquamperfekt.**

Beispiel: *Wir (mitkommen) zur Party bei Ulla, weil dort immer viel los ist.*
Wir kamen mit zur Party bei Ulla, weil dort immer viel los war.
Wir waren zur Party bei Ulla mitgekommen, weil dort immer viel los gewesen war.

1. Wir (abholen) Lisa zu Hause, um ins Schwimmbad zu fahren.
2. Als wir gerade von ihrem Haus (weggehen), bleibt sie stehen.
3. Ich (umdrehen) mich und frage, was los ist.
4. Lisa hat wieder ihr Geld (vergessen) und will es jetzt holen.
5. Bevor wir abfahren, (erinnern) sie mich, daß wir Peter abholen müssen.
6. Das habe ich schon wieder (vergessen) und ich (vorbeifahren) schnell mit ihr bei Peter.
7. Peter (aussehen) etwas ungeduldig, weil er so lange warten mußte.
8. Aber sein Ärger (verschwinden) schnell, als wir im Schwimmbad ankommen.
9. Schnell (hinwerfen) er seine Sachen und rennt ins Wasser.
10. Als wir aus dem Wasser kommen, (anziehen) wir uns unsere T-shirts.
11. Lisa freut sich, daß wir Peter (mitnehmen), weil er so lustig ist.

8. **Übersetzen Sie diese Sätze ins Deutsche.**
1. He closed the door.
2. When do you get up on Sundays?
3. My parents paid the bill.
4. He translated the story.
5. Peter is coming along.

6. She will discuss it later.
7. They came by after breakfast.
8. Tom is not listening to her.
9. He didn't understand him.
10. We picked him up at home.
11. They called him up in the morning.
12. She forgot everything at home.

Grammatische Erklärungen

Additional verbs with inseparable prefixes

The following list contains some additional verbs with inseparable prefixes. These verbs often are assumed to be separable but are not.

infinitive	simple past	past participle	meaning
durchziehen	durchzog	durchzogen	to cross a land
hintergehen	hinterging	hintergangen	to deceive
überfahren	überfuhr	überfahren	to run over
überholen	überholte	überholt	to pass by, overhaul
überlassen	überließ	überlassen	to leave (to)
überreden	überredete	überredet	to persuade
überraschen	überraschte	überrascht	to surprise
übersetzen	übersetzte	übersetzt	to translate
übertreffen	übertraf	übertroffen	to surpass
übertreiben	übertrieb	übertrieben	to exaggerate
überwinden	überwand	überwunden	to overcome, master
überzeugen	überzeugte	überzeugt	to convince
umarmen	umarmte	umarmt	to embrace
umfassen	umfaßte	umfaßt	to comprise
umgeben	umgab	umgeben	to surround
umgehen	umging	umgangen	to evade
unterbrechen	unterbrach	unterbrochen	to interrupt
unterhalten	unterhielt	unterhalten	to maintain, entertain
unternehmen	unternahm	unternommen	to undertake
unterrichten	unterrichtete	unterrichtet	to instruct, inform
unterscheiden	unterschied	unterschieden	to distinguish
unterstützen	unterstützte	unterstützt	to support
untersuchen	untersuchte	untersucht	to investigate, examine
vollenden	vollendete	vollendet	to complete
widersprechen	widersprach	widersprochen	to contradict, object
widerstehen	widerstand	widerstanden	to resist
wiederholen	wiederholte	wiederholt	to repeat

Übungen

9. **Welche Verben gehören in diese Sätze? Sie stammen aus der Liste der Verben, die ihr Präfix nicht abtrennen.**

1. Die Stadt ist von tiefen Wäldern ____.
2. Wir ____ eine Fahrradtour durch die Wälder und Felder.
3. Plötzlich wird die schöne Fahrt ____.
4. Das ____ uns, weil wir den Grund nicht kennen.
5. Ein Fahrradreifen ist kaputt gegangen, und wir ____ den Schaden sofort.
6. Wir sind ____, daß wir den Schaden nicht selbst reparieren können.
7. Da kommt ein schnelles Auto und ____ uns.
8. Ich ____ die anderen, daß wir ins nächste Dorf laufen und die Reparatur dort machen.
9. Die anderen ____ nicht, und wir schieben unsere Fahrräder dorthin.
10. In der Werkstatt ____ wir den Meister über das Problem.
11. Dann ____ er die Reparatur.
12. Wir alle hoffen, daß sich das nicht ____.

10. **Übersetzen Sie diese englischen Sätze.**

1. She deceives her father.
2. He had instructed this class for two weeks.
3. We will investigate this soon.
4. He couldn't convince her.
5. She persuaded him to stay.
6. They have overcome their fear.
7. Woods surround the town.
8. They interrupted the TV program.

11. **Machen Sie selber 6 Sätze, deren Verben aus der Liste der Verben kommen, die ihr Präfix nicht abtrennen. Schreiben Sie die Sätze im Futur, im Imperfekt, im Perfekt und im Plusquamperfekt. Sie können ganz verschiedene Sätze machen. Nur das Verb muß in jedem Satz vorkommen.**

Beispiel: *Ich werde diese Arbeit gut vollenden.*
Maria vollendete ihr Bild sehr schnell.
Ihr habt diesen Artikel ausgezeichnet vollendet.
Sie hatten diese Aufgabe gern vollendet.

Bummel durch Berlin

„Berlin ist eine Reise wert°!", hört und liest man oft. Berlin ist mehr als das. Es lohnt sich°, es näher zu erforschen°. Auf den ersten Blick kann man von den Zerstörungen des Krieges nicht mehr viel sehen. Schutt und Asche sind in den Nachkriegsjahren weggeräumt° worden. Man muß sich die Häuserwände genau ansehen, um dann noch viele kleine Beweise für die Zerstörung zu finden. Fast alle alten Häuser haben in den Wänden noch kleine Löcher von den Bombenangriffen°. Mit Hilfe der Bundesregierung ist West-Berlin wieder aufgebaut worden. In Ost-Berlin hat die DDR-Regierung dasselbe getan und viele moderne Gebäude errichtet°. Zählt man von 1987 ein Dreiviertel Jahrtausend zurück, 750 Jahre also, so hat man das Gründungsjahr° dieser Stadt an der Spree.

worth

pays/explore

removed

bomb attacks

erected

founding year

Ost-Berlin

Schloß Charlottenburg

Kurfürstendamm in West-Berlin

Der elegante Kurfürstendamm, „Ku'damm" genannt, mit
seinen vielen Cafés, Geschäften, Kinos und der weltbe-
kannten Ruine der Kaiser-Wilhelm-Gedächtniskirche, gilt als
das Schaufenster Berlins. Wer eine kleine Pause vom vielen
Laufen und Sehen machen will, kann sich im Café Kranzler,
nicht weit von der Gedächtniskirche, ein Stück Kuchen und
Kaffee bestellen. Dieses elegante Café ist weltbekannt. Von
dort aus kann man dann den schönen, bekannten Tiergarten°   *zoo*
besuchen.

Wer durch Berlin bummelt°, sollte einen kleinen Spazier-   *strolls*
gang nach Charlottenburg damit verbinden. Man läuft an
endlosen Häuserfronten aus der Gründerzeit (1870 bis 1880)
vorbei, jede für sich ein Teil der Berliner Geschichte. Dann
gibt es hier das Charlottenburger Schloß zu besichtigen.
Beide Städte, Ost- und West-Berlin, haben viele Museen,
Schlösser und Theater zu bieten, die Berlin den Ruf° eines   *reputation*
bedeutenden kulturellen Zentrums sichern°.   *assure*

Es ist kein Problem mehr, Tagesausflüge nach Ost-Berlin
zu machen. Man bekommt ein Visum für einen Tag direkt an
der Grenze, und Besuche sind nach dem Berlin-Abkommen°   *treaty*
zwischen der BRD und der DDR sehr einfach geworden.

Fragen über den Text

1. Was ist Berlin wert?
2. Wovon ist in Berlin nicht mehr viel zu sehen?
3. Welche große Straße gilt als Schaufenster West-Berlins?
4. Wann war das Gründungsjahr?
5. Warum hat Berlin den Ruf eines kulturellen Zentrums?
6. Was gibt es in Charlottenburg zu besichtigen?
7. Was kann man noch für Beweise der Zerstörung finden?
8. Wo liegt die Weltstadt Berlin?

Gefährlicher Spielplatz

Berlin hatte während des Zweiten Weltkrieges mehrere Flak-   *anti-aircraft*
bunker°. Nach Kriegsende wurden diese Bunker, von denen   *bunkers*
je einer im britischen, französischen und sowjetischen Sektor
lag, von Soldaten der Siegermächte gesprengt°. Bei dem   *blown up*
Flakbunker am Humboldthain gelang das aber nur zum Teil.
Zwei der vier mächtigen Flaktürme° blieben erhalten und   *anti-aircraft*
ragten° aus den Trümmern heraus. Zwei der insgesamt   *towers/loomed*
sieben Stockwerke° waren unter der Erde.   *floors*

Von diesen Bunkern wurde auf feindliche Bomber geschossen, die Berlin 1944–45 angriffen. Ein Radarstrahl° suchte *radar ray* den Himmel nach Metall ab. Wenn der Strahl in den Bunker reflektierte, war ein Flugzeug entdeckt, und es wurde beschossen. Aber die amerikanischen und britischen Flieger hatten schnell gelernt und Aluminiumfolie° aus den Flug- *aluminum foil* zeugen geworfen, damit die Deutschen darauf schießen sollten. Das haben sie auch eine Weile getan, bis die Radargeräte verbessert° wurden. *improved*

Journalisten hatten kürzlich° Gelegenheit°, den Bunker zu *recently/* besichtigen. Die Szene war gespenstisch°. Der Eingang zum *opportunity* Bunker wurde danach wieder geschlossen, aber trotzdem *spooky* finden Jugendliche und Kinder immer wieder Wege hinein. Sie betrachten diese Bunkerruine als ihren Spielplatz. Einmal mußte die Feuerwehr im ganzen Bunker nach einem kleinen Jungen suchen. Erst nach zwei Tagen fand man ihn im westlichen Turm. Er war durch den Fußboden° gefallen und *floor* hatte sich Arme und Beine verletzt°. Als man ihn fand, war *injured* er halb besinnungslos°. Der Senat der Stadt Berlin will jetzt *unconscious* endlich dafür sorgen, daß solche Unfälle° in Zukunft nicht *accidents* wieder passieren.

Fragen über den Text

1. Warum wurden die Flakbunker nach dem Krieg gesprengt?
2. Was taten die deutschen Soldaten im Flakbunker?
3. Wie viele Stockwerke hat der Bunker?
4. Warum spielen die Kinder und Jugendlichen hier?
5. Was passierte einem kleinen Jungen dort?
6. Was wird der Senat von Berlin tun?

Übung

12. **Bringen Sie die folgenden Wörter in die richtige Reihenfolge und machen Sie korrekte Sätze.**

    1. Berlin / des / waren / Flakbunker / Krieges / während / drei / in
    2. von / gesprengt / sie / Soldaten / wurden / Sieger / der
    3. gelang / zum / einem / Teil / bei / es / Bunker / nur
    4. vier / erhalten / zwei / blieben / Türme / der
    5. ragen / sie / den / Trümmern / jetzt / aus / heraus
    6. gespenstisch / die / heute / Szene / ist

7. den / ist / Eingang / wieder / der / verschlossen / .
   Bunker / in
8. Spielplatz / betrachten / Ruine / die / als / Jugendliche

Leseecke

Vergeblicher Hilferuf

Werner Baroni (geb. 1927)

Der Verfasser, der mit 17 Jahren noch am Endkampf° um Berlin teil-   *final battle*
genommen hatte und mehrere Preise für seine Nachkriegsgeschichten°   *post-war stories*
erhielt, ist heute Chefredakteur° der ,,Amerika Woche''. Dieser gekürzte   *editor-in-chief*
Auszug kommt aus seiner Erzählung ,,Heimatkurs Ost-Nord-Ost nach
Pforzheim.''

Vor 31 Jahren trieben mich Ratten und süßlicher° Leichen-   *sweet*
geruch° von einem Kellerloch in das andere. Tausende   *odor of corpses*
erschlagener° und verbrannter° Pforzheimer Bürger liegen in   *slain/burned*
diesem Massengrab°, über dem im Sommer 1945 unerträg-   *mass grave*
liche° Hitze tanzt.   *unbearable*

    ,,Nachts schlafen die Ratten doch'' läßt Wolfgang Borchert
in seiner Erzählung einen Mann sagen.

    Die Ratten in der Dillsteiner Straße schlafen nachts so
wenig wie in der Salierstraße. Ratten in der Straße von
Johannes Reuchlin! Deutscher Humanist! Wegbereiter° der   *forerunner*
klassischen Literatur! Wiederentdecker° der alten Sprachen!   *re-discoverer*
Johannes Reuchlin phorcensis, größter Sohn einer Ratten-
stadt! Damals.

    Ich überlege°, ob die Mädchen in den Kellern des Palast-   *ponder*
cafés Gott um Hilfe gerufen hatten. In der Hausruine
,,Fahner'' stellte ich mir den Tag des Jüngsten Gerichts° vor,   *Last Judgement*
wenn Gott der Herr diese vierhundert Mädchen rufen und
fragen würde: ,,Wer von euch hat mich um Hilfe gerufen?''

    Und was würde Gott der Herr antworten, wenn diese
Vierhundert und alle 17 000 Verbrannten und Erschlagenen
unter diesem kilometerlangen Schutthaufen° antworteten: *piles of rubble*
,,Wir alle haben dich zu Hilfe gerufen. 17 000 Frauen, Greise°   *old men*
und Männer haben dich zu Hilfe gerufen, als der Phosphor
in Sturzbächen° in die Keller floß.''   *torrents*

Frage über den Text

Was hat der Verfasser im Alter von 17 Jahren in Pforzheim erlebt und gesehen?

Übung

13. Setzen Sie die korrekte Präsensform der eingeklammerten Verben ein.

    Beispiel: *(nachsehen) Nur ein Mann ___ im Café ___.*
               Nur ein Mann sieht im Café nach.

    1. (angehören) Der Dichter ___ dem P.E.N.-Club ___.
    2. (hinübergehen) Karl ___ auf die andere Seite ___.
    3. (nachdenken) Annette ___ eine kurze Weile ___.
    4. (vorbeisehen) Manfred ___ an Annette ___, denn er ist sauer.
    5. (weitergehen) Sie ___ langsam bis zur Ecke ___.
    6. (hinunterlaufen) Die Freunde ___ schnell den Berg ___.
    7. (heraufkommen) Ein altes Auto ___ langsam von der Stadt ___.
    8. (aufatmen) Karsten ___ leise ___, als die Gefahr vorbei ist.

Die Lorelei

Heinrich Heine (1797–1856)

Die Lorelei ist ein 132 Meter hoher Felsen°, der am rechten   *rock*
Ufer des Rheins bei St. Goarshausen steht. Hier entstand die

Die Lorelei

Sage, daß auf ihm eine wunderschöne Jungfrau° sitze, die   *maiden*
durch ihren Gesang die Rheinschiffer° anlocke. Dann fuhren   *Rhine boatsmen*
Kapitän und Schiff auf die Riffe° im Fluß und kamen um°.   *reefs/perished*
Hier ist das Gedicht von Heinrich Heine, das von der Lorelei
erzählt.

Ich weiß nicht, was soll es bedeuten,
daß ich so traurig bin;
ein Märchen aus uralten Zeiten,
das kommt mir nicht aus dem Sinn°.   *can't escape my*
Die Luft ist kühl, und es dunkelt,   *mind*
und ruhig fließet der Rhein;
der Gipfel des Berges funkelt°   *glitters*
im Abendsonnenschein.

Die schönste Jungfrau sitzet
dort oben wunderbar.
Ihr goldnes Geschmeide° blitzet,   *jewelry*
sie kämmt ihr goldenes Haar.
Sie kämmt es mit goldenem Kamme
und singt ein Lied dabei;
das hat eine wundersame°,   *wonderful*
gewaltige Melodei.

Den Schiffer im kleinen Schiffe
ergreift es mit wildem Weh°;   *is seized by fierce*
er schaut nicht die Felsenriffe,   *grief*
er schaut nur hinauf in die Höh.
Ich glaube, die Wellen verschlingen°   *devour*
am Ende noch Schiffer und Kahn°,   *boat*
und das hat mit ihrem Singen
die Lorelei getan.

Grammatische Erklärungen

Subjunctive and indicative

The subjunctive I is used for formal, impartial statements of fact. The
subjunctive I, II or indicative is used for indirect discourse. It shows the
speaker's opinion about the indirectly quoted sentence.

Politiker: ,,*Das Problem ist nur klein.*''

There are three ways you can refer to the above quote. In your first choice
for indirectly quoting the statement, you would use the indicative.

Der Politiker sagte, daß das Problem klein ist.

Using this choice indicates that you consider this statement to be true and a
statement of fact.

Your second option for indirectly quoting this statement is to use the subjunctive I.

Der Politiker sagte, daß das Problem nur klein sei.

Sei is the third person singular subjunctive I form of *sein*. Your use of this form indicates that you are maintaining a formal distance to the statement of the person indirectly quoted. You are not indicating whether you believe this statement or not. Subjunctive I is rarely used in conversation, but often in written reports. It is formed with the infinitve root plus the subjunctive endings.

present subjunctive I		
ich	komme	arbeite
du	kommest	arbeitest
er, sie, es	komme	arbeite
wir	kommen	arbeiten
ihr	kommet	arbeitet
Sie, sie	kommen	arbeiten

haben	indicative	subjunctive I
ich	habe	habe
du	hast	habest
er, sie, es	hat	habe
wir	haben	haben
ihr	habt	habet
Sie, sie	haben	haben

werden	indicative	subjunctive I
ich	werde	werde
du	wirst	werdest
er, sie, es	wird	werde
wir	werden	werden
ihr	werdet	werdet
Sie, sie	werden	werden

sein	subjunctive I	indicative
ich	sei	bin
du	seiest	bist
er, sie, es	sei	ist
wir	seien	sind
ihr	seiet	seid
Sie, sie	seien	sind

Sein is the verb most frequently in the subjunctive I. Notice that the first and third person singular forms do not add the subjunctive ending *-e*.

Your third option is to use the subjunctive II.

   Der Politiker sagte, daß das Problem nur klein wäre.

The use of subjunctive II implies some skepticism on your part. The subjunctive II is widely used in German to express contrary-to-fact statements. You are therefore indicating that the words of the quoted speaker are open to discussion rather than the flat truth.

Subjunctive II

Subjunctive II is used widely in conversational German. It is used to express contrary-to-fact conditions, hopes and wishes. The subjunctive II is formed from the past tense root of the verb plus the subjunctive endings (the subjunctive endings are the same for subjunctive I and subjunctive II). For irregular verbs, an umlaut is added (*hatte – hätte; dachte – dächte*).

   Wenn Mutter nur bald käme, dann ginge es mir besser.
   Wenn ich Geld hätte, würde ich ein Haus kaufen.

	sein	haben	werden	kommen
ich	wäre	hätte	würde	käme
du	wärest	hättest	würdest	kämest
er, sie, es	wäre	hätte	würde	käme
wir	wären	hätten	würden	kämen
ihr	wäret	hättet	würdet	kämet
Sie, sie	wären	hätten	würden	kämen

Many of the subjunctive I forms are identical to those in the indicative.

   indicative: *,,Wir haben etwas gesehen!''*
   subjunctive I: *Sie sagten, sie haben etwas gesehen.*

When the subjunctive I and indicative forms are identical, you must use the subjunctive II forms instead.

   subjunctive II: *Sie sagten, sie hätten etwas gesehen.*

Übungen

14. Schreiben Sie jeden zweiten Satz zu Ende.

Beispiele: *Du wirst es dir kaufen.*
Er meinte, du . . .
Er meinte, du werdest es dir kaufen.

1. Sie wird in die Stadt gehen.
   Sie meinte, daß . . .
2. Er wird gelobt.
   Es heißt, daß er . . .
3. Ich habe vor, einen Brief zu schreiben.
   Ich sagte, ich . . .
4. Frau Schulz ist nicht im Büro.
   Die Sekretärin sagte, daß . . .
5. Du hast keinen längeren Weg.
   Er meint, du . . .
6. Ihr habt einen neuen Plan.
   Peter sagt mir, daß . . .
7. Ich werde Chemiker von Beruf.
   Ich schrieb, daß . . .
8. Mutter wird dir alles erklären.
   Ich hörte, daß . . .

15. Die folgende kleine Geschichte ist ein Traum, den Maria hatte, nachdem sie mit Holger im ,,Restaurant Bernkastel'' gewesen war. Ändern Sie die Indikativ-Sätze und schreiben Sie alles im Konjunktiv neu.

Beispiel: *Ich bin immer mit Holger zusammen.*
Ich wäre immer mit Holger zusammen.

1. Ich gehe gern jeden Tag mit Holger aus.
2. Dieser Chemiker gefällt mir gut.
3. Ich hoffe, daß er mich liebt.
4. Seine Komplimente machen mich sehr glücklich.
5. So einen Mann soll man als Ehemann haben.
6. Ich hoffe, daß er mich heiratet.

16. Sagen Sie, was Sie tun würden, wenn Sie viel Zeit hätten.

Beispiel: *Wenn ich viel Zeit hätte, würde ich dich besuchen.*

Wenn ich viel Zeit hätte, . . .
1. darüber sprechen
2. meine neuen Kassetten hören
3. nach Frankfurt fahren

4. in die Disko gehen
5. die Zeitung lesen
6. länger am Telefon reden
7. eine Woche Urlaub machen
8. einen Krimi im Fernsehen ansehen
9. dir einen Brief schicken
10. an den Strand gehen
11. einen Kuchen backen
12. ein Geschenk selber machen

Lang ist die Liste der Langs

Es ist Ende Mai. Noch scheint die Sonne über den Kofel, den höchsten Berg hier im Ammertal°. Noch ist's warm. Den *Ammer valley* ganzen Tag könnte man über die Dorfstraße und ihre Gassen bummeln; überall ist etwas los. Besucher und Einwohner, sie alle scheinen in Oberammergau zu Fuß zu gehen.

,,Sieh mal den Schnitzer° da!'' sagt meine Frau. Wir stehen *wood carver* vor einem der Kunstläden°. Durch eines der offenen Glas- *art stores* fenster ist ein junger, bärtiger° Mann zu erkennen, der eine *bearded* Holzfigur schnitzt°. *carves*

,,Beautiful,'' sagt jemand neben uns. Wirklich wunderbar, denke ich und sehe meine Frau an. Sie nickt lächelnd. Man hört viele Sprachen in diesem Ort, der für seine Holzschnitzer, die Passionsspiele, als Urlaubsort – und für seine Langs bekannt ist.

Vor dem Heimatmuseum steht ein Mann in Lederhosen° *leather pants* und mit einem Tyroler Hut auf dem Kopf. ,,Frag ihn doch mal was,'' fordert meine Frau mich auf°. ,,Ich will etwas auf *demands* bayrisch hören.'' Also frage ich den Mann, wo denn das Hotel ,,Alte Post'' sei. ,,Ick nicks verstähn'', sagt er fröhlich. Er komme aus Nebraska, aber die Lederhose und den Hut gäbe es gleich um die Ecke zu kaufen. ,,Thank you, nice to meet you''. ,,You're welcome,'' antwortet der Mann in Lederhosen.

Nicht weit vom Dorfplatz ist der ,,Christkindlmarkt'', ein großes Geschäft, in dem man schon im Januar alles für Weihnachten kaufen kann. ,,Ja, das ist er!'' ruft eine ältere Frau neben uns und zeigt auf den Geschäftsführer°, der am *manager* Eingang steht. Es ist Max Jablonka, dessen Foto bei den letzten Passionsspielen in allen Zeitungen war. Er spielte damals den Christus. Lächelnd verschwindet er von der Tür. Man sagt uns, daß sich das Dorf schon jetzt für die nächsten Passionsspiele vorbereite. Das ist ein großes Ereignis für

Oberammergau und seine Einwohner, die alle die Rollen spielen und keine Profis° sind, sondern Laienspieler°.

Bald sitzen wir in einem der Straßencafés, und unser Blick fällt auf ein prächtiges° Kaufhaus mit großen Gemälden und der Aufschrift „Georg Langs seel. Erben°". Irgendwo haben wir vorher davon gehört, daß in diesem Haus der bekannte Dichter Ludwig Thoma geboren sei. „Lang?" fragt meine Frau und sieht von ihrem Apfelstrudel hoch, „war das nicht auch einmal ein Christusdarsteller°?" „Klar," sagt jemand am Nachbartisch, „hier gibt's mehr Langs als sonstwo°." Er läßt sein Bierglas sinken und sieht mich an. „Det° weiß doch einfach jeder, sojar° bei uns in Berlin." Ich wußte es nicht, sage das auch und bekomme zur Belohnung° die Geschichte der Langs zu hören. Alles begann mit Josef Lang, der 1705 mit fünf Söhnen hier angekommen war. Als diese ihre

*professionals/
amateur
performers*

magnificent

late heirs

*performer who
plays Christ
anywhere else*
*das/sogar
(Berlin dialect)*

reward

Beim Holzschnitzen muß der Künstler sehr genau arbeiten.

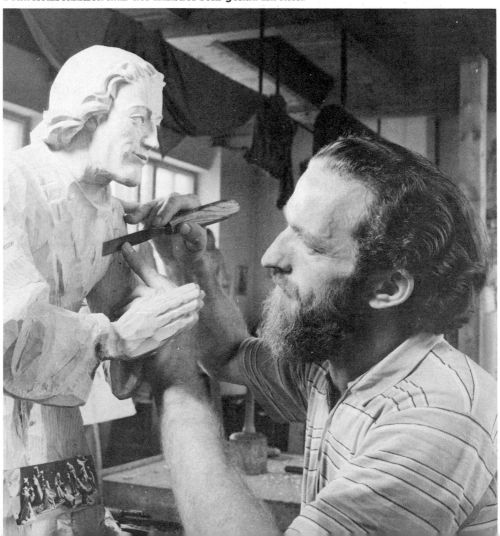

eigenen Söhne großgezogen° hatten, gab's schon viel mehr   *raised*
Langs in der Stadt. Und als alle Urenkel° von Josef Lang   *great-grandsons*
dann ihre Söhne großgezogen hatten ...

Die Liste der Langs ist wohl die längste im Ort. Man
sieht den Namen einfach überall. Nicht zu vergessen die
LudwigLang-Straße. Und das mußte ich mir alles von einem
Berliner im bayrischen Oberammergau erzählen lassen!

Fragen über den Text

1. Was ist der Kofel?
2. Was machen die Besucher in Oberammergau?
3. Wofür ist Oberammergau besonders bekannt?
4. Woher kommt der Mann in Lederhosen?
5. Warum ist Max Jablonka sehr bekannt?
6. Wer nimmt an den Passionsspielen teil?
7. Wer war Ludwig Thoma?
8. Wann begann die Geschichte der Langs in Oberammergau?

Übung

17. Ergänzen Sie die passenden Wörter aus der folgenden Liste.

bummeln / Kunstläden / Apfelstrudel / Urlaubsort / schnitzte /
Lederhosen / Schaufenster / Zeitungen

1. Oberammergau ist ein beliebter ____.
2. Man kann hier den ganzen Tag ____.
3. In dem ____ sah man einen Schnitzer.
4. Er ____ an einer Holzfigur.
5. Ein Mann in ____ stand vor dem Museum.
6. Das Foto des Geschäftsführers war in allen ____ erschienen.
7. Meine Frau sah von ihrem ____ hoch.
8. Oberammergau hat wunderschöne ____.

Grammatische Erklärungen

Politeness and suggestions

Subjunctive II forms are also used to express politeness and suggestions.

Wie wär's mit ...	How about ...?
Hätten Sie Lust ...	Would you feel like ...?
Könntest du bitte ...	Could you please ...?
Möchte er nicht ...	Wouldn't he like to ...?

Übung

18. Sie planen in der Schule ein großes Fest. Sagen Sie den anderen Leuten sehr freundlich, was zu tun ist.

Beispiel: *Petra und Reinhold, holt die Stühle.*
Petra und Reinhold, würdet ihr bitte die Stühle holen?
Könntet ihr bitte die Stühle holen, Petra und Reinhold?

1. Diskutiert, was wir auf dem Fest machen wollen!
2. Peter und Claudia, malt dieses Bild hier!
3. Macht das Essen fertig fürs Buffet!
4. Helft mir mit der Stereoanlage, Manfred und Anne!
5. Legt Tischdecken auf die Tische!
6. Bernd, hol die Kerzen und stelle eine auf jeden Tisch!
7. Sagt den Schaupielern, daß sie jetzt kommen können!
8. Legt die Programme auf den Tisch, Elke und Jochen!
9. Denkt alle nach, was wir vergessen haben!

Die Stadt

Theodor Storm (1817–1888)

Am grauen Strand, am grauen Meer
Und seitab° liegt die Stadt;　　　　　　　　　　　　　*next to*
Der Nebel° drückt die Dächer schwer　　　　　　　　*fog*
Und durch die Stille braust das Meer
Eintönig° um die Stadt.　　　　　　　　　　　　　　*monotonously*
Es rauscht° kein Wald, es schlägt° im Mai　　　　　*murmurs/sings*
Kein Vogel ohne Unterlaß°;　　　　　　　　　　　　*break*
Die Wandergans° mit hartem Schrei　　　　　　　　*wild goose*
Nur fliegt in Herbstesnacht vorbei,
Am Strande weht° das Gras.　　　　　　　　　　　　*waves*
Doch hängt mein ganzes Herz an dir,
Du graue Stadt am Meer;
Der Jugend Zauber° für und für°　　　　　　　　　*magic/for ever and*
Ruht lächelnd doch auf dir, auf dir,　　　　　　　　*ever*
Du graue Stadt am Meer.

5 Aus Forschung und Technik

Forscher, Erfinder und Techniker

,,Wer suchet, der findet", so heißt ein bekannter deutscher Spruch°. Man könnte ihn etwas ändern° und sagen: ,,Wer forschet, der erfindet." Und geforscht haben die Deutschen seit der Industriellen Revolution im 19. Jahrhundert sehr viel. Deutsche Wissenschaftler° haben aber schon vor vielen Jahrhunderten wichtige Erfindungen gemacht und sind dafür berühmt. Johann Gutenberg erfand die Druckpresse° und begann damit das Zeitalter des Buchdruckes°. Während vor ihm die Leute fast alles mit der Hand schreiben mußten, konnte man nun die Texte mit beweglichen° Buchstaben auf Druckmaschinen produzieren. Vor Gutenberg hatte man jede Seite endgültig setzen° müssen. Jetzt konnte man die Buchstaben für verschiedene Texte benutzen.

Schon diese Erfindung war eine Revolution für die Wissenschaftler. Andere Erfinder folgten, und die Liste scheint endlos. Alexander von Humboldt war ein Naturforscher°, der vor 180 Jahren durch die ganze Welt reiste und Land-

saying/change

scientists

printing press
*letterpress
  printing*

movable

set

natural scientist

Mit Johann Gutenberg begann das Zeitalter des Buchdruckes.

karten, Länderbeschreibungen° und biologische Berichte
sammelte. Karl Friedrich Gauß war ein genialer° Mathe-
matiker, der wegen seiner Begabung° ein Stipendium des
Herzogs von Braunschweig erhielt und auf der Universität
Göttingen studieren durfte. Schon 1801, als er 14 Jahre alt
war, veröffentlichte er seine „Untersuchungen über höhere
Mathematik". Justus Freiherr von Liebig, der Gründer der
organischen Chemie, wurde schon mit 21 Jahren Chemie-
professor in Gießen. Zwischen 1825 und 1855 machte er
Gießen zum Zentrum der europäischen Chemieforschung.
Er entdeckte neue Stoffe°, wie zum Beispiel das Chloroform,
mit dem man früher die Patienten betäubte°. Später erfand
er einen Kühlapparat°, der seinen Namen bekam, den Liebigkühler. Chemiker brauchen den Liebigkühler noch heute.

    Weitere bekannte Forscher und Erfinder sind Robert Koch,
der Entdecker des Tuberkulose-Bazillus; Gregor Mendel, der
Vater der Genetik; Rudolf Virchow, der Pionier der Pathologie; Wilhelm Eduard Weber, der die elektrische Telegraphie
entwickelte. Johann Phillip Reis baute das erste Gerät, mit
dem er Töne über eine Entfernung von 100 Metern schicken
konnte. Er gab diesem Apparat, dessen Töne man noch
nicht besonders gut verstehen konnte, den Namen „Tele-
phon". 1861 versuchte er der Öffentlichkeit° zu demonstrieren,
daß er Töne über eine kurze Entfernung transportieren
konnte. Aber damals war niemand daran interessiert, weil
die Qualität der Töne noch zu schlecht war. Der Amerikaner
Alexander Graham Bell hatte dann 1873 mit demselben
Prinzip in Boston mehr Erfolg und gründete die „Bell
Telephone Company". Bells Telefon war technisch besser als
das von Phillip Reis.

    Johann Friedrich Borsig war ein Zimmermann°. Er machte
eine Ausbildung° als Maschinenbauer und gründete eine
Fabrik für den Bau von Maschinen und Lokomotiven.
Wegen vieler Erfindungen in seiner Fabrik konnte Borsig mit
der starken englischen Maschinenbauindustrie konkurrie-
ren°, und er baute schon 1854 seine 500. Lokomotive. Die
meisten Leute kennen ihn als Industrieboß und wissen
heute nicht mehr, daß Borsig selbst viel in der Lokomotiven-
fabrik mitgearbeitet hat.

    Ein anderer sehr bekannter Mann ist Robert Bosch. Wer
schon einmal unter die Motorhaube seines Autos gesehen
hat, findet dort viele Teile, die den Namen Bosch tragen. Er
arbeitete an der Entwicklung von elektrischen Autoteilen.
1886 gründete er eine Fabrik für Elektrotechnik und konstruierte dort alle Teile, die ein Auto zum Zünden° des
Benzins gebraucht. Besonders bekannt sind seine Zündker-

*description of
  countries
ingenious/
talent*

*substances
anesthetized
cooling machine*

public

*carpenter
training*

compete

ignition

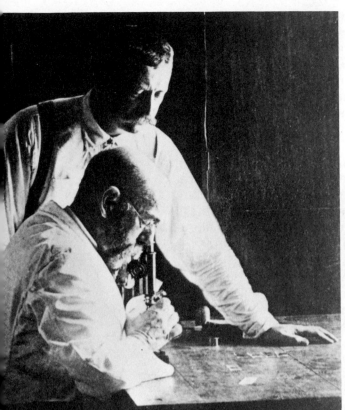

Robert Koch experimentiert mit
seinem Assistenten.

Viele von Boschs Erfindungen sind
unter der Motorhaube.

Laborantinnen
beobachten
chemische
Prozesse.

zen, die noch heute allererste Qualität sind. Er war der einzige, der Zündkerzen bauen konnte, die auch in sehr heißen Rennmotoren° noch gut funktionierten. Außer der Zündkerze hat er andere Erfindungen für Dieselautos gemacht. Er war sehr beliebt bei allen Leuten. Das nicht nur, weil er ein genialer Erfinder war, sondern weil er als Fabrikdirektor sehr gut für seine Arbeiter sorgte und auch hohe Löhne° bezahlte.

motors for racing

wages

Dies sind nur wenige Erfinder, Forscher und Techniker aus der langen Liste berühmter Personen. Leider waren die Frauen damals noch in der traurigen Situation, daß sie keine Chance im Berufsleben° hatten. Deshalb finden wir heute so wenige Namen von Frauen, und es scheint, als könnten nur Männer neue Erfindungen machen. Zum Glück hat sich das bis heute schon geändert. Wer am Ende des 20. Jahrhunderts einen Bericht über bekannte Forscher und Erfinder schreibt, wird endlich auch Frauen unter ihnen finden.

professional life

Fragen über den Text

1. Warum ist Johann Gutenberg so bekannt?
2. Wie hatte man vor ihm die Bücher geschrieben?
3. Wer war Humboldt?
4. Was machte er auf seinen Weltreisen?
5. Wann wurde Friedrich Gauß geboren?
6. Wessen Kühlapparat benutzen die Chemiker heute noch?
7. Warum hatte Phillip Reis keinen Erfolg mit seinem Telefon?
8. Wer hatte 1873 mehr Erfolg als Phillip Reis?
9. Warum konnte Borsig mit der englischen Industrie konkurrieren?
10. Wer ist Robert Bosch, und was hat er gemacht?

Diskussionsrunde

Diskutieren oder berichten Sie über die folgenden Fragen.
1. Welche Wissenschaftler und Erfinder kennen Sie?
2. Was haben diese Forscher und Erfinder gemacht?
3. Was war ihr Spezialgebiet?
4. Wann und wo haben sie gelebt?

Ihre Diskussion oder Ihr Bericht könnte zum Beispiel so aussehen:

Mein Forscher heißt Benjamin Franklin. Er wurde am 17. Januar 1706 in Boston geboren. Er ist am 17. April 1790 in Philadelphia gestorben. Benjamin Franklin war ein Politiker und Erfinder. Er war 1785 als Diplomat in Paris und hat für den Frieden zwischen England und Amerika gearbeitet. Als er nach Hause kam, wurde er Gouverneur. Seine

Erfindung hat er 1752 gemacht. Er arbeitete mit Elektrizität und erfand dabei den Blitzableiter. Er hat auch mit Magnetismus, Licht und Wärme gearbeitet.

Ich finde seine Erfindung sehr wichtig, weil jetzt die Häuser bei Sturm sicherer sind. Früher wurden die Häuser oft durch Blitze zerstört. Heute ist das nicht mehr so, weil der Blitzableiter den Blitz in die Erde lenkt. So hat Benjamin Franklin viele Häuser vor der Zerstörung gerettet.

Grammatische Erklärungen

Expressions of time

Some expressions of time are stated differently in German than they are in English. The time "a quarter past seven" is stated ,,*Viertel nach sieben.*'' That's comparable to English. The time "ten minutes past five" is stated ,,*zehn Minuten nach fünf*'' in German. But instead of saying "half past five," the expression ,,*halb sechs*'' is used. For official use in radio and TV broadcasts or train and flight schedules, the 24-hour system of time expressions is used instead of the A.M./P.M. system. The time "5:30 P.M." or "half past five in the afternoon" is stated as ,,*siebzehn Uhr dreißig (Minuten).*''

There are also some important common phrases used to express time. Certain expressions always are used with a specific case.

Accusative case

A definite point in time is stated in the accusative case. These phrases answer the question *Wann?* (when?).

Wann ist sie gekommen?	*Sie kam **diese Woche** zu uns.*
Wann warst du in Europa?	***Letztes Jahr** war ich dort.*
Wann wird es schneien?	*Sicherlich **nächsten Winter.***
Wann lebte Bismarck?	***Letztes Jahrhundert**, denke ich.*

The accusative also is used when expressing length of time. It is used to answer the question *Wie lange?* (how long?).

*Ich habe **den ganzen Morgen** in der Schule gesessen und an Fußball gedacht.*
***Das ganze Jahr** habe ich meine Familie nicht gesehen.*
***Den kommenden Monat** darf ich faul sein und Urlaub machen.*
*Kaufst du dir **nächste Woche** ein Fahrrad?*

Time also can be expressed with these prepositions.

bis *Ich habe bis **ein Uhr** gewartet.*
     *Sie hat bis **diesen Montag** bei der Firma gearbeitet.*

für *Wir sind für **ein Jahr** nach England gegangen.*
  *Er stand für **eine halbe Stunde** am Bahnhof.*

um *,,Sie werden um **ein Uhr** abfliegen'', sagte der Angestellte.*
  *Um **diese Zeit** darf man keine laute Musik mehr spielen.*

Genitive case

The genitive case is used following the genitive preposition *während* (during, while) and with the expression *im Verlauf* (in the course of, within).

> *Während **des Sommers** haben wir Semesterferien.*
> *Er liest während **seines Essens** immer die Zeitung.*
> *Im Verlauf des **letzten Jahres** habe ich viel gelernt.*

Dative case

Time expressions in the dative case follow these prepositions:

aus *Aus **dieser Zeit** stammen die alten Bücher.*
  *,,Diese Geschichte ist aus **dem Jahr** 1880'', sagte sie.*

außer *Außer **dem Mittwoch** war ich immer beim Training.*
  *Der Zug fährt jeden Tag außer **im Sommer**.*

bei *Bei **diesem Spiel** hat er gern mitgemacht.*
  ***Beim Abendessen** war er wieder zu Hause.*

mit *Mit **diesem Tag** wurde alles besser.*
  *Mit **einer Woche** Urlaub kann ich nicht dorthin fahren.*

nach *Nach **wenigen Minuten** ging die Vorstellung weiter.*
  *Er schrieb erst nach **einem Jahr** aus Österreich.*

seit *Seit **einer Stunde** habe ich auf Vater gewartet.*
  *Wir leben seit **einem Vierteljahr** in Bochum.*

von *Von **einem Tag** zum nächsten sah er kränker aus.*
  *Der Besuch kommt vom **3. bis 9. Juli** zu uns.*

zu *Sie geht zu **dieser Stunde** immer zum Mittagessen.*
  *Zum **Neuen Jahr** wünschen wir Ihnen Alles Gute!*

Übungen

1. **Erzählen Sie, wie ein typischer Tag bei Ihnen aussieht. Was tun Sie, wenn der Tag anfängt? Wie geht es dann weiter, bis Sie nachts im Bett liegen?**

Benutzen Sie die folgenden Ausdrücke:

Frühmorgens ist zwischen 4 und 6 Uhr morgens.
Der *Morgen* dauert von etwa 6 bis 10 Uhr.

Der *Vormittag* dauert von etwa 10 bis 12 Uhr.
Mittag dauert von 12 bis 14 Uhr.
Der *Nachmittag* beginnt um 14 Uhr und endet etwa um 18 Uhr.
Spätnachmittag ist von 16 bis 18 Uhr.
Frühabend ist es dann zwischen 18 und 20 Uhr.
Der *Abend* dauert von 18 bis 22 Uhr.
Spätabends sind die beiden Stunden vor 22 Uhr.
Nacht ist zwischen 22 Uhr und 4 Uhr.
Spätnachts ist von 22 Uhr bis Mitternacht.

Suchen Sie sich aus, was Sie sagen wollen. Sie sollen auch eigene Wörter hinzufügen:

1. Ich / frühmorgens / aufstehen / weiterschlafen / müde sein
2. Ich / morgens / frühstücken / arbeiten / in die Schule gehen
3. Ich / vormittags / lesen / reden mit ... / lernen / schreiben
4. Ich / mittags / essen gehen / kochen / Freunde treffen
5. Ich / nachmittags / in der Schule sein / in die Stadt gehen
6. Ich / spätnachmittags / nach Hause kommen / arbeiten
7. Ich / frühabends / mit Eltern sprechen / Abendessen machen
8. Ich / abends / Party feiern / ausgehen / diskutieren
9. Ich / spätabends / lesen / anrufen / Küche putzen / fernsehen
10. Ich / nachts / zu Bett gehen / aufbleiben / mich hinlegen

2. Bitte sagen Sie, wieviel Uhr es ist.

1. Es ist (5:15 P.M.) _____.
2. Es ist (1:25 A.M.) _____.
3. Er kam um (3:35 P.M.) _____ am Bahnhof an.
4. Sie flog um (2:45 A.M.) _____ mit dem Flugzeug ab.
5. Es ist jetzt (11:15 A.M.) _____, und ich muß gehen.
6. Um (11:25 P.M.) _____ kommt der Bus.
7. Um (6:05 A.M.) _____ kommen die Morgennachrichten.
8. Ich rufe dich um (2:15 P.M.) _____ an.
9. Die Schule beginnt um (8:00 A.M.) _____ Uhr.

3. Kombinieren Sie die Elemente und machen Sie 12 Sätze daraus. Die Wortfolge kann *Wann-Was-Wer* oder *Wer-Was-Wann* sein.

Beispiel: *Während der Sommermonate schwimmen wir.*
Wir schwimmen während der Sommermonate.

Zeit (Wann?)		Subjekt (Wer?)	Verb (Was?)
Während	die Nacht	ich	lesen
Während	der Sonntag	du	schwimmen
Während	der Morgen	er/sie/es	lernen
Während	diese Stunde	wir	spielen
Während	das Essen	ihr	sich unterhalten
Während	der Sommermonat	sie/Sie	schlafen

4. In dieser Übung benutzen Sie den Ausdruck „Im Verlauf..." Die Wortfolge kann *Wann-Was-Wer* oder *Wer-Was-Wann* sein.

Beispiel: *Im Verlauf der Ferien erholen wir uns.*
Wir erholen uns im Verlauf der Ferien.

Zeit (Wann?)		Subjekt (Wer?)	Verb (Was?)
Im Verlauf	der Tag	ich	essen
Im Verlauf	die Ferien	du	wandern
Im Verlauf	der Mittag	er/sie/es	sich erholen
Im Verlauf	der Freitag	wir	spielen
Im Verlauf	das Jahr	ihr	anrufen
Im Verlauf	der Wintermonat	sie/Sie	arbeiten

Grammatische Erklärungen

Idiomatic phrases of time

In conversation, time is stated *Viertel vor, Viertel nach, zehn vor, zehn nach, fünf vor, fünf nach, fünf vor halb, fünf nach halb or halb.* For official time, a 24-hour system of time is used. The minutes of each hour are counted individually.

2:45 A.M. *Es ist Viertel vor drei.*
Es ist zwei Uhr und fünfundvierzig Minuten.

6:50 A.M. *Es ist zehn vor sieben.*
Es ist sechs Uhr und fünfzig Minuten.

8:55 P.M. *Es ist fünf vor neun.*
Es ist zwanzig Uhr und fünfundfünfzig Minuten.

10:05 A.M. *Es ist fünf nach zehn.*
Es ist zehn Uhr und fünf Minuten.

11:30 P.M. *Es ist halb zwölf.*
Es ist dreiundzwanzig Uhr und dreißig Minuten.

12:35 P.M. *Es ist fünf nach halb eins.*
Es ist zwölf Uhr und fünfunddreißig Minuten.

Note: In announcing time, the expression may be shortened from „*Es ist zwei Uhr und siebzehn Minuten*" to „*Es ist zwei Uhr siebzehn.*"

Übungen

5. **Sie gehen früh morgens auf den Flughafen Köln/Bonn und schreiben sich die Ankunfts- und Abflugzeiten der Flugzeuge auf, weil Sie wissen wollen, wer wann kommt und wann abfliegt. Es ist . . .**

    1. 4:05 _____, die Maschine aus Berlin landet.
    2. 4:15 _____, die Maschine nach Peking startet.
    3. 4:37 _____, die Maschine nach Oslo startet.
    4. 4:42 _____, die Maschine aus Rom hat Verspätung.
    5. 4:45 _____, die Maschine aus New York landet.
    6. 4:55 _____, die Maschine nach München startet pünktlich.
    7. 5:00 _____, die Maschine aus Istanbul hat Verspätung.
    8. 5:08 _____, die Maschine aus Istanbul landet.
    9. 5:12 _____, die Maschine nach Paris startet mit Verspätung.
    10. 5:15 _____, die Maschine nach Athen landet pünktlich.
    11. 5:30 _____, die Maschine nach Moskau startet.
    12. 5:50 _____, die Maschine nach Athen fliegt weiter.

6. **Machen Sie Übung 5 noch einmal. Diesmal sind die Zeiten für den Nachmittag. Schreiben Sie die offizielle Zeitangabe.**

7. **Übersetzen Sie die folgenden englischen Sätze ins Deutsche.**

    1. We played with her all evening.
    2. I haven't seen my friend for a whole year.
    3. Next Monday we'll have a party.
    4. He eats his lunch while he reads.
    5. During the past months she hasn't called me.
    6. In the course of the year, we have four seasons.
    7. Within one week, the situation had changed.
    8. I couldn't sleep all night.
    9. They stayed with us for one day.
    10. I waited until five o'clock in the afternoon.

Warum „X-rays" Röntgenstrahlen heißen

„Ich habe etwas Interessantes entdeckt°, aber ich weiß
nicht, ob meine Beobachtungen korrekt sind." Diesen Satz
sagte Conrad Wilhelm Röntgen im Herbst 1895 im Gespräch
mit einem Kollegen. Röntgen hatte in seinem Labor in
Würzburg zufällig beobachtet, daß elektrische Entladungen°
in einer Vakuumröhre° eine fluoreszierende Wirkung° auf
ein in der Nähe liegendes chemisch° präpariertes Papier
hatte. Röntgen arbeitete weiter an diesem Phänomen und
schrieb am 28. Dezember 1896 einen Bericht darüber. Vor
Mitgliedern der Physikalisch-Medizinischen Gesellschaft
hielt er dann ein Referat° „Über eine neue Art° von Strahlen".
Während seines Vortrages wurde die Hand des Anatomen°
von Kölliken fotografiert und die Platte mit dem Bild im
Auditorium herumgereicht°. Kölliken schlug daraufhin sofort
vor, die X-Strahlen nun Röntgenstrahlen zu nennen.

discovered

discharges
vacuum tube/effect
chemically

report/kind
anatomist

handed around

Aus Röntgens Manuskript

Conrad Röntgen gab „X-rays" seinen Namen.

Seit dieser Forschungsarbeit von Conrad Röntgen können die Röntgenärzte den menschlichen Körper durchleuchten° und Tuberkulose° und Knochenbrüche° besser erkennen. Wer einen gebrochenen Knochen hat, geht also zuerst zum Röntgenarzt und läßt sich röntgen°. Aber auch bei der Prüfung von verschiedenen Materialen haben die Röntgenstrahlen geholfen, weil man mit ihnen durch Dinge hindurchsehen kann.

screen

tuberculosis/bone fractures

gets an X ray

1901 erhielt Röntgen den schwedischen Nobelpreis für Physik, und man wollte ihn in Deutschland in den Adelstand setzen°. Das hat Conrad Röntgen aber abgelehnt°. Er wollte nicht Conrad von Röntgen heißen.

grant nobility/ refused

Fragen über den Text

1. Wann hat Röntgen sein Referat gehalten?
2. Über was hat er in diesem Referat berichtet?
3. Was wurde geröntgt und dann im Auditorium herumgezeigt?
4. Warum heißen diese Strahlen Röntgenstrahlen?
5. Was bedeutet das Verb „röntgen"?
6. Was macht ein Röntgenarzt mit den Patienten?
7. Warum heißt Conrad Röntgen nicht Conrad von Röntgen?
8. Welchen Preis hat er bekommen? Wann war das?

Übungen

8. Tragen Sie die folgenden Wörter in der richtigen Form in den Text ein.

Entdeckung / sprechen / Röntgenstrahlen / Fotografie / Gründer / Gesellschaft / Zündkerze / erfinden / Erbauer / Druckpresse / präsentieren / interessieren / diskutieren / Kühler / technisch / Naturforscher

Conrad Röntgen _____ vor der _____ über seine neuen Strahlen. Man _____ seine _____. Alle Kollegen _____ sich für die _____ der Hand. Er _____ die Fotoplatte und die Kollegen nannten die Strahlen spontan _____. In Deutschland gab es viele neue _____ Entwicklungen. Die _____ wurde von Gutenberg _____. Der _____ der ersten deutschen Eisenbahnen war Borsig. Alexander von Humboldt war ein großer _____. Bosch hat zu seiner Zeit die beste _____ produziert. Liebig war der _____ der organischen Chemie. Auch hat er den Liebig _____ erfunden, den die Chemiker noch heute benutzen.

9. Konstruieren Sie Relativsätze aus den folgenden Elementen. Das Verb im Hauptsatz ist immer eine Form von *sein*.

Beispiel: *Felix Wankel / der Mann / neuen Motor erfinden*
Felix Wankel ist der Mann, der einen neuen Motor erfand.

1. Rudolf Virchow / der Pionier / auf dem Gebiet der Pathologie arbeiten
2. Wilhelm Weber / der Erfinder / die Telegraphie entdecken
3. Phillip Reis / der erste Mann / ein einfaches Telefon bauen
4. Gregor Mendel / der Spezialist / die Genetik begründen
5. August Borsig / der Zimmermann / die Mechanik kennenlernen
6. Conrad Röntgen / der Physiker / die X-Strahlen entdecken
7. Robert Koch / der Mediziner / Tuberkulose bekämpfen
8. Johann Gutenberg / Meister / Druckpresse erfinden

Heiß muß er sein

Er war ein Selfmademan, wie er im Buche steht, dieser Wilhelm Schmidt. Jahrgang 1859, Schlosser°, schließlich Ehrendoktor°. Seine Karriere° im kaiserlichen° Deutschland war ohne große Schulbildung möglich. Mit siebzehn ging er auf Wanderschaft° und verließ sein Heimatdorf Wegeleben, um die großen Städte kennenzulernen: Hamburg, Berlin, München. Für das bißchen Geld, das er nicht zum Leben brauchte, kaufte er sich Bücher. Er veränderte sich° so, daß sein Vater beim Wiedersehen dachte, Wilhelm habe den Verstand verloren. Beim Militär hatte Schmidt Glück. In einer Dresdner Kaserne° hatte er Zeit genug zum Nachdenken. Einige Erfindungen hatte er bereits gemacht. Sein Talent lag im Maschinenbau. Er ließ sich eine neue Dampfmaschine° patentieren°, die er erfunden hatte. Die Professoren konnten nur über diesen jungen Mann staunen°, der ohne technische Ausbildung solche Ergebnisse brachte. Alle theoretischen Grundlagen fehlten ihm. Er rechnete° nach einem eigenen System, das er für sich entwickelt hatte und das nur er verstand.

    Nachdem er eine Weile im Lokomotiv- und Maschinenbau gearbeitet hatte, entschied er sich für den Beruf des freien Erfinders. Das war 1883, und Wilhelm Schmidt war 24 Jahre alt. Sein neues Ziel war der Bau einer verbesserten° Dampfmaschine, die mit viel höheren Temperaturen arbeitete als die normalen Dampfmaschinen. Viel Hilfe hatte er dabei nicht, weil die anderen Techniker und Ingenieure nicht an seine neue Technik glauben wollten. In Robert Garbe fand er aber einen Helfer, der ihn bei dieser Arbeit unterstützte.

locksmith
honorary doctor/ career/imperial
set out on his travels

changed

barracks

steam engine
took out a patent
be amazed

calculated

improved

Robert Garbe erkannte die Vorteile° des Überhitzers° für die Dampfmaschinen sofort und wollte sie im Lokomotivbau verwenden. Mit Schmidt zusammen ging er daran, die Schwierigkeiten beim Bau dieser Dampfmaschine zu meistern°. 1897 wurde bei der Firma Henschel der erste Überhitzer in eine Dampflokomotive eingebaut. Die Verwirklichung° dieser Idee war ein enormer technischer Fortschritt°. In Schmidts Tagebuch° aus seinen letzten Jahren steht der Satz: ,,Ohne Arbeit und Pflichtbewußtsein° verkommt° selbst der beste Mensch.''

advantages/over-heating device

conquer

realization

progress/diary
sense of duty
goes to the dogs

Fragen über den Text

1. Was war Wilhelm Schmidt als junger Mann von Beruf?
2. In welche Städte ging er zuerst?
3. Warum las er so viele Bücher?
4. Wo fand er Zeit zum Nachdenken?
5. Worin hatte er Talent?
6. Warum staunten die Professoren über ihn?
7. Welchen Beruf wählte er als Vierundzwanzigjähriger?
8. Was erkannte Robert Garbe sofort?
9. Was stellte die Erfindung des Überhitzers dar?
10. Wann verkommt sogar der beste Mensch?

Rohöl aus Schlamm

Aus wertlosem° Schlamm wird Rohöl. So unglaublich das klingen mag, es ist eine Tatsache, für die Professor Ernst Bayer vom Institut für Organische Chemie der Universität Tübingen und seiner Arbeitsgruppe° zu danken ist. Die Arbeitsgruppe hatte entdeckt, daß und wie aus natürlichen Elementen der Erde Rohöl entsteht. Sie suchten nun ein praktisches Modell für diese Theorie und fanden es ganz in der Nähe. Sie holten sich den Schlamm aus der Wasserkläranlage°. Dort sammelt sich ein dicker Schlamm, den die Forscher nun im Labor in flüssiges° Gold verwandeln. In der Versuchsanlage° in Tübingen produzieren die Wissenschaftler stündlich etwa 2,5 Kilogramm Rohöl.

worthless

work team

sewage plant
liquid
testing plant

Diskussionsrunde

Diskutieren Sie bitte diese Fragen in der Klasse. Sie können Ihre Sätze mit den folgenden Ausdrücken anfangen, wenn Sie wollen.

1. Was machen die Wissenschaftler mit dem wertlosen Schlamm in Tübingen?

   Die Wissenschaftler erforschen, ob. . .
   Der wertlose Schlamm wird erforscht, um. . .
   Der Schlamm hat viel Rohöl in sich, das man. . .

2. Warum ist dieses technische Projekt so wichtig für unsere Gesellschaft?

   Mehr Rohöl kann man immer brauchen, weil. . .
   Es gibt nicht genug Ölquellen, und man muß. . .
   Rohöl ist unser wichtigster Rohstoff, den man. . .

3. Was halten Sie von diesem Modellversuch?

   Ich denke, daß. . .
   Ich finde, daß. . .
   Ich bin der Meinung, daß. . .
   Ich bin überzeugt, daß. . .

Herzkompressor aus Deutschland

Erinnern Sie sich an das künstliche Herz°, das William Schroeder erhielt? Ein paar Sekunden stand es still in seiner Brust°, dann schlug es wieder. Ein neuer Sieg über den Herztod war gelungen. Das künstliche Herz war an einen tragbaren° Kompressor angeschlossen worden, der es dem Patienten erlaubt, sich frei zu bewegen. *artificial heart* / *chest* / *portable*

Der Kompressor, nur fünf Kilogramm schwer, ist eine deutsche Entwicklung. Er ist so groß wie eine Schultasche. Konstruiert wurde er von Dr. Heimes vom Klinikum Aachen. Er ist auch der Präsident des deutschen Tochterunternehmens° der Symbion Inc. von Dr. Robert Jarvik, der das künstliche Herz konstruierte. Symbion baute in den U.S.A. das künstliche Herz, in der Bundesrepublik seinen tragbaren Antrieb°. Der Kompressor wird von einem Computer gesteuert° und hat wiederaufladbare° Batterien, die bis zu sechs Stunden Strom liefern°. *subsidiary* / *drive* / *controlled/* / *rechargeable* / *deliver*

,,Das ist der Anfang vom Ende für die Ansicht, daß das künstliche Herz eine Apparatur ist, die es dem Patienten unmöglich macht, ein relativ freies Leben zu führen,'' erklärte Robert Jarvik. Sein Patient feierte das gelungene Experiment mit einer Portion Eiscreme.

Fragen über den Text

1. Was hat William Schroeder erhalten?
2. Was für ein Sieg war gelungen?

3. Woran war das künstliche Herz angeschlossen worden?
4. Von wem wurde der Kompressor entwickelt?
5. Wie wird er gesteuert?
6. Warum müssen die Batterien wiederaufladbar sein?
7. Wie kann ein Patient mit künstlichem Herzen leben?
8. Warum war das Experiment gefährlich für William Schroeder?

Am Fließband

Günter Wallraff (geb. 1942)

Günter Wallraff ist 1942 in Köln geboren. Nach dem Gymnasium wurde er Buchhändler°, dann arbeitete er zwei Jahre in Fabriken. 1977 wurde er bekannt, nachdem er bei der „Bild"-Zeitung unter falschem Namen gearbeitet hatte und dann sein Buch „Der Aufmacher" veröffentlichte. Seine Bücher haben ihm oft das Leben schwer gemacht. Als er 1979 den zweiten Band über diese Zeitung schrieb, wurde seine Wohnung durchsucht. Das Buch „Zeugen der Anklage" erschien trotzdem und beschrieb wieder unglaubliche Lügen° der meistgelesenen deutschen Zeitung. Der folgende Text erzählt von Wallraffs Erfahrungen am Fließband.

book seller

lies

„Für Angestellte oder für Lohnempfänger°?" fragt das Fräulein am Telefon. Ich bin nicht der einzige, der sich am nächsten Morgen bei G. bewirbt°. In dem modern möblierten° Raum sind alle fünfzig Plätze besetzt. Ein paar Männer lehnen an den Wänden. Die meisten Italiener, Griechen und Türken sind ärmlich° angezogen.

wage earners

applies/furnished

poorly

Ich habe einen Fragebogen° ausgefüllt. Der Lautsprecher ruft meinen Namen auf: „Kommen Sie bitte herein." Der Herr im Büro versteht nicht, daß ich ans Fließband will. Er bietet mir einen Schreibposten° an. Ich sage ihm: „Ich hab den Bürokram° satt. Möchte von unten anfangen wie mein Vater, der auch am Band gearbeitet hat."

questionnaire

clerical job
office business

Als er mich nicht überzeugen kann, entläßt° er mich mit der Bemerkung: „Sie werden ganz bestimmt noch an mich denken. Wenn es zu spät ist. Wer einmal am Band ist, kommt so leicht nicht wieder davon weg."

dismisses

Ich bin angenommen° worden. Morgen geht's los. Eine Frau arbeitet mich ein. Sie ist schon vier Jahre am Band und verrichtet° ihre Arbeit „wie im Schlaf", wie sie selbst sagt. 15.10 Uhr ruckt das Band an°.

accepted

carries out
starts to jolt

Nach drei Stunden bin ich selbst nur noch Band. Ich spüre die fließende Bewegung des Bandes in mir. Wenn das Band

einmal einen Augenblick stillsteht, ist das eine Erlösung°.   *relief*
Die Bandarbeit ist wie das Schwimmen gegen einen starken
Strom.

J., vom Band nebenan°, 49 Jahre alt, erinnert sich an   *next (to me)*
frühere Zeiten: „Da ging es noch gemütlicher am Band zu.
Wo früher an einem Band drei standen, arbeiten heute an
zwei Bändern vier." Aber J. beklagt sich nicht. „Hauptsache,
ich bin noch gesund. Und jede Woche ein paar Flaschen
Bier." Jeden Tag nach Schichtende°, 23.40 Uhr, setzt er noch   *end of shift*
ein paar Überstunden° dran.   *overtime*

Ich bin nach acht Stunden erledigt°. Einer erzählt, er ist   *exhausted*
seit drei Monaten neu am Band. „Wenn ich nach Hause

Die Arbeit strengt sehr an.

Bei der Montage der Wagen

komme, bin ich so fertig, daß mich jeder Muckser° vom Kind   *move*
aufregt. Ich sehe kommen, daß meine Frau sich scheiden
läßt°. Meine Frau ist jetzt für eine Zeitlang mit dem Kind zu   *is seeking a*
ihrer Mutter gezogen. Das ist mir fast lieber so.''   *divorce*

Die vor mir am Band arbeiten und die hinter mir, kenne
ich nicht. Ich weiß auch nicht, was sie tun. Manchmal
begegnen wir uns am Band im gleichen Wagen. Sie sind mit
der Montage nicht fertig geworden. Dann sind wir uns
gegenseitig° im Weg. Da schlägt mir einer eine Wagentür ins   *mutually*
Kreuz°. Sich entschuldigen ist hier nicht drin. Jeder wird so,   *back*
daß er den andern übersieht°. Das Zermürbende° am Band   *ignores/wearing*
ist das Eintönige°. . .   *out*
                                                                                                       monotony

Die Zeit vergeht, weil sie nicht ausgefüllt ist. Sie erscheint
leer, weil nichts geschieht, was mit dem wirklichen Leben zu
tun hat.

Fragen über den Text

1. Was für eine Arbeit sucht Günter Wallraff?
2. Wo sind alle Plätze besetzt?
3. Was versteht der Herr im Personalbüro nicht?
4. Was hat der Erzähler satt?
5. Wie lange arbeitet die Frau schon am Band?
6. Womit vergleicht Wallraff die Arbeit am Band?
7. Was ist für den 49-jährigen J. die Hauptsache?
8. Wie vergeht die Zeit?
9. Weshalb erscheint sie leer?
10. Wie gefällt Ihnen der Schreibstil? Warum?

Grammatische Erklärungen

Participles

A participle is a form of a verb that gives more information about the time
expressed and the specific way the action is performed. The present
participle in German is formed by adding -*d* to the infinitive.

gehend	(going)
kochend	(cooking)
schlafend	(sleeping)
fragend	(asking)

Bellende Hunde beißen nicht. (Barking dogs don't bite.)

Present participles are treated like adjectives and take endings depending
on the preceding limiting word (*der-* or *ein*-word).

Past participles are learned as one of the basic verb forms:

infinitive	simple past	past participle
lernen	lernte	gelernt
gehen	ging	gegangen
erfinden	erfand	erfunden

They are used to form the predicate of a sentence.

Sie hat mich sehr früh angerufen.
(She called me very early.)

Er war um acht Uhr ins Büro gegangen.
(He had gone to his office at eight o'clock.)

Der Wagen wird gewaschen.
(The car is being washed.)

However, they can also serve as adjectives.

Der gewaschene Wagen sieht sauber aus.
(The washed car looks clean.)

Here *gewaschen* describes the car and has the regular adjective ending. The difference between present participles and past participles can be compared to the difference between present and past tense.

das bratende Fleisch (the roasting meat)
das gebratene Fleisch (the roasted meat)

Übungen

10. **Machen Sie aus jedem eingeklammerten Verb ein Partizip Prasens und setzen Sie es ein. Achten Sie auf die Endungen!**

    Beispiel: *Die (arbeiten) _____ Mutter verdient sehr gut.*
    Die arbeitende Mutter verdient sehr gut.

    1. Das (erklären) _____ Wort hilft mir verstehen.
    2. Die (arbeiten) _____ Bevölkerung sorgt für die Arbeitslosen.
    3. Als (vorbereiten) _____ Maßnahme gab es viel Reklame in den Zeitungen.
    4. (klagen) _____ Menschen bevölkerten die Straßen nach dem Kampf.
    5. Die (kämpfen) _____ Männer haben keine militärische Ausbildung.
    6. Ein (bedeuten) _____ Journalist versuchte für seine Zeitung ein Interview zu bekommen.
    7. (wachsen) _____ Angst bestimmt das Leben der Menschen in manchen Ländern.
    8. (drohen) _____ Angriffe lassen die Parteien nicht zur Ruhe kommen.

11. Setzen Sie die richtigen Endungen ein.

1. Intelligent ____ Ingenieure machten viele bedeutend ____ Erfindungen
2. Borsig konnte in der wachsend ____ Maschinenindustrie viel verdienen.
3. Die schweigend ____ Mehrheit der Bevölkerung mußte hart arbeiten.
4. Die Sozialdemokratie war die treibend ____ Kraft der gewerkschaftlichen Entwicklung.
5. Das verbindend ____ Interesse zwischen Sozialisten und Sozialdemokraten war die Sorge um den produzierend ____ Menschen.
6. Im 19. Jahrhundert mußten arbeitend ____ Kinder in den Bergwerken die Türen der Tunnel öffnen und schließen.
7. Zuschlagend ____ Türen töteten viele dieser 12-jährigen Arbeiter.
8. Helfend ____ Hände gab es niemals genug.

Grammatische Erklärungen

Past participle

The past participle is used to form the passive voice, present perfect and past perfect tenses and adjectives. German weak verbs form their past participles with *ge-* and *-t* (*ge-koch-t, ge-mach-t*).

Strong verbs use *ge-* and *-en* and often a vowel change in the root to form the past participle (*ge-sung-en, ge-fror-en*). If the verb has an inseparable prefix (*ver-, ent-, be-, miß-, zer-*), the *ge-* marker is not used (*verstanden, entschieden*).

Irregular verbs form their participle with a vowel change in the root, *ge-* and *-t* (*ge-dach-t, ge-brach-t*).

Übung

12. Formen Sie aus dem Infinitiv das richtige Partizip Perfekt.

> **Beispiel:** *Ich habe das (finden) Geld meinen Eltern gegeben.*
> *Ich habe das gefundene Geld meinen Eltern gegeben.*

1. Die Druckpresse wurde nach Gutenberg (benennen) ____.
2. Wundt hat das erste psychologische Labor (schaffen) ____.
3. Die Computertechnik hat sich überall (ausbreiten) ____.
4. Es ist eines der von uns (wählen) ____ Themen.
5. Er hatte etwas Interessantes (entdecken) ____.

6. Sie zeigten die (fotografieren) ——— Hand im Auditorium herum.
7. Die Arbeitsgruppe hatte es (herausfinden) ———.
8. Er benutzte seine (sammeln) ——— Erfahrungen.

Besuch im Computercamp

In den Vereinigten Staaten gibt es sie schon lange, jetzt auch bei uns: Computercamps für interessierte Jugendliche. Das Hotel „Sauerlandstern" in Willingen organisiert dieses erste Treffen für junge Leute. Sie lernen die Arbeit mit Mikrocomputern kennen. Arbeit heißt hier: probieren und experimentieren und dabei spielend lernen. Das Camp dauert eine Woche lang mit dreistündigem Unterricht jeden Tag. Nach dem Unterricht können die Jugendlichen selbständig weitermachen – oder zur Abwechslung° reiten, schwimmen oder wandern.

for a change

   Vor den Monitoren sitzen zehn Jugendliche im Alter zwischen zehn und sechzehn Jahren. Zwei Lehrer erklären zuerst die Funktionen des Computers, dann die ersten Schritte der Programmiersprache „BASIC". Diese einfach zu lernende Computersprache wird an der Tafel von einem Lehrer erklärt. „Das ist ja wie Mathematik!" ruft einer der Teilnehmer.

Jugendliche sitzen vor den Monitoren.

Aber die Enttäuschung° ist schnell vorbei, wenn die jun-   *disappointment*
gen Leute sehen, was der Computer mit den kurzen Pro-
grammen macht, die sie selber geschrieben haben. ,,Das ist
ja toll'', ruft einer, ,,wenn der erst mal weiß, wie es geht,
arbeitet der ja alleine!'' Die Begeisterung im Computercamp
ist groß, denn mit jedem Tag sehen die Teilnehmer mehr
Resultate ihrer Arbeit, und der Computer wird viel hilfrei-
cher, je mehr man sich mit ihm beschäftigt. Nach kurzer Zeit
können die Computerschüler schon die ersten Programme
selbst schreiben und laufen lassen. Keiner geht zum Reiten,
Wandern ist nicht gefragt, das Schwimmbad bleibt leer. Die
Kursteilnehmer sind gebannt° von ihren neuen Fähigkeiten°   *fascinated/*
und Möglichkeiten. Sogar beim Essen reden sie nur noch   *capabilities*
in ,,BASIC''.

Diskussionsrunde

1. Welche Erfahrungen haben Sie selbst mit Computern gemacht?
2. Was halten Sie von Computern in der Schule?
3. Helfen sie oder machen sie die Arbeit schwerer?
4. Was sind die Vorteile, die ein Computer bietet?
5. Welche Nachteile könnte er mit sich bringen?

Benutzen Sie auch diese Redewendungen:

Ich habe festgestellt, daß . . .
Nach meiner Erfahrung kann man mit Computern . . .
Ich glaube, die Vorteile des Computers sind . . .
Ich muß sagen, daß folgende Nachteile existieren: . . .
Ich finde Computer . . . (hilfreich, interessant, dumm, etc.), weil . . .

Grammatische Erklärungen

Word order

In main clauses, the conjugated verb is in second position as in a normal
sentence. In subordinate clauses, it stands at the end of the clause.

Ich fahre den Wagen in die Garage.
Ich habe den Wagen in die Garage gefahren.

Karola fragt mich, ob ich den Wagen in die Garage fahre.
Sie fragt mich, ob ich den Wagen in die Garage gefahren hätte.

If the main clause starts with a grammatical element other than the subject,
the second grammatical element must be a verb that agrees with the subject
of this clause.

Gestern ging Paul schnell hin.
Im Park habe ich Paul noch gesehen.
Von seiner Mutter wurde er selten gesehen.
In Frankreich wird Maria wieder Urlaub machen.

In subordinate clauses, the verb of the subordinate clause goes to the end.

Weil Paul schnell weggelaufen ist, konnte ich ihm nichts sagen.

In this example, the main clause starts with the verb *konnte*. This is correct because the subordinate clause is the introductory element of the whole sentence; therefore, the main verb for the sentence is then in second position. All clauses introduced by relative pronouns, interrogative pronouns and subordinate conjunctions have the verb at the end of the subordinate clause. Refer to Chapter 3 for a list of these conjunctions.

A modal auxiliary that occurs in a subordinate clause also appears at the end of that clause.

Weil er nicht hat kommen können, war er sauer.

This is a double infinitive construction that contains the action verb *kommen* and the modal *können*. Only the auxiliary *hat* is conjugated; it agrees with the subject *er*. In double infinitive constructions in subordinate clauses, the conjugated auxiliary precedes the infinitive.

Sie rief an, weil sie nicht kommen konnte.
(single infinitive, simple past tense)

Sie rief an, weil sie nicht hat kommen können.
(double infinitive because there is one more element: the auxiliary *haben* that is required for the present perfect tense)

Übungen

13. Kombinieren Sie den Hauptsatz ,,Ich habe gehört . . .'' mit folgenden Nebensätzen und benutzen Sie *daß* als Konjunktion.

Ich habe gehört, daß . . .
1. die Technik entwickelt sich schnell.
2. in der Schule lernen die Schüler Computersprachen.
3. es ist leicht, eine andere Sprache zu lernen.
4. man kann in Portugal schöne Wollpullover kaufen.
5. du wirst auf der Uni in Mainz studieren.
6. dein Auto ist schon wieder kaputt.
7. der Winter dauert bei uns von Oktober bis Mai.
8. der Politiker macht ein paar Fehler.

14. Wie sehen die Nebensätze aus Übung 13 im Perfekt aus?

Beispiel: *Ich denke, daß . . . Paul fährt nach Rom.*
Ich denke, daß Paul nach Rom gefahren ist.

15. **Kombinieren Sie die Elemente. Benutzen Sie dazu die Fragewörter** *wer, wessen, wem, wen, warum, wann.* **Sie werden sehen, daß es sehr viele Kombinationen gibt. Aber Vorsicht! Einige Kombinationen gehen nicht. Machen Sie mindestens 15 Sätze.**

Beispiele: *Ich möchte wissen, . . . gesagt haben.*
Ich möchte wissen, warum ich das gesagt habe.

Kannst du mir sagen, . . . davon hören.
Kannst du mir sagen, wer davon gehört hat?

	gesagt haben
Ich möchte wissen, . . .	das Auto sehen
Ich kann mir nicht erklären, . . .	das Geld verlieren
Wir wissen nicht mehr, . . .	die Geschichte erzählen
Kannst du mir sagen, . . .	davon hören
Es interessiert sie, . . .	Leute kommen heute
	der Bus kommt
	die Pause anfangen

Grammatische Erklärungen

Modal auxiliaries

Here are modal auxiliaries in addition to action verbs and time-auxiliaries (*sein, haben, werden*).

Simple past (Imperfekt):
Gerd wollte mich besuchen. (Gerd wanted to visit me.)

Present perfect (Perfekt):
Gerd hat mich besuchen wollen. (Gerd wanted to visit me.)

Past perfect (Plusquamperfekt):
Gerd hatte mich besuchen wollen. (Gerd had wanted to visit me.)

Future (Futur):
Gerd wird mich besuchen wollen. (Gerd will want to visit me.)

Übungen

16. **Schreiben Sie die folgenden Sätze im Imperfekt, im Perfekt, im Plusquamperfekt und im Futur.**

    1. Sabine will das Museum im Stadttheater besuchen.
    2. Sie kann nur abends dorthin gehen, weil sie arbeiten muß.
    3. Abends ist das Museum ab fünf Uhr geschlossen.
    4. Sie muß wohl einen Tag Urlaub nehmen, damit sie die Ausstellung sehen kann.

5. Ihr Chef läßt sie dann am Mittwoch zwei Stunden früher gehen.

6. Sabine hat Glück, daß ihr Chef so nett ist.

17. Welche Verben sind in diesen Nomen? Machen Sie einen Satz aus jedem neuen Verb.

Beispiel: *das Referat – referieren*
Wissenschaftler referieren über ihre Themen.

1. die Beobachtung (observation)
2. der Hinweis (hint)
3. die Forschung (research)
4. die Entladung (discharge)
5. der Bericht (report)
6. der Strahl (beam)
7. der Vortrag (lecture)
8. die Erkenntnis (realization)
9. die Erfindung (invention)
10. das Studium (study)

Der Wagen als Streitobjekt!

Wer wagt noch (k)einen zu haben?

Keine andere Erfindung hat die Welt mehr verändert, als der Wagen. Die Konsequenzen auf die Umwelt° sind katastrophal°. Ohne Auto würden viel mehr Menschen sterben, bevor sie das Krankenhaus erreichen. Ist das Grund genug, daß jeder einfach fahren kann, wann und wohin er will? Und so schnell er will? Es gibt in der BRD kein Tempolimit°. Wenn es der Wagen schafft, kann man auf der Autobahn 200 Kilometer die Stunde fahren.

environment
catastrophic

speed limit

Ohne Transport könnten viele Patienten nicht ins Krankenhaus kommen.

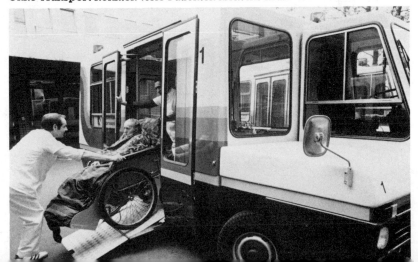

Braucht der Mensch das Auto?

Die Redakteurin° Beate Schröder steht auf der ,,Pro-Seite'',   *editor*
während der Journalist Adolph Benning für die Argumente
der ,,Contra-Seite'' spricht.

Pro

– Ja, sagt Beate Schröder. Was würde ich ohne Auto anfangen? Schon morgens wäre meine Welt nicht mehr in
Ordnung. Mit dem Auto fahre ich die 15 Kilometer ins Büro
in einer halben Stunde. Mit dem Bus und S-Bahn brauche ich
dafür mindestens dreimal soviel Zeit. So ungünstig° sind die   *inconvenient*
Verbindungen.

   Mit dem Auto fahre ich wann ich will, wohin ich will, und
mit wem ich will. Ich brauche keine Fahrpläne. Ich wähle
Temperatur und Luftzufuhr°. Ich entscheide über Rauchen   *air supply*
oder Nichtrauchen. Daß dieser Komfort seinen Preis hat,
sagt mir mein Portemonnaie°. Aber auch Zeit ist Geld.   *pocketbook*
Außerdem ist mein Auto kein Luxus, sondern Notwen-
digkeit°. Hier in München wohnen nur 20 von 100 Pendlern°   *necessity/*
in der Nähe einer Haltestelle. Da nützt kein Klagen über   *commuters*
schlechte Verbindungen. Da hilft ein Auto.

Der Wagen hat die Welt verändert.

Es werden immer
mehr Autos
produziert.

Wovor warnt man hier?

    Mein Auto ist auch mein Privattransporter. Welcher Großmarkt bringt mir Bierkästen und Waschpulverkartons° *detergent boxes* ins Haus? Welche Straßenbahn fährt meinen Sessel zum Aufmöbeln°? Am Wochenende bringt mich mein Auto ins *reupholstering* Grüne. Volle Straßen können mich nicht erschrecken. Ich bin weder an Zeit noch Ort gebunden. Bei Regen weiß ich, wo ich ein Dach überm Kopf finde. Man sagt, ich verpeste° *pollute* die Luft. Doch die dicke Luft in unseren Städten hat auch andere Gründe. Private Schornsteine° und die der Industrie *chimneys* zum Beispiel. Es gibt kein Fahrzeug, das unfallsicher° ist. So *safe from* lange die Ingenieure dieses Fahrzeug nicht erfunden haben, *accidents* so lange werde ich weiter Auto fahren.

    Und das nicht zuletzt deshalb, weil ich es gern tue. Autofahren macht mir nämlich Spaß.

Contra

– Ich besitze weder Auto noch Führerschein, sagt Adolph
Benning. Das heißt, daß ich in der motorisierten Gesell-
schaft ein schwarzes Schaf bin. Ich zahle keine Kfz-Steuer°,   *motor vehicle tax*
ich kaufe kein Benzin, ich fülle keine Parkuhr mit Geld.
Zugleich bin ich aber ein Vorbild für alle. Ich hinterlasse°   *leave behind*
kein Kohlenmonoxid und kein Blei° in der Luft.   *lead*

Wenn es abends spät wird, will meistens jemand mich in
seinem Wagen mitnehmen. Ich sage dann immer: Ach
danke, ich wohne wirklich nicht weit, und etwas frische Luft
würde mir jetzt sehr gut tun.

Aber bei so freundlichen Menschen nützt das nicht. Ich
soll auch einmal schnell und bequem nach Hause kommen.
So gehen wir dann fünf Minuten zum Parkplatz. Dann
brausen wir los°. Sieben Minuten später stehe ich vor meiner   *dash off*

Was bedeuten diese
Schilder?

Haustür. 15 Minuten alles in allem. Zu Fuß hätte ich
17 Minuten gebraucht, aber 17 Minuten Bewegung ist für
einen Büromenschen nur gut.

Nun, die meisten haben einen weiteren Weg zur Arbeit als
17 Minuten. Aber mit Bus und Bahn fahren die Autobesitzer
nur bei Schneesturm° oder Glatteis°. Dann stellen sie fest, *snowstorm/*
daß diese Bahnen und Busse schrecklich voll sind von all den *slippery ice*
Leuten, die sonst immer mit dem Auto fahren.

Ich wohne zentral. Aber der Verkehrslärm° wird schlim- *traffic noise*
mer und läßt mir nachts immer weniger Ruhe. Ich muß mir
bald was anderes suchen – irgendwo außerhalb der Stadt.
Ob es da noch ohne Auto geht? Man sagt: das Auto ist ein
Stück Freiheit°. Man kann mehr von der Schönheit in dieser *freedom*
Welt sehen. Aber das Auto macht nicht nur die Welt kleiner.
Es verändert sie auch, und nicht immer zu ihrem Vorteil.

Fragen über den Text

1. Was sind Beate Schröder und Adolph Benning von Beruf?
2. Wo wohnen sie?
3. Wie fährt Beate zur Arbeit?
4. Wie kommt Adolph zur Arbeit?
5. Warum muß Adolph bald eine Wohnung außerhalb der Stadt suchen?
6. Wie findet Beate das Autofahren?
7. Wie viele von den Pendlern in München wohnen in der Nähe von einer Haltestelle?

   8. Warum nennt sich Adolph ,,ein schwarzes Schaf''?
   9. Warum ist er nach eigener Meinung, ,,ein Vorbild für alle''?
  10. Sind nur die Autos für die dicke Luft in den Städten verantwortlich?

Diskussionsrunde

Hier sind einige Fragen an Sie selbst.
Was ist Ihre Meinung?
1. Ein Auto kostet viel Geld. Will man soviel ausgeben?
2. Autos verpesten die Luft. Ist das akzeptabel?
3. Autos brauchen Straßen. Straßen zerstören die Landschaft, und Parkplätze sind meistens nicht schön. Was kann man dagegen tun?
4. Wer ein Auto hat, ist meistens zu faul zum Laufen. Das ist schlecht für
   die Gesundheit. Ist es richtig, daß Leute mit dem Auto zum Jogging
   fahren?
5. Autounfälle kosten viele Menschenleben. Kann man das akzeptieren?
6. Ein Tempolimit gibt es schon in vielen Ländern. In der Bundesrepublik
   aber nicht. Was sagen Sie dazu?

Grammatische Erklärungen

Suffixes

Noun suffixes are added to the stem of a word. The noun suffixes *-er, -ler,
-ner, -ist* are always masculine. They usually indicate persons.

   der Optimist, der Fahrer, der Lehrer, der Künstler, der Redner

If the person described by the noun is female, the suffix *– in* is added to the
suffix and an umlaut is added to *a, o* or *u* in the stem.

   die Optimistin, die Fahrerin, die Lehrerin,
   die Künstlerin, die Rednerin, die Ärztin

The suffix *-tum* most often indicates a neuter gender; for example, *das
Heldentum* (heroism), *das Altertum* (antiquity). However, there are exceptions like *der Reichtum* (richness) and *der Irrtum* (error).

The diminutive suffixes *-lein* and *-chen* change the grammatical gender of
nouns to neuter. Umlauts are also added to stem vowels *a, o* and *u*.

   der Mann – das Männlein
   die Frau – das Fräulein
   die Geschichte – das Geschichtchen
   der Brief – das Briefchen
   das Buch – das Büchlein

The suffixes *-heit, -keit, -schaft, -ung* and *-erei* indicate feminine gender.

   die Schönheit, die Möglichkeit, die Mannschaft, die Sendung, die Malerei.

Übungen

18. Machen Sie aus den folgenden Verben die entsprechenden Nomen. Benutzen Sie immer das Suffix *-ung*. Machen Sie mit jedem neuen Nomen einen Satz.

Beispiel: *messen – die Messung*
Die Messung muß immer genau sein.

1. dichten
2. entdecken
3. vertreten
4. begründen
5. beschreiben
6. umgeben

7. meinen
8. richten
9. betrachten
10. vernichten
11. teilen
12. zerstören

19. Machen Sie aus den folgenden Verben Nomen. (Hier müssen Sie aufpassen, denn manche Nomen bekommen einen Umlaut!) Schreiben Sie das maskuline und das feminine Nomen!

Beispiel: *dichten*
der Dichter, die Dichterin

1. denken
2. sprechen
3. laufen
4. tanzen
5. arbeiten
6. schreiben
7. helfen
8. machen
9. forschen
10. sehen

20. Machen Sie die folgenden maskulinen Wörter feminin!

Beispiel: *der Träger*
die Trägerin

1. der Herr
2. der Chef
3. der Koch
4. der Maler
5. der Redner
6. der Graf

21. Welches englische Wort bedeutet welches deutsche Wort? Finden Sie die Wörter, die in beiden Sprachen dieselbe Bedeutung haben.

1. invention	a. der Adelstand
2. purpose	b. die Tuberkulose
3. discharge	c. die Menschlichkeit
4. science	d. der Anatom
5. tale, story	e. das Referat
6. humanity	f. die Trümmer
7. research	g. die Entladung
8. anatomist	h. die Forschung
9. tuberculosis	i. die Geschichte
10. ruins	j. der Zweck
11. nobility	k. die Erfindung
12. lecture, report	l. die Wissenschaft

22. Benutzen Sie die angegebenen Suffixe und schreiben Sie sie hinter die Wortstämme. Was bedeuten die neuen Wörter? Jetzt müssen Sie aufpassen, denn viele neue Wörter sind nicht mehr nur Nomen, sondern Adverbien und Adjektive. Die werden aber klein geschrieben! Schreiben Sie 12 Sätze mit den neuen Wörtern. Die neue englische Bedeutung steht in der Liste. Ab und zu gibt es mehr Kombinationen als in einer Reihe stehen (zum Beispiel: *ereignislos*, *ereignisvoll*).

wonderful, influential, thankful, inside of, outside of, therefore, without a trace, undoubtedly, loveless, precious, meaningful, risky, lonesome, slow(ly), fearful, secretive, numerous, eventful.

Beispiel: *Schein + bar = scheinbar; (seeming, apparent)*
Das ist scheinbar eine spannende Aufgabe.

1. -bar	Wunder, Dank
2. -halb	inner-, außer-, des-
3. -los	Spur, Zweifel, lieb-
4. -reich	Risiko, Zahl, Ereignis, Einfluß
5. -sam	ein, lang, Furcht
6. -voll	Wert, Geheimnis, Sinn

Rasen auf dem Dach

Die Architekten haben immer neue Ideen. Hochhäuser° sind   *skyscrapers*
schon lange nicht mehr „in". Der neue Trend heißt „zurück
zur Natur". Familien im Ruhrgebiet werden vielleicht bald
unter der Erde wohnen. Diese uralte Idee hat ein Architekt

bekommen, als er auf einer Ferienreise auf der griechischen Insel Kreta war und dort in Matala die antiken Wohnhöhlen° sah.

housing in caves

„Minimale Baukosten, optimale Wärmeisolation° und natürliche Landschaft" heißt das Motto. Die Idee ließ sich der Architekt Ludger Breusch auch sofort patentieren. „Das Fundament des Hauses machen wir wie immer," sagt er. „Die Grundplatte° ist aus Beton. Dann setzen wir ein rundes Teil aus Beton° darauf. So entsteht eine Höhle, die etwa vier Meter aus dem Boden herausragt. Vorne und hinten bekommt das Haus große Fenster und Türen. In den Wänden gibt es keine Fenster, denn die runden Seitenwände werden einen Meter hoch mit Erde bedeckt° und bepflanzt°. So kann jeder auf seinem Haus einen Garten haben, in dem die Kinder im Winter schlittenfahren° können. Vom Dach herunter auf die Terasse. Wer kann das schon auf normalen Dächern machen?"

heat insulation

foundation plate
concrete

covered/planted

go sledding

das Hügelhaus

Das Innere° dieses Hügelhauses° unterscheidet sich nicht von einem normalen Haus. Der einzige Unterschied ist das Fehlen von Seitenfenstern°. Alles Licht, Luft und Sonne kommen von vorn und hinten herein. Die Baukosten° für diese Haus sind 50 Prozent der Kosten konventioneller Häuser, meinte Ludger Breusch. Schon jetzt hat er etwa 35 Interessenten, die ein Hügelhaus von ihm kaufen möchten.

inside/hillhouse

side windows
construction costs

Fragen über den Text

1. Warum ist das Haus von Ludger Breusch umweltfreundlich?
2. Warum hat dieses Haus eine gute Wärmeisolation?
3. Warum ist es billiger als andere Häuser?

4. Welches Material braucht man zum Bau?
5. Was halten Sie von dieser Idee?
6. Möchten Sie gern in einem Hügelhaus wohnen? Warum? Warum nicht?

Grammatische Erklärungen

Compound adjectives

Compound adjectives can be formed by combining an adjective, adverb or noun with another adjective. Only the last part of the compound adjective receives any ending if one is necessary (*das bitterkalte Wetter*).

Übung

23. Bilden Sie aus den Wörtern der beiden Spalten zusammengesetzte Adjektive.

1. Umwelt	a. täglich
2. Wunder	b. berühmt
3. all	c. hochdeutsch
4. viel	d. groß
5. Riesen	e. europäisch
6. Welt	f. freundlich
7. alt	g. schön
8. Kultur	h. jährig
9. tausend	i. gestaltig
10. mittel	j. historisch

Leseecke

Der Fremde

Max von der Grün (geb. 1926)

Nach seiner Teilnahme am Zweiten Weltkrieg wurde der Verfasser Bergmann. Seit 1953 hat er Gedichte, Romane, Erzählungen und Kritiken geschrieben. Er wurde durch seine sozialkritischen Romane bekannt, die im Ruhrgebiet spielen. In den letzten Jahren hat Max von der Grün auch Jugendbücher geschrieben. Diese etwas gekürzte Erzählung hat er in den sechziger Jahren geschrieben.

Zwei Jahre arbeiteten sie schon nebeneinander°, Fritz Angermann und der Italiener Enrico Bozzoli. Sie standen sich täglich in einem großen Hüttenwerk° gegenüber. — *side by side* / *foundry*

Sie arbeiteten acht Stunden Schicht: zwanzig Minuten an den Walzen°, zwanzig Minuten Pause. In den Pausen übernahmen zwei andere Männer die Arbeit an den Walzen. Während der Arbeit blieb kaum Zeit, miteinander zu sprechen, ihre Arbeit war viel zu gefährlich. In den Pausen waren sie so müde, daß Sprechen schmerzhaft° gewesen wäre. — *rolls* / *painful*

Fritz wußte von seinem Nebenmann nicht viel. Er kannte zwar seinen Namen, aber er sagte – wie alle anderen – einfach: der Itaker. Fritz wußte, daß Enrico mit vielen anderen Italienern in einer Baracke auf dem Fabrikhof wohnte, vier bis acht Mann in einem Zimmer, und daß er sich oft für Überstunden meldete.

Angermann wußte nicht, daß Enrico sich für die Überstunden meldete, weil er in der fremden Stadt mit seiner Freizeit° wenig machen konnte. — *leisure time*

Im Umkleideraum° redeten sie manchmal miteinander. Über das Wetter sprachen sie, über die Schicht, oder sie sagten sich, was sie am Wochenende machen wollten, vielleicht zum Fußball oder ins Kino gehen. — *dressing room*

Es war wenig, was sie sich zu sagen hatten. Angermanns Sorgen waren nicht die Sorgen Enricos, und Enricos Wünsche waren nicht die Wünsche Angermanns. Es lag weniger an Enrico, daß sie über zwei Jahre nicht ein persönliches Gespräch geführt hatten. Es lag allein an Angermann, der Ausländer, besonders Italiener, nicht mochte. Seiner Meinung nach waren sie alle faul – obwohl er täglich sah, daß das Gegenteil° richtig war – sie waren schmutzig, laut, und man konnte kein Vertrauen zu ihnen haben. Angermann glaubte es, auch noch nach der Arbeitszeit. Und wenn man ihn gefragt hätte, warum er es glaubte, hätte er nur geantwortet: „Na ja, die sind nun einmal so, die Ausländer. Ein verdammtes Pack°." — *opposite* / *darn bunch*

An einem Freitag, nach der Schicht, war große Unruhe° in den Umkleideräumen. Aus einem Schrank war Geld gestohlen worden, vierhundert Mark. Ein Wochenlohn°. Das Vorhängeschloß° war durchgesägt° worden. Es lag vor dem Schrank auf dem Steinboden. Etwa dreißig Männer standen — *unrest* / *weekly wage* / *padlock/sawn through* diskutierend mitten im Raum. Einer versuchte lauter zu schreien als der andere.

Angermann und Enrico kamen in den Umkleideraum in dem Augenblick, als der Tumult am lautesten war. Sie gingen an ihre Schränke und wunderten sich über den Lärm, denn bei der allgemeinen Unruhe verstand weder Angermann noch Enrico, was los war. Endlich kam ein älterer Arbeiter zu Angermann und sagte: ,,Es ist wieder mal geklaut° worden. Schon das dritte Mal in diesem Monat. *stolen (slang)* Dem Bernhard ist Geld gestohlen worden. Sein ganzer Wochenlohn.''

Dann diskutierten die Männer ruhiger und auch nicht mehr so laut. In einem Punkt waren sie völlig einer Meinung: der Dieb° konnte nur jemand gewesen sein, der die *thief* Verhältnisse genau kannte. Und der vor allem auch wußte, wie man ungesehen in die Umkleideräume kam. Das Durchsägen eines Vorhängeschlosses war schließlich keine Sache von Sekunden.

Enrico, der kaum etwas verstand, wenn schnell deutsch gesprochen wurde, sah fragend in die roten Gesichter. Schließlich fragte er Angermann: ,,Was ist? Was ist mit Geld? Ich nix verstehen.''

,,Halt die Klappe°'' sagte Angermann. ,,Ihr Ausländer *Shut up!* wißt immer von nichts. Wenn es wichtig wird, wenn ihr gebraucht werdet, dann sagt ihr, daß ihr kein Deutsch versteht. Verdammtes Pack!''

,,Warum du so böse auf mich?'' fragte Enrico. ,,Ich doch nix getan.'' Plötzlich sahen alle auf Enrico. Es wurde still. Einige traten langsam auf Enrico zu. Dicht vor ihm blieben sie stehen und sahen ihn an. Plötzlich schrie einer aus einer Ecke: ,,Untersucht den Itaker!''

Dieser Schrei war ein Signal.

Mehrere Männer warfen Enrico auf den Boden und hielten ihn fest°. Brutal rissen sie ihm die Jacke herunter und *held on to him* untersuchten ihn.

Enrico versuchte ohne Erfolg, sich frei zu kämpfen° und *fight* schrie immer wieder. ,,Ich nix getan! Ich nix . . .''

Die Männer waren brutal. Sie ließen ihn erst los, als der Meister eintrat. Der Meister zog Enrico vom Boden hoch, hielt ihn fest und fragte: ,,Was ist hier los?'' Es wurde still. Einige versuchten, langsam an ihre Schränke zu kommen.

Enrico atmete° schwer: ,,Sie sagen, ich gestohlen. Ich nix *breathed* gestohlen, ich nix brauchen Geld von Kameraden, ich . . .''

,,Ruhe jetzt! Verdammter Itaker, halt die Klappe!'' schrie der Meister. Er ging auf einen älteren Arbeiter zu, der die ganze Zeit an seinem Schrank gestanden hatte. ,,Paul, was war hier los? Sag schon!''

Paul stopfte° langsam seine Pfeife, als interessiere ihn das hier alles nicht.　*stuffed*

,,Du weißt doch, daß Rauchen hier verboten ist'', sagte der Meister und schlug Enrico, der gerade rauchen wollte, die Zigarette aus der Hand. Paul ließ sich mit seiner Antwort Zeit, dann sagte er: ,,Es ist Geld gestohlen worden. Dem Bernhard ist der ganze Wochenlohn gestohlen worden. Das Vorhängeschloß ist durchgesägt. Muß ein ganz Schneller gewesen sein. Muß gut informiert gewesen sein.''

,,Und wer hat das Geld gestohlen?'' fragte der Meister.

Da wurde es plötzlich wieder ganz still. Der Meister sah die Männer an, einen nach dem andern, niemand antwortete auf seine Frage: ,,Wer hat gestohlen?''

Da zeigte Angermann auf Enrico und sagte laut: ,,Er! Der Itaker hat geklaut! Diese Itaker beklauen° doch ihre eigene Großmutter.''　*steal from*

Auf einmal riefen sie alle zugleich: ,,Ja, der Itaker hat gestohlen. Nur der Itaker kann es gewesen sein.''

,,Ruhe!'' schrie der Meister. Er ging auf Enrico zu, blieb vor ihm stehen: ,,Hast du gestohlen? Wo ist das Geld? Raus damit und ein bißchen schnell.''

Enrico sah den Meister voll Schrecken° an. Er hatte einen Moment geglaubt, der Meister werde ihm helfen.　*fear*

,,Ich nix gestohlen'', rief er.

,,Halt die Klappe! Verdammt noch mal'', schrie der Meister Enrico an. ,,Ihr verdammten Ausländer wißt immer von nichts.''

Er stieß° Enrico mit einer Armbewegung weg. Enrico fiel auf Angermann, der stieß ihn weiter, in die Arme anderer, und sie stießen ihn im Kreise herum. Sie hatten ihren Spaß, sie lachten.　*pushed*

Enrico schrie.

,,Schluß jetzt!'' sagte der Meister. Er drehte sich° zu Angermann: ,,Der Itaker hat also das Geld gestohlen. Du bist Zeuge°.''　*turned around* *witness*

,,Ich ... ich ...'', stotterte° Angermann.　*stuttered*

,,Ja, was ist denn?''

,,Ich war nicht dabei'', sagte Angermann.

,,Was?'' wunderte sich der Meister, ,,du hast es nicht gesehen? Ja, zum Teufel°, wer von euch hat denn Enrico gesehen?''　*What the devil!*

Der Meister ließ Enrico los, drehte sich fragend nach allen Seiten. Die meisten Männer sahen zu Boden. ,,Was? Keiner hat gesehen, wie Enrico das Geld geklaut hat? Ja aber ...''

Schweigen um ihn herum.

,,Ich nix ... ich nix ...", stotterte der Italiener.

,,Du bist still", schrie der Meister. ,,Ihr Ausländerpack seid immer unschuldig. Wann bist du in den Umkleideraum gekommen?" fragte er Enrico. ,,Los, sag schon!"

,,Nach hier? Ich mit Fritz gekommen."

,,Und vorher? Wo warst du vorher?"

,,Vorher? Aber ich doch immer mit Fritz gewesen. Wir konnten doch nicht weg eine Minute von der Arbeit. Sie doch wissen, was los war heute auf Schicht. Ich immer mit Fritz zusammen."

Der Meister drehte sich zu Angermann und fragte:

,,Fritz! Stimmt das?"

Angermann sah erst auf Enrico, dann auf den Meister, dann in die Gesichter der Kollegen, aber alle sahen auf den Boden. Endlich sagte Angermann: ,,Jaja, stimmt schon, war eine verrückte° Schicht heute. Wir hatten ja kaum Zeit, auf   *crazy*
die Toilette zu gehn, so viel war zu tun."

,,Soso. Enrico kann also das Schloß gar nicht durchgesägt haben. Dafür braucht man mindestens fünf bis zehn Minuten", sagte der Meister. ,,Und du sagst einfach, der Italiener ist es gewesen." Und dann schrie er: Ihr alle sagt es, aber keiner hat ihn dabei gesehen."

,,Weil ... weil ... ich weiß nicht, warum", stotterte Angermann.

,,Weil, weil", wiederholte der Meister. ,,Damit kann ich nichts anfangen, ich brauche Zeugen. Also."

Keiner gab Antwort.

Der Meister war so wütend°, daß er einige Sekunden   *furious*
brauchte, um ruhiger zu werden. Dann ging er wieder auf den älteren Arbeiter zu, packte° ihn an der Jacke und sagte: *grabbed*
,,Paul, du hast also auch nichts gesehen. Denkt mal nach: Wenn ich jetzt die Polizei gerufen hätte, wie würde ich dann dastehen – wie ein dummer Junge. Ihr verdammtes Volk. Dumm geboren und nichts gelernt."

Der Meister ging zu Bernhards Schrank und sah sich das durchgesägte Schloß an. Er fragte Bernhard: ,,Du bist natürlich auch der Meinung, daß es der Itaker gewesen ist. Oder?"

,,Ich? Nein ... ich ..."

,,Verdammt! Wenn du es nicht glaubst, warum hast du dann Enrico die Jacke ausgezogen und seine Taschen durchsucht°. Warum denn?"   *searched*

,,Ich weiß nicht, ich versteh das selber nicht ..."

,,Soso, verstehst dich selber nicht mehr", sagte der Meister böse. ,,Ein verdammtes Pack seid ihr. Keiner war

Zeuge, aber alle wissen, daß es Enrico war.''

Enrico wollte etwas sagen, aber der Meister schrie ihn an: ,,Halt bloß die Klappe, verdammter Itaker. Wenn du nicht wärst, wäre alles in bester Ordnung. Sag bloß kein Wort, sonst knall ich dir eine°.''   *I'll smash you.*

Einer wollte aus dem Raum gehen. ,,Halt! Keiner geht hier raus. Ihr bleibt alle, bis die Polizei kommt!'' schrie der Meister.

Sie bekamen einen Schreck°, als sie das Wort Polizei   *were frightened* hörten, aber der Meister war nicht zu stoppen, er ging zum Telefon und rief die Kriminalpolizei.

Dann stellte sich der Meister an den Eingang, damit keiner den Raum verlassen konnte. Es war still geworden, keiner sprach, sie sahen sich nicht an, sie saßen auf den Bänken vor ihren Schränken, und manche taten so, als lasen sie Zeitung.

Als nach zwanzig Minuten zwei Kriminalbeamte kamen,   *one-hundred-mark* fand einer von ihnen vier Hundertmarkscheine° unter einer   *bills* Bank, weit weg von der Stelle, wo Bernhards Schrank stand.

,,Nun fragen Sie mal einen'', sagte der Kriminalbeamte, ,,wer das Geld dort hingelegt hat.''

Die Polizisten schrieben alles kurz auf und gingen dann wieder. Der zweite sagte beim Weggehen: ,,Wir können da nichts machen. Es ist wie bei den beiden vorherigen° Dieb-   *previous* stählen° auch, das Schloß hat jemand durchgesägt, der von   *thefts* der Sache was versteht. Wir finden auch keine Fingerab- drücke°, die Scheine sind naß. Aber Sie kennen ja Ihre Leute   *finger prints* besser. Sie werden es vielleicht herausfinden.''

Der Meister sah lange vor sich hin. Die ersten Arbeiter verließen schon den Raum, unsicher° und in schlechter   *uncertain* Stimmung. Als Angermann an die Tür kam, am Meister vorbei wollte, hielt ihn der zurück und sagte: ,,Fritz, willst du nicht auf eine andere Schicht?''

,,Ich? Aber wieso denn?''

,,Ich meine nur. Es muß dir doch unangenehm° sein,   *unpleasant* wenn du weiter mit Enrico zusammen arbeiten mußt'', sagte der Meister.

,,Unangenehm? Aber warum denn? Enrico hat das Geld nicht gestohlen, das wissen wir doch jetzt.''

,,Jaja'', sagte der Meister ernst.

Angermann ging.

Als der Meister über den Hof lief, traf er Enrico. Er wollte erst an ihm vorbeigehen, dann ging er aber doch auf ihn zu und fragte: ,,Enrico, willst du auf eine andere Schicht?''

,,Ich? Nein, ich nix andere Schicht. Ich mit Fritz gut Geld verdienen.''

,,Naja, wenn du meinst.''

Fragen über den Text

1. Wie denkt Angermann über Ausländer, besonders über Italiener?
2. Warum soll der Italiener der Dieb sein?
3. Welche Rolle spielt der Meister? Ist er objektiv?
4. Warum wird Angermanns Vorschlag nicht akzeptiert?
5. Was wird sich in Zukunft am Verhältnis zwischen Enrico und seinen Kollegen ändern?

Im zoologischen Garten

Christian Morgenstern (1871–1914)

Der Seehund° sah mich aus Augen an,   *seal*
daß ich ihn nicht vergessen kann,
so menschlich° war sein Blick°.   *human/look*
Ich fühle traurig Halbbruder Tier,
kein Wörtchen Liebe kann ich dir,
nur höchstens Fische schicken.

Wer mit Computern arbeiten kann, findet immer einen Job. (oben links)
Das moderne Fließband garantiert die beste Qualität der Wagen. (oben rechts)
Die Klöckner-Werke in Osnabrück gehören zur Schwerindustrie. (mitte links)
Wer am Hochofen arbeitet, der muß viel schwitzen. (mitte rechts)
Der Windgenerator hat Zukunft — er ist umweltfreundlich. (unten links)
In großen Akkumulatoren wird der Strom gespeichert. (unten rechts)

Die Lorelei ist eine Touristenattraktion am Rhein. (oben links)
Die mittelalterliche Burg Rheinstein. (oben rechts)
Die Alpen sind immer ein beliebtes Reiseziel. (mitte links)
Die Insel Mainau im Bodensee wird besonders im Sommer viel besucht. (mitte rechts)
Hamburg, die größte Stadt der BRD. (unten)

Von der Weintraube bis zum fertigen Wein ist ein langer
Weg. (oben links)
Weinberge an der Mosel. (oben rechts)
Nordseestrand auf der Insel Sylt. (mitte)
Möchten Sie in dieser Landschaft nicht auch gern Urlaub
machen? (unten)

Das Oktoberfest findet in großen
Bierzelten statt. (oben links)
Kommen Sie zum Oktoberfest nach
München — da ist was los! (oben rechts)
Bayrische Trachten und bayrische Musik
gehören zusammen. (unten)

„Schuhplattler" wird nur in den alten Trachten getanzt. (oben)
Gute Stimmung gibt es auch in Norddeutschland. (mitte links)
Auf Festen zeigen sich die Schwarzwälder in traditionellen
Trachten (mitte rechts)
„Von hier oben kann ich den Karnevalszug besser sehen."
(unten)

Im Ratskeller gibt es immer leckere Speisen und Getränke. (oben links)
Telefonzellen gibt es überall. (oben rechts)
Bei der Lotterie braucht man schon Glück. (mitte links)
Blumen gehören zum täglichen Leben der Deutschen. (mitte rechts)
Deutsche und internationale Presse kaufen Sie am Zeitungskiosk. (unten)

Die Litfaßsäule sagt Ihnen, welche Veranstaltungen es gerade gibt. (oben links)
Im Freien sitzen — das tun alle gern. (oben rechts)
Im Kaufhaus gibt's alles. (mitte links)
Ein traditioneller Beruf : Drehorgelspieler. (mitte rechts)
Hinter den USA und der UdSSR publiziert die BRD die meisten Bücher. (unten)

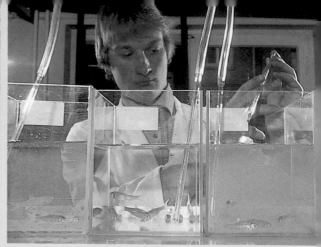

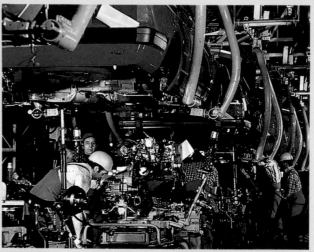

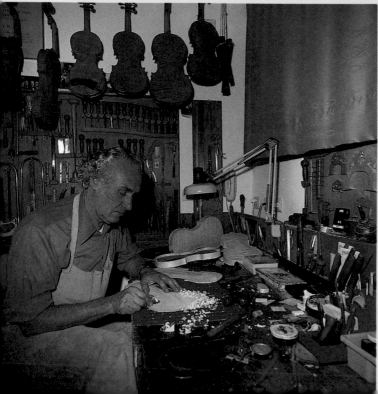

Landwirte produzieren für die ganze europäische Gemeinschaft. (oben links)

Die Chemie ist zur Schlüsselindustrie geworden. (oben rechts)

Ein wandernder Handwerkergeselle zieht von Stadt zu Stadt. (mitte links)

180 Wagen in acht Stunden — da muß man schnell arbeiten. (mitte rechts)

Geigenbauer in Mittenwald sind in der ganzen Welt bekannt. (unten links)

Hochbetrieb bei der Post. (unten rechts)

6 Von deutscher Kunst

Von der Frühzeit bis heute (Teil 1)

Von der primitiven Kunst der deutschen Frühzeit gibt es nur wenige Funde°. Meistens sind es praktische Töpfereien° zum täglichen Gebrauch wie Teller, Töpfe, Tassen und Götterfiguren°. Aus der Keltenzeit° gibt es in.Deutschland noch eine unsichtbare° alte Stadt, die die Wissenschaftler erst in diesem Jahrhundert wiederentdeckt haben. Sie liegt in der Nähe des Ortes Manching südlich von Nürnberg. Häuser gibt es nicht mehr, aber die Archäologen haben viele Kunstgegenstände° aus der Zeit vor 2 200 Jahren gefunden. Im Stadtmuseum Ingolstadt kann man die Geschichte dieser Siedlung studieren. Dort sind viele Schmuckstücke, Geldmünzen° und Waffen° aus der keltischen Kultur zu sehen.

    In fast allen deutschen Städten gibt es Heimatkundemuseen°, die die lokale Geschichte bis in die Frühzeit beschreiben. Wer einen Besuch in Deutschland macht, sollte danach fragen und einige besuchen. Zwei der bekanntesten Museen sind das Römisch-Germanische Museum in Köln und das Deutsche Museum in München. Der Besuch in diesen Museen ist für jeden Interessierten ein Abenteuer°.

    Die Blütezeit der deutschen Kunst war das Mittelalter, als so berühmte Maler° und Bildhauer° wie Albrecht Dürer, Tilman Ricmenschneider und Matthias Grünewald lebten. Ihre Werke hatten meistens religiösen Charakter, doch schon bei Albrecht Dürer können wir profane Werke finden. Die meisten Leute haben Albrecht Dürers Bild schon oft gesehen, wissen es aber nicht. Er steht in der BRD auf dem Zehn-Markschein.

    Tilman Riemenschneider, ein bekannter Holzschnitzer und Bildhauer, wanderte in seiner Jugend von einer Bildhauerwerkstatt zur anderen, um zu lernen. 1483, im Alter von 23 Jahren, gründete er eine große Werkstatt in Würzburg. Er gilt als Meister der Spätgotik°. Besonders bekannt sind seine Altäre, die man noch heute in Rothenburg, Dettwang und Creglingen besichtigen kann. Creglingen ist ein kleines Dorf in Nord-Württemberg, dessen besondere

discoveries/pottery

*figures of gods/
Celtic period
invisible*

artifacts

coins/arms

*local history
museums*

adventure

painters/sculptors

late Gothic period

Töpfereien aus der Frühzeit

Riemenschneiders Marienaltar
in Creglingen

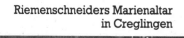

Ein bekanntes Museum in Ost-
Berlin: Das Pergamon Museum

Attraktion die Herrgottskirche° mit dem Marienaltar° von Riemenschneider ist. Es ist schwer, die Eindrücke zu beschreiben, die man bei der Besichtigung dieses Altars bekommen kann. Er ist 1510 so in der Herrgottskirche aufgestellt worden, daß ihn spätnachmittags die rötliche° Abendsonne beleuchtet°. Das Spiel von Licht und Schatten° läßt die geschnitzte Szene sehr harmonisch erscheinen. Gleich kommen die Figuren bei diesem abendlichen Licht aus dem Altar, um ihre Geschichte zu erzählen, könnte mancher Besucher denken.

Matthias Grünewald kam aus Würzburg und arbeitete seit 1509 am erzbischöflichen Hof° in Mainz als Künstler. Viele seiner Werke sind nicht mehr da, weil der Dreißigjährige Krieg die meisten Gebäude, Bilder und Kunstwerke zerstört hat. Matthias war ein Mensch, der sein ganzes Werk der Religion widmete°. Seine schönste Arbeit ist der „Isenheimer Altar", den Besucher heute in Colmar besichtigen können. Dieser Altar ist berühmt, weil die Figuren so naturalistisch gearbeitet sind, daß man ohne viel Fantasie die dargestellten Szenen miterleben kann. Dieser strenge Naturalismus war im Mittelalter so nur selten zu finden. Meistens produzierten die Künstler solche Bilder und Figuren, wie sie in der Bibel beschrieben sind. Grünewald tat mehr, denn sein Altar zeigt die ganzen Leiden° Christi und der Menschen. Wer in Washington, D.C., wohnt, sollte einen Besuch in der National Gallery of Art machen und sich dort Grünewalds „Kleine Kreuzigung°" ansehen.

Albrecht Dürers Werk ist viel umfangreicher° als das von Grünewald. Sein Werk dokumentiert den Sprung° aus dem Mittelalter in die Neuzeit° am besten. 1490 bis 1494 ging er auf Wanderschaft, um in Straßburg und Basel zu lernen. In Nürnberg schuf er viele seiner besten Bilder, Altäre und Holzschnitzereien. Er ist immer viel gereist, um andere Kulturen und Künste kennenzulernen. So war er mehrere Male in Italien und Holland. Dürer ist für die spätere deutsche Romantik des 18. und 19. Jahrhunderts zur zentralen Figur geworden, weil seine Werke so viel Harmonie, Idylle und Perfektion haben. Auf seinen Bildern gibt es viele kleine, manchmal unbekannte Hinweise° auf das Leben seiner Zeit. Es war damals üblich°, daß Künstler auf ihren Bildern auch Ikone°, Symbole und Wappen° malten, die für uns heute keine Bedeutung mehr haben. Damals gab es eine bekannte „Sprache der Bilder". Viele Menschen konnten noch nicht lesen, wußten aber, was bestimmte Zeichen bedeuteten. So kann man die Bilder als eine Form von Bilderbuch betrachten. Mit den Symbolen und Ikonen sagte der

Lord's Church/ altar of Mary

reddish
illuminates/ shadow

court of the archbishop

devoted

suffering

crucifixion

more comprehensive
jump
modern age

indications
customary
icons/coats of arms

Albrecht Dürer: Ritter, Tod und
Teufel

Dürer auf dem Zehn-Mark-Schein

Maler den Menschen, von wem, wann und wo dieses Bild
handelt.

Fragen über den Text

1. Welche Funde aus der deutschen Frühzeit gibt es noch?
2. Wo kann man die Geschichte der Siedlung Manching studieren?
3. Wohin muß man gehen, um die Geschichte deutscher Städte und
   Siedlungen kennenzulernen?
4. Wie heißen die beiden bekanntesten Museen?
5. Welche drei Künstler aus dem Mittelalter werden im Text beschrieben?
6. Wo kann man ein Bild mit dem Kopf von Albrecht Dürer finden?
7. Was wissen Sie über Matthias Grünewald?
8. Geben Sie ein kurzes Portrait des Bildhauers Tilman Riemenschneider.
9. Warum ist der kleine Ort Creglingen vielen Leuten bekannt?
10. Was dokumentiert das Werk Albrecht Dürers?
11. Was ist die ,,Sprache der Bilder''?

Diskussionsrunde

Diskutieren Sie diese drei Fragen mit Ihren Klassenkameraden.
1. Was erwarten Sie von einem Besuch im Museum?
2. Warum geht man dorthin?
3. Was kann man in einem Museum erfahren?

Hier haben Sie eine Liste von Redewendungen. Benutzen Sie diese Redewendungen bei der Diskussion:

Ich würde ins Museum gehen, um . . .

Geschichte determiniert uns, und ich könnte mir denken, daß . . .

Ich würde von einem Museum erwarten, daß . . .

Man sollte dort die Geschichte kennenlernen, weil . . .

Ich möchte sagen, daß . . .

Ich würde nicht dorthin gehen, weil . . .

Ich hätte andere Interessen, als . . .

Ich wäre gern im Museum, denn . . .

Grammatische Erklärungen

Subjunctive II

A condition or situation may be contrary to fact or a wish. In German, you must use the subjunctive mood to express this. Things can be contrary to fact in the past, present or future.

Past: If I had had the opportunity, I would have told him off.

Present: If I were rich, I'd donate money to charity.

Future: If I were to earn a million dollars, I would . . .

If you want to express a wish or talk about something that is currently contrary to fact, the verb form comes from the past tense stem. Subjunctive endings are added to this stem.

ich	lief*e*	käm*e*
du	lief*est*	käm*est*
er, sie, es	lief*e*	käm*e*
wir	lief*en*	käm*en*
ihr	lief*et*	käm*et*
sie/Sie	lief*en*	käm*en*

If the verb is strong or irregular, an umlaut is added to the vowels *a, o* and *u* (*dächte, möchte,* wüßte). Here are examples of German sentences using the subjunctive.

Past: *Letzte Woche hatte ich fünf Mark.*
Present: *Wenn ich das Geld heute hätte!* (Formed with past tense root of the verb, subjunctive ending plus umlaut for the irregular verb.)
Past: *Letzte Woche kaufte ich zwei Bücher.*
Present: *Wenn ich heute die zwei Bücher kaufte!* (Formed with the past tense root of the verb plus the subjunctive ending. There is no umlaut because *kaufen* is a regular verb.)

Notice that the contrary-to-fact clause begins with *wenn* (if).

Übung

1. **Ändern Sie die folgenden Imperfekt-Sätze in Konditionalsätze oder Wünsche.**

   Beispiel: *Letzte Woche kaufte er ein Auto.*
   Wenn er nur heute ein Auto kaufte!

   1. Letzten Dienstag trafen wir uns.
   2. Vor einem Monat kaufte ich neue Bücher.
   3. Am Samstag sah er sie.
   4. Im Jahre 1975 studiertest du Deutsch.
   5. Im Juli reisten sie nach Italien.
   6. Vor einer Woche waren Sie in Berlin.
   7. Während meines Studiums hatte ich viele Freunde.
   8. In den Ferien fühlte ich mich gut.

Grammatische Erklärungen

Subjunctive II (continued)

A sentence with a condition that has to be met before another condition can be true is a conditional sentence. A conditional sentence must be in the conditional mood. Here is an example:

Present: If you told me the answer, I wouldn't ask you again.

It is similar to a contary-to-fact statement because it's not certain that the person adressed will answer. The speaker is indicating that the situation s/he is mentioning is not yet true. The first clause is the if-clause, and the second is the then-clause that reflects the dependent relationship. Only if the person addressed answers the question can the speaker avoid asking again. Conditional sentences can also occur in the past, present or future.

Past: If he would have given me the answer, I wouldn't have asked him again.
Future: If she were to give me the answer next week, it still wouldn't help.

As in English, the if-clause usually has a simple form of the verb formed from the past tense stem. The then-clause usually has a form of "would"+ infinitive in English, *würde* + infinitive in German.

> *Wenn du mir die Antwort sagtest, dann würde ich nicht wieder fragen.*
> (If you told me the answer, I wouldn't ask you again.)

The word order in these clauses is important. The *wenn*-clause is a subordinate clause and requires that the finite verb go to the end; the *dann*-clause, if it comes in second position, begins with the finite verb.

Übungen

2. **Kombinieren Sie die folgenden Sätze aus dem Imperfekt Indikativ ins Präsens Konjunktiv.**

   Beispiel: *Er schrieb seiner Mutter. Sie antwortete ihm.*
   Wenn er seiner Mutter schriebe, würde sie ihm antworten.

   1. Ich helfe dir. Du wirst schneller fertig.
   2. Ronald studierte Französisch. Er spricht es gut.
   3. Alexander und Annette fuhren nach Jugoslawien. Sie trafen ihre Eltern dort.
   4. Wolfgang und ich tanzten bis in die Nacht. Wir standen am nächsten Tag sehr spät auf.
   5. Gisela lernte Spanisch. Sie reiste nach Mexiko.
   6. Der Hausmeister putzte das Zimmer. Es war sauber.

3. **Machen Sie zehn Sätze aus den folgenden Elementen. Benutzen Sie den Konjunktiv mit *daß* und *wenn*, um Ihre Wünsche auszudrücken.**

   Beispiele: *Es wäre toll / du / schon Ferien haben*
   Es wäre toll, wenn du schon Ferien hättest.

   Wir hofften / Sie / uns besuchen
   Wir hofften, daß Sie uns besuchen würden.

Es wäre toll,	du	schon Ferien haben
Ich wünschte,	ihr	uns besuchen
Wir hofften,	Sie	eine Karte schicken
Es wäre schön,	man	das Radio ausmachen
Sie erwarteten,	jeder	bei der Arbeit helfen

4. **Alle diese Dinge können oder dürfen Sie nicht! Zeigen Sie, wie leid Ihnen das tut.**

   Beispiele: *Ich kann nicht wegfahren.*
   Wenn ich nur wegfahren könnte!

Ich darf nicht laut sein.
Wenn ich nur laut sein dürfte!

1. Ich kann nicht ins Museum gehen.
2. Ich kann nicht in die Berge fahren.
3. Ich kann nicht in Ruhe reden.
4. Ich kann kein Essen kochen.
5. Ich kann dich nicht besuchen.
6. Ich darf keine Fehler machen.
7. Ich darf dich nicht sehen.
8. Ich darf keine Musik hören.
9. Ich darf nicht weggehen.
10. Ich darf keine Pause machen.

5. Diese Dinge sollen die Leute nicht machen. Sie möchten es aber tun.

Beispiel: *Regina soll nicht ins Theater gehen.*
Sie möchte aber doch ins Theater gehen.

1. Erhard soll keine Bücher schreiben.
2. Michaela soll nicht in der Sonne liegen.
3. Du sollst das Buch nicht in die Ecke werfen.
4. Frederike soll nicht faul sein.
5. Uwe und Fritz sollen das nicht sagen.
6. Karin soll ihn nicht anrufen.
7. Peter soll kein Eis holen.
8. Otto soll nicht Gitarre spielen.
9. Ich soll den Wagen nicht reparieren.
10. Dieter soll den Käse nicht schneiden.
11. Peter und Claudia sollen nicht so viel essen.
12. Manfred und Annette sollen nicht nach Amerika reisen.

6. Wenn nur alles anders wäre! Kombinieren Sie die Sätze mit der Konjunktion *wenn*. Passen Sie auf, daß die negativen Sätze im Konjunktiv positiv werden und umgekehrt.

Beispiel: *Es gibt Soldaten. Die Armeen kämpfen.*
Wenn es keine Soldaten gäbe, würden die Armeen nicht kämpfen.

1. Es gibt keine gleichen Chancen. Die Menschen sind unfair.
2. Es gibt viele Waffen. Die Leute benutzen sie.
3. Es gibt keine Arbeit. Die Leute freuen sich nicht.
4. Man bekommt keine Hilfe. Man ist allein.
5. Die Leute haben keine Zeit. Sie reden nicht miteinander.
6. Ich mache es auch so. Ich habe einige Probleme.

Das gestohlene Fahrrad

Freitag nachmittag trafen sich Klaus und Peter zufällig an der Bushaltestelle. Klaus hatte schon eine Weile dort gestanden und auf seinen Bus gewartet. Es war etwa fünf Uhr nachmittags, und die Bushaltestelle war voll von Leuten, die nach der Arbeit wieder nach Hause fahren wollten.

Dialog

Peter: Hallo Klaus, was treibst du denn hier[1]?

Klaus: Na, wie sieht's aus[2]? Das ist ja voll hier. Bei den vielen Leuten sieht man die Straße ja nicht mehr. Ist das hier immer so voll um diese Zeit?

Peter: Du fährst wohl nicht oft mit den Bus, was? Hab's noch nicht besser erlebt[3]. Immer die alte Tour[4]. Warten, warten, warten. Dann kommt der Bus, und man kommt nicht rein, weil er zu voll ist. Wieso fährst du denn heute Bus? Das kennt man ja gar nicht von dir.

Klaus: Ich mußte zur Kriminalpolizei, weil sie mir doch letzte Woche meinen Drahtesel geklaut[5] haben. Die hatten so'n[6] paar Fragen. Ob ich abgeschlossen hätte, wann ich ihn in den Fahrradkeller gestellt hätte und wann es dann weg gewesen sei. Den ganzen Kram[7] hatte ich denen schon mal am Telefon gesagt. Aber die wollten alles nochmal hören. Wegen der Versicherung, meinten sie.

Peter: Was ist denn aus der Sache geworden[8]? Ich dachte, du hättest dein Fahrrad schon wieder.

Der Bus ist immer voll.

Klaus: Das habe ich auch gedacht. War aber nicht so. Die hatten da so einen alten Drahtesel stehen und wollten wissen, ob er wohl meiner wäre. Ne, hab' ich gesagt, so'n altes Fahrrad hätte ich nicht gehabt.

Peter: Jetzt versteh ich nichts mehr. Wieso zeigen die dir bei der Polizei ein Fahrrad und meinen, es wäre deins?

Klaus: Wußte ich auch nicht vorher[9]. Aber die haben eine Liste, auf der alle gestohlenen Fahrräder beschrieben sind. Als meins weg war, habe ich eine Beschreibung gegeben, und dann meinten die bei der Polizei[10], sie hätten wohl so eins im Hof stehen. War aber nicht meins. Hoffentlich zahlt die Versicherung wenigstens genug, daß ich mir ein anderes holen[11] kann. Diese Busfahrerei ist ja 'ne lahme Sache[12]. Kommt gar kein Bus. Geht das hier auch mal weiter?

Peter: Immer ruhig Blut, Kollege[13]. Da kommt schon ein Bus. Die Warterei[14] hat ein Ende.

Klaus: Wenn ich das neue Fahrrad hab', siehst du mich an keiner Bushaltestelle mehr. Jetzt aber hinein, sonst kriegen wir hier noch lange Bärte[15].

Redewendungen

1. Was treibst du denn hier?	What are you doing here?
2. Wie sieht's aus?	How's it going?
3. Hab's noch nicht besser erlebt.	I've never known it to be any better.
4. Immer die alte Tour.	Always the same old thing.
5. Man hat mir meinen Drahtesel geklaut.	They stole my bike.
6. So'n altes Fahrrad hab' ich nicht.	I don't have such an old bike.
7. Ich habe denen schon den ganzen Kram gesagt.	I've already told them the whole thing.
8. Was ist daraus geworden?	What came of it?
9. Wußte ich auch nicht vorher.	I didn't know that before either.
10. Die bei der Polizei meinten das.	The people at the police station thought so.
11. Er holt sich etwas anderes.	He's buying something else.
12. Das ist 'ne lahme Sache.	That goes very slowly.
13. Immer ruhig Blut.	Keep cool (calm and collected).
14. Die Warterei hat ein Ende.	The wait is over.
15. Wir kriegen lange Bärte.	We're waiting forever.

Fragen über den Dialog

1. Über was sprechen Klaus und Peter zuerst?
2. Wo unterhalten sie sich?

3. Wohin mußte Klaus gehen?
4. Was sollte er dort tun?
5. Welches idiomatische Wort für Fahrrad benutzt Klaus?
6. War sein Fahrrad bei der Kripo?
7. Was ist eine lahme Sache?
8. Wer bekommt lange Bärte von der Warterei?

Grammatische Erklärungen

Omission of *wenn*

The subjunctive often is used without the conjunction *wenn*. It still expresses a condition of uncertainty. A change in word order is necessary, however.

> *Wenn sie das gewußt hätte, hätte sie dich angerufen.*
> *Hätte sie das gewußt, hätte sie dich angerufen.*

Both sentences have the same meaning in the second instance, the if-clause begins with *hätte* instead of *wenn*. This change in word order allows the omission of the conjunction *wenn*.

Übung

7. Schreiben Sie die Sätze ohne *wenn*.

1. Wenn Peter einkaufen gegangen wäre, hätten wir etwas zu essen.
2. Wenn das Geschäft nicht geschlossen gewesen wäre, hätte sie die Bücher einkaufen können.
3. Wenn Herr Emmrich früher aus dem Büro gekommen wäre, hätte er noch in die Stadt fahren können.
4. Wenn sein Chef ihm weniger Arbeit gegeben hätte, wäre Rolf eher zu Hause gewesen.
5. Wenn seine Freundin ihn eingeladen hätte, wäre er nicht sauer auf sie gewesen.
6. Wenn er Geld hätte, würde er seiner Freundin ein schönes Geschenk machen.
7. Wenn sie das früher gewußt hätte, wäre sie mittags nicht nach Hause gegangen.
8. Wenn er nur eine kleine Blume für Petra hätte, wäre alles in Ordnung.

Grammatische Erklärungen

Speech patterns

In German, as in English, you can modify the meaning of a neutral statement by stressing a particular word. The sentence, *Die Frau kenne ich schon lange,* can be spoken with the stress on *Frau* or on *die* or on *kenne* or *ich* or *schon lange.*

Each time you stress a different word, you create a slightly different meaning. This emphasis makes ironic or sarcastic statements possible, or it can be an indication of doubt and uncertainty. In the following exercise, you will find some German expressions that often are used in cordial, friendly situations. But depending on the emphasis in speech and on the use in a given situation, they can also express irony or sadness as indicated in Exercise 8.

Herzlichen Dank	*– wenn man sich bedanken will*
Herzlichen Glückwunsch	*– wenn man jemandem gratulieren will*
Herzliche Grüße	*– wenn man jemanden grüßen möchte*
Herzliches Beileid	*– wenn jemand gestorben ist*
Herzlich wenig	*– wenn man sehr wenig sagen/tun will*
Herzliche Leute	*– wenn Leute sehr freundlich sind*

Übung

8. **Wann benutzen Sie die Redewendungen mit „Herz" richtig? Hier lesen Sie sechs Situationen, in denen die Ausdrücke ironisch gemeint sind. Das kann man tun; es kommt nur auf die Betonung an, wann und wo man sie sagt oder denkt. Vorsicht! Auch „herzliche Worte" können ironisch sein.**

   Beispiel: Sie sind sitzengeblieben (und Ihre Eltern sind sauer).
   Ihre Eltern sagen: „Herzlichen Glückwunsch."

   1. Sie bekommen von der reichen Tante ein ganz kleines Weihnachtsgeschenk. Sie sagen: _____.
   2. Sie schaffen die Deutsch-Tests nicht. Ihr Vater sagt: _____.
   3. Sie mögen Franz Josef nicht und sagen bei seinem Besuch: _____.
   4. Ein Freund hat geheiratet, und Sie mögen seine neue Frau nicht. Sie denken: _____.
   5. In einem Restaurant schreien die Leute am Nachbartisch und stören Ihre Ruhe. Sie sagen zu sich: _____ – aber zu den Leuten sagen Sie natürlich nichts.
   6. Sie mögen Tante Gertrud nicht. Ihre Mutter schreibt einen Brief an dieselbe Dame. Sie schreiben unten: _____ und denken: _____.

Von der Frühzeit bis heute (Teil 2)

Im 19. Jahrhundert gab es sehr verschiedene Richtungen in
der Kunst. Zu Anfang dominierte die Romantik in Literatur
und Malerei. Caspar David Friedrich ist einer der bekanntesten Landschaftsmaler dieser Zeit. Er wollte zwischen Menschen und der Natur, wie er sie sah, eine Brücke schaffen.
Diese Brücke war seine Kunst. Er versuchte dabei nicht,
einen fotografischen Eindruck zu geben, sondern wollte
seine Gefühle und sein romantisches Denken dokumentieren. Die Romantik war eine Zeit, in der viele Künstler
versuchten, die Welt anders zu zeigen, als sie wirklich war.
Vieles, was in Wirklichkeit unharmonisch und elend° war, *miserable*
wurde in der Kunst idealisiert° und schöner gemacht. So *idealized*
hatte die Kunst manchmal eine Funktion für die Umwelt,
wie eine frische Tapete° auf einer alten Wand. Sie macht sie *wallpaper*
schöner, ohne am Problem zu arbeiten.

Wer sich die Bilder aus dieser Zeit heute anschaut, wird
oft die Reaktion sehen und hören, ,,Oh, wie schön, wie
harmonisch''. Und das ist es auch, denn die Künstler der
Romantik waren Meister darin, die Natur idyllisch schön zu
malen. Auch heute können wir uns mit Freude diese Bilder
ansehen. Aber wir werden auf den Bildern die Menschen
vermissen. Die wurden nur ganz klein gemalt, als ob die
Natur stärker und wichtiger wäre als der kleine Mensch.

Philipp Otto Runge ist ein weiterer Maler aus dem Kreis
der Romantiker. Er kannte Caspar David Friedrich und kam
durch ihn zur Landschaftmalerei. Er malte sein vielleicht
bekanntestes Bild ,,Der Morgen'' in Dresden. Seine Bilder
sind Beweise für sein geheimnisvolles°, religiöses Denken. *mysterious*
Er schrieb auch kleinere Märchen für die Brüder Grimm, die
in deren Märchensammlung veröffentlicht wurden.

Fast hundert Jahre später, um die Jahrhundertwende° *turn of the*
zum 20. Jahrhundert, gab es in Deutschland eine Kunstrich- *century*
tung, die wir heute Jugendstil nennen. Man dekorierte
Tische, Stühle, Fenster, Schränke und Glas nach dieser
neuen Kunst. Jugendstil-Möbel sind auch heute noch sehr
beliebt, aber leider auch ziemlich teuer, wenn man alte
Stücke haben möchte.

In dem kleinen Ort Worpswede in der Nähe von Bremen
gab es eine heute weltberühmte Künstlerkolonie°, in der *artists' colony*
auch der Schriftsteller Rainer Maria Rilke eine Zeitlang° lebte. *for a period*
Das Motto der Kolonie hieß: ,,Die Kunst muß die Realität
beschreiben. Wenn die Realität nicht schön ist, müssen wir
sie schöner machen.'' Und so malten sie nicht nur Bilder,

DIE BÜCHER DER
HIRTEN- UND PREIS-
GEDICHTE · DER
SAGEN UND SÄNGE
UND DER HÄNGEN-
DEN GÄRTEN

ERSCHIENEN BEI GEORG BONDI BERLIN

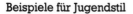

Beispiele für Jugendstil

schrieben nicht nur Gedichte, sondern bauten Möbel und
dekorierten sie nach dem Jugendstil. Und das Leben miteinander war frei und unabhängig. Diese Gedanken von Rainer
Maria Rilke sagen uns, wie er sich in Worpswede gefühlt
hat: ,,Worpswede war eine Heimat für mich, die erste
Heimat, in der ich Menschen leben sah. Aber ich darf noch
kein Häuschen haben, darf noch nicht wohnen. Warten und
wandern muß ich.''

Nach dem Ersten Weltkrieg entwickelte sich mit dem Expressionismus eine neue, starke Kunstbewegung° in Deutschland. Nach den Enttäuschungen°, die aus dem verlorenen Krieg resultierten, wollten die Künstler nur noch auf ihre innere Stimme hören, das zeigen, was sie dachten und fühlten. Die materielle Welt schien ihnen für die Kunst nicht gut genug zu sein. Deshalb zeigen die Bilder von Paul Klee, Oskar Kokoschka und Lyonel Feininger mehr vom Geist° der Menschen als von ihrer Welt.

art movement
disappointments

mind

Die dann folgenden Bewegungen des Kubismus, Nihilismus und Surrealismus wurden im Dritten Reich verboten. Während der zwölf Jahre Nazi-Herrschaft gab es nur eine affirmative Kunst, die die Ideologie der Herrschenden° direkt unterstützte°. Alles war Kunst, wenn es groß, blond und blauäugig° war. Die Nachkriegszeit brachte dann wieder neue Impulse ins deutsche Kunstleben. Der realistische Neuanfang° 1945 verband Deutschland auch wieder mit der Kunst anderer Länder aus der ganzen Welt.

rulers
supported
blue-eyed

new beginning

Kunstausstellung Berlin: die Treppe; Mädchen am Fenster

In der Nationalgalerie in West-Berlin befinden sich viele Meisterwerke aller Epochen.

Fragen über den Text

1. Wer ist bekannt für seine Landschaftsbilder?
2. Was dokumentieren die Bilder der Romantiker?
3. Warum sind so wenige Menschen auf den Bildern?
4. Wie ist das Denken Philipp Otto Runges?
5. Was ist der Jugendstil?
6. Wie hieß das Motto der Worpsweder Künstler?
7. Warum war der Expressionismus eine starke Bewegung?
8. Wie sah die Kunst im Dritten Reich aus?
9. Womit ist das deutsche Kunstleben seit 1945 wieder mehr verbunden?

Übung

9. **Welches Wort ist falsch in diesen Sätzen? Finden Sie das richtige Wort und setzen Sie es ein. Die richtigen Antworten sind im Text ,,Von der Frühzeit bis heute''.**

   Beispiel: *Der Besuch in diesen Museen ist für jeden Deutschen ein Abenteuer. ,,Deutschen'' ist falsch. Es muß heißen: Der Besuch in diesen Museen ist für jeden Interessierten ein Abenteuer.*

   1. Creglingen ist eine Großstadt in Nord-Württemberg.
   2. Matthias Grünewald kam aus Würzburg und herrschte seit 1509 am Hof in Mainz als Künstler.

3. Der Isenheimer Altar ist berühmt, weil die Figuren so expressionistisch gearbeitet sind.
4. Albrecht Dürers Werk ist viel kleiner als das von Grünewald.
5. Seine Werke haben so viel Farbe, Idylle und Perfektion.
6. Es gab damals zwei bekannte „Sprachen der Bilder".
7. Caspar David Friedrich ist der bekannteste Portraitmaler dieser Zeit.
8. Diese Brücke zwischen Menschen und der Natur war seine Religion.
9. Alles, was in Wirklichkeit harmonisch und elend war, wurde in der Kunst idealisiert und schöner gemacht.
10. Die Dichter der Romantik waren Meister darin, die Natur idyllisch schön zu malen.
11. In dem kleinen Ort Worpswede in der Nähe von Hamburg gab es eine Künstlerkolonie.
12. Rilke: „Ich darf noch kein Haus haben, darf noch nicht wohnen."
13. Im Expressionismus wollten die Künstler nur auf die Umwelt hören.
14. Der realistische Neuanfang vor dem 2. Weltkrieg verband Deutschland mit anderen Ländern.

Grammatische Erklärungen

Meaning of compound nouns

The meaning of compound nouns often can be determined by looking at the last noun as the root and the preceding noun(s) as an addition in the genitive case. In the phrase "my father's house," "house" is the base meaning and "father's" gives additional information about that house. You should ask the question "whose" (*wessen*)

Götterfigur = die Figur der Götter
Jahrhundert = das Hundert der Jahre
Computercamp = das Camp der Computer

The last element (not a plural or genitive ending) in a compound determines the gender of the entire compound noun. It is also the basic meaning that is then further described by preceding elements.

Übung

10. **Was bedeuten diese zusammengesetzten Nomen? Was bedeuten die einzelnen Elemente und welche Artikel haben sie? Welches Wort ist die Grundbedeutung?**

    Beispiel: *Dampfmaschine = steam engine*
    der Dampf = steam, die Maschine = engine
    ***Maschine** ist die Grundbedeutung*

1. Wagentür
2. Schichtende
3. Bahnhofsausgang
4. Straßenbahnhaltestelle
5. Bauernhof
6. Autobahnrastplatz
7. Jugendherbergsausweis
8. Kunstwerk
9. Naturforscher
10. Wassersportgebiet
11. Tagebuch
12. Flughafenschalterangestellte
13. Buchautor
14. Fußballspiel
15. Reiseziel

Er wird nie fertig

Heinrich Böll mochte ihn nicht besonders: er zog die kleineren Kirchen in seiner Heimatstadt vor. Guillaume Apollinaire dagegen erschien das Gotteshaus wie ein Weltwunder°.

Vom Kölner Dom ist die Rede, Deutschlands größter Kathedrale im gotischen Stil. Kann denn ein Bauwerk von 144 Metern Länge und einer Grundfläche° von 8 000 Quadratmetern je fertig werden?

1248, als der Grundstein° gelegt wurde, glaubten Bürger°, Handwerker und Kirchenleute° das sicherlich noch. Man hatte sich zum Bau dieser Kathedrale entschlossen, um den Gebeinen° der heiligen Drei Könige endlich einen passenden Ruheplatz° zu geben. Seit 1164 waren die Gebeine der drei Heiligen in der Rheinstadt. Nun sollten sie in einem neuen Gebäude einen Platz finden, das nach den Vorbildern der französichen Kathedralen in Reims und Amiens gebaut werden sollte. Diese an Eleganz, architektonischer° Gestaltung und Größe noch zu übertreffen°, war das Ziel der Architekten in Köln.

1322 wurde der große Teil des Domes, der zum Rhein liegt, eröffnet. Bis 1560 wurden dann die Seitenräume° des Domes bis auf eine Höhe von 13,5 Metern vollendet. Nachdem das Dach errichtet war, konnte der Dom endlich benutzt werden. Statt der zwei 157-Meter hohen Türme stand damals noch ein hölzener Baukran°. Er diente jahr-

wonder of the world

area

corner stone/ citizens
clergy

bones
resting place

model

architectural
surpass

side halls

construction crane

Blick über den Rhein zum Kölner Dom

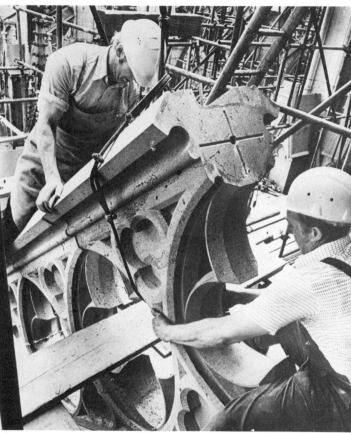

Der Kölner Dom wird immer repariert.

hundertelang zur Orientierung° der Kölner und ihrer Besucher, denn er war schon von weitem zu sehen. Viele Jahre baute man nicht mehr am Dom. Erst 1823 wurden die Arbeiten wieder begonnen: mit den nötigen Reparaturen am Hauptteil° und mit dem Bau der beiden Türme. Am 15. Oktober 1880 war ein neuer Schlußpunkt erreicht.

    Tatsächlich fertig geworden ist der Kölner Dom aber bis heute nicht. Zuerst waren es die Schäden° des Zweiten Weltkriegs, heute sind es die ständigen Reparaturen wegen der Umweltverschmutzung°. Die Abgase° der Autos und Flugzeuge setzen sich auf den Steinen des Doms ab und zerstören ihn langsam aber sicher. Dieses Problem mit dem sauren° Regen und seinen Folgen kennen die Architekten auch in anderen Großstädten. Also wird Stück für Stück ersetzt. Die lebenslustigen° Kölner sind aber zum Glück an einer Vollendung nicht interessiert, denn man sagt dort: „Wenn der Dom fertig ist, geht die Welt unter''.

orientation

main part

damages

*pollution/
exhaust fumes*

acid

vivacious

Fragen über den Text

1. Warum begann man im 13. Jahrhundert mit dem Bau des Doms?
2. Was geschah 1322?
3. Warum blieb der Baukran stehen?
4. Wie lange wurde nicht am Kölner Dom gearbeitet?
5. Wann baute man die beiden Türme?
6. Wie hoch sind die Türme?
7. Welches Problem hat man heute mit dem Dom?
8. Wann geht die Welt in Köln unter?

Die Oper in Dresden

Ein großes Ereignis für die deutsche Musikwelt war die Wiedereröffnung° der im 2. Weltkrieg zerstörten Semper-Oper im Februar 1985. Dies war der zweite Wiederaufbau° der Staatsoper, die lange vor ihrer Zerstörung durch britische und amerikanische Bomber in der Nacht vom 13. zum 14. Februar 1945 schon früher einmal ganz abgebrannt war. Immer kamen die Architekten aus der Semper-Familie. Zwischen 1871 und 1878 wurde sie von dem Architekten Gottfried Semper und dessen Sohn Manfred, der die Bauleitung° hatte, gebaut. Bis zur Zerstörung im 2. Weltkrieg war sie Staatsoper. Sie wurde auch Semper-Oper genannt und war in ganz Europa berühmt. Schon kurz vor ihrer Zerstörung 1945 war die Oper geschlossen worden, weil für das kulturelle Leben in den letzten Kriegsmonaten weder Geld noch Personal mehr da war. Mit der Oper „Der Freischütz" von Richard Wagner war das Programm damals beendet worden. Mit dieser Oper wurde es genau 40 Jahre später auch wieder begonnen.

reopening
reconstruction

construction supervision

Der Wiederaufbau, in den die DDR viel Geld und Energie investiert hat, um dieses geistige Erbe° für uns heute wieder sichtbar werden zu lassen, beschäftigte über acht Jahre lang Handwerker und Künstler. Die alten Baupläne, die Gottfried Semper benutzt hatte, konnte man nicht mehr finden. So wurde die Oper nach alten Bildern, Berichten und Hinweisen aus der Korrespondenz zwischen Gottfried und Manfred ohne die alten Pläne begonnen. Das Resultat ist eine neue Semper-Oper, die ihre alte Pracht° und Akustik° hat. Die Semper-Oper soll nicht nur als Symbol dafür gelten, wie

heritage

splendor/ acoustics

Das Modell der Semper-Oper

Restauratoren und Künstler
arbeiten in der Semper-Oper.

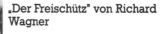

„Der Freischütz" von Richard
Wagner

sinnlos die Zerstörungen des Krieges sind. Das Ziel des neuen Direktors ist es außerdem, daß Dresdens Oper wieder international eines der besten Opernhäuser wird.

Fragen über den Text

1. Was war die Wiedereröffnung der Semper-Oper?
2. Mit welcher Oper wurde sie geschlossen und wiedereröffnet?
3. Wie lange hatte der Wiederaufbau gedauert?
4. Wer hat für den Wiederaufbau gearbeitet?
5. Warum war es schwer, den Wiederaufbau zu machen?
6. Welche beiden Ziele sind mit der Semper-Oper verbunden?

Grammatische Erklärungen

Infinitives with *zu*

In German, the word *zu* must precede the infinitive when the finite verb is not a modal, *sehen*, *hören* or *lassen*.

> *Maria versuchte zu lesen.* (Marie tried to read.)

When a modal auxiliary or *sehen*, *hören*, *lassen* occurs in the sentence, the dependent infinitive is not preceded by *zu*.

> *Ich muß gehen.* (I must go.)
> *Paula kann gut schwimmen.* (Paula can swim well.)
> *Ich sah ihn ankommen.* (I saw him arrive.)
> *Ich hörte ihn eintreten.* (I heard him come in.)
> *Ich ließ sie gehen.* (I let her go.)

These infinitives are part of the main clause. If the verb is separable, insert *zu* between prefix and stem (*anrufen – anzurufen*, *weitermachen – weiterzumachen*).

Commas are used only if other grammatical elements besides *zu* and the infinitive appear in the infinitive clause.

> *Er glaubte zu stören. Er glaubte, seine Freunde zu stören.*
> *Es gelang ihr zu arbeiten. Es gelang ihr, an dem Buch zu arbeiten.*

Übungen

11. **Kombinieren Sie die Elemente und machen Sie daraus 10 Sätze. Alle Ausdrücke in der linken Spalte haben immer einen Infinitiv nach sich.**

    Beispiel: *Ist es möglich, . . . den Zoo besuchen*
    Ist es möglich, den Zoo zu besuchen?

Ist es möglich, . . .	meine Freunde anrufen
Ich habe die Absicht, . . .	etwas mehr segeln
Es gelang uns, . . .	die Aufgabe beenden
Es war leicht, . . .	das Flugzeug erreichen
Es war schwer, . . .	den Koffer wiederfinden
Es ist Zeit, . . .	ins Bett gehen

12. Einige Ausdrücke haben immer das Element *zu* bei sich: *um . . . zu* (in order to), *anstatt . . . zu* (instead of), *ohne . . . zu* (without). Verbinden Sie die beiden kurzen Sätze mit je einem der drei Ausdrücke *um . . . zu, anstatt . . . zu, ohne . . . zu*. Manchmal gibt es zwei oder drei Möglichkeiten.

    Beispiel: *Er ist reich. Er arbeitet nicht.*
    Er ist reich, ohne zu arbeiten.

    1. Bernd kommt nach Hause. Er geht nicht in die Disko.
    2. Brigitte sieht ein Fußballspiel. Sie lernt nicht.
    3. Ich fahre nie Auto. Ich bin vorsichtig.
    4. Die Familie arbeitet. Sie fährt nicht in die Ferien.
    5. Ich sehe das Bild nur an. Ich kaufe es nicht.
    6. Ihr sollt das nicht tun. Ihr sollt immer fragen.
    7. Die Eltern sind gegangen. Sie haben kein Wort gesagt.
    8. Die Preise sind gefallen. Sie sind nicht gestiegen.

13. Die drei Ausdrücke können auch am Anfang des Satzes stehen und den Infinitivsatz einleiten. Machen Sie Übung 12 noch einmal und beginnen Sie die Sätze mit *Anstatt zu . . ., Um zu . . ., Ohne zu . . .*

    Beispiele: *Man arbeitet. Man muß einen Job haben.*
    Um zu arbeiten, muß man einen Job haben.

    Sie ruft nicht an. Sie kommt bei uns vorbei.
    Ohne anzurufen, kommt sie bei uns vorbei.

14. Sie sind nicht glücklich über das, was Thomas so tut. Formen Sie die folgenden Sätze um und machen Sie Imperativsätze daraus.

    Beispiel: *Thomas liest Zeitung. Er soll aber das Geschirr spülen.*
    Anstatt zu lesen, solltest du das Geschirr spülen!

    1. Er schneidet die Karotten. Er soll aber die Kartoffeln schneiden.
    2. Er nimmt die kleinste Schüssel. Er soll aber den Teller nehmen.
    3. Er kocht das Schnitzel. Er soll es aber braten.
    4. Er telefoniert. Er soll aber in der Küche arbeiten.
    5. Er setzt sich in sein Zimmer. Er soll aber die Küche aufräumen.
    6. Er will nichts hören. Er soll aber zuhören.

7. Er will seine Ruhe. Er soll aber das Thema diskutieren.
8. Er will eine Cola trinken. Er soll aber Milch trinken.

Tendenzen der Zwanziger Jahre

Die „Goldenen Zwanziger Jahre" war das Thema einer großen Kunstausstellung° in West-Berlin. Man zeigte Meisterwerke° der Jahre 1918 bis 1933. Die Ausstellung bot einen Überblick° über Kunst und Kultur zwischen den beiden Weltkriegen. Sichtbar wurde dabei die tiefe Irritation der Menschen, die in dieser Zeit der Krisen° gelebt und Kunst geschaffen haben. Die Werke gelten als Beweise für den Protest der Künstler gegen diese Jahre, die alles andere als golden waren.

art exhibition
masterpieces
overview

crises

Die Maler der Neuen Sachlichkeit schufen in ihren Bildern eine übergenaue° Realität, während die Surrealisten Träume und Realität in ihren Werken verbanden. Wie auch immer die Kunst der Zwanziger Jahre die neue Zeit zu beschreiben versuchte, das naive Verhältnis zur Wirklichkeit war verloren. Was einst Selbstausdruck° des Menschen war, zeigte nun seine Konfusion.

overly precise

self-expression

Fragen über den Text

1. Was dokumentierte die Berliner Ausstellung?
2. Wie fühlten sich die Künstler in dieser Zeit?
3. Was hat die Kunst erschüttert?
4. Wie malten die Künstler der Neuen Sachlichkeit?

Grammatische Erklärungen

Subtle meaning of modal auxiliaries

So far, you have used modal auxiliaries to modify the action of the subject.

Petra liest die Zeitung. Petra kann die Zeitung lesen.

Modals can also govern the meaning of the sentence, and the verbal action (*lesen, kochen, reden*) becomes secondary. In the second sentence of the example, it is stated that Petra is able to do what she is doing already in the first sentence.

This is especially true when we use the modals for subjective statements.

Fact	Assumption of speaker
Das Mädchen ist nett.	*Das Mädchen muß nett sein.*
	The girl (just) has to be nice.
	The girl seems to be nice.
Die Reise ist teuer.	*Die Reise muß teuer sein.*
	The trip has to be expensive.
	The trip seems to be expensive.
Daniela ist schlau.	*Daniela muß schlau sein.*
	Daniela has to be smart.
	Daniela seems to be smart.

As you can see from these examples, the meaning of such sentences depends on the context. In the first example, the context could be that because the girl has very strict parents, she is always nice. Or the context could be that you saw and liked her. Therefore, she has to be nice. In either case, we don't know whether she is nice or not.

Übungen

15. **Spekulieren Sie mal ein bißchen. Ändern Sie die folgenden Sätze und benutzen Sie das Modalverb** *müssen.* **Dann schreiben Sie die englische Bedeutung, die Sie ausdrücken wollen.**

    Beispiel: *Der Kuchen ist lecker.*
    Der Kuchen muß lecker sein.
    (The cake has to be delicious. The cake seems to be delicious.)

    1. Der neue Anzug ist teuer.
    2. Die Krawatte ist alt.
    3. Das Kleid ist schon alt.
    4. Der Mantel ist zu kurz.
    5. Die Dame ist freundlich.
    6. Das Wetter ist schön.
    7. Der Herr fragt viele Fragen.
    8. Die Fahrt dauert lange.

16. **Glauben Sie, daß jemand das getan hat? Dann antworten Sie: ,,Ja, das kann sie/er getan haben." (Yes, s/he might have done that.) Glauben Sie es nicht? Dann antworten Sie: ,,Nein, das könnte sie/er nicht getan haben." (No, s/he couldn't do that.)**

    Beispiele: *Beate rennt die 100 Meter in zehn Sekunden.*
    Nein, die könnte sie nicht gerannt sein.

    Angelika schreibt die besten Aufsätze.
    Ja, die kann sie geschrieben haben.

    1. Harald baut die größten Schiffe.
    2. Julia spricht mit 12 Jahren schon 8 Sprachen.

3. Ernst kann Klavier und Geige gleichzeitig spielen.
4. Otto ist jeden Tag 100 Kilometer gelaufen.
5. Rosi kennt alle Gedichte von Bert Brecht.
6. Max hat den ganzen Tag spanisch gesprochen.
7. Gudrun hat mir einen Elefanten mitgebracht.
8. Der Vater von Hedwig hat die Lieder schön gesungen.

17. Übersetzen Sie die folgenden Sätze ins Deutsche.

1. She seems to be a smart girl.
2. They seem to have heard about it.
3. They might come.
4. This man seems to ask many questions.
5. She may have written good essays.
6. You guys should ask us first.
7. Brigitte should meet me at ten.

18. Nennen Sie die Verben, von denen diese Nomen kommen. Machen Sie einen Satz mit dem Verb.

Beispiel: *Vollendung*
vollenden – Wir wollen das Werk vollenden.

1. Arbeit
2. Ausdruck
3. Ausstellung
4. Entscheidung
5. Entwicklung
6. Erinnerung
7. Malerin
8. Mischung
9. Protest
10. Vergleich
11. Schaden
12. Verschmutzung

19. Welche anderen Wörter gehören zur selben Familie?

Beispiel: *das Interesse*
interessant, interessieren

1. die Bescheidenheit
2. dichten
3. die Entstehung
4. entwickeln
5. die Eröffnung

6. freundlich
7. der Fund
8. groß
9. das Jahr
10. die Künstlerin
11. leben
12. der Maler

20. **Finden Sie die Synonyme in den beiden Spalten. Welche Wörter haben die gleiche Bedeutung?**

1. volkstümlich	a. wichtig
2. bedeutend	b. Ende
3. Schluß	c. gestatten
4. bekannt	d. Arbeiter
5. erlauben	e. populär
6. Entdeckung	f. referieren
7. Hilfe	g. Meinung
8. vortragen	h. berühmt
9. Standpunkt	i. Unterstützung
10. Werktätiger	j. Erfindung

Das sonderbare Telefon

Christian Bock (geb. 1906)

Der Verfasser war freier Schriftsteller und Dramaturg° in Berlin und dramatist
Hamburg und schrieb nach dem Kriege vor allem Hörspiele. Dieser Text
stammt aus einem seiner Hörspiele. Die Situation ist komisch, denn alles
ist nur Fantasie. Da Herrn Lüdemanns Telefon gestört° ist, benutzt er ein disrupted
anderes, das er vom Boden° seines Hauses geholt hat. Der Apparat ist aber attic
verrückt°. Man kann nicht hören, was der andere sagt, sondern nur, was crazy
er denkt.

Lüdemann:	Nanu?
Martha:	Franz, was ist denn?
Lüdemann:	Das Telefon geht nicht.
Martha:	Wie kommt denn das?
Lüdemann:	Weiß nicht. Tot. Gar nichts!
	(*Na, ich rief gleich von Meyers aus die Störungsstelle° an. Sie möchten sofort einen Mann schicken.*) repair department
Beamter:	Tut mir leid. Sofort geht das nicht.

Lüdemann:	Aber hören Sie, das muß gehen!
Beamter:	In drei bis vier Tagen erst.
Lüdemann:	*(Meine Frau hatte eine Idee. Oben auf dem Boden, sagte sie, steht noch irgend so ein uralter Telefonapparat – vielleicht geht der noch.)* Mal sehen!

(Ich holte das Ding vom Boden herunter und ... es ging! Classens rief an. Das sind ... naja°! ... Bekannte von uns.)

well

Classen:	(am Telefon) Hier Classen.
Lüdemann:	Hermann! Grüß dich! Ihr wollt ja heute abend zu uns kommen, nicht?
Classen:	Ach du lieber Gott! Ja, richtig. Uns graut° jetzt schon davor!
Lüdemann:	Ich wollte hören, wann ihr kommen wollt.
Classen:	Am liebsten gar nicht. Aber ... sagen wir halb neun.
Lüdemann:	Du bist witzig° heute! Halb neun, ja gut.

we dread it

witty

Martha:	Ach, Franz, tust du mir eben mal einen Gefallen°? Ich hab' so viel zu tun für heute abend. Rufst du mal das Modehaus° Evelyn an, daß sie mein Kleid schicken?
Verkäuferin:	(am Telefon) Modehaus Evelyn ...
Lüdemann:	Hier ist Lüdemann. Meine Frau hat ein Kleid bei Ihnen gekauft, und ich wollte fragen ...
Verkäuferin:	Ach so, ja ich weiß, Herr Lüdemann. Wir haben bei der Anprobe° schon gelacht.
Lüdemann:	Bitte?
Verkäuferin:	Und dann wollte sie es noch enger° haben.
Lüdemann:	Ich ... ich verstehe nicht ...
Verkäuferin:	Na, in der Taille°! Aber dazu muß man ja nun erst eine *haben*.
Lüdemann:	So? Jaja. Meine Frau wollte es heute abend tragen.
Verkäuferin:	Naja, wenn sie den Abend über die Luft anhält°, geht's ja vielleicht. Sie kann's versuchen.
Lüdemann:	Bitte?
Verkäuferin:	Wir schicken es, Herr Lüdemann. Vor sieben noch.

favor

fashion store

fitting

tighter

waist

holds her breath

Martha:	Du siehst ganz verstört° aus. Was ist denn mit dir?
Lüdemann:	Was soll denn mit mir sein? Gar nichts!
Martha:	Ruf doch noch den Lehrer an.
Lüdemann:	Mein Gott, das hat noch Zeit, das muß ja

disturbed

nicht heute sein.

Martha:	Doch! Morgen kann er verreist° sein. Die Ferien fangen doch heute an.
Lüdemann:	Also gut, meinetwegen.
Martha:	Sag dem Lehrer, wir verstehen nicht, daß Wölfchen so schlechte Zensuren° hat.
Lüdemann:	Jaja, ich rufe ihn ja schon an, ich bin ja schon dabei!
Martha:	Schön, Franz.
Dr. Seyfferth:	(am Telefon) Hier Seyfferth.
Lüdemann:	Hier ist Lüdemann ... Herr Doktor, sagen Sie, mein Junge hat so schlechte Zensuren mit nach Hause gebracht ...
Dr. Seyfferth:	Ach, Ihr Sohn Wolf, jaja, ich weiß, ich weiß ... Wundert Sie das? Mich nicht.
Lüdemann:	Wie meinen Sie, Herr Doktor?
Dr. Seyfferth:	Ich meine, woher soll er es auch haben?
Lüdemann:	Bitte?
Dr. Seyfferth:	Sehen Sie, Herr Lüdemann, Sie sind ja nicht der Intelligenteste, nicht wahr? Und wie es sonst in Ihrer Familie ist, weiß ich nicht.
Lüdemann:	Herr ... Herr Doktor ...
Dr. Seyfferth:	Es tut mir leid, Herr Lüdemann, die Zensuren, die ich gebe, sind immer sehr wohl überlegt.

gone (on a trip)

grades

Lüdemann:	Herr Doktor, ich kann nicht begreifen ...	
Dr. Seyfferth:	Aber das ist doch sehr einfach zu begreifen. Ganz populär gesagt, Herr Lüdemann: Doof° bleibt doof, da helfen keine Pillen°.	*dumb/pills*
Lüdemann:	So eine Unverschämtheit°!	*impertinence*

Martha:	Franz? Was ist denn? Wo willst du denn hin?	
Lüdemann:	Ich möchte doch mal wissen, was heute eigentlich in die Leute gefahren° ist! (*Ich sauste° zu ihm hin. Er sagt: Was? Was meinen Sie?*) Was Sie eben am Telefon gesagt haben, meine ich.	*gotten into those people/rushed*
Dr. Seyfferth:	Ich weiß nicht, was Sie da verletzt° haben konnte.	*hurt*
Lüdemann:	Das ... wissen Sie nicht?	
Dr. Seyfferth:	Nein, wirklich nicht. Soweit° ich mich erinnere, war ich keineswegs° unfreundlich.	*as far as not at all*

Fragen über den Text

1. Warum holt sich Franz Lüdemann ein altes Telefon vom Boden?
2. Was ist komisch bei den Gesprächen?
3. Was denkt die Verkäuferin über Martha?
4. Warum ruft Lüdemann den Lehrer an?
5. Welche Worte machen Herrn Lüdemann sauer?

Übungen

21. Möchten Sie solch ein Telefon haben? Was würden Sie damit machen? Schreiben Sie Ihre Ideen auf und erzählen Sie davon.

22. Was haben die Verkäuferin und der Lehrer denn wirklich gesagt? Wir lesen ja nur, was sie gedacht haben. Schreiben Sie, was die Verkäuferin und der Lehrer wirklich gesagt haben könnten.

23. Füllen Sie die freien Stellen nach Ihren eigenen Ideen aus. Die Lösungen in der Liste sollen nur ein Beispiel sein. Sie können aber sagen, was Sie möchten.

(1) Frankfurt (2) 123 4456 (3) 069 (4) Wilhelm (5) deine Schwester (6) Erich (7) Köln (8) Ulla (9) Erich (10) Köln (11) Ulla (12) Waschen (13) Erich (14) Überraschung (15) los (16) ich ein Motorrad gekauft habe (17) dein Vater (18) er (19) gesagt (20) es nicht gern (21) siehst (22) fort (23) viel Glück

A: Fräulein, hören Sie mich? Ich möchte jemand in _____ (1) _____ anrufen. Die Nummer ist _____ (2) _____.

F: Da können Sie selbst wählen. Die Vorwahl ist ＿＿ (3) ＿＿.

A: Herzlichen Dank. Er wählt die Vorwahl und ＿＿ (2) ＿＿. ＿＿
(4) ＿＿, bist du es? Sag mal, ist denn ＿＿ (5) ＿＿ zu Hause? Hier
spricht ＿＿ (6) ＿＿ aus ＿＿ (7) ＿＿.

B: Augenblick. B ruft laut: ＿＿ (8) ＿＿, da ist ＿＿(9) ＿＿aus ＿＿
(10) ＿＿ am Telefon. Ja, ＿＿ (11) ＿＿ kommt gleich. Sie/er ist
gerade beim ＿＿ (12) ＿＿.

C: ＿＿ (13) ＿＿, bist du es? Mensch, welche ＿＿ (14) ＿＿! Was ist
＿＿ (15) ＿＿?

A: Ich wollte nur schnell sagen, daß ＿＿ (16) ＿＿.

C: Prima! Und was meint ＿＿ (17) ＿＿ dazu?

A: Ich weiß nicht. ＿＿ (18) ＿＿ hat nichts ＿＿ (19) ＿＿.

C: Schade. Warum denn nicht? Hat sie/er ＿＿ (20) ＿＿?

A: Frag sie/ihn, wenn du sie/ihn ＿＿ (21) ＿＿. Ich muß jetzt ＿＿
(22) ＿＿ Tschüß!

C: Tschüß. Und ＿＿ (23) ＿＿.

Leseecke

Mein Onkel Fred

Heinrich Böll (1917–1985)

*Diese Geschichte, wie viele andere auch, handelt vom Chaos der Nach-
kriegsjahre und den neuen Situationen, in denen sich Menschen befinden.
Böll, der im 2. Weltkrieg Infanterist an der Front war, war einer der
erfolgreichsten° Autoren der Nachkriegszeit. 1972 erhielt er den Nobelpreis*   most successful
*für Literatur. In der politischen Szene der BRD spielte er eine wichtige
Rolle. Trotz seiner vielen Erfolge ist er ein sehr bescheidener° Mensch*   modest
gewesen, der kaum materielle Ansprüche° hatte. Sein besonderes Interesse   demands
galt immer den Minderheiten° und Unterdrückten°, denen er half, so gut   minorities/
er konnte.   suppressed

Mein Onkel Fred kam an einem Sommernachmittag aus dem
Krieg heim, einfach gekleidet, eine Blechbüchse° um den   *tin box*
Hals.

Er umarmte meine Mutter, küßte meine Schwester und
mich, murmelte° die Worte „Brot, Schlaf, Tabak" und legte   *mumbled*
sich auf unser Familiensofa, und so erinnere ich mich an ihn,
als einen Menschen, der länger war als unser Sofa, was ihn
zwang, seine Beine entweder an den Körper zu ziehen,
oder sie einfach über das Sofa hängen zu lassen.

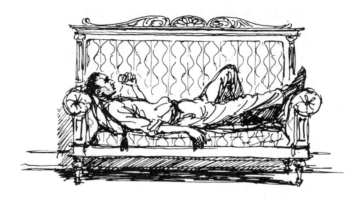

Ich selbst hatte damals eine undankbare° Aufgabe in un-   *thankless*
serer Familie: ich war vierzehn Jahre alt und die einzige
Verbindung zu dem, was wir Schwarzmarkt° nannten. Mein   *black market*
Vater war als Soldat im Krieg gefallen°, meine Mutter bekam   *killed*
eine sehr geringe Pension, und so war meine Aufgabe, fast
täglich kleinere Teile unseres Besitzes zu verscheuern° oder   *sell off*
sie gegen Brot, Kohle und Tabak zu tauschen°.   *barter*

Onkel Freds Ankunft weckte in uns allen die Erwartung
männlicher Hilfe. Aber zuerst enttäuschte° er uns. Schon   *disappointed*
vom ersten Tage an machte mir sein Appetit große Sorge,
und als ich dies meiner Mutter sagte, bat sie mich, ihn erst
einmal „zu sich kommen zu lassen". Es dauerte fast acht
Wochen, ehe er zu sich kam. Trotzdem er mit dem schlechten Sofa unzufrieden war, schlief er doch recht gut, verbrachte den Tag liegend, während er uns mit leidender
Stimme erklärte, welche Stellung° er im Schlaf vorziehe°.   *position/preferred*

Ich glaube, es war die Stellung eines Läufers vor dem
Start, die er damals allen anderen zeigte. Er liebte es, nach
dem Essen auf dem Rücken liegend, ein großes Stück Brot
langsam in sich hineinzuschieben, dann eine Zigarette zu
drehen und dem Abendessen entgegenzuschlafen. Er war
sehr groß und blaß° und hatte eine runde Narbe° am Kinn.   *pale/scar*
Obwohl mich sein Appetit und sein Schlaf weiterhin be-
unruhigten°. mochte ich ihn sehr gern. Er war der einzige,   *disturbed*

mit dem ich wenigstens über den Schwarzmarkt sprechen konnte, ohne Streit° zu bekommen. *quarrel*

Er war früher Buchhalter° gewesen, und als die ersten vier Wochen auf unserem Sofa vorüber waren, forderte meine Mutter ihn vorsichtig auf, nach seiner alten Firma zu fragen. Er gab diese Aufforderung° an mich weiter. Aber alles, was ich herausfinden konnte, war eine Ruine von ungefähr acht Meter Höhe, die ich nach längerem Suchen in einem zerstörten Stadtteil fand. Onkel Fred war mit dem Ergebnis meiner Untersuchung sehr zufrieden. Er drehte sich eine Zigarette, blickte meine Mutter triumphierend° an und bat sie, seine Sachen herauszusuchen. In der Ecke unseres Schlafzimmers fand sich eine Kiste, die wir unter großer Erwartung öffneten. Es kamen heraus: eine goldene Taschenuhr, zwei Paar Hosenträger°, einige Notizbücher, das Diplom der Handelskammer und ein Sparkassenbuch° über 1200 Mark. *bookkeeper* / *request* / *triumphantly* / *suspenders* / *savings account book*

Ich sollte das Geld vom Sparkassenbuch holen und den Rest verscheuern – auch das Diplom von der Handelskammer, das aber niemand haben wollte, weil Onkel Freds Name mit schwarzer Tusche° geschrieben war. *ink*

So waren wir vier Wochen jede Sorge um Brot, Tabak und Kohlen los, was ich sehr gut fand, weil alle Schulen wieder einladend ihre Tore öffneten, und ich aufgefordert wurde, wieder zur Schule zu gehen.

Aber das Ereignis in dieser Zeit war die Tatsache, daß Onkel Fred gut acht Wochen nach seiner erfreulichen Heimkehr etwas unternahm°. *did*

Er stand an einem Spätsommertag morgens von seinem Sofa auf, rasierte sich gründlich, verlangte saubere Wäsche°, lieh sich mein Fahrrad und verschwand. *underwear*

Seine späte Heimkehr stand unter dem Zeichen großen Lärms und eines heftigen° Weingeruchs°. Der Weingeruch kam aus dem Mund meines Onkels, der Lärm von einem halben Dutzend Blecheimern°, die er zusammengebunden hatte. Unsere Verwunderung° legte sich erst, als wir erfuhren, daß er entschlossen sei, den Blumenhandel in unserer sehr zerstörten Stadt zum Leben zu erwecken°. *intense/wine odor* / *tin pails* / *astonishment* / *awaken*

Es war ein bedeutungsvoller Morgen, als wir Onkel Fred halfen, die frischgefüllten Eimer an die Straßenbahnhaltestelle zu bringen, wo er sein Geschäft startete. Und ich habe die gelben und roten Tulpen°, die feuchten Nelken° noch heute im Gedächtnis, und werde nie vergessen, wie schön er aussah, als er inmitten° der grauen Ruinen stand und mit lauter Stimme anfing zu rufen: „Blumen ohne°!" *tulips/carnations* / *in the midst of* / *without (ration cards)*

Über die Entwicklung seines Geschäfts brauche ich nichts zu sagen. Schon nach vier Wochen war er Besitzer von drei Dutzend Eimern, zwei weiteren Blumenständen°, und einen Monat später war er Steuerzahler. Die ganze Stadt schien nun verändert: an viele Ecken kamen nun Blumenstände. Immer mehr Eimer wurden angeschafft°.

flower stands

acquired

Wir hatten nicht nur dauernd frische Blumen, sondern auch Brot und Kohle, und ich brauchte nicht mehr auf den Schwarzmarkt zu gehen. Onkel Fred ist ein reicher Mann: seine Geschäfte blühen° immer noch.

are booming

Wenn ich ihn heute sehe, einen dicken Menschen in seinem großen roten Wagen, kommt es mir merkwürdig° vor, daß es eine Zeit in meinem Leben gab, in der mir sein Appetit schlaflose Nächte bereitete°.

strange

caused

Fragen über den Text

1. Was besaß Onkel Fred, als er aus dem Krieg kam?
2. Welche Aufgaben hatte ich in der Familie?
3. Warum war die Familie von Onkel Fred enttäuscht?
4. Welchen Beruf hatte er früher gehabt?
5. Welche Sachen waren in Onkel Freds Kiste?
6. Warum konnte er das Diplom der Handelskammer nicht loswerden?
7. Wann fing Onkel Fred zu arbeiten an?
8. Wie ging es mit dem Blumengeschäft?

Übungen

24. Setzen Sie die richtige Form der folgenden Wörter in die Sätze ein.

Sorge / unternehmen / holen / Blumenhandel / Buchhalter / Schwarzmarkt / murmeln / undankbar / Sommernachmittag / blühen / Krieg / Ruine

1. Mein Onkel Fred kam an einem _____ aus dem Krieg heim.
2. Er _____ die Worte ,,Brot, Schlaf, Tabak''.
3. Ich hatte eine _____ Aufgabe.
4. Mein Vater war im _____ gefallen.
5. Sein Appetit machte mir große _____.
6. Er war früher _____ gewesen.
7. In einem zerstörten Stadtteil fand ich eine _____ von acht Metern Höhe.
8. Ich sollte das Geld von der Sparkasse _____.
9. Acht Wochen nach seiner Heimkehr _____ Onkel Fred etwas.
10. Er wollte den _____ in unserer Stadt zum Leben erwecken.
11. Ich brauchte nicht mehr auf den _____ zu gehen.
12. Onkel Freds Geschäfte _____ immer noch.

25. Drei Studenten unterhalten sich über einen Besuch im Museum. Sie haben verschiedene Eindrücke. Setzen Sie die passenden Wörter aus der folgenden Liste ein. Sie brauchen nicht alle Wörter.

Gemälde, liebsten, Foto, Meinung, zerstört, Bus, Ansicht, Zeitung, modernen, großartige, Museum, gefallen, Dom, Interesse, gern, errichtet,
wunderbar, Frühzeit, Jahrhundert, größte, Semper, geschaffen, Mittelalter,
herrliche, Bild, Künstlern

A: Wie hat euch der Besuch im _____ gefallen?
B: Ich fand ihn _____. Natürlich hatte ich mehr _____ an den Bildern aus unserer _____ Zeit als an denen aus der klassischen Periode.
C: Ich teile deine _____ nicht. Ich hatte besonders die Werke von Dürer _____, die aus dem _____ stammen.
A: Und ich wäre am _____ noch länger in der Halle geblieben, in der Funde aus der _____ waren.
C: Das Mittelalter war aber die _____ Zeit der deutschen Kunst. Ein Bauwerk wie der Kölner _____ kann heute nicht mehr _____ werden.
B: Trotzdem gab es bis ins 19. _____ immer noch _____ neue Kunstbauten. Die _____ -Oper in Dresden zum Beispiel.

A: Ja, ich sah auch ein ____ davon. Aber sie ist doch im Krieg ____ worden.

C: Und wieder aufgebaut, von über siebzig ____. Ich habe es in der ____ gelesen . . . Da kommt mein ____, tschüß!

7 Das kulturelle Leben

Kultur verbindet Menschen

Kultur und Zivilisation sind untrennbare° Teile der Identität *inseparable*
jeder Nation oder jedes Volkes. Trotz politischer Uneinig-
keit° in speziellen Fällen gibt „die" Kultur jedem Menschen *dissension*
ihre Charakteristiken mit. Das war auch für jenes Volk so,
das man früher einmal Germanen nannte. Wo wird Kultur
denn sichtbar, wie unterscheidet sie die Völker, und welche
Elemente haben verschiedene Kulturen gemeinsam? Der
entscheidende Punkt ist die Sprache. Sie bestimmt das
Denken, Fühlen und Handeln der Menschen und sie unterscheidet zwischen Polen, Franzosen, Deutschen, Amerikanern und allen anderen.

Aber weder die Sprache noch die Philosophie haben sich
unabhängig von den Nachbarn entwickelt. Die deutsche
Kultur ist zum Beispiel während der Herrschaft Napoleons
stark von Frankreich beeinflußt worden, und bis heute
spiegelt die deutsche Sprache das wider. Wir müssen also
sehen, wo Sprache sich entwickelt, wo sie verändert wird
und wie sich unsere Kultur damit verändert. Solche Veränderungen geschehen meistens relativ langsam und dauern
viele Jahrzehnte oder Jahrhunderte, wenn nicht eine Kulturrevolution stattfindet.

Das moderne China ist ein Beispiel dafür, welche Sta-
tionen dieser schnellere Weg hat und welche Vor- und
Nachteile es gibt. Die Studentenproteste in der BRD 1967 bis
1969 waren der Beginn einer solchen Kulturrevolution. Viele
junge Leute waren auf der Straße und sagten laut, was sie
von ihrer Kultur hielten. Aber bis heute hat sich die Szene
beruhigt und viele Ideen sind wieder vergessen worden, die
damals heiße Diskussionen und Demonstrationen verur-
sachten°. Die DDR ist nach dem Krieg bewußt° einen *caused/*
anderen Weg gegangen und hat versucht, ihre Kultur und *deliberately*
das sozialistische Konzept miteinander zu verbinden. Aber
auch dort hat man gemerkt, daß kulturelle Werte tiefe
Wurzeln haben und daß es viel Kraft kostet, sich schnell
davon zu befreien. Das gilt für gute wie auch für weniger
gute Eigenschaften jeder Kultur.

Die Auswahl der Filme in den
Kinos ist ziemlich groß.

Konzertsaal der Philharmonie
in West-Berlin

Schon die Kinder gehen gern
ins Theater.

Wer die Zeitung aufschlägt,
findet sie voll von Kultur.

Wo also findet man Kultur? Wie kann man denn hoffen, Kultur zu finden, wo viele Leute sagen, es gäbe keine mehr? Aber sie meinen wohl, es gäbe keine Kultur, die ihnen gefällt. Das ist dann ihr eigenes Problem. Denn es gibt sie, sie ist überall. Sie steht morgens mit den Menschen auf, prägt° den ganzen Tag, die Freizeit und den Sport. Sie organisiert unser Denken und Tun. Kultur ist die Summe° unserer Arbeit, unserer Hoffnungen, unserer Perspektiven und unserer Geschichte. Wer die Zeitung aufschlägt°, findet sie voll davon. Die Nachrichten berichten von kulturellen Ereignissen, Theater, Museum, Disko, Wirtschaft. Straßenbahnhaltestelle, Arbeitsstelle und Garten sind Orte, an denen sich Kultur zeigt.

forms

sum

opens

Besonders die Theater, Kinos und Konzerthallen fallen auf, weil dort Kultur als solche gezeigt wird. Dort nennt man Kultur, was an anderen Orten nur als „tägliches Leben" bezeichnet wird, aber doch auch zur Kultur gehört.

In den letzten zwanzig Jahren sind die Flugpreise° immer billiger geworden, mehr und mehr Menschen fahren ins Ausland, und Radio und Fernsehen bringen die Welt in unser Wohnzimmer. Da ist es eine natürliche Konsequenz, daß sich auch kulturelle Werte ändern, denn man lernt und erfährt mehr von anderen Menschen und Ländern als je zuvor°. Früher stand die nationale Kultur immer im Vordergrund°; heute ist es fast schon eine internationale Kultur. Während man früher mit der Pferdekutsche° ins Ausland gefahren ist, um andere Kulturen kennenzulernen, ist uns heute kein Land mehr zu fern. Kultureller Austausch zwischen Nationen, Städten und Universitäten tragen weiter dazu bei, daß Kultur nicht die Sache nur eines Landes ist. Es bleibt trotzdem interessant, sich die feinen Unterschiede und die Kleinigkeiten des Alltags der Gesellschaft anzusehen, um andere besser zu verstehen.

costs of air travel

ever before
foreground
horse-drawn
carriage

Fragen über den Text

1. Was ist Kultur?
2. Wo findet man Kultur?
3. Was bestimmt die Kultur jedes Landes?
4. Was passiert, wenn z.B. in den U.S.A. viele Nationalitäten zusammenkommen? Wie sieht die Kultur dann aus?
5. Was ist eine Kulturrevolution?
6. Wo hat es eine gegeben?
7. Warum stecken kulturelle Wurzeln sehr tief in unserem Denken?
8. Warum sagen einige Leute, daß es keine Kultur mehr gäbe?

9. Wodurch kommen sich verschiedene Kulturen immer näher?
10. Was ist trotzdem interessant?

Grammatische Erklärungen

Double infinitives with *sehen, hören, helfen, lassen*

Helfen, lassen, sehen and *hören* are used in the same way modal auxiliaries are used. Like the modals, these four verbs require a double infinitive construction in the future, present perfect and past perfect tenses in both the indicative and subjunctive. They always use *haben* as their auxiliary.

Indicative

Present (Präsens)
Ich höre sie singen. (I hear her sing.)
Simple past (Imperfekt)
Ich hörte sie singen. (I heard her sing.)
Future (Futur)
Ich werde sie singen hören. (I'll hear her sing.)
Present perfect (Perfekt)
Ich habe sie singen hören. (I have heard her sing.)
Past perfect (Plusquamperfekt)
Ich hatte sie singen hören. (I had heard her sing.)

Subjunctive

Present subjunctive II (Konjunktiv I)
Ich würde sie singen hören. (I would hear her sing.)
Past subjunctive II (Konjunktiv II)
Ich hätte sie singen hören. (I would have heard her sing.)

If the double infinitive occurs in a dependent clause, the conjugated auxiliary precedes the action verb and *sehen, hören, helfen, lassen* and all modal auxiliaries.

Er sagte mir, daß er seinen Freund nicht ins Haus hat *kommen lassen.*
(He told me that he didn't let his friend come into the house.)

Übungen

1. Wählen Sie die richtigen Verben aus der Liste und ergänzen Sie die folgenden Sätze.

hören / reparieren / vorbeigehen / reinigen / gehen / basteln / sagen / kommen

1. Reiner hilft ihm die Maschine ＿＿＿.
2. Erwin hilft der Gastmutter die Wäsche ＿＿＿.
3. Laß Christine doch etwas an der Maschine ＿＿＿, Fritz!

4. Wir lassen die Leute an uns _____.
5. Ich höre euch das ständig _____.
6. Ich kann das nicht mehr ständig sagen _____.
7. Ich sehe das Problem schon _____.
8. Karsten sieht Marlis aus dem Haus _____.

2. **Welches Hilfsverb fehlt? Ergänzen Sie die fehlenden Hilfsverben fürs Perfekt und Plusquamperfekt.**

Beispiel: *Regina _____ es die Freunde sagen hören.*
Regina hat/hatte es die Freunde sagen hören.

1. Ich _____ ihn das ständig sagen hören.
2. Paul _____ ihm die Waschmaschine reparieren helfen.
3. Ich _____ ihn das nicht mehr ständig sagen hören können.
4. Ich _____ das Unglück schon kommen sehen.
5. Peter _____ doch etwas an dem Auto gebastelt.
6. Mary _____ der Gastmutter die Wäche reinigen helfen.
7. Paul _____ Mary aus dem Haus gehen sehen.
8. Wir _____ die Passanten an uns vorbeilaufen lassen.

3. **Konstruieren Sie aus den Elementen 15 Sätze. Nicht alle Kombinationen sind korrekt.**

Wir lassen	die Musik	schnell laufen
Sie hört	das Theaterstück	spielen
Ihr helft	die Schallplatten	etwas tragen
Du siehst	die Freunde	basteln
Laß doch	die Studenten	arbeiten
Sie sollen	den Abend	Musik machen
Ich darf	jeden Sonntag	Spiele machen
Lassen Sie bitte	nachmittags	Filme zeigen

Grammatische Erklärungen

lassen

In spoken German, *lassen* is used frequently. It can have different meanings ranging from "leave" to "allow." The imperative forms *laß*, *laßt* and *lassen Sie* are especially common.

1. let's

Lassen Sie uns anfangen!	(Let's get started!)
Laßt uns in die Küche gehen.	(Let's go to the kitchen.)
Laß uns mal gehen.	(Let's go.)

2. to allow, to let

Lassen Sie den Mann durch.   (Let that man through.)
Laßt uns das machen.   (Allow us to do it.
                                   meaning: We can do a better job.)

Laß Karin dein Auto fahren.   (Let Karin drive your car.)
Ich lasse sie fahren.   (I let her drive.)

3. to leave

Lassen Sie mich in Ruhe!   (Leave me in peace!)
Laßt uns allein.   (Leave us alone.)
Laß die Kirche im Dorf.   (Leave the church in the village.
                                   meaning: Don't exaggerate.)

4. to initiate or cause an action

Lassen Sie uns eine Party feiern.   (Let's have a party.)
Laßt euch die Koffer geben.   (Have them give you the suitcases.)
Laß dir einen Anzug machen.   (Have a suit made for you.)
Wollen wir es dazu kommen lassen?   (Do we want to let it come to that?)

5. to make

Sie ließ mich gehen.   (She made me go.)
Er läßt uns raten.   (He makes us guess.)

Übungen

4. **Suchen Sie die richtigen Verben aus und ergänzen Sie die Sätze. In einigen Sätzen kann man mehrere richtige Verben finden. Wie ändert sich dann die Bedeutung des Satzes? In welchen Sätzen kann man nur ein bestimmtes Verb nehmen?**

   Benutzen Sie diese Verben: helfen, sehen, lassen, hören.

   1. Sie hat ihn nicht kommen _____, weil die Musik spielte.
   2. Man sprach davon, daß er sich hat helfen _____.
   3. Ich glaube, sie wird von sich hören _____.
   4. Wirst du dir auch helfen _____, wenn du es nicht allein kannst?
   5. Man hat nicht alles kommen _____, was dann später passierte.
   6. Sie haben ihren Kameraden nicht spielen _____.
   7. Gudrun hatte Ute ihre Bücher tragen _____.
   8. Habt ihr den Politiker reden _____?
   9. Ich habe es passieren _____, weil ich nichts tun konnte.
   10. Ich habe es passieren _____, aber es war schon zu spät.

5. **Konstruieren Sie aus den Elementen 6 Sätze im Präsens und 6 Sätze im Imperfekt.**

   | Frau Glahe | lassen | sich die Haare schneiden |
   | Herr Menzel | lassen | ein Essen im Hotel bestellen |

ich	lassen	die anderen arbeiten
ihr	lassen	andere Leute nicht in Ruhe
Peter und Claudia	lassen	das Auto in der Garage

6. **Sie sind sauer auf die anderen Leute. Ändern Sie jeden Satz und machen Sie eine etwas unfreundliche Frage daraus. Beachten Sie, daß manchmal das direkte Objekt oder Adverb und das Verb zu einem zusammengesetzten Nomen werden.**

Beispiel: *Rosi macht Krach in der Küche.*
,,Kannst du nicht das Krachmachen lassen?''

1. Vater raucht im Schlafzimmer.
2. Fritz liest seine Briefe.
3. Rita sieht fern.
4. Mutter schläft im Wohnzimmer.
5. Ulrich ruft an.
6. Ursula spielt Klavier.
7. Friederich erzählt Witze.
8. Sabine lacht laut.

7. **Erzählen Sie, was Sie alles von anderen Leuten machen lassen. Denken Sie selbst nach, was Sie sagen könnten.**

Beispiele: *Ich lasse meinen Freund für mich arbeiten.*
Ich lasse mein Essen kochen.
Ich lasse meine Eltern eine Party arrangieren.
Ich lasse . . .

8. **Sagen Sie anderen Leuten ihre geheimen Wünsche und Pläne. Wenn Sie es mit einem Freund tun wollen, sagen Sie ,,Wir haben vor . . .''**

Beispiel: *nach Israel fahren*
Ich habe vor, mich nach Israel fahren zu lassen.

1. ein Buch schreiben
2. eine Dokumentation filmen
3. alle Schuhe putzen
4. ein Haus bauen
5. den Garten schöner machen
6. einen Hund kaufen
7. mein Auto verkaufen
8. eine Party arrangieren
9. eine Rheinfahrt machen
10. keine Werbesendungen zeigen

Bildung statt Kanonen

In vielen Teilen der Welt, besonders in Lateinamerika, bei den Kennern° Zentralasiens und bei allen Geowissenschaftlern° ist Alexander von Humboldt, der um zwei Jahre jüngere Bruder Wilhelms, bis heute der berühmtere geblieben. Das ist kein Wunder, wenn der heutige Leser seine Weltoffenheit°, Fantasie, seine wissenschaftliche Präzision mit ihren Resultaten und seine persönliche Liebenswürdigkeit° bedenkt°. Vielleicht hat man deshalb außerhalb Deutschlands den etwas älteren Bruder Wilhelm vergessen.

experts
earth scientists

worldly candor

amiability/
considers

Das ist merkwürdig und gar nicht leicht zu erklären. Beide Brüder hatten nur Privatlehrer, beide haben nur für eine kurze Zeit an einer regulären Universität studiert. Wilhelm studierte 1787/88 in Frankfurt an der Oder und in Göttingen, der damals wohl modernsten deutschen Universität. Trotzdem gilt er als Begründer des Bildungsideals°, das von 1820 bis in die dreißiger Jahre des 20. Jahrhunderts den Ruhm der deutschen Universität begründete.

ideal of education

Er liebte das Privatleben, die kultivierte Konversation. Er kannte fast alle bedeutenden Geister° seiner Zeit. Sicher, er war auch ehrgeizig°, aber oft warf er alles wieder hin. Er konnte sich leisten°, so der Soziologe Max Weber, „nein" zu sagen, wann immer er wollte. Er war so sprachbegabt° wie sein Bruder. Beide waren als Diplomaten auch in Missionen

intellectuals
ambitious
afford
talented in
languages

Vorlesung in der Technischen Universität Berlin

für ihren König tätig. Aber Wilhelm war es, der das Bildungswesen° seines Landes innerhalb von nur sechzehn Monaten änderte. Preußen sollte durch geistige Kräfte alles ersetzen°, was es materiell verloren hatte. Hier lag die besondere Stärke° Wilhelm von Humboldts. Anfang 1809 wurde er zum Direktor der „Sektion für Kultus° und Unterricht° im Innenministerium ernannt°. Er hatte dort freie Hand, gute Mitarbeiter und eine riesige praktische Aufgabe. Man hat ihn den einflußreichsten° Kultusminister der deutschen Geschichte genannt. Es ging ihm dabei um die Verwirklichung° einer Vision. Er wollte ein Schulsystem mit Elementar-, Schul- und Universitätsunterricht. Die allgemeine Schulpflicht° gab es in Preußen schon seit einigen Jahren. Humboldt entwickelte aber ein neues Schulsystem, das im ganzen Land gültig° war. Dabei wurde besonders das Gymnasium reformiert. Er führte Examen° für die Lehrer ein, definierte das Curriculum, Schuljahr und den Wochenplan. Auch der Inhalt° von Examen und Aufnahmeprüfungen wurde bestimmt.

educational system

replace

strength

culture

instruction/named

most influential

realization

compulsory education

valid

examination

content

Schüler arbeiten in einer Gruppe.

Allein ist es natürlich viel schwerer.

Wilhelm von Humboldt war begeistert von der griechischen Sprache, weil sie die Quelle der europäischen
Kultur sei. Für ihn waren Latein und Griechisch das Fundament einer humanistischen Ausbildung°. Das „humani-   *education*
stische Gymnasium" ist sein Werk gewesen und blieb es an
den Schulen Deutschlands bis nach dem Zweiten Weltkrieg.
Erst dann wurde das staatliche° Schulwesen wieder refor-   *national*
miert. Auch auf die Universitäten hatte er großen Einfluß.
Sein Bildungsideal prägte die Schule des 19. Jahrhunderts.
Ein praktisches Beispiel ist die Gründung der Berliner Universität am 12. Mai 1809, bei der er mitarbeitete. Sie war eine
Universität nach humanistischen Grundsätzen° und blieb   *principles*
eine der besten auf der ganzen Welt.

Fragen über den Text

1. Wer waren Wilhelm und Alexander von Humboldt?
2. Wie lange studierte Wilhelm auf der Universität?
3. Was war sein besonderes Talent?
4. Was tat er im Kultusministerium Preußens?
5. Was war sein Bildungsideal?
6. Warum waren ihm Latein und Griechisch so wichtig?
7. Wie lange waren seine Ideen in jeder öffentlichen deutschen Schule zu
   finden?
8. Welche Universität hat er mitgegründet?

Grammatische Erklärungen

Subjunctive in dependent interrogative clauses

You will often find the subjunctive I in dependent interrogative clauses.
The clause can be introduced by any of the interrogative pronouns, such as
wer, was, wann, wie, wo, warum.

> *Die Lehrerin fragt, wer der Besucher sei.*
> *Der Student fragt seinen Freund, was er über Goethe wisse.*

As in all other cases, use the subjunctive II for subjunctive I if the indicative
form and the subjunctive I forms are identical.

Sometimes the indicative is substituted incorrectly for the subjunctive. This
assumes that the indirect question is truly what the person quoted said.
Most often this is not the case, and the subjunctive should have been used.

> Indicative substituted improperly for subjunctive I:
> *Der Lehrer fragte, was wir über Alexander Humboldt wissen.*
> Correct subjunctive II:
> *Der Lehrer fragte, was wir über Alexander Humboldt wüßten.*

Many Germans have not learned to use the subjunctive in such a statement. They prefer to use the indicative (*wissen*) or a *würde*-construction.

Der Lehrer fragte, was wir über Alexander Humboldt wissen würden.

Currently, there is a dispute in Germany about the subjunctive I. It may only be a matter of time until this form vanishes completely from spoken German. The subjunctive II is used more often because it is it has many more meanings, both conditional and subjunctive. *Würde* should only be used in conditional sentences (if, whether, when).

Übungen

9. **Ändern Sie die direkten Fragen und machen Sie indirekte Fragen daraus. Benutzen Sie nur Konjunktiv I and II. In dieser Übung bitte keine ,,würde"-Konstruktion benutzen.**

   Beispiel: *Gerda fragte ihn: ,,Wer von beiden ist schlauer?"*
   Gerda fragte ihn, wer von beiden schlauer sei.

   1. Ich fragte: ,,Wer von den Brüdern war der berühmtere?"
   2. Sie wollte wissen: ,,Wie ist das zu erklären?"
   3. Wir erkundigten uns: ,,Wo hat Wilhelm studiert?"
   4. Er stellte die Frage: ,,Was taten sie für ihren König?"
   5. Werner fragte: ,,Wer hat das Bildungswesen geschaffen?"
   6. Irene erkundigt sich: ,,Was machte Humboldt ab 1809?"
   7. Jemand möchte wissen: ,,Was war an den Schulen anders?"
   8. Ich fragte: ,,Welche Prüfungen führte Humboldt ein?"
   9. Renate stellte die Frage: ,,Was ist für ihn das Fundament der Bildung?"
   10. Jemand erkundigte sich: ,,Wann ist die Uni in Berlin gegründet worden?"

10. **Was sind die richtigen Antworten auf die Fragen aus Übung 9? Beantworten Sie die Fragen. Fangen Sie Ihre Antworten mit diesen Elementen an:**

    1. Ich habe gehört, daß . . .
    2. Im Text steht, daß . . .
    3. Man sagt, daß . . .
    4. Ich denke, daß . . .

    Note that options 1 and 3 express what was heard. They should be in the subjunctive. Options 2 and 4 reflect facts and your opinion and should, therefore, be in the indicative.

11. **Was würden Sie an Dietmars Stelle tun?**

   Beispiele: *Dietmar macht Urlaub.*
   An Dietmars Stelle würde ich keinen Urlaub machen.
   An Dietmars Stelle würde ich auch Urlaub machen.

   1. Dietmar geht nie in die Disko.
   2. Dietmar arbeitet 16 Stunden am Tag.
   3. Dietmar macht keine Pause.
   4. Dietmar schreibt interessante Texte.
   5. Dietmar ißt nur noch Butterbrote.
   6. Dietmar denkt nur noch an Christine.
   7. Dietmar findet Äpfel zu teuer.
   8. Dietmar will einen Computer haben.
   9. Dietmar telefoniert gern mit Christine.
   10. Dietmar geht selten mit ihr ins Restaurant.

12. **In jedem Satz ist ein Wort, das eine falsche Information gibt. Finden Sie das Wort und ersetzen Sie es mit dem richtigen Wort aus der Liste.**

   Gründung / außerhalb / Lehrer / sprachbegabt / Kultusminister / erste / Privatleben / jünger / Bildungswesen / griechisch

   1. Alexander von Humboldt war älter als sein Bruder Wilhelm.
   2. Wilhelm ist innerhalb Deutschlands vergessen worden.
   3. Er liebte die Öffentlichkeit.
   4. Wilhelm war so groß wie sein Bruder Alexander.
   5. Er revolutionierte das Postsystem.
   6. Man nannte ihn den einflußreichsten Komponisten Preußens.
   7. Er führte die Prüfung aller Maler ein.
   8. Für ihn war die russische Sprache die Grundlage der Bildung.
   9. Er wollte die Auflösung der Universität Berlin.
   10. Die letzte Vorlesung begann 1810, im Gründungsjahr.

Die angstfreie Schule

Ein Jahr nach dem Ende des Ersten Weltkriegs trafen sich in Stuttgart der Fabrikant° Emil Molt und der Anthroposoph Rudolf Steiner. Sie wollten miteinander über das Konzept einer neuen Schule sprechen, die Emil Molt für seine Fabrikangestellten eröffnen wollte. Es war ihm wichtig, daß seine Arbeiter und Angestellten eine gute Schulausbildung bekamen, und er bot ihnen deshalb die Möglichkeit, in die betriebseigene° Schule zu gehen und mehr zu lernen. Außerdem bot er den Leuten in seinem Betrieb an, ihre Kinder in den Kindergarten zu bringen, wo besonders ausgebildete Pädagogen° sie unterrichteten. Der Finanzier

manufacturer

company-owned

educators

Molt tat dies, da er meinte, daß die Arbeiter ein menschliches Recht auf soziale Hilfe hätten.

Der pädagogische Gründer dieser Schule, Rudolf Steiner, entwickelte in dieser ersten Waldorfschule seine heute weltbekannte Lehrmethode. Während früher alle Fächer parallel unterrichtet wurden, machte Steiner es anders. Er schlug vor, das Curriculum in Epochen° zu teilen und jedes Fach allein zu unterrichten, damit der Schüler sich auf dieses eine Fach konzentrieren konnte. Diese Epochen dauerten mehrere Monate. Danach kam ein anderes Fach an die Reihe. Nur die Fremdsprachen Französisch und Englisch wurden kontinuierlich angeboten. Wer sie aber nicht nehmen wollte, konnte dafür ein anderes Fach wählen.

stages

Ziel dieser neuen Unterrichtsform war es nicht mehr, wie früher, daß man viel positives Wissen lernt, sondern daß die Schüler vom Lehrer Tips° bekommen, wie sie sich individuell am besten auf die Notwendigkeiten° des Lebens vorbereiten können. Dafür sind Latein und Griechisch nicht so wichtig wie eine gute Menschenbildung°. Was verstand Steiner denn unter Menschenbildung? War nicht gerade das antike Wissen der beste Grundstein für eine ordentliche° Menschenbildung? Waren nicht die antiken Vorbilder immer schon das Ideal der Bildung gewesen? Sie waren es immer noch, nur etwas anders. In der Waldorfschule war es unwichtig, ein bestimmtes Fach zu beherrschen°. Es war für Steiner wichtig, daß jeder Schüler in allen Gebieten des Lebens Unterricht bekam. Also auch im Kochen, Brotbacken, Holzschnitzen, Malen, Schuhe reparieren und auf anderen kreativen Gebieten. Die Grundidee dabei war, daß es niemandem hilft, wenn er lateinisch sprechen kann oder wenn er alle mathematischen Formeln auswendig weiß. Das kann man immer noch lernen. Wichtig ist aber, daß jeder Schüler Erfahrungen macht, die nicht im alten Lehrplan° vorkommen.

hints
necessities

all-round education
proper

know

curriculum

Damit war die Waldorfschule von Anfang an im Konflikt mit einer Grundidee der traditionellen Schule: der Selektion. In der traditionellen Schule lernt der Schüler nicht nur, sondern er wird selektiert. Wer schlechte Zensuren hat, darf nicht in die nächste Klasse gehen, sondern muß die alte noch einmal machen. Dieses ,,Sitzenbleiben°'' gab es in Steiners Schule nicht mehr. Wer schlecht zu arbeiten schien, bekam von Lehrern und Eltern besondere Hilfe und Unterstützung, damit sie oder er es besser machen konnte. Diese Chance hat die traditionelle Schule niemals geboten. Wer dort zweimal sitzenblieb, mußte die Schule verlassen. Das gab und gibt es in der Waldorfschule nicht. Sie war von Anfang an eine

repeating the same grade

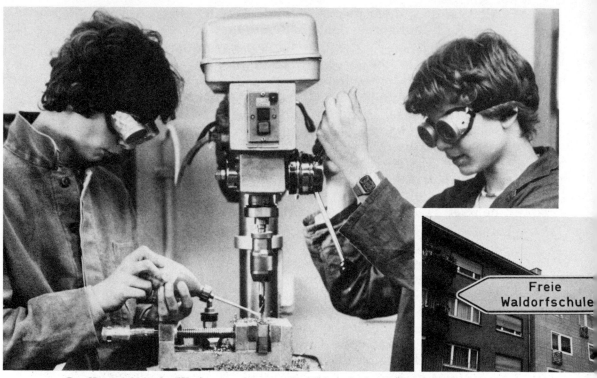

Der Unterricht in der Werkstatt gehört zur Ausbildung in der Waldorfschule.

integrierte Gesamtschule°, in der man von der ersten bis zur *comprehensive*
dreizehnten Klasse in einer Institution bleiben konnte. Die *school*
öffentliche Staatsschule aber war am Anfang dieses Jahrhunderts geteilt in die Volksschule mit 8 Klassen, die Realschule mit 10 Klassen und das Gymnasium mit 13 Klassen.
Da hatte kein Volksschüler eine Chance, jemals das Abitur
zu bekommen, weil das in der Volksschule nicht angeboten
wurde. Da mußte man schon nach vier Jahren von der
Volksschule aufs Gymnasium wechseln, um später einmal
das Abitur, die Eintrittskarte° in eine Universität, zu erhal- *admission ticket*
ten. Es hat sich gezeigt, daß von den Waldorfschulen viele
begabte Schüler kamen, die dann später an der Universität
hervorragende Arbeit geleistet haben – auch in Latein und
Griechisch.

Es gibt sie auch heute noch, diese Waldorfschulen. Es sind
private Schulen, die von den Eltern der Schüler mitbestimmt° *co-influenced*
und finanziert° werden. In diese Schule kann nur der gehen, *financed*
dessen Eltern bereit sind, aktiv am kulturellen Leben der
Schule teilzunehmen. Die Lehrer geben hier mehr Hilfe als
an anderen Schulen, weil sie eine besondere philosophische
Idee vertreten. Diese philosophische Idee ist die von Rudolf
Steiner entwickelte Anthropologie. Das bedeutet Wissen-

schaft von der Menschwerdung°. Schüler, Eltern und Lehrer *becoming human*
arbeiten gemeinsam daran, daß aus dem sechsjährigen
Schüler der ersten Klasse im Verlaufe seiner Schulzeit ein
verantwortungsvoller, gut ausgebildeter Mensch wird. Eine
besondere Betonung liegt dabei auf der Förderung kreativer
Talente und in dem Motto ,,Lernen muß Spaß machen; wir
wollen spielend lernen''.

Fragen über den Text

1. Wer gründete die erste Waldorfschule?
2. In welcher Zeit passierte das?
3. Warum bot Emil Molt seinen Arbeitern Schulunterricht an?
4. Was ist später aus dieser Schule geworden? Gibt es sie noch?
5. Worin liegen die Unterschiede zwischen traditioneller Schule und Waldorfschule?
6. Warum bleibt man auf einer Waldorfschule nicht sitzen?
7. Was müssen die Eltern der Schüler tun?
8. Was ist die Anthropologie?

Diskussionsrunde

Sie haben gelesen, was die Waldorfschule ist und wie sie funktioniert. Was
gefällt Ihnen an diesem Konzept? Was akzeptieren Sie nicht?
Diskutieren Sie mit Ihren Klassenkameraden das Thema ,,Wie sieht die
ideale Schule aus?''
Diskutieren Sie unter anderem:
1. Was ist der Sinn von Schulen?
2. Welche Fehler machen die Schulen oft?
3. Wie könnten Schüler, Eltern und Lehrer die Schule besser machen?
4. Wie kann man die Schule interessanter machen?
5. Was erwarten Sie von einer guten Schulausbildung für Ihren Beruf?

Petra bekommt kein BaföG mehr

In der BRD bekommen Studenten vom Staat eine Unterstützung, wenn ihre Eltern nur wenig verdienen. Die Kurse
selbst kosten nichts, denn der Staat bezahlt für den Unterricht. Damit will der Staat auch ärmeren Studenten das
Studium möglich machen. Man bekommt jeden Monat
zwischen 50 DM und 680 DM, um Wohnung, Kleidung°, *clothing*
Bücher und Essen zu bezahlen. Die Summe hängt vom Verdienst der Eltern ab°. Von diesem Geld muß jeder Student *depends on*
nach seinem Studium 20% an den Staat zurückbezahlen; der

Rest von 80% ist ein Geschenk. Aber es gibt sehr harte
Regeln für dieses BaföG (Bundesausbildungsförderungsge-
setz°). Wenn der Student selber mehr als 10 Stunden pro   *Federal Support*
Woche arbeitet, bekommt er nichts mehr vom Staat. Wer   *for Education*
sich entschließt, sein Fach zu wechseln und z.B. Religion
statt Biologie zu studieren, bekommt kein BaföG mehr. Nur
einmal darf man sich für ein Fach entscheiden. Jedes Jahr
prüft° die Verwaltung°, ob der Student noch BaföG be-   *checks/*
kommen kann oder nicht. Man muß dann sagen, wieviel die   *administration*
Eltern und man selbst verdient, und oft ist das das Ende vom
BaföG.

Dialog

Peter: Hallo Raimund, gut daß ich dich erreiche. Ich hab' schon ein
            paarmal versucht bei dir anzurufen. Du scheinst aber nie da zu
            sein.
Raimund: Hallo Alter[1], ich habe noch eine Stunde mit Petra in der
            Cafeteria gesessen. Sie hat mir von ihrem neuen Job erzählt.
            Wußtest du, daß sie jetzt beim Kaufhof arbeitet?
Peter: Annette hat mir vor 'ner Woche was davon gesagt, aber ich
            habe nicht so richtig hingehört. Was läuft denn da im
            Moment[2]? Sie ist doch kurz vor ihrem Vordiplom[3] in Bio.
            Kann sie sich das denn zeitlich leisten[4]? Ich weiß noch, wie ich
            vor meiner Prüfung geschuftet[15] habe. Da hätte ich keinen Job
            nebenbei mehr geschafft[5].
Raimund: Sie bekommt kein BaföG mehr. Sie haben ihr das Geld fürs
            vierte Semester noch bezahlt, aber dann war Schluß. Seit ihre
            Mutter wieder arbeitet, verdienen die Eltern zu viel. Jetzt muß
            Petra das Ganze ausbaden[6]. Eigentlich ist das verrückt[7]. Ihre
            Mutter arbeitet halbtags als Stenotypistin und verdient viel-
            leicht so um die 1 000 Mark netto.
Peter: Das heißt, daß Petra ihre ganze Unterstützung durch den Staat
            verliert, nur weil ihre Mutter arbeiten geht? Das klingt ziemlich
            unlogisch. Wie kommt denn das?
Raimund: Ja, als Sohn eines Zahnarztes hast du dich mit sowas nie
            beschäftigen[8] müssen, weil dein Vater sowieso[9] zu viel
            verdient. Du würdest nie was kriegen[10]. Ich bekomme, wie du
            weißt, schon seit dem ersten Semester den vollen Satz[11] von
            680 Mark im Monat, weil mein Vater nur wenig verdient und
            meine Mutter als Hausfrau nichts dazu verdient.
Peter: Wer kriegt denn nun was und wer nicht?
Raimund: Prinzipiell bekommt jeder Student an einer deutschen Uni
            BaföG, wenn seine Eltern nur wenig verdienen. So will Vater
            Staat für Chancengleichheit sorgen[12]. Theoretisch kann nie-
            mand sagen, daß er nicht studieren konnte, weil er kein Geld
            hatte. Aber das System hat eben einen Haken. Wenn deine

Eltern zu viel verdienen, bekommst du kein Geld vom Staat und mußt selber sehen, wie du fertig wirst. Wenn deine Eltern dir das Geld geben, geht's dir gut. Aber wenn nicht, hast du Pech gehabt.

Peter: Mein Vater hat mir jeden Monat ohne Probleme das Geld aufs Konto geschickt[13]. Können Petras Eltern ihr das Geld nicht auch geben?

Raimund: So simpel ist das nicht. Die brauchen mehr Geld für ihre Miete[14], weil ihre Wohnung immer teurer wird. Und Petras Mutter findet, daß ihr Geld nicht für Petra gedacht ist[14], sondern für die Familie. Davon hat Petra nichts, weil sie im Studentenheim wohnt.

Peter: Schwierige Situation. Ich hatte keine Ahnung, daß einige Leute einfach nichts mehr bekommen, nur weil die Eltern ein paar Mark zu viel verdienen. Das ist ja ganz schön ungerecht.

Raimund: Tja, jetzt muß die Arme etwas mehr schuften[15], um Studium und Job zu schaffen. Es ist halt eine komische Welt. Ich darf nicht arbeiten, weil ich sonst mein BaföG verliere, und Petra muß arbeiten, weil ihre Eltern zu viel gearbeitet haben. Kommst du heute abend mit zu Annette? Wir wollen uns da mit Petra treffen. Dann hörst du alles aus erster Hand.

Peter: Ist in Ordnung. Ich bin gegen acht da. Tschüß.

Raimund: Bis bald, mach's gut.

Redewendungen

1. Hallo, Alter!	Hello, old buddy! (used between friends)
2. Was läuft denn im Moment?	What's new?
3. Bist du vor deinem Vordiplom in Bio?	Is your intermediate diploma in biology coming up?
4. Ich kann mir das nicht leisten.	I can't afford that.
5. Ich habe das nicht geschafft.	I didn't make it.
6. Jetzt muß sie die Sache ausbaden.	Now she has to pay the consequences.
7. Das ist verrückt.	That's crazy.
8. Hast du dich damit beschäftigt?	Have you dealt with that?
9. Er verdient sowieso zu viel.	He earns too much anyway.
10. Kriegst du was?	Are you getting something?
11. Ich bekomme den vollen Satz.	I get the full amount.
12. Der Staat sorgt für Chancengleichheit.	The state assures equal opportunity.

13. Er hat mir das Geld aufs Konto geschickt.	He deposited the money in my account.
14. Sie brauchen mehr Geld für die Miete.	They need more money for the rent.
15. Sie muß sehr viel schuften.	She has to work like crazy.

Fragen über den Dialog

1. Was ist Petras Problem?
2. Wer unterstützt Peter?
3. Wie finanziert Raimund sein Studium?
4. Lohnt es sich finanziell, daß Petras Mutter wieder arbeiten geht?
5. Warum können ihre Eltern nicht für sie bezahlen?

Übung

13. Schreiben Sie einen Brief an eine neue Brieffreundin in Dortmund. Erzählen Sie, was und wo Sie zur Schule gehen, ob Sie einen Job haben, was Sie später studieren möchten und welche Fächer Sie interessieren. Erzählen sie auch von zu Hause, Eltern, Geschwistern und Freunden. Sie dürfen die „Du-Form" benutzen. Das heißt, daß Sie „Du" im Brief immer groß schreiben, auch „Dein", „Deines", „Deinem", „Dein", „Deine" usw.

Beispiel:

Auf den Umschlag schreiben Sie die Anschrift und den Absender:

Absender:
Kathy O'Brien
277 Pines Drive
Rochester, Michigan 48063
USA

Frau
Annette Glabe
Limbecker Str. 10
D-4600 Dortmund 72
West Germany (FRG)

Blick in die Vergangenheit

In ganz Deutschland gibt es viele Museen mit Kunstsammlungen° aus Gegenwart und Vergangenheit. Schon in der Mitte des 18. Jahrhunderts hatte das Preußische Königshaus die Sammlung wertvoller Antiken aus der ganzen Welt unterstützt, die später von Wilhelm von Humboldt systematisch erweitert° wurde. Von den hier gezeigten Beispielen ist das erste die Büste° eines alten Herrschers aus dem Ägyptischen Museum in West-Berlin, das zweite ist der rekonstruierte Zeus-Altar aus dem Pergamon Museum in Ost-Berlin. Dieses Stück wurde 1878 in Griechenland von deutschen Archäologen° gefunden. Raphaels „Sixtinische Madonna" ist in der Dresdner Semper-Galerie zu sehen. Das riesige Skelett° aus der Urzeit° steht im Berliner Naturkundemuseum.

art collections

expanded
bust

archaeologist
skeleton
primeval time

Zeus-Altar: Pergamon Museum in Ost-Berlin

Naturkundemuseum: Ost-Berlin

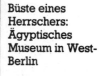

Sixtinische
Madonna:
Dresdner
Semper-Oper

Büste eines
Herrschers:
Ägyptisches
Museum in West-
Berlin

Grammatische Erklärungen

Reflexive pronouns

Most often, reflexive pronouns refer to the subject of a clause or sentence.

Heidi amüsiert sich beim Tanzen.
(Heidi is enjoying herself at a dance.)

Peter hörte Claudia zu sich reden.
(Peter heard Claudia speak to herself.)

In German, many verbs can be used either reflexively or non-reflexively. The emphasis of the sentence determines whether or not to use a reflexive pronoun. If the action refers to the actor, use a reflexive pronoun.

Ich erkenne die Fehler.	(I recognize the mistakes.)
Ich erkenne mich.	(I recognize myself.)
Ich ändere die Welt.	(I change the world.)
Ich ändere mich.	(I change myself.)
Ich erinnere den Mann.	(I remind the man.)
Ich erinnere mich an den Mann.	(I remember the man.)

personal pronouns nominative	reflexive pronouns	
	dative	accusative
ich	mir	mich
du	dir	dich
er	sich	sich
sie	sich	sich
es	sich	sich
wir	uns	uns
ihr	euch	euch
Sie	sich	sich
sie	sich	sich

Most often the accusative form of the reflexive pronoun is used.

Ich rasiere mich. (I shave myself.)
Ich dusche mich. (I take a shower.)

If a sentence has another direct object, the reflexive pronoun switches to dative.

Er kauft sich ein Auto. (He buys himself a car.)
Ich wasche mir die Haare. (I wash my hair.)

sich beeilen	to hurry
sich bekennen zu	to acknowledge
sich bewerben um	to apply for
sich beschäftigen mit	to work on
sich entscheiden für	to decide on
sich erinnern an	to remember
sich freuen auf	to look forward to
sich freuen	to be happy
sich gewöhnen an	to get accustomed to, used to
sich hinlegen	to lie down
sich interessieren für	to be interested in
sich kümmern um	to be concerned with, care for
sich leisten	to afford
sich lohnen	to be worthwhile
sich setzen	to sit down
sich stellen zu	to take a position on, think of
sich vergnügen	to enjoy (oneself)
sich vorbereiten auf	to prepare for
sich wehren	to defend (oneself)

Übungen

14. Machen Sie 10 Sätze mit den Reflexivverben aus „Grammatische Erklärungen".

   Beispiele: *sich vorbereiten*
   Ich bereite mich aufs Examen vor.

   sich bekennen
   Ich bekenne mich zu meiner Meinung.

15. Finden Sie die richtigen Reflexivpronomen und setzen Sie es in die Sätze ein.

Lieber Fritz,   Essen, den 21.6.
erinnerst Du _____ noch an Paul Köster, der hier bei uns gewohnt hat? Der wohnt doch immer noch in der alten Mietwohnung. Ich habe _____ oft gefragt, warum Paul _____ kein eigenes Haus kauft. Er kann es _____ nämlich leisten. Er hat _____ ein eigenes kleines Geschäft aufgebaut. Zuerst produzierte er die Puppen nur für _____, jetzt aber hat er einen kleinen Betrieb für die Produktion von Puppen aufgemacht. Wie Du _____ denken kannst schien das kein gutes Geschäft zu sein. Aber viele Leute vergnügen _____ heute wieder mit Puppen und kaufen sie von Paul. Meine Tochter Elfi und ich wollen _____ vielleicht auch bald eine Puppe kaufen. Elfi freut _____ schon darauf. Ich kann _____ aber nicht an den Gedanken gewöhnen, für sowas Geld auszugeben. Ich habe

_____ mal die letzten Nachrichten aus der Nachbarschaft angehört, es gibt aber sonst nichts zu berichten. Was gibt's denn bei Dir Neues? Schreib mir mal wieder. Bis bald!

Dein Max

16. Geben Sie Ihren Freunden Tips, was sie besser machen sollen.

Beispiel: *Es ist kalt. (warmen Mantel kaufen)*
Du mußt dir einen warmen Mantel kaufen.

1. Es regnet. (neuen Regenschirm kaufen)
2. Die Sonne scheint warm. (keinen dicken Wollpullover tragen)
3. Sie hat Zahnschmerzen. (wirksame Tabletten kaufen)
4. Er hustet. (Hustensaft geben lassen)
5. Sie hat vergessen. (an die Geschichte erinnern)
6. Er findet nichts toll und interessant. (auf alles freuen)

17. Setzen Sie *dir* oder *dich* ein.

1. Hast du _____ schon gewaschen?
2. Hast du _____ heute schon rasiert?
3. Hast du _____ schon angezogen?
4. Willst du _____ das neue Kleid anziehen?
5. Hast du _____ auf das Treffen mit dem Chef vorbereitet?
6. Willst du _____ hinlegen?
7. Kannst du _____ etwas beeilen?
8. Kannst du _____ an die Geschichte erinnern?

Grammatische Erklärungen

The reciprocal pronoun *einander*

Often it is not clear whether *sich*, *uns* and *euch* are meant reflexively or not. The sentence ,,*Wir waschen uns die Haare*,'' could mean "We wash our own hair" or "We wash each other's hair." The word *einander* (each other) clarifies this. The use of *einander* is mandatory if a reflexive verb that requires a preposition occurs.

Sie haben einander an den Besuch erinnert.
(They reminded each other of the visit.)

The verbs *begrüßen* (to greet), *hassen* (to hate) and *lieben* (to love) describe actions that require a second person. Here *einander* is rarely used; the reflexive pronoun is used instead. Some idioms always use this form. When a verb requires a specific preposition, this preposition is combined with *einander*.

Wir denken aneinander. (We think of each other.)
Wir sprachen miteinander. (We talked to each other.)

Übung

18. **Welche Form ist besser, ,,einander'' oder ein Reflexivpronomen? Setzen Sie das richtige Wort ein.**

1. Der Herr und die Dame geben _____ ein Geschenk.
2. Peter und Paul hassen _____.
3. Wir sollten mit-_____ sprechen.
4. Du denkst immer nur an _____.
5. Die Freunde denken an-_____.
6. Sie erzählten _____ alte Geschichten.
7. Wir wollen _____ die Wahrheit sagen.

Der Radwechsel

Bertolt Brecht (1898–1956)

Ich sitze am Straßenhang°.   *street slope*
Der Fahrer wechselt das Rad.
Ich bin nicht gern, wo ich herkomme.
Ich bin nicht gern, wo ich hinfahre.
Warum sehe ich den Radwechsel
Mit Ungeduld°?   *impatience*

Diskussionsrunde

Das kurze Gedicht von Bertold Brecht berichtet über eine menschliche Charaktereigenschaft: man ist meistens ungeduldig.
Bitte diskutieren Sie die folgenden Fragen:
1. Können Sie erklären, warum Brecht dieses menschliche Problem in einem Gedicht beschreibt und nicht in einem längeren Text?
2. Hatten Sie auch schon einmal das Gefühl, daß Sie kein Ziel haben und doch ungeduldig sind?
3. Was will Brecht uns wohl sagen? Was sollen wir anders machen?

Leseecke

Der Lacher

Heinrich Böll (1917–1985)

Wenn ich nach meinem Beruf gefragt werde, werde ich unsicher: Ich werde rot, stammle, ich, der ich sonst als ein

sicherer Mensch bekannt bin. Ich beneide° die Leute, die *envy*
sagen können: Ich bin Maurer. Friseuren und Buchhaltern
neide ich die Einfachheit ihrer Berufsbezeichnungen. Ich
aber bin gezwungen, auf solche Fragen zu antworten: Ich
bin Lacher. Das erfordert° weitere Erklärungen, da ich *requires*
auch die zweite Frage ,,Leben Sie davon?" mit ,,Ja" beantworten muß. Ich lebe von meinem Lachen, und ich lebe gut.
Ich bin ein guter, bin ein gelernter Lacher, kein anderer lacht
so wie ich, keiner meistert so die Feinheiten° meiner Kunst. *fine points*

Ich bin unentbehrlich° geworden, ich lache traurig, hyste- *indispensable*
risch – lache wie ein Omnibusfahrer oder wie ein Lehrling in
einem Lebensmittelgeschäft; das Lachen am Morgen, das
Lachen am Abend, also: wo immer und wie immer gelacht
werden muß: ich mache es schon. Man wird mir glauben,
daß ein solcher Beruf ermüdend° ist, besonders, weil ich – *tiring*
das ist meine Spezialität – auch das ansteckende° Lachen *infectious*
meistere°; so bin ich unentbehrlich geworden auch für *master*
schlechte Komiker°, und ich sitze fast jeden Abend in den *comedians*
Varietés herum, um an schwachen Stellen des Programms
ansteckend zu lachen. Es muß gute Arbeit sein: mein herz-
haftes°, mildes Lachen darf nicht zu früh, darf auch nicht *hearty*
zu spät, es muß im richtigen Augenblick kommen – dann
lache ich wie bestellt, das ganze Publikum lacht mit, und die
Pointe° ist gerettet. *punch line*

Ich aber gehe dann zur Garderobe°, ziehe meinen Mantel an, glücklich darüber, daß ich endlich Feierabend habe°. Zu Hause liegen meist Telegramme für mich „Brauchen Dienstag Ihr Lachen", und ich sitze wenige Stunden später in einem überheizten° Schnellzug und klage über mein Schicksal.

checkroom
call it a day

overheated

Jeder wird begreifen, daß ich nach Feierabend oder im Urlaub wenig Lust zum Lachen habe. Die Tischler haben zu Hause meistens Türen, die nicht richtig schließen. Bäcker lieben saure Gurken°, Metzger Schokolade: Ich verstehe das alles, denn ich lache nach Feierabend nie. Ich bin ein todernster° Mensch.

cucumbers

dead serious

In den ersten Jahren unserer Ehe sagte meine Frau oft zu mir: „Lach doch mal!", aber inzwischen° ist ihr klar geworden, daß ich diesen Wunsch nicht erfüllen kann. Ja, auch das Lachen anderer macht mich nervös, weil es mich zu sehr an meinen Beruf erinnert. So führen wir eine stille, eine friedliche Ehe°, weil auch meine Frau nicht mehr lacht: ab und zu entdecke ich sie bei einem Lächeln°, und dann lächele auch ich. Wir sprechen leise miteinander, denn ich hasse den Lärm der Varietés. Menschen, die mich nicht kennen, halten mich für einen sehr ernsten Menschen. Vielleicht bin ich es, weil ich zu oft meinen Mund zum Lachen öffnen muß. Mit unbewegtem Gesichtsausdruck° gehe ich durch mein eigenes Leben, erlaube° mir nur selten ein sanftes Lächeln, und ich denke oft darüber nach, ob ich wohl je gelacht habe. Ich glaube: nein. Meine Geschwister sagen, daß ich immer ein ernster Junge gewesen sei. So lache ich auf manche Art und Weise, aber mein eigenes Lachen kenne ich nicht.

in the meantime

marriage
smile

facial expression
permit

Fragen über den Text

1. Wie fühlt sich der Lacher, wenn er nach seinem Beruf gefragt wird?
2. Wie reagieren Leute auf seine Antwort?
3. Wie kann er lachen?
4. Warum braucht man den Lacher jetzt?
5. Warum hat er keine Lust, nach Feierabend zu lachen?
6. Wofür halten ihn die Menschen im Privatleben?
7. Hat der Lacher schon einmal gelacht?
8. Was behaupten seine Geschwister?

Übung

19. **Welche Berufe passen zu diesen Personen? Suchen Sie die richtigen Berufe der Leute und antworten Sie mit dem Satz: Ich habe gehört, daß _____ _____ gewesen sei.**

Beispiel: *Friedrich Nietzsche, Philosoph*
Ich habe gehört, daß Friedrich Nietzsche Philosoph gewesen sei.

1. Hans Sachs	a. Chemiker
2. Alexander von Humboldt	b. Drucker
3. Albrecht Dürer	c. Naturforscher
4. Martin Luther	d. Studentin
5. Conrad Wilhelm Röntgen	e. Dichter
6. Johann Wolfgang von Goethe	f. Maler
7. Johann Gutenberg	g. Reformator
8. Sophie Scholl	h. Schuhmacher
9. Wilhelm Schmidt	i. Erfinder
10. Ludwig Beck	j. General

Theater als Spiegel des Lebens

Ob es sich um ein klassisches Schauspiel°, eine Komödie oder ein sozialkritisches Drama handelt, die über 300 Theater in der Bundesrepublik sind immer voll. Ein typischer Spielplan° für eine Großstadt ist der von Frankfurt am Main. Hier gibt es außer den großen Theateraufführungen° und Konzerten auch noch Dichterlesungen°, politische Kabaretts° und Jugendtheater. In fast allen kleineren Städten findet man wenigstens ein festes Theater mit gemischten° Programmen.

    Schon als Deutschland noch aus vielen kleinen Staaten bestand, blühte das Theater an den Höfen der Fürsten und Könige. Damals wie heute gehörte es zum kulturellem Leben, sich Theateraufführungen anzusehen und darüber zu diskutieren. Regisseure wie Erwin Piscator, Max Reinhardt und Gustaf Gründgens machten das deutsche Theater im 20. Jahrhundert weltberühmt. Shakespeare, Bernard Shaw, Thornton Wilder, Eugene O'Neill und Tennesse Williams sind dem deutschen Theaterpublikum° so bekannt wie seine eigenen Autoren, darunter die nach dem Krieg zurückgekehrten Dramatiker Bert Brecht und Karl Zuckmayer. Unter den Jüngeren war es Wolfgang Borchert, der mit ,,Draußen vor der Tür'' die Diskussion der Nachkriegssituation begonnen hatte. Später setzte sie sich in Dramen von Günter Grass, Peter Weiss, Martin Walser, Peter Hacks und anderen fort. Deutsches Theater findet heute wieder starke Beachtung° in der ganzen Welt.

play

program
performances
poetry readings/
cabarets

mixed

audience

attention

Bertolt Brecht: Mutter Courage und ihre Kinder

Übung

20. Sehen Sie sich bitte den Frankfurter Theater-Plan an und beantworten Sie die folgenden Fragen:

1. Wie viele verschiedene Opern werden in dieser Woche im Opernhaus gegeben?
2. Welche Opern davon sind von italienischen Komponisten?
3. Wie heißt die deutsche Oper, die am Samstag gegeben wird, und wer schrieb sie?
4. Was für eine Vorstellung gibt es am Montag? Glauben Sie, daß es auch eine Oper ist?
5. Welche zwei Stücke, die es im Schauspielhaus gibt, wurden von Amerikanern geschrieben, und wie heißen sie?
6. Was wird am Freitag um 19.30 aufgeführt?
7. Wie ist der Titel der klassischen deutschen Komödie von Heinrich von Kleist am Montag?
8. Welche zwei ausländischen Dramen, die im Schauspiel Theaterplatz gezeigt werden, können Sie finden?

		Oper Theaterplatz 0 69/25 62 335	Schauspiel Theaterplatz 0 69/25 62 435	Kammerspiel Theaterplatz 0 69/25 62 435
Mo.	**1.**	19.30 h **Schwanensee** v. Peter Tschaikowsky	19.30 h **Totentanz** von August Strindberg	20.00 h **Der zerbrochene Krug** v. Hch. von Kleist
Di.	**2.**	keine Vorstellung	keine Vorstellung	keine Vorstellung
Mi.	**3.**	19.30 h **Cavalleria Rusticana /Der Bajazzo** Pietro Mascagni /Ruggiero Leoncavallo (in ital. Sprache)	keine Vorstellung	keine Vorstellung
Do.	**4.**	19.30 h **Capriccio** von Richard Strauss	19.30 h **Der Tod des Hand- lungsreisenden** von Arthur Miller	20.00 h, Zur Buchmesse **Lesung Curt Bois und Wolfgang Deichsel „So schlecht war mir noch nie"**
Fr.	**5.**	19.30 h **Schwanensee**	19.30 h **Totentanz**	20.00 h **Die Geburtstagsfeier** von Harold Pinter
Sa.	**6.**	19.30 h **Der Freischütz** von Carl Maria von Weber	20.00 h **Endstation Sehnsucht** v. Tennessee Williams	21.00 h **George Tabori: »Spiele«**
So.	**7.**	19.30 h **Madama Butterfly** von Giacomo Puccini (in ital. Sprache)	19.30 h **Ballett: Time Cycle/ Septett/ Love Songs**	keine Vorstellung

Es begann mit den drei großen B's

Bach, Brahms und Beethoven – es sind die drei großen „B's", deren unsterbliche° Musik täglich irgendwo auf der Welt gespielt wird. Sie gelten als die Pioniere der klassischen Musik. Aber auch Deutschlands moderne Komponisten, unter ihnen Berg, Weber und Gustav Mahler, sind weit über die deutschen Grenzen hinaus bekannt.   *immortal*

Auf den internationalen Opernbühnen° sind es vor allem Richard Wagner, Gluck, Lortzing, vor Weber, Orph und Egk, die den Ruhm deutscher Musikdramen begründeten und die noch heute ihren festen° Platz in den meisten Spielplänen haben. Sogar die ersten Jahre der Metropolitan Opera in New York boten ausschließlich° deutsche Opern, vor allem Wagners Meisterwerke.   *opera stages*   *firm*   *exclusively*

Brahms

Beethoven

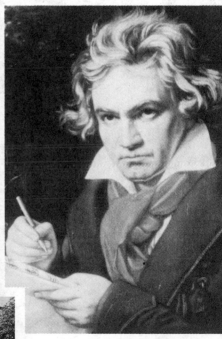

Bach

Beethovenhaus in Bonn

Zauberwelt Puppentheater

Das deutsche Puppentheater° hat eine alte Tradition, die *puppet theater*
heute eine neue Blütezeit erlebt. Schon im 12. Jahrhundert
reisten Künstler mit ihren Handpuppen° durch das Land. *hand puppets*
Nach dem Dreißigjährigen Kreig kamen auch noch die
Marionetten, an Schnüren° bewegte Figuren, dazu. Alte *strings*
Stadtbücher° berichten von mehr als tausend Puppenspie- *town records*
lern° allein aus den letzten vier Jahrhunderten. Man kann *puppet players*
Deutschland mit Recht° ein klassisches Land der Puppen- *rightfully*
spielkunst nennen.

Kindertheater

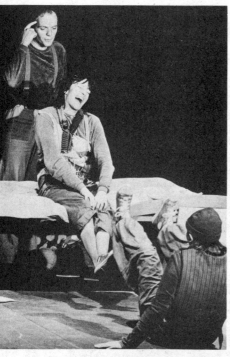

**Deutsches
Jugendorchester spielt
Werke von Beethoven.**

Kasperle-Theater

**Auch Marionetten können
Klavierspielen.**

Die Deutschen spielten auch in Österreich und anderen deutschsprachigen Gebieten. Sie reisten nach Dänemark, Schweden und Rußland, wo ihr Einfluß schon im 12. und 13. Jahrhundert deutlich ist. Viele deutsche Dichter haben sich von früher Jugend an von dieser alten Volkskunst° anziehen lassen. So beschrieb Goethe in „Dichtung und Wahrheit", der Geschichte seines Lebens, wie er als Junge in seiner Heimatstadt Frankfurt von einer Puppenvorstellung der Faustlegende° fasziniert war, die er später zu seinem dramatischen Meisterwerk verwendete. „Pole Poppenspäler" von Theodor Storm war lange Zeit sehr beliebt. In diesem und andern literarischen Stücken wird vom Leben der Puppenspieler berichtet. Oft scheinen sie selbst Marionetten des Lebens gewesen zu sein. Selbst° Thomas Mann schilderte in seinen „Buddenbrooks" ausführlich° die Begeisterung des kleinen Jungen Hanno über sein Puppentheater, das er zu Weihnachten bekommen hatte.

folk art

Faust legend

even
in detail

Vielgestaltig sind die Puppen und Themen des modernen deutschen Puppenspiels. Es hat eine Kunstform entwickelt, die auch Erwachsenen gefällt. Das Repertoire der vielen kleinen Theater in ganz Deutschland, Österreich und der Schweiz reicht vom lustigen „Kasperle-Theater" für das jüngere Publikum bis zu lokalen Stücken im Dialekt und sogar Opern und Dramen, die mehr für Erwachsene gedacht sind. Daneben gibt es viele Schultheater, die oft Puppenstücke aufführen. Es macht den älteren Schülern Spaß, die Stücke zu lernen und dann vor dem Schulpublikum aufzuführen.

Fragen über den Text

1. Welche Art von Puppen benutzten die Künstler im 12. Jahrhundert?
2. Wo spielten die deutschen Puppenspieler ihre Stücke?
3. Wovon berichtet Goethe in „Dichtung und Wahrheit"?
4. Welche Stücke werden aufgeführt? Wie sieht das Repertoire aus?
5. Wer spielt in den Schulen Puppentheater?

Klein-Hollywood in Europa

„Die unendliche° Geschichte", ein in Geiselgasteig bei München hergestellter° Film, hatte 1984 in vielen Ländern der Welt großen Beifall° gefunden. Er war ein Beispiel für das beachtliche „Comeback" des deutschen Films seit dem 2. Weltkrieg. Sein Regissseur, Wolfgang Petersen, hatte

never-ending
produced
applause

Der Regisseur Werner Herzog

R.W. Fassbinder wurde schnell
weltberühmt.

Die Blechtrommel

schon zuvor mit dem Film ,,Das Boot'' internationale Aner-
kennung° gefunden. Dies ist ein Film, der in Hollywood   *recognition*
sechs Oscar-Nominierungen° erhielt. Viele andere Pro-   *nominations*
duktionen der letzten Jahre haben der BAVARIA, dem
größten Filmunternehmen° Deutschlands, den Spitznamen°   *movie enterprise/*
,,europäisches Hollywood'' gegeben. Dazu zählen nicht nur   *nickname*
die in vielen Ländern gezeigten Werke des schon im Alter
von 37 Jahren verstorbenen° R. Fassbinder, darunter ,,Lilly   *deceased*
Marlen'' und ,,Berlin Alexanderplatz'', eine in Deutschland
und den U.S.A. sehr beliebte Fernsehserie, die von TIME
und der New York Times als eine der 10 besten Produktionen
des Jahres bezeichnet wurde.

   Billy Wilder hatte hier ,,One, Two, Three'' und ,,Fedora''
hergestellt. ,,Moscow on the Hudson'', ,,Cabaret'' und ,,The
Little Drummer Girl'' sind nur einige Titel von weiteren
amerikanischen Filmen, die auch in Deutschland gedreht°   *produced*
worden sind. Das große ,,Reich der Illusionen'' bei Mün-
chen ist jetzt auch für die Öffentlichkeit° geöffnet. Vorbei an   *public*
den vielen Studios und Werkstätten führt eine Tour durch

das 356 000 Quadratmeter große Filmgelände°, auf dem alle   *studio grounds*
Länder der Welt vertreten zu sein scheinen und täglich mehr
als 800 Künstler und Fachleute° arbeiten. Sie alle haben ihre   *specialists*
Leidenschaft° zum Beruf gemacht: den Film.   *passion*

Fragen über den Text

1. Wo wurde ,,Die unendliche Geschichte'' gedreht?
2. Welcher andere Film von Wolfgang Peterson ist sehr bekannt geworden?
3. Was ist die BAVARIA?
4. Welche Filme hat Faßbinder gedreht?
5. Warum ist dieser Film nicht nur im Kino gelaufen?
6. Welche amerikanischen Filme wurden in Deutschland hergestellt?
7. Kann man die Filmstudios besuchen?
8. Was haben die Künstler und Fachleute zum Beruf gemacht?

Übung

21. **Sehen Sie sich die Filmtitel und die Schauspielernamen an. Kennen Sie einen der Filme? Können Sie auf deutsch erzählen, wovon er handelt?**

Reklame

Ingeborg Bachmann (1926–1973)

*Dieses Gedicht von Ingeborg Bachmann ist in der BRD sehr bekannt. Es
zeigt, daß die Reklame sich nicht um die Ängste und Sorgen der Menschen
kümmert. Ingeborg Bachmann war wie Heinrich Böll Mitglied der Litera-
turautoren in der ,,Gruppe 47''. Sie war eine Zeitlang mit Max Frisch
verheiratet, der auch ein berühmter deutschsprachiger Schriftsteller ist.*

Wohin aber gehen wir
ohne Sorge sei ohne Sorge
wenn es dunkel und wenn es kalt wird
sei ohne Sorge
aber
mit Musik
was sollen wir tun
heiter° und mit Musik   cheerful
und denken
heiter
angesichts° eines Endes   in view of
mit Musik
und wohin tragen wir
am besten
unsre Fragen und den Schauer° aller Jahre   downpour
in die Traumwäscherei° ohne Sorge sei ohne Sorge   dream world
was aber geschieht
am besten
wenn Totenstille°   silence of death

eintritt

8 Der deutsche Alltag

Von heute auf morgen

Der Alltag sieht überall gleich aus, könnte man meinen. Leute müssen ihre Arbeit tun, Kinder gehen zur Schule, die Oma° paßt auf die Kleinkinder auf und der Opa° sitzt hinter seiner Zeitung. Warum die Oma auf die Kinder aufpassen muß? Weil Mama und Papa arbeiten gehen. In den vergangenen Jahren sind immer mehr Frauen ins Berufsleben gegangen, und die alte Rollenverteilung° wird langsam geändert. ,,Frauen stehen ihren Mann°'' heißt das Sprichwort. Und einige Männer stehen inzwischen auch ihre Frau, müßte man sagen, denn der Hausmann° ist im Kommen.

grandma/grandpa

role casting
women stand their ground

house husband

Vergleichen wir heute die Zahl der Hausfrauen und Hausmänner, so gibt es aber immer noch viel mehr Hausfrauen. Doch die Emanzipationsbewegung° der Frauen verändert schon heute das alte Bild. Besonders in kaufmännischen° Berufen gibt es bald ebenso viele Frauen in den Büros wie Männer. Technikerinnen sieht man noch nicht so oft im täglichen Berufsleben, aber immer mehr Frauen studieren technische Fächer an den Universitäten. So ist es nur noch eine Frage der Zeit, bis sich auch das ändert. In Deutschland hat diese Entwicklung erst später angefangen als in den U.S.A., wo Frauen seit langem arbeiten und ihr eigenes Gehalt° bekommen.

emancipation movement/ commercial

salary

Wenn beide Ehepartner arbeiten, bringen sie die Kinder meist entweder zu den Großeltern oder in einen Kindergarten. Erst wenn die Kinder sechs Jahre alt sind, fängt die Schule für sie an. Morgens ist auf deutschen Straßen sehr starker Verkehr. Zum Glück gibt es nicht so viele Stopschilder auf deutschen Straßen, dafür aber umso mehr Ampeln°, die meistens auf rot stehen. Das macht den Weg zur Arbeit zur Tortur. Mehr Leute arbeiten in Büros, denn in Deutschland wie in den U.S.A. gibt es immer mehr Service-Betriebe° und immer weniger Produktionsbetriebe. Der Arbeitstag dauert in der Regel acht Stunden, und viele Leute sind um 7.30 morgens im Büro. In manchen Betrieben hat man die variable Arbeitszeit angefangen, damit die Angestellten früher

traffic lights

service companies

Oma und Opa mit ihren Enkelkindern

Die moderne
Technik bietet
auch Frauen
interessante
Berufe.

Margrit Orlowski, eine
erfahrene Pilotin

Abends ist immer dichter
Verkehr.

oder später mit der Arbeit beginnen und aufhören° können. *finish*
Gegen neun Uhr hat man dann eine 15 Minuten lange
Frühstückspause. In den Bäckereien bedeutet das Hoch-
betrieb°, weil sich die Angestellten schnell ihre Brötchen *peak period*
kaufen und im Büro essen. Größere Betriebe haben oft eine
Cafeteria, in der man sich ein Frühstück kaufen kann.
Mittags werden die mitgebrachten Butterbrote gegessen
oder man ißt in der Cafeteria.

Es gibt nicht so viele Schnellrestaurants° wie in den *fast food*
U.S.A., wo man an jeder Ecke seinen Hamburger bekom- *restaurants*
men kann. Man sieht bekannte amerikanische Schnellrestau-
rants aber auch schon in den deutschen Einkaufszentren
und Innenstädten. Der Trend geht in Deutschland zu immer
mehr Schnell-Imbissen. Normalerweise ißt man beim Schnell Imbiß keine Hamburger, sondern ,,Pommes (frites) mit
Majo° und 'ne Bratwurst". Die Bratwurst mit Senf° ist der *mayonnaise/*
traditionelle ,,Schnell-Imbiß", den sich besonders die Schul- *mustard*
kinder und Jugendlichen nach der Schule gern kaufen. Und
natürlich auch die Angestellten und Arbeiter, die in der
Kantine° essen. *lunchroom*

Kurz nach 16 Uhr endet für viele der Arbeitstag, und
wieder ist Hochbetrieb auf den Straßen, bis alle zu Hause
angekommen sind. Auf dem Weg nach Hause kaufen viele
Mütter und Väter dann noch schnell ein, damit es abends
etwas zu essen gibt. In den Supermärkten bekommt man ein
großes Angebot an Waren, und es fehlt an nichts. Aber die
Käufer denken hier anders als in den U.S.A. Deutsche
wollen ,,frische Waren" haben und gehen deshalb fast jeden
Tag einkaufen. Nach dem Einkaufen müssen die Kinder
abgeholt° werden, und der Familienalltag beginnt am *picked up*
Spätnachmittag. Der Haushalt° muß versorgt, das Abendes- *household*
sen vorbereitet und die Hausaufgaben der Kinder müssen
gemacht werden. So wird es erst ruhiger, wenn die Kleinen
im Bett sind und endlich die Zeit für Hobbys, Lesen,
Freunde treffen oder Fernsehen gekommen ist.

Am Wochenende ist meistens die ganze Familie zusammen. Samstags gehen die Kinder normalerweise nicht in die
Schule, und fast niemand braucht zu arbeiten. So ist die Zeit
für sportliche Aktivitäten wie Fußballspielen, Schwim-
mengehen, Surfen und Tennis da. Hobbys sind je nach
Geschmack sehr verschieden. Von Briefmarkensammeln° bis *stamp collecting*
Schneiderei° und Schachspielen ist alles dabei. In Deutsch- *tailoring*
land stricken° und schneidern° die Frauen viel und gern. *knit/tailor*
Diese Hobbys sind noch ganz in ihrer Domäne. Strickende
Männer sind nicht zu sehen. Die beschäftigen sich lieber mit
dem Auto, waschen, polieren und pflegen° es oder arbeiten *take care*

Auf dem Weg nach Hause

Am Wochenende machen viele einen Ausflug.

Ein beliebtes Hobby: Schachspielen

Ein Schnellimbiß in der Stadt

im Garten. Für Erwachsene und Kinder ist das Wochenende auch die Zeit für kleine Ausflüge ins Grüne, für Partys und Besuche bei den Verwandten. Sonntag morgens sitzt die Famile gemütlich am Kaffeetisch und redet über „Gott und die Welt". Die Sonntagszeitung wird gelesen, Pläne für den Nachmittag werden gemacht, und alle nehmen sich Zeit. Am nächsten Morgen ist wieder ein Werktag°, und die *working day* Hektik der Woche beginnt aufs neue.

Fragen über den Text

1. Wie sieht ein typischer Arbeitstag in einer deutschen Familie aus?
2. Was hat sich für die Frauen geändert, seitdem sie auch arbeiten gehen?
3. Wer paßt auf die Kinder auf, wenn Papa und Mama arbeiten?
4. Wird die Zahl der Produktionsbetriebe größer?
5. Wo sieht man schon ebenso viele Männer wie Frauen arbeiten?
6. Wo und was frühstücken die Angestellten während der Woche?
7. Was bietet ein „Schnell-Imbiß" zu essen?
8. Wann gehen viele Männer oder Frauen einkaufen?
9. Wann trifft sich die Familie jeden Tag?
10. Welche Hobbys haben die Leute?
11. Was tut die Familie meistens am Wochenende?
12. Welche Hobbys sind bei den Frauen beliebt?

Grammatische Erklärungen

The adverb *immer*

The adverb *immer* is often used in combination with an adjective or adverb in the comparative form. The word *immer* + comparative expresses an increase in quality, quantity or degree. In contrast to English, it is possible in German to repeat the adverb or adjective for emphasis or use the adverb *immer*.

> *Das Wetter wird immer besser.*
> (The weather gets better and better.)
>
> *Er spricht immer lauter.*
> (He talks louder and louder.)

Immer wieder (again and again/over and over again) is used to describe frequently repeated actions.

Er sagte es immer wieder.
(He said it again and again.)

Immer wieder rufe ich sie an
(I call her over and over again.)

Immer noch nicht or *noch immer nicht* both mean "not yet," or "still not."

Ich weiß immer noch nicht, wie Sie heißen.
(I still don't know your name.)

Sie hat es uns noch immer nicht gesagt.
(She still has not told us.)

Übungen

1. Übersetzen Sie bitte diese Sätze.

1. More and more women have jobs.
2. They asked us over and over again.
3. More and more people go on vacation.
4. People become interested in reading more and more.
5. We will do it over and over.
6. They reported the news again and again.
7. It's getting darker and darker.
8. She is looking younger and younger.

2. Immer mehr Leute tun dies. Schreiben Sie die Sätze neu.

Beispiel: *Man liest öfter Zeitung.*
             Immer mehr Leute lesen Zeitung.

1. Man fährt in den Schwarzwald.
2. Man geht drei Wochen nicht zur Arbeit.
3. Man hat danach immer noch 14 Tage frei.
4. Man trifft sich wieder mit guten Freuden.
5. Man redet öfter mit den Nachbarn.
6. Man sieht mehr fern, kritisiert Nachrichten und diskutiert darüber.
7. Man hat interessante Hobbys, die die Zeit kurz erscheinen lassen.
8. Man arbeitet nicht mehr so viel wie nach dem Krieg.
9. Man hat mehr Ansprüche ans Leben.

Literatur und Unterhaltung

Der Buchmarkt wird immer größer. Schon jetzt produziert die Bundesrepublik hinter den U.S.A. und der USSR die drittmeisten Bücher auf der Welt. Deutsch ist die Sprache, in

Der Buchmarkt wird immer größer.

SPIEGEL BESTSELLER

BELLETRISTIK	SACHBÜCHER
1. Böll: Frauen vor Flußlandschaft Kiepenheuer & Witsch; 29,80 DM	1. Ditfurth, v.: So laßt uns denn ein Apfelbäumchen . . . Rasch und Röhring; 39,80 DM
2. Süskind: Das Parfum Diogenes; 29.80 DM	2. Hofstadter: Gödel, Escher, Bach Klett-Cotta; 48,– DM
3. Lenz: Exerzierplatz Hoffmann und Campe; 38,– DM	3. Watzlawick: Anleitung zum Unglücklichsein Piper; 19,80 DM
4. Allende: Das Geisterhaus Suhrkamp; 38,– DM	4. Krockow, Graf von: Die Reise nach Pommern DVA; 32,– DM
5. Brückner: Die Quints Ullstein; 29,80 DM	5. Iacocca: Iacocca – eine amerik. Karriere Econ; 39,80 DM
6. Duras: Der Liebhaber Suhrkamp; 25,– DM	6. Böll: Bild – Bonn – Boenisch Lamuv; 18,– DM
7. Simmel: Die im Dunkeln sieht man nicht Droemer Knaur; 39,80 DM	7. Haffner: Im Schatten der Geschichte DVA; 34,– DM
8. Wimschneider: Herbstmilch Piper; 20,– DM	8. Konzelmann: Der unheilige Krieg Hoffmann und Campe; 39,80 DM
9. Walser: Brandung Suhrkamp; 34,– DM	9. Berg: Indien Hoffmann und Campe; 38,– DM
10. Brösel: Werner, eiskalt Semmel; 16,80 DM	10. Schewtschenko: Mein Bruch mit Moskau Lübbe; 42,– DM

Welche Bücher stehen diese Woche auf der Bestsellerliste?

die am meisten übersetzt wird. Mehr Bücher werden ins Deutsche übersetzt als in irgend eine andere Sprache. Schon lange sind Bücher trotz Massenproduktion° keine langweiligen Blätter im Einband° mehr. Durch Bilder und interessante Schlagzeilen° soll der potentielle Kunde neugierig gemacht werden. Bücher werden mehr und mehr zu kleinen Kunstwerken, die auch äußerlich° attraktiv sind.

mass production

in hardcover

headlines

from the outside

Weniger schwitzen, seltener frieren – Das Wetter

Im allgemeinen ist es in Deutschland nicht so kalt und weniger heiß als im amerikanischen Mittelwesten. Vergleicht man es mit dem gleichmäßigen° kalifornischen Wetter, ist es aber abwechslungsreicher°, denn Frühling, Sommer, Herbst und Winter sind sehr verschieden. „Das Wetter soll man erst am Abend loben", hat schon Goethe gesagt. Obwohl Deutschland in einer gemäßigten° Zone Mitteleuropas liegt, kann das Wetter schnell wechseln. Und deshalb sind Wetterberichte gern gelesene und gehörte Informationen.

    Eine typische Wettervoraussage° für eine Sommerwoche kann so aussehen:

equivalent

more varied

temperate

weather forecast

Im Winter muß man sich warm anziehen.

Im Sommer sitzen die Deutschen oft im Freien.

Aussichten für die Woche (Bundesrepublik):

Am Wochenbeginn ist es in ganz Deutschland stark bewölkt°, und es treten vereinzelte Schauer auf°. Die Tagestemperaturen liegen zwischen 21°C (Grad) an der See und 26°C im Süden. Zur Wochenmitte folgt eine Beruhigung°. Dabei bleibt es im Norden meist stark bewölkt, es fallen aber keine Niederschläge° In der Südhälfte Deutschlands heitert es auf°, und es ist später sogar sonnig. Die Temperaturen ändern sich nur wenig. Die relative Luftfeuchtigkeit° betrug am Sonnabend um 12 Uhr in Hamburg: 88, Berlin: 73, Frankfurt: 94, Essen: 83 Prozent.

Die Temperaturgrade° werden nach der Celsius-Skala angegeben°. In den Vereinigten Staaten benutzt man noch die Fahrenheit-Skala aus dem 17. Jahrhundert. Sie wurde in Europa durch die von dem schwedischen Astronomen Celsius geschaffene Skala ersetzt. Wer Temperaturen von Fahrenheit auf Celsius umrechnen° möchte, kann dafür diese Formel benutzen: Celsius = Fahrenheit − 32 × (5/9).

Also sind zum Beispiel 26°C in Europa soviel wie 80°F in Amerika. 26°C gelten° in Deutschland schon als sehr warm.

cloudy
scattered showers will occur
relief

precipitation/ it clears up
humidity

temperature degrees indicated

convert

are considered

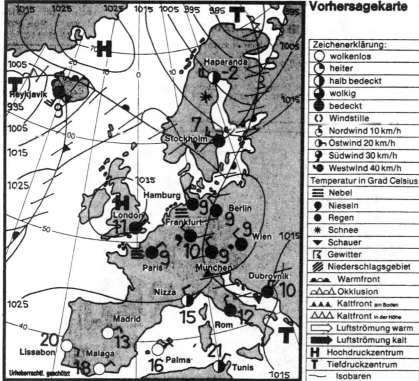

Deutscher Wetterdienst

Vorhersagekarte

Zeichenerklärung:

○	wolkenlos
◐	heiter
◑	halb bedeckt
◕	wolkig
●	bedeckt
( )	Windstille
⚲	Nordwind 10 km/h
⚲	Ostwind 20 km/h
⚲	Südwind 30 km/h
⚲	Westwind 40 km/h

Temperatur in Grad Celsius

☰	Nebel
●	Nieseln
●	Regen
✳	Schnee
▼	Schauer
⚡	Gewitter
▨	Niederschlagsgebiet
▲▬▲	Warmfront
△▲△▲	Okklusion
▲▲▲	Kaltfront am Boden
△△△	Kaltfront in der Höhe
⇨	Luftströmung warm
⇛	Luftströmung kalt
H	Hochdruckzentrum
T	Tiefdruckzentrum
—	Isobaren

Deutschland:

Helgoland	bedeckt	13
Sylt	Nebel	10
Schleswig	Nebel	10
Norderney	bedeckt	13
Emden	bedeckt	13
Cuxhaven	bedeckt	12
Hamburg	bedeckt	12
Lübeck	bedeckt	12
Greifswald	heiter	13
Hannover	bedeckt	12
Berlin	wolkig	12
Düsseldorf	bedeckt	13
Leipzig	bedeckt	12
Köln-Bonn	Sprührg.	13
Koblenz	Sprührg.	13
Bad Hersfeld	bedeckt	12
Trier	bedeckt	10
Feldberg/Ts.	i. Wolken	8
Frankfurt/M.	Regen	13
Saarbrücken	bedeckt	11
Stuttgart	Sprührg.	10
Nürnberg	Sprührg.	12
Freiburg	bedeckt	10
Freudenst.	Sprührg.	8
München	Nieselrg.	8
Passau	Sprührg.	9
Feldb./Schw.	i. Wolken	5
Konstanz	bedeckt	10
Kempten	bedeckt	9
Oberstdorf	Nieselrg.	7
Zugspitze	i. Wolk.	−3
Garmisch	bedeckt	8

Ausland:

Helsinki	heiter	7
Stockholm	heiter	7
Oslo	heiter	6

Übung

3. Bilden Sie Sätze aus diesen Elementen!

1. man / Abend / das / soll / erst / loben / Wetter / am
2. bei / Deutschen / großes / Wetterberichte / den / Interesse / finden
3. nach / berechnet / dort / Celsius-Skala / der / das / man / Wetter
4. Mitteleuropas / der / Deutschland / Zone / in / liegt / gemäßigten
5. aus / Fahrenheit-Skala / die / stammt / dem / 17. Jahrhundert
6. gelten / eine / 26°C / Temperatur / in / hohe / als / Deutschland

Eine Woche, die niemand vergaß

Am Montag war es auf Norderney 29° warm, drei Grad wärmer als in Nizza. In der Nacht kamen schwere Gewitter° auf. Ein Urlauber auf Sylt staunte: „Man hätte nachts im Licht der Blitze Zeitung lesen können." Das schönste Holzhaus Kampens brannte nieder.

thunderstorms

Am Dienstag waren es in Frankfurt 32° – zwei Grad wärmer als in Las Palmas. In der Hitze streikte die Computeranlage° der Kölner Polizei und auf der rechten Rheinseite fielen die Ampeln aus. Der Autoverkehr brach zusammen.

computer equipment

Am Mittwoch waren es in Berlin 34°, so heiß wie im afrikanischen Tunis. Nach tropischer° Sonne kamen fürchterliche Gewitter. Auf Fehmarn wurde ein Fischer vom Blitz erschlagen. Am Ostseestrand sah man drei Meter hohe Wellen. Kleinere Boote wurden von den Wellen aufs Festland geworfen. Auf Autobahnen lagen schwere Eichen°. Eine Frau in Hessen suchte unter einem Baum Schutz, als der Blitz einschlug°. Sie wurde schwer verletzt.

tropical

oak trees

hit

Am Donnerstag maßen Münchener Meteorologen 30° – so heiß wie in Madrid. Nach einem Blitzschlag waren im Landkreis Darmstadt fast alle Telefonleitungen° tot. Nach einem Gewitter lagen Bäume auf den Straßen Berlins. In München begann in dieser Nacht die größte Wetterkatastrophe der letzten Jahre. 20 Minuten lang schlugen Hagelkörner°, so groß wie Männerfäuste°, auf Häuser, Autos, Menschen und Tiere ein.

phone lines

hailstones

men's fists

Am Freitag waren es 28° – so heiß wie in Tel Aviv. Über die Ostseebäder° der DDR fegte° ein Sturm, der den Hafen in Rostock für Stunden außer Betrieb setzte.

Baltic Sea resorts/ swept

Am Sonnabend gab es Unwetter° und Hagelstürme in Österreich. Hagelkörner mit 8 cm Durchmesser° zerstörten in der Wachau die Aprikosenernte°. In Wien wurden Bäume aus dem Boden gerissen, und Stromleitungen° lagen auf den Straßen herum.

storms
diameter
apricot harvest
power lines

Übung

4. Beschreiben Sie, was an jedem Wochentag passiert ist.

Am Montag passierte folgendes:
Am Dienstag waren die Temperaturen in Frankfurt . . .
Am Mittwoch konnte man in Berlin . . .
Am Donnerstag waren es in München . . .
Am Freitag geschah bei 28° Hitze in . . .
Am Samstag erlebten die Österreicher . . .

Grammatische Erklärungen

Demonstrative pronouns

Demonstrative pronouns refer to items mentioned previously or persons that can be understood from the context. The most frequently used demonstrative pronouns are:

dieser	this (one)
jener	that (one)
der, die, das	who (the person who)
derselbe, dieselbe, dasselbe	the same
sich selber	himself, herself, itself (colloquial)
sich selbst	himself, herself, itself (formal)

Demonstrative pronouns have the same endings as the definite articles *der, die, das* except for the genitive singular and dative plural.

	masculine	Singular feminine	neuter	Plural
nominative	der	die	das	die
accusative	den	die	das	die
dative	dem	der	dem	denen
genitive	dessen	deren	dessen	deren

Dieser Wagen ist schöner als *jener*.
(This car is nicer than that one.)

Wir reden von **diesem** *und* **jenem**.
(We talk about this and that.)

Wer fragte? **Der** *da! Wen fragte er?* **Den** *da!*
(Who asked? He did! Whom did he ask? That guy over there!)

Bist du dir **dessen** *sicher?*
(Are you sure about that?)

Note: Intonation and context play important roles when using demonstrative pronouns. Under certain circumstances, the use of a demonstrative pronoun for a person can indicate displeasure with that individual.

Übungen

5. **Lesen Sie sich die folgenden kurzen Dialoge durch. Welche Wörter sind Demonstrativpronomen?**

Situation 1

Tom: Hast du dieses Buch von Goethe gesehen?
Ulla: Das über die Leiden des jungen Werther?
Tom: Nein, das meine ich nicht. Ich suche jenes über die Entwicklung des deutschen Nationaltheaters.
Ulla: Das habe ich nicht gesehen.
Tom: Bist du dir dessen sicher? Oder willst du bloß nicht suchen?
Ulla: Was gehen mich diese Bücher an? Das ist deine Sache.

Situation 2

Bernd: Ute, kommst du mit zu Lotte und Wolfgang?
Ute: Nein, die mag ich nicht. Zu denen komm' ich nicht mit. Lotte redet so viel von sich selbst.

Bernd: Aber mit Wolfgang sprichst du doch ganz gerne, oder?

Ute: Mit dem schon – aber ich kann Ute einfach nicht leiden. Die soll erst mal andere Themen finden als sich selber.

6. Schreiben Sie die folgenden Sätze neu und verwenden Sie Demonstrativpronomen. Sie können variieren und alle Demonstrativpronomen benutzen, die Sie kennen.

Beispiele: *Ich will mit einer Freundin schwimmen gehen.*
Ich will mit der schwimmen gehen.

Wir wollen die Bücher lesen.
Diese wollen wir lesen.

1. Ich lerne gerade die deutschen Demonstrativpronomen.
2. Deshalb kann ich nicht mit meinen Freunden ausgehen.
3. Heute abend will ich mit einer guten Freundin schlittschuhlaufen gehen.
4. Vielleicht kommt ihr Bruder dann auch mit.
5. Ihr Bruder ist ein netter Kerl.
6. Ich mag ihn sehr gern und freue mich, wenn ich ihn sehe.
7. Das Schlittschuhlaufen ist vielleicht gar nicht so wichtig.
8. Ich glaube, ich liebe den Bruder meiner Freundin.
9. Ihr Bruder heißt Augustin und arbeitet im Zirkus.

7. Tragen Sie die richtigen Demonstrativpronomen ein.

1. (This) _____ Wagen ist der meines Freundes.
2. Mit (this) _____ Mädchen habe ich vorhin kurz gesprochen.
3. Sie denkt immer nur an (this one-female) _____ Bekannte.
4. Wie redeten den ganzen Tag von (this) _____ and (that) _____ .
5. (that one-male) _____ wollte mir nichts über dich sagen.
6. (This one) _____ Dame kommt jedes Jahr in unser Hotel.
7. (that one-female) _____, die das sagte, hat den Unfall gesehen.
8. Ich bin mir (about that) _____ nicht ganz sicher, Herr Polizist.

Übung

8. Sehen Sie sich die Tagestemperaturen der Orte an und rechnen Sie sie um. Mit der Formel F = (⅑) × C + 32 können Sie die Fahrenheit-Grade berechnen.

Beispiel: *Bremen 13°C = ⅑ × 13 + 32 = 55.4°F*

Tagestemperaturen

Helgoland	heiter	14 Grad
Norderney	wolkig	14 Grad
Hamburg	bedeckt	12 Grad
Bremen	bedeckt	13 Grad

Berlin	bedeckt	15 Grad
Essen	bedeckt	13 Grad
Frankfurt	Regen	14 Grad
Saarbrücken	heiter	15 Grad
Stuttgart	bedeckt	14 Grad
Freiburg	Regen	13 Grad
München	Regen	10 Grad

Fragen über die Wünsche

1. Welcher Wunsch ist am größten?
2. Welcher Wunsch kommt an zweiter Stelle?
3. Was ist den Deutschen am drittliebsten?
4. Was würden Sie sich wünschen?
5. In welcher Reihenfolge kommen diese Wünsche bei Ihnen?

9. Setzen Sie die fehlenden Wörter von der Liste in ihrer korrekten Form ein. Dieses Gespräch findet zwischen Jim, einem amerikanischen Studenten, und Otto, einem deutschen Studenten statt.

Länder / Umwelt / Geld / gut / Automotoren / bleifrei / Europäische Gemeinschaft / Betriebe / pensionieren / normal / arbeiten / Gesundheit / Steuern / Altersgrenze / Blei / niemand

Jim: Ich sehe, daß ihr Deutschen euch vor allem ＿＿ wünscht. Ich glaube, in Amerika würden wir ＿＿ an die erste Stelle setzen.

Otto: Das wünschen sich auch viele Leute hier. Aber an zweiter Stelle ist uns ＿＿ noch wichtiger.

Jim: Ja, das Problem mit der schmutzigen Luft und dem sauren Regen von den ＿＿ kennen wir auch. Aber seit unser Benzin kein ＿＿ mehr hat, ist es schon besser geworden.

Otto: Das sollten sie bei uns auch machen. Aber die ＿＿ kann sich zu keiner ＿＿ Regelung entschließen, weil einige ＿＿ dagegen sind. In Deutschland kannst du aber schon ＿＿ Benzin bekommen.

Jim: Wie hoch ist eigentlich eure ＿＿? Bei uns arbeiten die meisten Leute bis sie 65 sind.

Otto: Das kommt darauf an. Viele ＿＿, die Arbeitsplätze reduzieren wollen, bieten den Arbeitern und Angestellten an, sich schon mit 59 ＿＿ zu lassen. Sonst gilt aber 63 als ＿＿. Aber ＿＿ braucht sich vor 65 pensionieren zu lassen, wenn er nicht will.

Jim: Wollen das denn viele?

Otto: Die meisten bekommen genauso viel Rente, warum sollen sie da länger arbeiten als nötig? Viele Pensionäre haben mehr Geld, als die, die ＿＿.

Jim: Wie geht denn das?

Otto: Ganz einfach, sie zahlen weniger ＿＿.

Demokratie ist, wenn . . .

Das deutsche Monatsmagazin „ELTERN" fragte Schüler:
Was bedeutet Demokratie für dich?

Früher gab es keine Demokratie. Da hat einer was befohlen°, *commanded*
wie z.B. Hitler, und alle haben den Quatsch° gemacht. *nonsense*
Heute ist das anders. Was der Bundeskanzler sagt, wird
noch lange nicht gemacht.

Viktor

Heute sind die Leute demokratischer. Da kann jeder machen, was er will. Nur bei der Steuer° hört das auf; die muß jeder bezahlen. Auch die Polizei ist nicht richtig demokratisch, wenn sie eine Anzeige macht.   *taxes*

Katrin

Für mich ist Demokratie, wenn mein Bruder auch mal spült°.   *does the dishes*

Maike

Am schwierigsten ist die Demokratie beim Fernsehen. Vor allem dann, wenn eine Familie nur einen Fernseher und keinen Videorecorder hat. Wenn ein Fußballspiel kommt, ist meinem Vater die ganze Demokratie schnuppe°.   *doesn't give a hoot*

Alexander

Diskussionsrunde

Diskutieren Sie mit anderen über das Wort „Demokratie" und seine Bedeutung. Was ist Demokratie für Sie? Was sind die Vorteile einer Demokratie, und warum wird es manchmal schwierig, wenn Leute verschiedene Ziele haben?

Benutzen Sie die folgenden Redewendungen, wenn Sie möchten.
  Für mich ist Demokratie, wenn . . .
  Demokratie gibt es nur, wenn . . .
  Aber ich finde trotzdem, daß Demokratie . . .
  Die Funktion der Demokratie ist doch, daß . . .
  Ich kann mir nicht vorstellen, daß man ohne Demokratie . . .
  Ich bin ganz anderer Meinung, denn Demokratie bedeutet ja . . .
  Demokratie und Freiheit sind nicht immer identisch, denn . . .
  Aber ohne Demokratie ist Freiheit doch . . .

Grammatische Erklärungen

nicht müssen, brauchen

The modal auxiliary *müssen* means "to have to" or "must."

> *Ich muß einen Telefonanruf machen.*
> (I must make a telephone call.)
> *Ich muß jetzt gehen.*
> (I have to go now.)

If you wanted to negate these sentences in English, you would say "I don't have to make a telephone call" and "I don't have to go now." In German, *brauchen* (need, to make use of, to utilize) fulfills several functions. It can negate the modal auxiliary *müssen*.

> *Ich brauche keinen Telefonanruf zu machen.*
> (I don't have to make a phone call.)

> *Ich brauche jetzt nicht zu gehen.*
> (I need not go now.)

Brauchen doesn't substitute for *nicht* or *kein*. It only replaces *nicht müssen* and requires an infinitive with *zu*. As a reminder, "must not" means *darf nicht* in German.

> *Du darfst das nicht sagen.*
> (You mustn't say that.)

Brauchen is often used to express that certain items are or are not needed. In those cases, *brauchen* acts as a full verb and no infinitive or *zu* is involved. In English you would use a form of "to do" and "need."

> *Ich brauche Ihre Hilfe nicht.*
> (I do not need your help.)

Situation

Karl: Brauchst du den Hammer?
    (Do you need the hammer?)
Inge: Nein, den brauche ich jetzt nicht.
    (No, I don't need it right now.)
Karl: Soll ich ihn für dich halten?
    (Should I hold it for you?)
Inge: Nein, du brauchst ihn nicht in deiner Hand zu halten. Ich brauche ihn überhaupt nicht. Aber danke.
    (No, you don't have to hold it in your hand. I don't need it at all. Thanks anyway.)

Übungen

10. **Setzen Sie in die folgenden Sätze die richtige Form von *brauchen* und *müssen* ein.**

    1. Inge ____ ein Werkzeug, weil sie ein Bild aufhängen möchte.
    2. Sie ____ nicht lange zu suchen, denn alle Werkzeuge sind im Keller.
    3. ,,____ du meine Hilfe?'' fragte Karl.
    4. ,,Ja, es ist schöner, wenn ich nicht allein zu arbeiten ____.''
    5. ,, Dann ____ ich weniger Zeit und wir können später zusammen etwas tun.''
    6. ,,Da ____ ich wohl nicht zu fragen, was wir zusammen tun?!''
    7. ,,Nein, das ____ du nicht. Wir ____ in den Keller gehen und die Wäsche waschen.''

8. ,,＿＿ das wirklich heute noch sein? Die Wäsche ＿＿ doch nicht heute gewaschen zu werden.''

9. ,,Doch, lieber Karl, sie ＿＿ heute gewaschen werden, weil wir morgen keine Zeit haben.''

10. An den Gedanken mit der Wäsche ＿＿ ich mich erst noch gewöhnen. Da ＿＿ ich ja für die nächsten Stunden keine anderen Pläne mehr zu machen.

11. Übersetzen Sie ins Deutsche.

1. They do not need a car.
2. They must not take a taxi.
3. They only have to walk two miles.
4. They don't need to bring anything along.
5. We must go shopping.
6. Why don't they need to bring anything?
7. Because we invited them over, we have to buy the things.
8. Do I have to come along?

12. In dieser kleinen Geschichte fehlen Wörter oder Endungen. Bitte setzen Sie sie ein. In Klammern steht die englische Bedeutung.

Geheime Mission

Der erfahren ＿＿ Redakteur Klaus Hartard will ein wichtig ＿＿ Geheimnis ausspionieren. Deshalb fängt er bei ein ＿＿ bekannt ＿＿ Zeitung in Gelsenkirchen an (to) ＿＿ arbeiten. Er hat es auch nicht schwer, (himself) ＿＿ mit d ＿＿ Sekretärin der Firma (to) ＿＿ treffen. Er hofft, daß (the) ＿＿ etwas naiv ＿＿ Sekretärin ihm (will help) ＿＿, die Informationen für einen neu ＿＿ Zeitungsartikel zu finden. Klaus lädt die Sekretärin zum Abendessen in (the) ＿＿ Restaurant ,,Hohensyburger Blick'' ein und tut so, als ob er sie lieben (would) ＿＿. Die Sekretärin glaubt (him) ＿＿ das auch. Sie verliebt (herself) ＿＿ in ＿＿ (him). Aber der (editor) ＿＿ spielt ein bös ＿＿ Spiel mit (her) ＿＿.

Ein typischer Frauenberuf?

Bellende° Hunde am Gartentor fürchtet sie nicht. An die schweren Lasten° hat sich Gabriele Becker (22) gewöhnt. Täglich schleppt° sie ihre ,Post durch ein Wohngebiet in Frankfurt am Main. Sie ist Briefträgerin und trägt Blue Jeans. Ihre Arbeitsgebiete wechseln oft. Manchmal sind es Einfamilienhäuser in einem Vorort, dann Bürohochhäuser° in der

barking
weight
lugs

office skyscrapers

In der
Telegrammaufnahme

Handwerkerin im Fernmeldeamt

Beim Briefesortieren

Die Briefträgerin bringt jeden Tag viel Post.

Innenstadt. ,,Man lernt immer wieder neue Leute kennen'',
sagt sie. ,,Mein Dienst fängt um sechs Uhr morgens an. Ich
muß leider auch samstags arbeiten, denn die Leute wollen
außer sonntags jeden Tag ihre Post haben. Um eins bin ich
mit meiner Arbeit fertig und kann nach Hause gehen. Dann
habe ich so etwa 140 bis 160 Kilo Post geschafft. Briefe,
Päckchen, Karten, Einschreiben, einfach alles.'' ,,Das sind
eigentlich für Frauen zu schwere Lasten'', meint Horst Spieß
von der OPD (Oberpostdirektion) Frankfurt. Aber es
schreckt unsere Mitarbeiterinnen nicht ab°.''   *deters*

Die Deutsche Bundespost, Europas größter Betrieb, traut
seinen Frauen genauso viel zu° wie den Männern. Damen   *entrusts*
sitzen nicht nur an Schaltern, in Telefonzentralen und beim
Briefsortieren, sondern arbeiten auch im technischen Betrieb
der Post. Technikerinnen gibt es immer mehr, und 85 Prozent von ihnen würden denselben Beruf wieder wählen.
Von den rund 540 000 Postangestellten sind etwa 33 Prozent
Frauen. Ihnen stehen nicht nur die sogenannten Männer-
berufe offen°, sondern auch Führungspositionen. Sie   *are open*
bekommen denselben Lohn wie die Männer. Eine Brief-
trägerin verdient dasselbe wie ein Briefträger. Gleichberech-
tigung° gibt es nun auch in der Auskunftzentrale°. Dort   *equal rights/*
arbeiteten früher nur Frauen. Seit kurzem geben auch   *directory*
Männer Auskünfte über Telefonnummern und Anschriften.   *assistance*

Fragen über den Text

1. Wo schleppt Gabriele Becker täglich ihre Post?
2. Was ist sie von Beruf?
3. Wie lange arbeitet sie jeden Tag?
4. Muß sie auch am Wochenende arbeiten?
5. Wieviel Post trägt sie jeden Tag aus?
6. Welche anderen Jobs haben die Frauen bei der Post?
7. Was ist das größte europäische Unternehmen?
8. Wo gibt es jetzt auch Gleichberechtigung?

Übung

13. **Lesen Sie die folgenden Sätze und finden Sie in der Liste andere
    Wörter, die die eingeklammerten Wörter ersetzen können.**

    verdienen / wissen / schleppen / es gibt / beginnen / tragen

    1. Gabriele (trägt) jeden Tag ihre Post in Frankfurt (aus).
    2. Sie (hat) blue Jeans (an).
    3. Sie (versteht) die tägliche Abwechslung zu schätzen.

4. Jeden Morgen (fängt) ihr Dienst um 6 Uhr (an).
5. Die Frauen (erhalten) denselben Lohn wie die Männer.
6. Auch in der Auskunftzentrale (existiert) Gleichberechtigung.

Gastarbeiter und ihre Probleme

Als etwe 1960 zu wenige Arbeitskräfte° da waren, kamen nach und nach Hunderttausende von ausländischen Gastarbeitern in die Bundesrepublik. Heute ist jeder zehnte Arbeitnehmer Ausländer. Die meisten sind Hilfsarbeiter° in Baufirmen° oder an den Fließbändern der großen Industriewerke. *workers* / *unskilled workers* / *construction companies*

Man glaubte anfangs, daß die Gastarbeiter immer nur eine kurze Zeit lang gut verdienen und dann in ihre Heimatländer zurückkehren wollten. Deshalb dachte niemand an ihre sozialen Probleme. Aber es kam anders. Den Gastarbeitern geht es wirtschaftlich besser als zu Hause, wo oft Arbeitslosigkeit° herrscht. Aus diesem Grund bleiben sie gern länger in der Bundesrepublik. Zwar bekommen sie oft die schwersten Arbeiten und leben zum Teil in primitiven und viel zu teuren Wohnungen oder Wohnheimen. Aber immer öfter lassen sie ihre Verwandten nachkommen°. Sie servieren in Restaurants, verkaufen in Kaufhäusern, kommen als Handwerker ins Haus, füllen Benzin in die Wagentanks und fahren Taxis. *unemployment* / *follow*

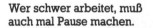

Viele Ausländer arbeiten an Fließbändern.

Wer schwer arbeitet, muß auch mal Pause machen.

Die deutsche Wirtschaft braucht diese Arbeitskräfte. Sie sind voll in die Wirtschaft integriert, nicht aber in die deutsche Gesellschaft. Das zeigt sich am deutlichsten in der Erziehung. Viele Gastarbeiterfamilien haben Kinder im Schulalter, die nur wenig oder kein Deutsch sprechen. Soll man nun versuchen, sie trotzdem in deutsche Schulen einzugliedern°? *integrate* Oder soll man sie von ihren eigenen Lehrern in ihrer Muttersprache unterrichten lassen? Viele dieser Kinder sind bereits in Deutschland geboren und damit deutsche Staatsbürger. Sie müssen nach dem Gesetz die Schule besuchen. Aber welche Schule? Oder vielleicht beide Schulen gleichzeitig, eine deutsche und eine mit ausländischen Lehrern? Auch durch die Religion der Gastarbeiter und ihrer Kinder entstehen viele Probleme. In Deutschland sind Staat und Kirche getrennt, und die Schulen haben keine religiösen Ziele. Das ist zum Beispiel in türkischen Schulen nicht so. Dort prägt der Koran den Lehrplan. Einige Aspekte davon können in der BRD sogar gegen das Gesetz sein. In einigen von ausländischen Lehrern geführten Schulen wurden den Kindern Dinge beigebracht°, die nach dem deutschen *taught* Grundgesetz° verboten sind. *Basic Law*

Soll man die Kinder überhaupt auf eine Rückkehr in die Heimat ihrer Eltern vorbereiten? Ein anderes Problem liegt darin, daß manche Gastarbeiter ihre Kinder nicht zur Schule schicken, weil ihnen die deutsche Schule suspekt ist. Meistens gibt es dafür religiöse Gründe. Untersuchungen° *physical* beim Schularzt sind für einige Gastarbeiter ein Tabu, und *examinations* sie weigern sich, ihre Töchter von deutschen Ärzten untersuchen zu lassen. Aber die meisten Ärzte wollen auf die Ängste der ausländischen Kinder und deren Eltern keine besondere Rücksicht° nehmen. Sie wollen die deutschen *consideration* Kinder und deren ausländische Klassenkameraden gleich behandeln.

Von Bedeutung ist auch die Schulpolitik der ausländischen Regierungsstellen° in der Bundesrepublik. Einige *government offices* unterstützen die Integration der Ausländerkinder in die deutsche Kultur und Zivilisation, andere lehnen das strikt ab und verlangen die Isolierung in nationalen und konfessionellen Schulen. Dies macht die Verständigung schwieriger. Manche Deutsche haben Vorurteile gegenüber ihren ausländischen Kollegen oder Nachbarn und akzeptieren sie nicht als Mitbürger. Deshalb fühlen sich manche Ausländer auch noch nach jahrelangem Aufenthalt in der BRD als Fremde. Nach einer Umfrage vermissen sie bei den Deutschen vor allem Freundlichkeit, Toleranz und – ihr gewohntes° Essen. Die Deutschen vermissen oft die Bereit- *usual* *willingness*

schaft° ausländischer Mitbürger°, sich „normal" anzuziehen,   *fellow-citizens*
deutsch zu sprechen und nicht so sehr auf ihren ausländi-
schen Traditionen zu bestehen°.   *insist*

Fragen über den Text

1. Warum sind die Gastarbeiter in die BRD gekommen?
2. Sind die Gastarbeiter bereit, ihre eigene Kultur einfach zu vergessen?
3. Welche Probleme gibt es mit den deutschen Schulen?
4. Warum wollen einige Gastarbeiter ihre Töchter nicht von deutschen Ärzten untersuchen lassen?
5. Sind Kinder, die in der BRD geboren wurden, Ausländer oder Bundesbürger?
6. Was halten viele Deutsche von den ausländischen Arbeitnehmern?

Übung

14. In diesen Sätzen stimmt so einiges nicht. Wie muß es richtig heißen? Sie finden die richtigen Antworten im Text über die Gastarbeiter und deren Probleme.

1. Die meisten Gastarbeiter sind Meister oder Werkleiter.
2. Sie wollen wieder in ihre Heimat zurück.
3. In Deutschland geht es ihnen wirtschaftlich nicht gut.
4. Sie bekommen nur die leichten Arbeiten.
5. Sie sind weitgehend in die deutsche Kultur integriert.
6. Ihre Kinder sprechen alle gut deutsch.
7. Alle Kinder gehen in deutsche Schulen.
8. Die Deutschen akzeptieren die Ausländer als Mitbürger.
9. Viele Ausländer fühlen sich in der BRD zu Hause.
10. Sie finden die Deutschen freundlich und tolerant.

Grammatische Erklärungen

Indefinite pronouns

Some pronouns refer to an indefinite rather than a specific person or thing. These indefinite pronouns refer to someone, some people, somebody or nobody. Indefinite pronouns are all *der*-words except for *man* and therefore have endings in all cases.

man – someone, people, they
Man sagt, daß Italien sehr schön ist.
(They say that Italy is very beautiful.)

jemand – someone, somebody, anybody
,,Hast du jemanden gesehen?'' fragte Dieter.
("Did you see anybody?" asked Dieter.)

niemand – nobody, not anybody
Ich will mit niemandem sprechen.
(I do not want to speak to anybody.)

einer, eine, eins – one person, thing
Eines Tages fuhr er für immer weg.
(One day he went away for ever.)

keiner, keine, keins – no person, thing; nobody
Keiner weiß so richtig, was zu tun ist.
(Nobody knows exactly what to do.)

jeder, jede, jedes – everyone, everybody
Jeder rannte aus dem brennenden Haus.
(Everybody ran out of the burning house.)

welcher, welche, welches – any, some
Haben Sie Bücher? Ich suche welche.
(Do you have books? I am looking for some.)

Übungen

15. **Die folgenden Sätze sind Ihrer Meinung nach nicht richtig. Benutzen Sie nur die feminine Form von *jeder*, um die Sätze neu zu schreiben. Passen Sie gut auf, denn manchmal müssen Sie auch ein anderes Nomen ändern!**

    Beispiel: *Keiner hat den Aufsatz gelesen.*
    Doch, jede hat den Aufsatz gelesen.

    1. Keiner weiß, was wir machen werden.
    2. Ich kann keinem glauben.
    3. Ich habe keinen kommen hören.
    4. Sie hat es keinem gesagt.
    5. Kein Mann kann das richtig verstehen.
    6. Er will keinen von euch wieder anrufen.
    7. Ihr möchtet, daß keiner euch versteht, was?
    8. Sie können keinen Tag länger hier bleiben, Herr Wiese.
    9. Sie haben keine Gelegenheit, das zu tun.
    10. Keinem Jungen wollte Ingrid davon erzählen.

16. **Das Problem mit dem Wetter in den Bergen. Setzen Sie die deutschen unbestimmten Pronomen in die Sätze ein.**

    1. Sollte (one) _____ zum Skifahren in die Berge fahren, ohne den Wetterbericht zu kennen? Nein!

2. (Someone) ____ erkundigte sich nach dem Wetter.
3. (Nobody) ____ wußte, wie es werden sollte.
4. (One person) ____ rief endlich bei der Wetterstation an.
5. (No person) ____ nahm dort den Hörer ab.
6. (Someone) ____ meinte, daß der Wetterbericht jeden Tag in der Zeitung stehen würde.
7. Konnte denn (anybody) ____ die alte Zeitung finden?
8. (Nobody) ____ weiß so richtig, was zu tun ist.
9. Endlich geht (someone) ____ zum Zeitungsstand und kauft eine Zeitung.
10. ,,Ich brauche beide Lokalzeitungen von heute, haben sie noch (any) ____?''
11. ,,Tut mir leid, (somebody) ____ hat gerade die letzten Exemplare gekauft. Morgen früh wieder.''
12. Wie soll (one) ____sich denn jetzt ein Bild vom Wetter in den Bergen machen?

17. Tragen Sie die richtigen Endungen ein.

Ein ____ schönen Tages wollten wir wieder nach Ludwigsburg fahren. Ein ____ von uns holte die anderen mit ihrem Auto ab und los ging die Fahrt. In Ludwigsburg wollten wir vor dem Schloß auf dem Rasen Picknick machen. Aber kein ____ wußte, was er mitbringen sollte. Man hätte darüber sprechen sollen, denn ein ____ hatte Butterbrote, jemand hatte Limonade, ein ____ hatte wieder Butterbrote, eine andere hatte auch Limonade mitgebracht. Es schien, daß jed ____ nur Butterbrote und Limonade mitgebracht hatte. Kein ____ hatte daran gedacht, den ander ____ zu fragen. Jed ____ sah jed ____ an, und alle lachten laut. ,,Dann wird eben jed ____ essen, was da ist'', meinte eine. Nach dem Picknick fragte ein Komiker. ,,Ich hätte wohl noch Hunger auf Butterbrote. Hat noch jemand welch ____?''

18. Jemand macht mit Ihnen das folgende Interview. Geben Sie die Antworten im Sinne der Wörter in den Klammern oder nach Ihrer eigenen Meinung. Es geht um die Gastarbeiter in Deutschland.

1. Warum und wann kamen die ersten Gastarbeiter in die BRD? (wenige Arbeitskräfte)
2. Welche Berufe haben die ausländischen Arbeitnehmer dort? (Hilfsarbeiter, Taxifahrer, Bedienung)
3. Wie ging es den Gastarbeitern wirtschaftlich in ihren Heimatländern? (arbeitslos, wenige wirtschaftliche Chancen)
4. Wie wohnen die Gastarbeiter in Deutschland oft? (meistens Ghetto oder teuere kleine Zimmer)

5. Gehen die Kinder der Gastarbeiter in deutsche Schulen? (das Gesetz verlangt das)
6. Gehen sie regelmäßig dorthin? (kommt auf die Eltern an)
7. Sind die ausländischen Arbeitnehmer integriert in die deutsche Kultur? (einige ja, viele nicht)
8. Sollen die Kinder in eigene Schulen gehen und dort ihre Muttersprache lernen? (vielleicht beide Schulen und Sprachen)
9. Welche Politik verfolgen einige ausländische Regierungsstellen? (Integration, Isolierung)
10. Wie fühlen sich die Gastarbeiter in der BRD? (nicht zu Hause, Freundlichkeit, Toleranz)

Diskussionsrunde

Fragen Sie Ihre Klassenkameraden die Fragen 1–10 aus Übung 18 und diskutieren Sie die verschiedenen Antworten. Sie müssen nicht immer antworten, was in Klammern steht. Sagen Sie besser Ihre eigene Meinung! Weitere Fragen:

Gibt es in den U.S.A. ähnliche Probleme?
Warum kommen mexikanische Gastarbeiter in die U.S.A.?
Was erwarten die amerikanischen Betriebe und Farmen?
Haben Sie Ideen, wie man die Situation verbessern kann?
Wie behandelt man Minoritäten in den U.S.A.?
Warum sind die BRD und U.S.A so verschieden?

Schnell und billig mit Bus und Bahn

Wer nicht zu Fuß geht, fährt meistens. Aber nicht mit dem eigenen Auto, sondern oft mit öffentlichen Verkehrsmitteln. Die sind schnell, preiswert und zuverlässig°. Busse und   *reliable*

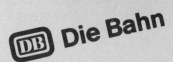

Die Straßenbahn ist heute noch ein
beliebtes Verkehrsmittel in vielen
Großstädten.

In Frankfurt kann man mit der U-Bahn oder
S-Bahn fahren.

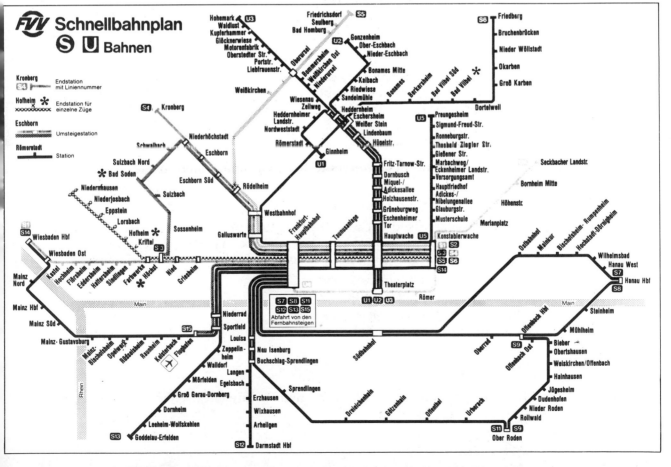

Bahnen fahren alle paar Minuten, und man ist viel schneller als mit dem Wagen, da es viel zu wenige Parkplätze in deutschen Städten gibt. Manche Städte wie Frankfurt, Dortmund, Berlin, München haben eine eigene U-Bahn. Dort kann man kombinierte Fahrkarten für Bus, S-Bahn und U-Bahn bekommen und kommt so schnell an jedes Ziel im Stadtgebiet. S-Bahnen sind Straßenbahnen oder Züge, die normalerweise über der Erde fahren, während die U-Bahn unter der Erde fährt.

Grammatische Erklärungen

Relative and interrogative pronouns

Wer (*wessen, wem, wen*) refers to people when used as a relative or interrogative pronoun (question word).

> *Ich sehe, wer da kommt.*
> (I see who's coming over there.)
> *Ich weiß, wessen Wagen das ist.*
> (I know whose car that is.)

Was refers to things or thoughts.

> *Das ist, was ich gesagt habe.*
> (That's what I said.)

In contrast to the true relative pronouns you have learned, *wer* and *was* are used like relative pronouns when the person or thing referred to is not mentioned specifically in the main clause.

> *Kennst du den Mann, der angerufen hat?*
> (Do you know the man who called?)

The relative pronoun *der* refers to the man mentioned in the main clause.

> *Weißt du, wer angerufen hat?*
> (Do you know who called?)

Wer and *was* are used because there is no noun to refer to with a specific relative pronoun. *Wer* and *was* can also be used in a general sense to substitute for nouns with the meaning "whoever" and "whatever."

> *Wer das getan hat, soll es sagen!*
> (Whoever did that should say so!)
> *Was er gerade gesagt hat, verstehe ich nicht.*
> (Whatever he just said, I don't understand.)

Übungen

19. Setzen Sie die richtigen Pronomen für die englischen Ausdrücke ein.

   1. (Whoever) _____ nicht laufen will, nimmt ein öffentliches Verkehrsmittel.
   2. Weißt du, (whose) _____ Fahrrad da steht?
   3. Ich kann nicht lesen, (what) _____ da auf dem Plakat steht.
   4. (To whom) _____ dieses Geschenk gegeben wurde, weiß ich nicht.
   5. Ich habe nicht gewußt, (what) _____ eine S-Bahn ist.
   6. (Who) _____ war die Dame in dem tollen Sportwagen?
   7. (Whatever) _____ du auch sagst, die anderen glauben es dir nicht.

20. Ersetzen Sie die eingeklammerten englischen Ausdrücke mit den richtigen deutschen.

   1. In unserer Stadt gibt es verschiedene (means of public transportation) _____.
   2. Früher hatten wir nur eine (streetcar) _____.
   3. Außer Autos und Motorrädern gibts es auch viele (trucks) _____ auf den Straßen.
   4. Mit der (subway) _____ geht die Fahrt durch eine Großstadt am schnellsten.
   5. Schnellbahnen und (buses) _____ fahren über der Erde.
   6. Viele (trains) _____ sind nachmittags überfüllt.

21. Ersetzen Sie die Konjunktionen *denn, daher* und *darum* durch die Konjunktionen *weil* und *da*.

   Beispiel: *Ich fahre mit der U-Bahn, denn sie ist schnell und billig.*
                 Ich fahre mit der U-Bahn, weil sie schnell und billig ist.

   1. Wir stiegen nicht ein, denn die S-Bahn war schon voll.
   2. Karl ist am Hauptbahnhof ausgestiegen, denn von dort konnte er den Zug nach Herdecke nehmen.
   3. Ernst wollte später kommen, darum fuhr er mit dem Auto.
   4. Brigitte mochte nicht mit Uli fahren, denn sie hatte Angst vor seinem schnellen Fahren.
   5. Ulla und Brigitte nahmen die Straßenbahn, daher brauchten sie nicht mit Uli zu fahren.
   6. Peter meinte, das sei zu weit von der Stadt, darum führe keine Straßenbahn dorthin.

Fahrkarten aus dem Automaten

Jetzt gibt es für den Nahverkehr° bis 50 Kilometer bei der DB (Deutsche Bundesbahn) Fahrkarten nur noch am Automaten. Fast überall, wo Züge halten, steht jetzt ein Fahrkar-

           local traffic

tenautomat. Außer Münzen nimmt er auch Zehn- und
Zwanzig-Mark-Scheine und gibt das Wechselgeld° auto-   *change*
matisch zurück.

Übung

22. Glauben Sie an Ihr Horoskop?

Viele Leute lesen in der Morgenzeitung zuerst ihr Horoskop. Sie glauben:

Die Sterne lügen nicht...

Das tägliche Horoskop

Freitag, 11. Oktober

Widder, 21. 3. bis 20. 4.:
Vorsicht mit allen berufli-
chen Entscheidungen. Sei-
en Sie etwas besonnener
und gehen Sie Ihren Kollegen nicht mit
Ungeduld auf die Nerven.

Stier, 21. 4. bis 20. 5.:
Eine langfristige Geldan-
gelegenheit läßt sich jetzt
klären. Eine zuverlässige
Person vertritt Ihre Interessen. Sie haben auf das richtige Pferd gesetzt.

Zwillinge, 21. 5. bis 21. 6.:
Mit Beharrlichkeit und
Ausdauer erreichen Sie
Ihre Ziele. Allerdings soll-
ten Sie sich vor allzugroßen Illusionen
hüten und mehr auf die Realität setzen.

Krebs, 22. 6. bis 22. 7.:
Sie standen stark unter
beruflichem Streß. Jetzt
sollten Sie ausspannen
und gesund leben, um neue Kräfte zu
sammeln. Gehen Sie spazieren!

Löwe, 23. 7. bis 23. 8.
Was Sie sich vornehmen,
gelingt. Ihre Kollegen sind
mit Ihren Vorschlägen einverstanden. Gute Ideen bringen Geld,
Sie können sich verbessern.

Jungfrau, 24. 8. bis 23. 9.:
Über Ihren vielen alltäglichen Pflichten sollten Sie
einen bestimmten Men-
schen nicht vergessen. Er hat Ihnen oft
aus der Patsche geholfen.

Waage, 24. 9. bis 23. 10.:
Sie sind voller Schwung
und Arbeitseifer. Doch
manchmal übertreiben Sie
und setzen dadurch Ihre Kollegen unter
Druck. Das könnten sie Ihnen übelneh-
men.

Skorpion, 24. 10. bis 22. 11.:
Mit Gewalt erreichen Sie
jetzt nichts. Mit Diplomatie
könnten Sie sicher grö-
ßere Erfolge erzielen. Nehmen Sie sich
nicht zuviel auf einmal vor!

Schütze, 23. 11. bis 21. 12.:
Weltbewegendes ge-
schieht nicht. Sie haben es
selbst in der Hand, private
oder berufliche Anforderungen zu Ihrem
eigenen Besten zu gestalten.

Steinbock, 22. 12. bis 20. 1.:
Sie sind enttäuscht, denn
Sie hatten es sich leichter
vorgestellt, ein bestimmtes
Ziel zu erreichen. Trotzdem, jetzt nicht
alles hinwerfen, sondern weitermachen.
ben.

Wassermann, 21.1. bis 19.2.:
In der Liebe verläuft nicht
alles so, wie Sie es sich
vorgestellt haben. Sie ver-
gessen oft, daß auch ihr Partner eine ei-
genständige Persönlichkeit ist.

Fische, 20. 2. bis 20. 3.:
Sie reden und handeln oft
unüberlegt. Auseinander-
setzungen lassen sich da
schwerlich vermeiden. Zur Zeit fällt es
Ihnen schwer, sich zu konzentrieren.

1. Warum oder warum glauben Sie nicht daran?
2. Unter welchem Tierkreiszeichen sind Sie geboren?
3. Kennen Sie die Tierkreiszeichen Ihrer Eltern und Geschwister?
4. Wie sieht es diese Woche für Sie aus?
5. Welche Voraussage ist Ihnen am wichtigsten? Liebe, Beruf oder Gesundheit?
6. Wollen Sie das tun, was das Horoskop Ihnen sagt?

Mörder im Fahrstuhl (Teil 1)

Herbert Reinecker (geb. 1914)

Der folgende leicht gekürzte Krimi kommt in drei Teilen. Sein Verfasser ist Journalist und einer der erfolgreichsten Kirminalautoren der Gegenwart. Er schrieb außerdem Schauspiele und Filmdrehbücher°. Für seinen Film ,,Canaris'' erhielt er den Bundesfilmpreis°.

°moviescripts
°film award in the BRD

Der Mann hieß Sidessen. Er arbeitete in diesem Büro schon sehr lange, fünfundzwanzig Jahre lang. Was er heute erlebt hatte, hatte ihn zum Mittelpunkt gemacht, zum ersten Mal.

Sidessen hatte im Büro gesessen. Ein großes Büro. Ich zählte etwa acht Schreibtische. Sidessen besaß einen davon. Es war Büroschluß° gewesen, und alle waren weggegangen. Sidessen hatte sehr viel Arbeit gehabt und war noch im Büro, als alle anderen schon gegangen waren. Er machte Ordnung auf seinem Schreibtisch, als er sah, daß der Chef noch da war. Er hörte ihn telefonieren und sah Licht unter der Bürotür. Er erzählte:

°end of office hours

,,Plötzlich kam der Chef heraus und sah mich an. –Nanu–, sagte er, – Sidessen? Warum sind Sie noch hier? – Ich dachte bei mir: Der Mann soll sich doch freuen, daß man nicht auf die Uhr sieht und gleich nach Hause geht, wenn Büroschluß ist; aber er freute sich gar nicht. Er war richtig böse und sagte: – Na, nun gehen Sie. – Er blieb stehen, bis ich meine Sachen gepackt hatte, ja, er hat mich sogar aus dem Zimmer begleitet°. Und jetzt kommt es, Herr Kommissar! Alberti, mein Chef, wurde plötzlich ganz unruhig. Er sagte: – Macht es etwas°, Sidessen, wenn Sie die Treppe° nehmen? Ich erwarte nämlich jemanden. – Ich sagte: – Nein, Herr Alberti, was soll das machen? – Nun aber war der Fahrstuhl oben. Wissen Sie, was geschah? Alberti ging zur Fahrstuhltür und sagte: – Bleiben Sie drin, warten Sie noch! – Und zu mir sagte er ziemlich unfreundlich: – Na, gehen Sie doch endlich! – Ich bin dann die Treppe hinuntergegangen, Herr Kommissar, ich war natürlich ein bißchen neugierig.

°accompanied

°does it matter/ stairs

Auf der Straße unten wartete meine Frau im Wagen. Ich hatte für sie ein paar Sachen eingekauft, und nach denen fragte sie gleich. Ich sagte: – Du, die habe ich oben vergessen. – Was sollte ich machen? Ich mußte noch einmal hinauf, und ich bin noch einmal hinaufgegangen.

Ich komme also hinein in mein Büro, gehe an meinen Schreibtisch, nehme die Sachen, die ich vergessen hatte und sehe hinüber zum Chefbüro. Die Tür steht halb offen, aber ich sehe nichts, und ich höre nichts. Das scheint mir ein bißchen komisch.° Ich gehe also langsam zur Tür hin und   *strange* rufe: – Herr Alberti? – Aber ich höre wieder nichts.

Da bin ich dann an die Tür gegangen und sehe hinein. Den Schrecken, den ich da plötzlich bekam, können Sie sich natürlich denken. Ich sehe Alberti auf dem Boden liegen und will ihm helfen, und da sehe ich, daß er tot ist. Und Blut sehe ich auch an seiner Jacke und gehe sofort zum Telefon.''

Sidessen machte einen kurzen Halt, sah wichtig aus und erzählte dann erst weiter:

,,In diesem Augenblick hörte ich etwas aus dem Raum, den ich gerade verlassen hatte. Da lief jemand, stieß im Laufen gegen einen Stuhl, rannte zur Tür hin und schlug sie zu. Sie können sich denken, Herr Kommissar, wie ich mich fühlte. Das mußte der Mörder sein! Der Mörder war im Raum gewesen, in dem sich die Schreibtische befanden. Er hat mich hereinkommen sehen, hat keinen Mucks° gemacht *sound* und hat sich wahrscheinlich° auf den Boden gelegt. Als ich *probably* hinüberging ins Chefbüro, als ich Alberti fand, rannte der Mann weg.''

Wieder wartete Sidessen und sah mich an.

,,Jetzt ich, Herr Kommissar! Ich stehe also da und weiß nur eins: der Mörder! Der Mensch, der da rennt, ist der Mörder! Und da laufe ich ihm nach, renne hinaus und sehe, wie der Fahrstuhl hinuntergeht. Ich wußte, der Mörder ist da im Fahrstuhl. Ich dachte nur eins, Herr Kommissar: Der Mann darf nicht verschwinden! Der Mann hat Alberti getötet°. Ich renne so schnell es geht die Treppe hinunter *killed* und rufe den Hausmeister°: – Herr Frank! Herr Frank! *caretaker* Halten Sie den Fahrstuhl an! Da ist ein Mörder drin! – Ich habe so laut geschrien, daß mich der Frank tatsächlich gehört hat. Aber auch der Mörder muß mich gehört haben. Er war unten angekommen, aber er wollte nicht heraus. Ich selber kam unten an, Frank steht da, und der Fahrstuhl bleibt zu. Plötzlich bewegt sich der Fahrstuhl wieder, und Frank sagt: – Der geht in den Keller. – Wir liefen beide sofort in den Keller hinein. Frank fragte, was denn geschehen sei. Ich erzähle ihm kurz, daß Alberti ermordet° worden ist. *murdered*

Da wird Frank ganz weiß und sagt: – Wollen wir nicht besser die Polizei holen? – Aber nun stehen wir im Keller und warten. Nichts. Irgendwo muß der Mörder sein. Es ist ein großer Keller, Herr Kommissar, und alles halbdunkel. Da wurde ich selber ängstlich. Plötzlich höre ich, wie der Mann läuft. Ich sehe ihn nicht, aber ich höre ihn. Frank sagt: – Der rennt zum Ausgang zurück! – Ich ihm nach. Ich höre, wie der Mann die Treppe hinaufläuft. In dem Augenblick, Herr Kommissar, war mir alles gleich. Der Mann hätte ja schießen können! Ich renne also hinauf und komme in die Halle.''

Wieder sah Sidessen mich an. Er war nun ein Mann von Bedeutung.

,,Und jetzt kommt es: Ich bin in der Halle, aber ich sehe niemanden laufen. Nur ein Mann steht da, wendet sich um und sagt: – Guten Abend, Herr Sidessen, ist mein Schwager° *brother-in-law* noch oben? – Ich muß Ihnen sagen, Herr Kommissar, in dem Augenblick blieb mir die Luft weg. Da stand nämlich Brink. Brink ist der Schwager Albertis. Er wendet sich also um und

fragt, ob sein Schwager oben sei. Der Mann atmete° schnell,   *was breathing*
als ob er gelaufen sei. Ich bin sicher: Brink war es. Brink war
im Fahrstuhl. Er tat so, als wäre er gerade hereingekommen;
aber er war der Mann im Keller.''

Ich hörte mir ruhig alles an, was Sidessen sagte.

Ich war oben im Büro Albertis, ich sah Alberti auf dem
Boden liegen. Alle Lichter waren an. Meine Leute nahmen
die Spuren auf. Es war die gewöhnliche Unruhe; wie immer,
wenn der Fall ganz frisch ist.

Alberti war erschossen° worden, soviel war klar. Wir   *shot (dead)*
hatten einen Zeugen, der gut und klar berichten konnte,
aber er hatte den Mörder nicht gesehen. Er hatte ihn nur
gehört. Und er glaubte, daß es der Mann war, der in der
Halle gestanden hatte. Dieser Mann stand nun hier neben
mir und sah mich an. Ein Mann von fünfzig Jahren. Er stand
nicht ganz gerade, sein Gesicht war grau.

Ich fragte Sidessen, ob er noch andere Gründe habe, Brink
für den Mörder zu halten. Sidessen nahm mich zur Seite und
sagte leise:

,,Herr Kommissar, Brink arbeitet bei uns. Aber er ist ein
Mann, der nichts kann und zu nichts gut ist. Alberti, sein
Schwager, hat ihn aus Freundlichkeit in die Firma genom-
men. Und vor drei Monaten hat er ihn hinausgeworfen° und   *thrown out*
gesagt: – Bleibe bitte zu Hause; du kostest mich mehr Geld,
wenn du arbeitest, als wenn du nicht arbeitest. –''

Brink stand da und sah zu uns herüber.

,,Kommen Sie einmal her'', sagte ich.

Er kam heran, höflich°, vorsichtig.   *politely*

,,Was sagen Sie zu dem, was Sidessen meint? Waren Sie
der Mann im Keller?''

,,Nein'', sagte Brink leise°,'' ich war es nicht. Ich habe   *softly*
meinen Schwager nicht getötet. Ich bin von der Straße
hereingekommen, sah plötzlich Sidessen und fragte ihn, ob
mein Schwager oben sei. Und dann hörte ich, was da
Schreckliches geschehen ist.''

Und er sah zu dem Toten° hinüber, ruhig, ohne besondere   *dead (man)*
Gefühle zu zeigen.

Ich sah ihn an. Wie wirkte Brink auf mich? Warum war er
so hilflos? War er es wirklich? War es seine Art?

Während ich noch überlegte, wie ich am besten an die
Sache herangehe, klingelte das Telefon auf dem Schreibtisch
Albertis. Heines meldete sich und sah mich an:

,,Frau Alberti, Chef. Soll ich ihr sagen, was hier geschehen
ist?''

Da meldete sich Sidessen:

,,Wenn Sie nichts dagegen haben, werde ich es ihr sagen.''

Er nahm das Telefon und sprach sehr ruhig, sehr ernst. Er teilte Frau Alberti mit, daß ihr Mann ermordet worden sei und erklärte ihr sein Mitgefühl.° *sympathy*

„Die arme Frau", sagte er, als er fertig war, „ich sollte ihr jetzt helfen. Hätten Sie etwas dagegen, wenn ich zu ihr fahre? Es ist nicht weit von hier."

„Nein, nein", sagte ich, „fahren Sie nur."

Ich ließ mir die Adresse Frau Albertis geben, und Sidessen verließ uns. Brink hatte die ganze Zeit ruhig auf seinem Platz gestanden.

Heines und Grabert verhörten° ihn eine Stunde lang. Der *interrogated* Mann wurde immer bleicher°, aber sagte immer wieder, daß *paler* er seinen Schwager nicht getötet habe. Heines nahm mich zur Seite:

„Chef, der Mann war im Keller. Der Mann war im Fahrstuhl. Der Mann ist der Mörder, ich bin ganz sicher."

„Das heißt nichts", sagte ich, „daß du ganz sicher bist. Er muß gestehen, oder wir müssen es ihm nachweisen°." *prove*

Ich hatte im Büro Albertis einen Schrank geöffnet und dort Anzüge, Hemden und Schuhe gesehen.

„Passen Ihnen die Sachen Ihres Schwagers?" fragte ich Brink.

Der Mann sah mich hilflos an.

„Ich weiß nicht", antwortete er, „kann sein. Warum fragen Sie mich?"

Ich bat Brink, seinen Anzug und seine Schuhe auszuziehen.

„Wir werden Ihre Schuhe und Ihren Anzug auf Kellerstaub° untersuchen. Wir werden nachweisen können, ob Sie *basement dust* im Keller waren oder nicht", sagte Heines.

Brink zog den schwarzen Anzug seines Schwagers an. Ich beobachtete ihn genau. Der Mann wurde vielleicht noch ein bißchen bleicher, als er die Kleidungsstücke des Toten anzog, aber er sagte nichts. Er sah aus, als brenne° ihm der *burned* Körper in diesem Anzug. Er stand da mit hängendem Kopf, als wollte er sagen: Was jetzt? Was jetzt noch? Ich sagte:

„Und nun gehen wir zu Frau Alberti."

Der Mann hob schnell und erschrocken° den Kopf. Endlich *frightened* wurde seine Stimme lauter.

„Nein", sagte er, „was soll ich dort? Sie wird mich nicht sehen wollen. Ich kann mir nicht denken, daß sie mich sehen will."

Dann brach seine Stimme ab°, und er ging mit mir die *broke off* Treppe hinunter.

Grabert und Heines arbeiteten weiter. Sie hatten wahrscheinlich noch die ganze Nacht zu tun.

Ich fuhr allein mit Brink zu Alberti. Brink saß neben mir, ohne ein Wort zu sagen.

„Wenn das ein Mörder ist", dachte ich, „dann haben wir es mit einem sehr sanften Mörder zu tun." – Aber ich habe schon viele Mörder nach der Tat sehr sanft und hilflos gesehen.

Alberti wohnte in einer ruhigen Straße. Im Haus war Licht. Sidessens Wagen stand vor der. Tür. Sidessen öffnete und sah mich an.

„Herr Kommissar", sagte er leise, „ich habe selten einen so unglücklichen Menschen gesehen." Dann sah Sidessen auf Brink und fragte:

„Wollen Sie den Mann tatsächlich° mit hineinnehmen? Ich   *really* habe Frau Alberti alles gesagt, ich habe ihr gesagt, daß ich Brink für den Mörder halte."

„Ja", sagte ich, „kommen Sie, Brink."

Wir gingen in das Haus. Brink sagte kein Wort und hielt den Blick auf den Boden.

(Fortsetzung folgt)

Fragen über den Text

1. Wo findet Sidessen den toten Alberti?
2. Was geschieht, als Sidessen mit der Polizei telefoniert?
3. Warum glaubt Sidessen, daß Brink im Keller war?
4. Wer ist Johannes Brink?
5. Warum muß Brink seinen Anzug ausziehen?
6. Ist Brink der Mörder? Warum oder warum nicht?

Übung

23. Bilden Sie aus den folgenden Elementen Sätze.

1. sehr / Büro / Sidessen / lange / seinem / arbeitete / schon / in
2. Ordung / machte / er / Schreibtisch / seinem / auf
3. Boden / dann / er / Alberti / dem / liegen / sah / auf
4. stieß / Laufen / einen / jemand / Stuhl / im / an
5. Fahrstuhl / war / Mörder / im / der
6. hatte / Zeuge / den / nicht / Mörder / der / gesehen
7. die / genommen / Firma / in / Alberti / Brink / hatte
8. hinausgeworfen / er / Monaten / hatte / drei / vor / ihn
9. Telefon / es / Sidessen / Frau / am / sagte / der
10. seines / an / Brink / den / Schwagers / Anzug / zog

Dumme Sprüche

Diese Art der Straßenpoesie ist besonders in deutschen Schulen populär. Es kommen normalerweise viele Schimpfwörter darin vor, und die Erwachsenen distanzieren sich öffentlich davon. Nur manchmal hört man sie dann auf ihren Partys dieselben Sprüche sagen...

Lieber arm dran° als Arm ab.   *be poor*

Donnert's im Mai,
ist der April vorbei.

Bananen auf des Gehsteigs° Mitte   *sidewalk*
hemmen° oft des Bürgers Schritte.   *obstruct*

Wer sich nicht wehrt°,   *defend himself*
lebt verkehrt°.   *wrong*

Die Liebe ist ein Autobus
Auf den man lange warten muß.
Kommt endlich einer angewetzt°   *comes quickly*
Ist er auch meistens schon besetzt.

Wer andern eine Grube gräbt°,   *digs a hole*
ist selbst gemein°.   *mean*

Wer nichts wird, wird Wirt°.   *innkeeper*
Ist ihm dieses nicht gelungen°,   *didn't succeed*
macht er in Versicherungen°.   *in insurance business*

9 Freizeit und Reisen

Wanderlust und Heimweh

,,Arbeit macht das Leben süß" und ,,Die Deutschen leben, um zu arbeiten" sind Sprichwörter, die früher oft zu hören waren. Heute könnte man das zweite Sprichwort ändern und sagen ,,Sie arbeiten, um zu leben". Zum Leben gehört auch viel Erholung und Freizeit. Es scheint, die Deutschen wissen ihre Freizeit zu nutzen°, um daraus neue Kraft für die Pflichten des Alltags zu gewinnen. ,,Arbeit schadet nicht" gilt aber in der BRD wie auch in der DDR immer noch als wahrer Slogan, und man rechtfertigt sich mit dem Spruch ,,Wie die Arbeit, so der Lohn°". Leider sind die Sprichwörter in der Nazizeit ziemlich mißbraucht° worden und man ist heute in Deutschland vorsichtig damit. Niemand kann den grausamen Spruch ,,Arbeit macht frei" vergessen, der über

use

reward
misused

Wandern ist bei den Deutschen sehr beliebt.

Sie malt lieber auf Kartons.

Sein Hobby: Schlösser malen

dem Eingang eines Konzentrationslagers gestanden hatte. Aber diese Bedeutung, damals grausamer Sarkasmus, hat heute einen neuen Aspekt gewonnen. Nicht mehr die Gefangenen und Mißhandelten° sind damit gemeint, sondern der Durchschnittsbürger°, der soviel bürgerliche Freiheit hat, wie Arbeit und Geld es ihm erlauben. Freizeit kostet meistens Geld und steht damit in engem Kontext mit dem Status des einzelnen Deutschen. Wer gut verdient, kann sich teurere Hobbys leisten, als einer, der wenig verdient. Bis vor ein paar Jahren galten Hobbys wie Tennisspielen und Reiten als exklusiver Sport für Reiche. Es gab nur wenige private

mistreated
average citizen

Tennisklubs, und nur wenige Leute konnten sich ein eigenes Pferd leisten.

An Golf war gar nicht zu denken und daran hat sich bis heute nichts geändert. Golf spielen nur die sehr reichen Leute. Es gibt einfach zu wenige Golfplätze, weil in den dicht besiedelten Regionen das Land sehr teuer ist. Als Ersatz spielen viele Leute gern Miniatur-Golf, kurz Minigolf genannt. Aber Tennis und Reiten werden immer beliebter. Es werden mehr und mehr Klubs gegründet und oft haben mehrere Familien zusammen ein Pferd und teilen sich so die Kosten. Das Spielen auf Tennisplätzen ist viel billiger geworden und deshalb tun es immer mehr Leute. Gymnasien und Universitäten bieten ihren Schülern und Studenten meistens freie Trainerstunden° und Plätze an. Außerdem wird an *training hours* Schulen oft Karate, Rudern, Leichtathletik und fast jede Art von Ballspielen praktiziert. Natürlich ist Fußball der beliebteste Ballsport.

Womit sie ihre Freizeit ausfüllen, das unterscheidet die Deutschen gar nicht so besonders von ihren Nachbarn in Frankreich, Belgien, den Niederlanden, Dänemark, Polen usw., denn sie haben fast alle dieselben Ideen von Erholung und Entspannung°. Vielleicht sind dabei aber die Akzente *relaxation* etwas verschieden. So wird zum Beispiel in der BRD das Reisen ganz groß geschrieben. Und viele Leute wollen nicht im eigenen Land bleiben, sondern fahren gerne im Urlaub in andere Länder.

Auf den folgenden Tabellen sehen Sie, wie und wohin man am liebsten fährt und wie teuer das Leben im Vergleich mit der BRD dort ist.

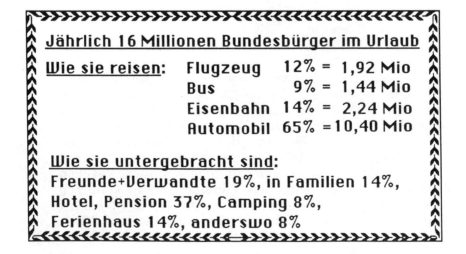

Jährlich 16 Millionen Bundesbürger im Urlaub

Wie sie reisen:

Flugzeug	12%	=	1,92 Mio
Bus	9%	=	1,44 Mio
Eisenbahn	14%	=	2,24 Mio
Automobil	65%	=	10,40 Mio

Wie sie untergebracht sind:

Freunde+Verwandte 19%, in Familien 14%, Hotel, Pension 37%, Camping 8%, Ferienhaus 14%, anderswo 8%

In der nächsten Tabelle stehen die beliebtesten Reise-
länder. Man kann sehen, daß Italien mit 3,2 Millionen
Besuchern an der Spitze liegt. Noch vor wenigen Jahren war
Österreich das populärste Urlaubsland, das hat sich aber
unterdessen geändert.

<u>Land</u>	<u>Zahl der Urlauber</u>	<u>Prozent</u>
ITALIEN	3 200 000	20,00
SPANIEN	2 900 000	18,13
ÖSTERREICH	2 600 000	16,25
FRANKREICH	1 400 000	8,75
JUGOSLAWIEN	1 100 000	6,88
OSTBLOCKLÄNDER	600 000	3,75
GRIECHENLAND	600 000	3,75
NIEDERLANDE	600 000	3,75
SCHWEIZ	600 000	3,75
ENGLAND, IRLAND		
SCHOTTLAND	300 000	1,87
NORWEGEN, SCHWEDEN		
FINNLAND	200 000	1,25
ANDERE LÄNDER EUROPAS	300 000	3,75
AUSSERHALB EUROPAS	1 200 000	7,50

Auf der nächsten Tabelle sehen wir, wieviel die Deutsche
Mark im Ausland wert ist. Das heißt, wieviel man dafür
kaufen kann im Vergleich zu den Preisen in der Bundesrepublik. Das Wechselverhältnis dieser Währungen ist
ziemlich konstant, weil die Europäer sich auf einen festen
Kurs° (plus oder minus 2%–6%) geeinigt haben.

currency exchange

Die Bürger der DDR verreisen meistens nach Polen, der Tschechoslowakei, der Sowjetunion, Ungarn und Bulgarien. Die beliebteste Fernreise° führt die Touristen nach Kuba. In der DDR gibt es aber relativ wenige Auslandsreisen im Vergleich zu den Zahlen aus der BRD. Das kommt daher, daß sehr viele DDR-Urlauber ihre Ferien in Heimen und auf Campingplätzen ihrer Betriebe, wo sie arbeiten, machen. Dieser Urlaub ist meistens sehr billig, und man kann für eine oder zwei Wochen Erholung am Ostseestrand oder in Schlesien machen. Die DDR-Bürger haben bei Auslandsreisen einige Probleme mit ihrem Geld, da die Ostmark auf den internationalen Geldmärkten° nicht getauscht° werden kann. So bleibt es meistens bei einer Inlandsreise oder man fährt in die sozialistischen Bruderstaaten, wo die Ostmark akzeptiert wird.

Die vielen deutschen Lieder, z.B. ,,Das Wandern ist des Müllers Lust'', erzählen von dem Phänomen der Wanderlust in Deutschland. Die andere Seite davon, das Heimweh°, das viele Urlauber schon nach ein paar Tagen im Ausland bekommen, bringt sie dann alle doch wieder nach Hause zurück.

rate

long-distance trip

money markets/ exchanged

home sickness

Im Reisebüro ist immer etwas los.

Fragen über den Text

1. Welche Sprichwörter waren früher in Deutschland oft zu hören?
2. Was tun viele Schüler und Studenten in ihrer Freizeit?
3. Warum gibt es in der BRD nur wenige Golfplätze?
4. Was spielen die Leute statt dessen?
5. Wie kann man es sich leisten, ein Pferd zu besitzen?
6. Welche Sportarten bieten die Schulen an?
7. Welcher Ballsport ist in Deutschland am beliebtesten?
8. Was ist die populärste Freizeitbeschäftigung der Deutschen?
9. Wie verreisen die Bundesbürger?
10. Wieviele fahren mit dem Bus und wieviel Prozent sind das?
11. Was tun viele Bürger der DDR während der Ferien?
12. Wohin fahren sie, wenn sie im Ausland Urlaub machen?

Diskussionsrunde

Diskutieren Sie mit ihren Klassenkameraden die folgenden Fragen. Sie müssen sich dazu die Tabellen im Text ansehen. Kennen Sie die beliebtesten Auslandsziele der Amerikaner?

1. Wie viele Deutsche fahren jedes Jahr ins Ausland?
2. Wie reisen sie? Wie viele reisen mit Bus, Bahn, Auto und Flugzeug?
3. Wo übernachten die Leute?
4. Wie viele Leute übernachten in Hotels?
5. Und auf dem Campingplatz?
6. Wo übernachten die anderen?
7. Wo leben die deutschen Urlauber am billigsten?
8. Wo kostet es so viel wie in der Bundesrepublik?
9. Wo muß man für alles am meisten bezahlen?
10. Wohin würden Sie fahren, wenn Sie wenig Geld hätten?
11. Und wohin, wenn Sie viel Geld hätten?

Grammatische Erklärungen

Flavoring particles

What salt is for soup, flavoring particles are for speech. Although they are used infrequently in writing, you will hear them all the time in spoken language. They express the speaker's emotional state, mood, belief or disbelief. They can reinforce information.

Das ist ja wirklich toll!
(That's really great!)

Das funktioniert ja wirklich.
(That really does work.)

In the above sentences *ja* has no distinctive meaning. Together with *wirklich* it means "really" or "indeed." Without *ja*, the sentence would express irony rather than agreement. *Ja* is spoken without any special intonation; however *wirklich* is emphasized.

Here are some other examples of *ja* emphasizing other words:

Das ist ja interessant.
(That is interesting.)

Das war ja ein toller Film.
(That was a great film.)

Ja can also be used to mean "finally." It implies that you have been waiting impatiently for something or someone. The words in parentheses are optional and can reinforce your statement.

Da ist ja (endlich) mein Bus.
(There is my bus finally.)

Da kommst du ja (endlich).
(Here you are after all.)

Dann können wir ja (jetzt) nach Hause gehen.
(We can finally go home now.)

Ja is also used by a speaker to express a common belief that a statement is related to a conditional situation.

Ich habe es ja nicht gewußt, daß sie anrufen wollte.
(I really didn't know that she had intended to call.)

Ihr habt es ja oft genug gehört, daß ihr langsam fahren sollt.
(You really have heard it often enough that you are supposed to drive slowly.)

Doch is a flavoring particle that often occurs in connection with the flavoring particle *mal*, which is a short form of *einmal*. *Doch* and *mal* are often used to make a command sound more friendly. There are no true counterparts in English, and you will have to observe native speakers' use of it in order to pick up the correct usage. These examples can give only a very partial view on this broad field of often subtle meanings.

Mal frequently indicates that something easy to do still remains to be done. The speaker shows that s/he thinks that the task could be done fast and easily with cooperation.

Geh doch mal bitte in den Garten und hole die Blumen.
(Go in the garden and get the flowers, please.)

Machen Sie doch mal das Fenster zu.
(Why don't you close the window?)

Doch is also used to express the speaker's impatience because of a supposed lack of common sense on the other's part.

Ich habe dir doch 100 Mal gesagt, daß es so nicht geht!
(I told you a hundred times that it won't work like this!)

Ich habe doch wirklich schon genug gearbeitet.
(I have really worked enough by now.)

Schwache Nerven

Dialog

Karin: Ich gehe mal schnell in den Keller und hole das Zelt.

Ernst: Warte doch noch ein paar Minuten, dann kann ich ja mitgehen und dir helfen.

Karin: Nein, laß doch[1], das Zelt ist ja leicht, und der Campingkocher wiegt auch nicht die Welt[2].

Anne: Hallo, ihr zwei! Ihr seid ja schon fleißig beim Packen. Ich habe die Schlafsäcke mitgebracht, die uns Gerd und Wolfgang geliehen haben. Ist doch nett von den beiden, nicht?

Karin: Ja, ja, ist nett von den beiden. Aber jetzt gibt es Wichtigeres als das. Komm doch mal mit[3] in den Keller und laß uns das Zelt und den Kocher holen.

Ernst: Warte mal, könntet ihr mir aus der Werkzeugkiste einen Hammer mitbringen? Ich muß mal schnell das Schloß an meinem Kofferraum reparieren.

Karin: Das willst du doch nicht etwa mit dem Hammer machen?!

Ernst: Doch, anders geht's nicht[4]. Oder sollen die Sachen während der Fahrt rausfallen? Das wäre ja noch schöner[5].

Anne: Also, Kinder, könnt ihr euch vielleicht später darüber streiten[6]? Wir kommen ja nie hier weg[7], wenn das so weitergeht.

Karin: Das mag ja sein[8], aber er kann doch nicht einfach mit dem Hammer an das Auto gehen!

Anne: Immer ruhig Blut, Karin. Er hat ja gesagt, daß es nicht anders geht. Hast du übrigens schlechte Laune?

Karin: Das merkst du doch. Ich habe den ganzen Tag versucht, alles rechtzeitig zu organisieren, aber es wird doch nie fertig. Ich bin mit den Nerven runter[9].

Ernst: Ich schlage vor, wir machen eine Pause, trinken ein Glas Orangensaft und machen dem Stress einfach ein Ende[10].

Karin: Das ist ja endlich mal ein akzeptabler Vorschlag von dir.

Anne: Dann laßt uns doch jetzt reingehen und dann später packen.

Redewendungen

1. Nein, laß doch! — No, don't!
2. Es wiegt nicht die Welt. — It isn't as heavy as a ton of bricks.
3. Komm doch mal mit! — Why don't you come along?
4. Anders geht's nicht. — It can't be fixed any other way.
5. Das wäre ja noch schöner. — That would be the day.
6. Streitet euch nicht darüber. — Don't argue about it.
7. Wir kommen ja nie hier weg. — We won't ever get away from here.
8. Das mag ja sein. — That may well be.
9. Ich bin mit den Nerven runter. — My nerves are shot.
10. Machen wir dem Stress ein Ende. — Let's put an end to this stress.

Übungen

1. **Sehen Sie sich den Dialog zwischen Karin, Ernst und Anne an. Welche Partikeln finden Sie? Kann man diese auch weglassen? Übersetzen Sie den Dialog ins Englische.**

   Benutzen Sie dazu die folgenden Redewendungen: Ich sehe hier im Text . . . und das heißt auf englisch . . . Ich glaube/glaube nicht, daß man die Partikel weglassen kann, denn . . .

2. **Bernd ist wirklich ungeduldig. Er sagt, wie Sie es machen sollen.**

   Beispiel: *fahren, Auto abschließen*
   Wenn Sie schon fahren, können Sie doch wenigstens das Auto abschließen!

   1. kochen, Geschirr spülen
   2. malen, Bilder zeigen
   3. Party feiern, aufräumen
   4. Freunde zu Besuch haben, nicht so laut sein brauchen
   5. Italienisch kochen, Käse kaufen müssen
   6. telefonieren, das Ferngespräch bezahlen sollen

7. Karten spielen, Ergebnisse aufschreiben
8. ins Theater gehen, sich nett anziehen müssen

3. Jemand hat es ja vorher schon gewußt. Machen Sie aus den Elementen 15 Sätze. Die Konjunktion ist immer „daß".

Beispiel: *Ich habe doch gewußt, daß das Kofferraumschloß klemmt.*

Ich habe ja gesagt . . .	die Reifen sind schlecht
Ich habe doch gewußt . . .	der Motor braucht Öl
Ich dachte doch . . .	das Kofferraumschloß klemmt
Ich wußte schon . . .	der Wagen tut's nicht mehr
Ich meinte ja vorher . . .	Fliegen ist bequemer

4. Ute ist alles klar. Sie versteht nicht, warum die anderen fragen.

Beispiel: *Ist doch klar, daß . . . Wir fahren zusammen.*
Ist doch klar, daß wir zusammen fahren.

Ist doch klar, daß . . .
1. Eine Woche Camping ist viel zu kurz.
2. Wir nehmen die Schlafsäcke mit.
3. Auch im Sommer sind die Nächte manchmal kalt.
4. Wir kochen unser eigenes Essen.
5. Wir gehen jeden Tag in einem kleinen Geschäft einkaufen.
6. Wir wollen wenig Geld ausgeben.
7. Wenn wir sparen, können wir noch eine Woche bleiben.
8. Wenn wir nette Leute treffen, laden wir sie ein.
9. Auch unser Hund will mit.
10. Das wird ein toller Urlaub werden.

5. Sie wollen drei Wochen mit einigen Freunden Campingurlaub machen In der Liste stehen die Dinge, die Sie brauchen werden und die Verben, die die Aktivitäten beschreiben. Beginnen Sie die Sätze mit den angegebenen Satzanfängen.

Beispiele: *Ich schlage doch vor, daß wir auch die Pullover mitnehmen.*
Ich sage es euch ja, damit ihr das Salz nicht vergeßt.

Ich schlage doch vor, daß . . .
Ich frage mal, ob Peter . . .
Ich weiß ja nicht, ob Renate und Jochen . . .
Ich sage es euch ja, damit . . .

Schlafsack, Zelt, Kocher, Feuerholz, Essen, Teller, Messer, Salz, Pfeffer, Pullover, Jeans, Badehose, Badeanzug, Lampe, Wasser

mitnehmen, einpacken, hierlassen, nicht vergessen

Grammatische Erklärungen

Flavoring particles (continued)

A frequently used flavoring particle is *aber*. It expresses the speaker's different personal expectation or attitude about an utterance. In English, one could say "but on the contrary" or "isn't it rather . . ." The use of *aber* emphasizes any kind of statement the speaker makes.

When arguing about an utterance, people often introduce a sentence with *Ja, aber*. . . This can be best translated with "but still" or even "no, on the contrary."

Übungen

6. **Ihre Mutter fragt Sie, ob sie diese Dinge schon gemacht haben. Sie hatten noch keine Zeit dazu und erklären, warum. Obwohl Sie die Antworten mit „ja" beginnen, meinen Sie in Wirklichkeit „nein".**

   Beispiel: *Hast du schon Mathe gemacht? (Deutschaufsatz schreiben)*
   Ja, aber ich mußte doch erst den Deutschaufsatz schreiben.
   (Yes, but I had to write my German essay first.)

   1. Hast du schon bei Vater angerufen? (war nicht im Büro)
   2. Hast du schon dein Zimmer aufgeräumt? (keine Zeit)
   3. Hast du schon den Kuchen gebacken? (alles einkaufen)
   4. Hast du schon Kaffee gekocht? (wir wollen Tee trinken)
   5. Hast du schon eine Pause gemacht? (erst alles fertig machen)
   6. Hast du schon deine Medizin genommen? (es ist noch zu früh)
   7. Hast du schon mit deiner Schwester geredet? (sie will nicht)
   8. Hast du schon einen Plan für Sonntag? (das ist nicht wichtig)

7. **Ihr Chef will alles ganz genau wissen. Sagen Sie ihm, daß alles schon passiert ist.**

   Beispiel: *Wurde die Post verteilt? (vor einer Stunde)*
   Ja, die ist doch schon vor einer Stunde verteilt worden.

   1. Wurde der Schreibtisch ins Büro gebracht? (gestern)
   2. Wurde ein neues Telefon montiert? (heute morgen)
   3. Wurde meine Sekretärin vom Flughafen abgeholt? (heute früh)
   4. Wurde der alte Computer repariert? (vor zwei Wochen)
   5. Wurden die Schecks der Kunden weggeschickt? (gestern)
   6. Wurde die Bank angerufen? (vor einer Viertelstunde)
   7. Wurde der Kredit von der Bank akzeptiert? (vor fünf Minuten)
   8. Wurde der Verkäufer zum Kunden geschickt? (vor der Pause)

9. Wurde die Personalchefin informiert? (vor wenigen Minuten)
10. Wurde mein Flug nach Bern und Genf bestellt? (vor allem)

Diskussionsrunde

Sie sollen mit drei Klassenkameraden eine Expedition zum Mond machen. Als Chef(-in) der Gruppe müssen Sie entscheiden, welches Material Sie mitnehmen wollen. Sie sind nicht ganz sicher, ob die Dinge, die Sie für die Reise zum Mond mitnehmen können, wichtig sind. Alle Dinge, die Sie mitnehmen könnten, stehen auf der Liste. Sie dürfen sich aber nur zehn Dinge aussuchen, weil nicht genug Platz für alles da ist. Fragen Sie Ihre Klassenkameraden, was wichtig scheint und was nicht. Schreiben Sie eine Liste mit den Dingen, die Sie definitiv mitnehmen wollen. Schreiben Sie auch, warum diese Dinge wichtig sind.

Materialliste Mondexpedition

ein Feuerzeug	ein Seil	sechs Schlafsäcke
1000 Liter Sauerstoff	ein Radio	zwei Messer
8 Raumanzüge	ein Intercom	Papier
eine Flagge	Mondkarten	ein Fotoapparat
350 Liter Wasser	Medizin	Speisekonzentrat
ein Kompaß	Zahnbürsten	drei Taschenlampen
ein Stromgenerator	ein Mondauto	eine Leiter

Vokabelliste

das **Feuerzeug,-e**	lighter
der **Sauerstoff**	oxygen
der **Raumanzug,⸚e**	space suit
der **Stromgenerator,-en**	power generator
das **Seil,-e**	rope
die **Medizin**	medicine
der **Schlafsack,⸚e**	sleeping bag
der **Fotoapparat,-e**	camera
das **Speisekonzentrat,-e**	concentrated food
die **Taschenlampe,-en**	flashlight
die **Leiter,-n**	ladder

Benutzen Sie diese Satzanfänge:
Frage: Würden wir denn . . . gebrauchen?
Antwort: Ich glaube doch, denn. . .
           Ich denke nicht, weil. . .
           Auf keinen Fall, weil wir ja. . .
           Sicher, sonst könnten wir nicht. . .

8. **Wenn Sie und Ihre Klassenkameraden die zehn Dinge ausgesucht haben, die Sie mitnehmen wollen, schreiben Sie Ihre Materialliste:**

Meine Materialliste für die Expedition zum Mond:
1. Ich brauche...., denn ich will ... benutzen.
2. Ich brauche...., denn ich muß.... haben, u.s.w.

Grammatische Erklärungen

Infinitives with *zu*

Germans use an infinitive with *zu* in connection with *bleiben* (to remain), *scheinen* (to seem), *wissen* (to know) and *verstehen* (to understand).

Viel bleibt noch zu tun.
(Much remains to be done.)

Sie scheinen den Amerikanern ähnlich zu sein.
(They seem to be similar to the Americans.)

Gerd weiß darüber nichts zu sagen.
(Gerd doesn't know anything to say about that.)

Meine Nachbarn verstehen ihre Freizeit zu nutzen.
(My neighbors know how to use their leisure time.)

It is also used to express a purpose, like *um ... zu* (in order to) does.

Sie kamen, sich zu erholen.
(They came to relax.)

Sie liefen, den Bus noch zu bekommen.
(They ran in order to catch the bus.)

Often an infinitive with *zu* is used in passive constructions. The English translation, though it could be in passive mode, often forms an active sentence. The passive is used more widely in German than it is in English.

Dieses Sprichwort war oft zu hören.
(This proverb was often to be heard.)

Es wurde gearbeitet, um das Land wieder aufzubauen.
(They worked in order to rebuild the country.)

Das Flugblatt wurde geschrieben, um Leute zu informieren.
(The flyer was written in order to inform people.)

Übungen

9. **Übersetzen Sie ins Deutsche.**

   1. Not much remains to be done.
   2. You seem to have a larger appetite now, Mrs. Schmidt.
   3. Barbara and her brother really know how to use their leisure time.
   4. He does, indeed, know how to cook.

5. They came here to see the Alps.
6. The address was easy to find.
7. They danced in order to enjoy themselves.
8. I was asked to send the list in the mail.

10. Kombinieren Sie die folgenden Sätze mit dem Satzanfang: Raimund und Manuela scheinen zu wissen, ...

Beispiel: *Wer kommt zu Besuch?*
Sie scheinen zu wissen, wer zu Besuch kommt.

1. Wessen Fahrrad wurde gestohlen?
2. Wem gehört dieses Heft mit den Aufsätzen?
3. Wie komme ich schnell zum Bahnhof?
4. Warum geht der Zug heute nicht?
5. Weshalb gibt es kein Essen im Zug?
6. Wie lange dauert die Reise, wenn ich um 8 Uhr losfahre?
7. Wem soll ich die Geschenke geben, wenn ich ankomme?
8. Wessen Haus soll ich suchen?
9. Wen treffe ich dann dort?
10. Warum ist das alles nötig?

Das Leben nach der Erfindung

Otto Emmrich (geb. 1940)

Der Verfasser lehrt seit langem an einem Dortmunder Abendgymnasium. Er unterrichtet dort Deutsch und Latein. Mit einem Kollegen führt er oft Seminare durch°, in denen Arbeiter und Angestellte kleine Geschichten schreiben lernen. Diese Geschichten beschreiben den Alltag oder sind Fabeln°, die eine Sache beschreiben, ohne sie direkt beim Namen zu nennen.   conducts   fables

Ich lebe heute. Denn meine Geschichte ist keine alte Geschichte, die vor hunderten von Jahren passiert wäre. Meine Geschichte ist vor ein paar Jahren passiert, etwa vor zwei oder drei. Und die revolutionäre Erfindung kam im letzten oder vorletzten° Herbst. Ich meine, sie kam auf den Markt.   prior to the last
Denn wenn in meinem Land etwas kommt, kommt es zuerst auf den Markt. Damit alle es sehen können. Sonst kommt es nicht dazu. Ich will erzählen, wie das Leben vor der Erfindung gewesen ist, damit Sie sehen, lieber Leser, wie wichtig diese Erfindung für die weitere Entwicklung des Lebensstandards° in meinem Land ist.   living standard
Während der Sommermonate war alles, wie es jetzt auch ist. Die Menschen arbeiten in ihren Büros, in Fabriken oder

Werkstätten. Um dorthin zu kommen, fahren sie mit dem
Auto. Und da fängt meine Geschichte an. Mit dem Auto.

Wie jeder weiß, ist das Autofahren im Sommer sehr
angenehm. Man steigt ein, dreht den Schlüssel° herum und
key
fährt los. Wenn dann aber der Herbst ins Land kommt, wird
es schon etwas schwieriger mit dem Fahren. Der Wind
pfeift° und schlägt gegen das Auto, die Scheibenwischer° tun
whistles/ windshield wipers
fleißig ihren Dienst. Und dann kommt der Winter. Und
damit kommen auch die kalten Zeiten, wo es draußen friert
und man auf den Teichen° und Seen Schlittschuhlaufen°
ponds/go skating
kann. Jetzt können Sie, lieber Leser, mich fragen, was das
denn wohl mit meiner Geschichte zu tun hat. Glauben Sie
mir, es hat viel damit zu tun.

Wenn es draußen friert, dann friert alles Wasser zu Eis.
Natürlich auch das Wasser in den Autos. Und wenn Wasser
anfängt zu frieren, braucht es mehr Platz. Es dehnt sich
nämlich in alle Richtungen aus°. Das ist eigentlich ganz
expands
normal und schadet° auch niemandem. Aber vor der großen
hurts
Erfindung ist so mancher geplatzt°. Die Kühler der Autos
exploded
sind von dem gefrorenen Wasser und die Autobesitzer sind
vor Wut geplatzt.

Ja sicher – die Autoindustrie hatte einige Methoden erfunden, um das Platzen der Kühler zu verhindern°. Vorne, *prevent* unter der Kühlerhaube, da wo der Kühler sitzt, damit er immer genug frische Luft bekommt, war ganz unten am Kühler ein kleiner Wasserkran° angebracht. Wenn ich also *feeding crane* im Winter abends mein Auto vor dem Haus parkte, habe ich immer die Motorhaube aufgemacht, mich in den Motorraum gebeugt und habe den Wasserkran aufgedreht°. Dann ist das *turned on* ganze Wasser aus dem Kühler auf die Straße gelaufen. Das gab viele Probleme, weil das Wasser auf der Straße sofort zu Eis gefroren ist und alle unsere Straßen immer voll Eis waren. Darum hat die Stadt es den Autofahrern verboten, ihr Wasser auf der Straße abzulassen°. Überall in unserer *drain* Stadt wurden große Schilder aufgehängt, auf denen zu lesen stand „Das Wasserablassen ist verboten". Danach habe ich dann immer einen Eimer im Wagen mitgebracht, um mein Wasser hineintun zu können. Und auch alle meine Nachbarn haben das so gemacht.

Wenn ich morgens ins Büro fahren wollte, habe ich einen Eimer mit warmem Wasser, meine Aktentasche und meine Handschuhe genommen, bin zum Wagen gegangen und habe ihn aufgeschlossen°. Dann habe ich die Aktentasche *unlocked* auf den Vordersitz gelegt, meine Handschuhe ausgezogen, weil sie sonst immer naß wurden, und habe die Motorhaube aufgemacht. Dann habe ich den Kühlerdeckel° aufgemacht *radiator cover* und das warme Wasser in den Kühler getan. Und dann konnte ich endlich losfahren. Jedenfalls° meistens. Manch- *in any case* mal hatte ich abends vergessen, den kleinen Wasserkran am Kühler wieder zuzudrehen. Dann lief es am Morgen, wenn ich das Wasser oben hineinschüttete°, unten wieder heraus. *poured in* Aber das ist nur selten passiert. Etwas komplizierter war die Sache im Büro, weil wir da keinen guten Platz für unsere Wassereimer hatten. Jeder Autofahrer hatte schließlich seinen eigenen Wassereimer dabei. Man konnte ja das Wasser nicht einfach im Kühler lassen, weil es dann friert und den Kühler zum Platzen bringt. Also mußte ich vor dem Büro wieder meinen Eimer aus dem Wagen holen, den Wasserhahn° aufdrehen und das Wasser im Eimer mit ins *faucet* Büro nehmen. Jeder mußte das so machen. Man hatte sich daran gewöhnt, das so zu machen. Und es war auch gar nicht so schlimm, weil jeder seinen Wassereimer durch die Gegend schleppte.

Wenn meine Frau und ich am Wochenende ins Theater gehen wollten, haben wir immer einen alten Mantel im Wagen gehabt, damit ich mich beim Wasserein- und ablassen° nicht so schmutzig° machte. Und unseren Was- *pouring water in and out/ dirty* sereimer haben wir an der Garderobe mit den Mänteln und Hüten abgegeben. Nach der Vorstellung bekam man dann Mantel, Hut und Eimer wieder zurück, ging zum Wagen, machte die Motorhaube auf, den Waserkran zu, den Kühlerdeckel auf, schüttete das Wasser hinein und so weiter.

Seit zwei Jahren ist das nicht mehr so. Und seit dieser Zeit ist das Leben nicht mehr so sportlich. Vor zwei Jahren hat jemand das erfunden, was unser Leben sofort verändert hat, nachdem es einmal auf dem Markt war. Natürlich wissen Sie längst, was es ist. Ja, ich glaube Sie haben recht. Frostschutzmittel. ,,Antifreeze'' steht auf einigen ausländischen Produkten.

Irgendwie hatte ich den kleinen Wasserkran gern, vorne am Kühler. Aber wer braucht den denn jetzt wohl noch?

Fragen über den Text

1. Ist diese Geschichte wahr oder ist sie erfunden?
2. Ist der Autor glücklich über die Erfindung?
3. Was mußte man tun, wenn man im Winter autofahren wollte?
4. Warum war vorne am Kühler ein kleiner Wasserkran?
5. War es komisch, daß alle Leute Wassereimer herumschleppten oder ganz normal?
6. Warum ist das Leben nach der Erfindung nicht mehr so sportlich?
7. Wie denkt der Autor über den technischen Fortschritt? Will er ihn oder nicht?
8. Was würden Sie lieber tun, Frostschutzmittel in den Kühler tun oder Wassereimer schleppen?

Grammatische Erklärungen

Infinitive clause instead of *daß*-clause

A dependent clause introduced by *daß* can be replaced by an infinitive clause. That is true also for *ohne daß, (an-)statt daß, damit daß.*

Ich lief herum, ohne daß ich wußte wohin.
Ich lief herum, ohne zu wissen wohin.
(I ran around without knowing where to go.)

Sie sagte, daß sie nun gehen wollte.
Sie sagte, nun gehen zu wollen.
(She said that she wanted to go now.)

Sie kommt nie, ohne daß sie ein Geschenk mitbringt.
Sie kommt nie, ohne ein Geschenk mitzubringen.
(She never comes without bringing a present along.)

Übungen

11. Schreiben Sie die folgenden Sätze als Infinitivkonstruktion.

Beispiel: *Er tat es, ohne daß er fragte.*
Er tat es, ohne zu fragen.

1. Wir redeten über das Projekt, ohne daß wir es jemandem sagten.
2. Wir wollten schnell fertig werden, ohne daß es jemand merkte.
3. Wir dachten oft an das Projekt, anstatt daß wir darüber sprachen.
4. Unser Projekt war eine geheimes Zeltlager im Wald, statt daß wir auf den Campingplatz gingen.
5. Wir wollten ein paar Tage in der freien Natur leben, ohne daß wir jemand anderen sähen.
6. Das Problem war, daß man nur auf Campingplätzen übernachten darf.
7. Die Stadt erlaubte das Zelten in der freien Natur fast nie, ohne daß sie Restriktionen machte.
8. Jetzt wollen wir heimlich dort zelten, ohne daß wir gesehen werden.

12. Ändern Sie diese Infinitiv-Sätze in *daß*-Sätze.

Beispiel: *Sie kauft Geschenke, statt das Geld zu sparen.*
Sie kauft Geschenke, statt daß sie das Geld spart.

1. Viele Leute fahren mit dem Wagen, statt spazieren zu gehen.
2. Ohne jemanden zu fragen, ging sie zum Fußballspiel.
3. Wir fliegen nach Spanien, statt an die Nordsee zu fahren.
4. Sie arbeiten, um leben zu können.
5. Er geht in die Disko statt zu lernen.
6. Sie fährt ein Wochenende weg, um sich zu erholen.

13. In diesen Sätzen steht das Passiv, und Sie müssen eine Form von „werden" benutzen.

Beispiel: *Die Diskussion wurde beendet, ohne alles gesagt zu haben.*
Die Diskussion wurde beendet, ohne daß alles gesagt worden war.

1. Die Gruppe kam an, ohne begrüßt zu werden.
2. Es wurde gegessen, ohne dabei zu reden.
3. Das Stück wurde gezeigt, ohne einen Kommentar zu geben.
4. Der Baum wurde geschnitten, ohne den Besitzer zu fragen.
5. Das Auto wurde repariert, ohne dafür Geld zu nehmen.

Jeden Samstag um halb Vier

Fußball ist immer noch der beliebteste Sport in Deutschland.
Jeden Samstag spielen die achtzehn besten bundesdeut-

Immer am Ball bleiben!   Die deutsche Nationalmannschaft

1. Bundesliga

Waldhof – Stuttgart 5:3
Düsseldorf – Schalke 1:1
Nürnberg – Hannover 3:3
Köln – Saarbrücken 3:1
Kaisersl. – Werder 3:0
Frankfurt – Gladbach 1:1
Bochum – Bayern 3:0
Uerdingen – HSV 0:3
Dortmund – Leverkusen ...... heute, 15.30 Uhr

	S.	G	U	V	Tore	Diff.	Pkt.
1. Werder	11	7	3	1	30:15	+ 15	17:5
2. Gladbach	11	6	3	2	24:14	+ 10	15:7
3. Kaisersl.	11	6	2	3	21:13	+ 8	14:8
4. Bayern	11	6	2	3	20:13	+ 7	14:8
5. Waldhof	11	5	4	2	20:15	+ 5	14:8
6. Stuttgart	11	6	1	4	25:15	+ 10	13:9
7. Leverkusen	10	5	2	3	19:13	+ 6	12:8
8. HSV	11	5	2	4	20:13	+ 7	12:10
9. Köln	11	3	5	3	17:19	− 2	11:11
10. Bochum	11	5	0	6	23:22	+ 1	10:12
11. Frankfurt	11	2	6	3	10:15	− 5	10:12
12. Uerdingen	11	4	2	5	16:27	− 11	10:12
13. Nürnberg	11	3	2	6	18:20	− 2	8:14
14. Schalke	11	3	2	6	13:19	− 6	8:14
15. Hannover	11	2	4	5	19:33	− 14	8:14
16. Dortmund	10	2	3	5	15:24	− 9	7:13
17. Düsseldorf	11	3	1	7	19:29	− 10	7:15
18. Saarbrücken	11	1	4	6	11:21	− 10	6:16

1. FC Köln ist jetzt neuer Tabellenführer

Fortuna-Sieg mit viel Elan

Erika Fisch oder Karin Balzer?

Schönheits königin nach dem Ball

Die Ergebnisse
und Berichte der
Spiele stehen in
der
Sonntagszeitung.

Schon vor dem
Spiel kommen die
begeisterten
Fußballfans.

Der Torwart ist
geschlagen.

schen Mannschaften um die ,,Deutsche Meisterschaft''. Die Spiele fangen um halb vier samstagnachmittags an und dauern zweimal 45 Minuten, mit einer 15-minütigen Pause. Während dieser Zeit liegt ganz Deutschland im Fußballfieber. Im Radio kann man die Übertragung der laufenden Spiele verfolgen. Das Fernsehen zeigt sie ab 18 Uhr. In der Ersten Bundesliga spielen die 18 besten Vereine, während in der Zweiten Bundesliga die nicht so guten Vereine sind. Jedes Jahr können die drei besten Mannschaften der Zweiten Liga in die Erste aufsteigen. Die drei Schlechtesten der Ersten Liga spielen dann im nächsten Jahr in der Zweiten Bundesliga.

Wer wird Meister, wer muß absteigen° und wer steigt auf°? Das sind die zentralen Fragen der Fußballfans, das sind ihre Hoffnungen und Sorgen. Die Fußballsaison beginnt immer im August und endet im Juni des folgenden Jahres. Während dieser Saison spielen alle Mannschaften einer Liga gegeneinander. Das sind also 34 Spiele pro Saison. Der Deutsche Meister, die beste Mannschaft der BRD, darf dann im nächsten Jahr gegen andere europäische Landesmeister um den Europapokal° der Landesmeister kämpfen. Aus den 18 Mannschaften der Ersten Bundesliga kommen meistens auch die Spieler der Deutschen Nationalmannschaft°, die 1974 zum letzten Mal die Weltmeisterschaft° gewann. *[step down]* *[advance]* *[European Cup]* *[national team]* *[world championship]*

Einige deutsche Spieler sind international bekannt. Franz Beckenbauer, lange Jahre ,,Kaiser Franz'' genannt, ist nach seiner Profizeit° in Amerika nun wieder in Deutschland, jetzt als Bundestrainer°. In Deutschland gibt es keine Universitätsmannschaften, wie in den U.S.A. zum Beispiel bei Baseball und Football. Meistens sind es private Klubs, in denen Fußball gespielt wird. Selbst jede kleine Stadt hat ihre eigene Mannschaft. Seit einigen Jahren wird auch der Damenfußball populärer. Frauen gründen ihre eigenen Mannschaften und spielen untereinander. So stimmt es längst nicht mehr, daß Fußball Männersache° sei. Im Fußballstadion sieht man männliche und weibliche Fans ihre Mannschaft anfeuern°. Jeden Samstag kann man dann abends im Fernsehen die Spiele und Ereignisse des Fußballsamstags sehen. Die Zahlen der Fernsehzuschauer beweisen es ganz klar: Fußball ist immer noch König. *[term as a pro]* *[national head coach]* *[male interest]* *[cheer on]*

Fragen über den Text

1. Wieviele Mannschaften gibt es in der Ersten Bundesliga?
2. Welche Mannschaften spielen in der Zweiten Liga?
3. Wie kann eine Mannschaft der Zweiten Liga in die Erste aufsteigen?

4. Warum müssen drei Mannschaften der Ersten Liga jedes Jahr absteigen?
5. Wann fangen die Bundesligaspiele an, und wie lange dauert jedes Spiel?
6. Gibt es Universitätsmannschaften wie in den U.S.A.?
7. Wo spielen die Frauen Fußball?
8. Was kann man samstags unter anderem im Fernsehen verfolgen?

Grammatische Erklärungen

rüber, runter, rauf, rein

In spoken German, you will often hear *rüber* instead of *herüber* (over here), *runter* instead of *herunter* (down here), *rauf* instead of *herauf* (up here) and *rein* for *herein* (in, inside). These forms rarely appear in written German but are used frequently in speech.

Manfred, komm mal runter; hier fragt jemand nach dir.
(Manfred, come down here; someone is asking for you.)

Gisela, geh mal rein und frag die Nachbarn, ob sie was brauchen.
(Gisela, go inside and ask the neighbors whether they need something.)

Ich gehe mal eben runter in den Keller und hole das Rad rauf.
(I'll go down to the basement and bring the bike up.)

Übung

14. **Setzen Sie *rüber, runter, rauf, rein* ein.**

    1. Ute: Wir laufen mal schnell ____ zu Erich und fragen ihn, ob er mitkommen will.
    2. Sabine: Kannst du vorher noch ____ in den Keller gehen und die Bälle holen?
    3. Ute: Ich bin ____-gelaufen, aber die sind nicht da unten.
    4. Sabine: Hast du in den Schrank ____-geschaut?
    5. Ute: Natürlich nicht, aber im Keller finde ich sowieso nichts Du holst die Bälle besser selber ____.
    6. Sabine: Na gut, dann geh du ____ in mein Dachzimmer und hol meine Badesachen. Wenn du wieder ____-kommst, kann es losgehen.
    7. Ute: Schauen wir nach dem Schwimmbad noch bei Anne ____? Sie hat mir gestern noch gesagt, daß wir doch mal wieder reinschauen sollten.
    8. Sabine: Von mir aus können wir gern zu ihr ____-fahren.

Zu Fuß und auf zwei Rädern

Ein beliebter Zeitvertreib° ist das Spazierengehen. Es kann ein Bummel durch die Stadt sein, wo immer Neues zu sehen ist, eine Runde durch das Wohnviertel oder ein Waldspaziergang. Es gibt in der DDR und in der BRD viele Wanderwege, die durch die landschaftlich schönsten Gebiete führen. Meistens sind es Wege°, die einen wieder an den Startpunkt zurückbringen. Man hat dann meistens die Wahl, einen kurzen halbstündigen Spaziergang zu machen oder eine richtige Wanderung, die mehrere Stunden dauert.

pastime activity

paths

Wem das nicht genug ist, der kann eine Fahrradfahrt° durch die Umgebung machen oder sogar eine längere Fahrradtour an ein besonderes Ausflugsziel. Für Fahrradfahrer° gibt es in den meisten Städten und zum Teil auch schon auf dem Land viele Radwege. Allein das Radwegenetz° Münchens zum Beispiel ist über 500 Kilometer lang. Die Verkehrsregeln° für Radfahrer sind die gleichen wie für Autos und Motorräder. Man muß anzeigen°, wenn man links oder rechts abbiegen° will. Dazu streckt man seinen

bike trip

bikers
network of bike paths
traffic rules
signal
turn

Auf einer Fahrradtour sollte man eine Landkarte mithaben.

Radwege gibt es in den meisten Städten.

Eine richtige Wanderung kann ein paar Stunden dauern.

linken oder rechten Arm aus°. Viele Radfahrer tragen   *stretches out*
inzwischen auch Helme°, um bei einem Unfall besser   *helmets*
geschützt zu sein. Trotzdem ist es immer noch sehr wichtig,
daß die Autofahrer vorsichtig fahren und gut auf Radfahrer
aufpassen.

Fragen über den Text

1. Welche Freizeitbeschäftigungen mögen die Leute in Deutschland?
2. Wo kann man in Deutschland wandern?
3. Wo kann man noch spazierengehen, wenn man nicht in den Wald gehen mag?
4. Was machen viele Leute mit den Fahrrädern?
5. Was ist der Unterschied zwischen einer Fahrradtour und einer Fahrradfahrt?
6. Welche Verkehrsregeln gelten für Fahrradfahrer?
7. Warum sollte jeder Fahrrad- und Motorradfahrer einen Helm tragen?
8. Wie lang sind die Radwege in München?

Motorrad, Camper, Sonderzug

Im Frühling, Sommer und Herbst sind Rhein und Mosel
beliebte Reiseziele° in der BRD. Touristen kommen mit ihren   *destinations*
Wagen, auf Motorrädern oder mit dem eigenen Camper und
bleiben einige Tage, um die romantischen Flußtäler und den
Weinbau dort kennenzulernen. Auf dem Rhein kann man
Schiffsfahrten° machen und die Lorelei und noch viele   *boat trips*
andere bekannte Sehenswürdigkeiten besichtigen.

Außerdem gibt es noch viele andere Urlaubsziele – entlang
der ,,Romantischen Straße'', im Harz, im Schwarzwald, in
den Alpen oder an der Nord- oder Ostsee. Viele Leute
ziehen es vor, ihren Urlaub mit Auto aber ohne Fahren zu
beginnen. Diese beliebte Methode garantiert eine stressfreie
Fahrt, und man braucht nicht auf die Vorteile des eigenen
Wagens am Urlaubsort zu verzichten°. Man fährt sein Auto   *do without*
zum Bahnhof, steigt in den Zug der Deutschen Bundesbahn
(DB) und läßt sich fahren. Während man im Abteil sitzt und
die Reise genießt, steht der Wagen in einem Autowagon und
fährt mit. Am Urlaubsziel angekommen geht man dann in
Hotels, Pensionen oder auf den örtlichen Campingplatz.

Privatpensionen gibt es besonders in Baden-Württemberg,
der Pfalz und in Bayern. Dort wohnt man im Haus einer
Familie, die ein, zwei oder drei Zimmer in ihrem Haus an
Gäste vermietet. Dort ist es billiger als im Hotel, und oft

Auf in die Ferien!

**Urlaub auf einem Campingplatz ist
bei vielen sehr beliebt.**

Leute aus der Großstadt verbringen
heutzutage oft ihre Ferien auf einem
Bauernhof.

Mit dem Zug ist es bequemer.

macht es mehr Spaß, denn der Urlaubsgast nimmt meistens am Familienleben teil und fühlt sich wie zu Hause.

In der letzten Zeit sieht man auch immer mehr Camper auf der Autobahn. Sie sind so beliebt, weil sie den Komfort eines kleinen Hauses mit der Mobilität des Autos verbinden. Camper suchen sich abends einen Campingplatz, übernachten dort und fahren dann am nächsten Tag weiter. Wenn einem ein Platz gefällt, kann man natürlich auch länger bleiben. Die Möglichkeiten sind unendlich, und wer es sich leisten kann, fährt einen Camper.

Während man in den Campern hauptsächlich Familien sieht, sind es meist jüngere Leute, die Motorrad fahren. Viele haben Zelte, Schlafsäcke° und Kocher dabei und bleiben nachts auch auf den Campingplätzen. Übernachtungen dort sind viel billiger als in Hotels oder Pensionen. So kann man auf den Campingplätzen einen billigen Urlaub machen und doch alle Schönheiten der Urlaubsgegend genießen. *sleeping bags*

Mit Sonderzügen° transportiert die DB während der Hauptsaison jedes Jahr Millionen von Urlaubern zum und vom Urlaubsort. Auf Bahnhöfen gibt es viele Schilder, die dem Reisenden sagen, wo er was finden kann. Das Fahren mit der Bahn ist immer noch sehr beliebt, weil auf den deutschen Bundesautobahnen während der Ferienzeit immer viel zu viel Verkehr ist. Oft muß man lange warten, bis man normal weiterfahren kann. Um dies zu vermeiden, fahren viele mit dem Zug. *special trains*

Platzkarten-
schalter

Auto im Reisezug

Trinkwasser

Waschraum

Eingang

Gepäck-
abfertigung

Gepäck im
Schließfach

Gepäckaufbe-
wahrung

Sitzplatz für
Schwer-
behinderte

Ausgang

Geldwechsel

Fahrkarten-
Verkaufsstellen

Schwerbehin-
derte aller
Art

Wartesaal

Information

Grammatische Erklärungen

hin-her

Hin and *her* are adverbs that express movement toward a destination or abstract goal. *Hin* refers to the direction from the speaker to the destination and *her* means the way back to where s/he is. *Hin* and *her* are also used together as an adverbial phrase.

> *Ich fahre immer hin und her.*
> (I always drive back and forth.)

They can be used separately, too.

> *Ich fahre morgens hin.*
> (I drive there in the morning.)

> *Er kommt her.*
> (He comes here.)

In the German language "coming here" is a motion from a different place to where the speaker is. In English, "here" doesn't emphasize the motion and the direction. It only defines a location.

> *Wo kommst du her?*
> (Where do you come from – right now?)

> *Woher kommst du?*
> (Where do you come from – where are you usually?)

The interrogative pronouns *wohin* and *woher* ask for directions to and from the speaker. *Woher* is used often for abstract meanings that are related only remotely to physical direction. People use it to ask from where a word, sentence or statement is derived.

> *Wohin wird diese Politik uns führen?*
> (Where will these politics lead us?)

> *Woher kommt der Wissenschaftler?*
> (Where does the scientist come from?)

> *Woher weißt du das?*
> (How do you know that?)

Verbs of motion are combined often with *hin* and *her* to show the direction of a movement.

hinfahren (drive there)	herkommen (return from, originate)
hingehen (go there)	herfahren (drive back to here)
hinstellen (put there)	herbringen (bring here)
hinkommen (arrive there)	herstellen (put here)
hinfallen (to fall down)	
hinbringen (bring there)	

Übungen

15. Übersetzen Sie diese Sätze.

1. Where do you go to, my friend?
2. Where do you come from right now?
3. Do you often go there, Andreas and Barbara?
4. They drive back and forth every day.
5. Where does the gift come from?
6. She drove there five minutes before we did.

16. Benutzen Sie die folgenden Verben und vervollständigen Sie die Sätze. Was bedeuten die Sätze auf englisch?

hinsehen / herbringen / herkommen / hersehen / hingehen / hinsetzen / hinstellen

1. Die Gruppe aus Minneapolis will gern ＿＿.
2. Die Freunde ＿＿ jeden Samstag dort ＿＿.
3. Würden Sie bitte das Geschenk ＿＿?
4. Wenn Sie zurückkommen, sollten Sie Paul und Erika mit ＿＿.
5. Ich habe den ganzen Tag gestanden und will mich endlich ＿＿.
6. Wer Auto fahren will, sollte immer genau ＿＿.
7. Paul, kannst du mal bitte ＿＿, ich will ein Bild von dir machen.
8. ,,Alle mal ＿＿, der Vater macht ein Familienfoto!''

17. Ihre Mutter hat einige Bitten an Sie. Die richtigen Präpositionen müssen Sie selbst finden.

Beispiel: *Teller / Tisch (to put down)*
Würdest du bitte die Teller auf den Tisch hinstellen?

1. Gemüse / Küchentisch (to lay down)
2. Milch / Kühlschrank (bring here)
3. aufpassen / Butter / nicht (fall down)
4. Lebensmittelgeschäft / jetzt / (drive there)
5. mit den Sachen / sofort / wieder (return from)
6. Nachbar / frisches Obst (bring there)

18. Schreiben Sie neue Sätze. Folgen Sie dem Beispiel.

Beispiel: *Essen / Tisch / hinstellen*
Das Essen wird auf den Tisch hingestellt.

1. Auto / jede Woche / hin- und herfahren
2. Bücher / von Sophie / herbringen
3. Oma und Opa / von Vater / herbringen

4. Geburtstagsgäste / von Freunden / hinfahren
5. Jeden Mittwoch / die Wäsche / von Leuten / herholen
6. Im Winter / für Vögel / Futter / hinlegen

Wimbledon mit 17

Sein großer Erfolg beweist die gute Entwicklung, die der Tennissport in der BRD nimmt, seit Tennis so populär geworden ist. Boris Becker ist der erste deutsche Tennisspieler, der im englischen Wimbledon den Sieg errang. In den 108 Jahren des Wimbledon-Turniers bis zu Beckers Erfolg 1985 hatte noch nie ein Unbekannter diese internationale Meisterschaft von England gewinnen können. Am 7. Juli 1985 war es dann soweit: Boris Becker aus Leimen bei Heidelberg hatte den auf Platz acht gesetzten US-Amerikaner Kevin Curren in vier Sätzen 6:3, 6:7, 7:6, 6:4 geschlagen.

Auf seinem Weg ins Endspiel° hatte Kevin Curren Spieler   *final*
wie John McEnroe und Jimmy Connors geschlagen. Dann stolperte er über das junge deutsche Talent Becker, den jüngsten Spieler. Björn Borg startete seine Karriere dort auch mit 17, gewann aber erst im Alter von 20 die Meisterschaft. McEnroe erreichte das Semifinale mit 18 und war mit 22

Boris Becker gewinnt als erster Deutscher das Wimbledon-Turnier

DER WUNDERKNABE

Erst siebzehn Jahr und schon ein Star: Boris Becker, der Tennisprofi aus Leimen bei Heidelberg. Nach seinem Triumph in Wimbledon sehen Experten in dem Teenager mit den starken Nerven nun die künftige Nr.1 der Tennis-Szene.

Meister. Connors war 21, als er zum ersten Mal Meister
wurde. Becker scheint eine Ausnahme° zu sein. Er begann   *exception*
Tennis mit acht Jahren. 1984 verließ er die Schule, um nur
noch Tennis zu spielen. Er trainierte etwa fünf Stunden
jeden Tag. Dieser Sieg in Wimbledon brachte ihm etwa eine
halbe Million DM und einen hohen Marktwert° in der   *market value*
internationalen Tennisszene.

Schon vor dem Finale 1985 war der Finalist Curren un-
sicher°, wie er gegen Becker spielen sollte. „Ich glaube, daß   *uncertain*
Kevin immer besorgt° war," meinte Boris Becker. Curren sei   *worried*
kein leichter Gegner gewesen, aber er, Becker, habe nicht am
eigenen Sieg gezweifelt°. Boris Becker freute sich, daß ihm   *doubted*
als erstem Deutschen endlich gelungen ist, was der Finalist
Wilhelm Bungert 1967 nicht schaffte und was Gottfried von
Cramm 1935, 1936 und 1937 drei Mal hintereinander nicht
gelungen war: der Sieg in Wimbledon.

Der Herzog und die Herzogin von Kent überreichten°   *handed over*
Becker den Pokal und Bundeskanzler Kohl schickte ein
Glückwunschtelegramm° nach England, nachdem er und   *congratulatory*
20 Millionen Deutsche das Spiel im Fernsehen verfolgt   *telegram*
hatten.

Fragen über den Text

1. In welchem Jahr wurde die englische Meisterschaft zum ersten Mal in
   Wimbledon ausgetragen?
2. Wie lange dauerte es, bis einmal ein deutscher Spieler gewann?
3. Wie viele Deutsche waren bereits bis ins Finale gekommen?
4. Wie alt waren McEnroe, Connors und Borg, als sie dort siegten?
5. Warum hat es wohl so lange gedauert, bis ein deutscher Spieler gut
   genug war, um dieses Turnier zu gewinnen?
6. In wie vielen Sätzen gewann der junge Spieler?
7. Wann begann Becker mit dem Tennisspielen?
8. Wie reagierte die deutsche Bevölkerung auf den Erfolg?

24 Nächte im Zug

Stephen Werner aus Seelze ist ein sechzehnjähriger Schüler
und Eisenbahn-Fan. Sein Hobby ist neben dem Reisen mit
der Bahn auch das Fotografieren, besonders wenn es sich
um Lokomotiven handelt. Er hat viele seltene Lokomotiven
in seiner Fotosammlung.

In den letzten Sommerferien ist er auf einer Tour 34 586 Kilometer mit der Bahn durch Europa gefahren, 1 153 Kilometer pro Tag. Während dieser Zeit war er fast nur im Zug, denn von den 29 Nächten verbrachte er 24 im Abteil. „So habe ich für Übernachtungen fast nichts ausgegeben, und es war eigentlich ein billiger Urlaub", meinte er. Er hatte sich eine Interrail-Karte gekauft, die 30 Tage lang in ganz Europa gültig ist und in fast allen europäischen Ländern akzeptiert wird. Auf die Frage, ob er solch eine Reise noch einmal machen würde, sagte er: „Sehr gern, aber Europa kenne ich jetzt schon so ziemlich. Mich würde als nächstes eine Fahrt mit der Sibirischen Eisenbahn quer durch die Sowjetunion interessieren, dann rüber nach Alaska und mit der Eisenbahn durch die U.S.A. Aber dazu würde ich länger als 30 Tage brauchen, nehme ich an."

Fragen über den Text

1. Mit welchem Verkehrsmittel ist Stephan Werner gefahren?
2. Wie lange war er unterwegs?
3. Was sind seine Hobbys?
4. Wie viele Meilen ist er pro Tag gefahren?
5. Was sind seine nächsten Urlaubspläne?
6. Warum war seine Reise relativ billig?

Übung

19. **Beschreiben Sie in einem Brief an eine Freundin eine Ferienreise, die Sie gerade gemacht haben. Schreiben Sie ...**

   wo Sie gewesen sind.
   wie es Ihnen dort gefallen hat.
   wen Sie dort getroffen haben.
   wie lange Sie dort geblieben sind.
   was Sie alles gesehen haben.
   ob Sie wieder dorthin möchten.
   mit wem Sie unterwegs waren.
   welche Geschenke Sie gekauft haben.
   von wem Sie Post bekommen haben.
   wer leider kein Wort geschrieben hat.
   ob Sie das Reiseziel, an dem Sie waren, empfehlen können.

   Beginnen Sie Ihren Brief wie immer mit „Liebe...", vergessen Sie das Datum und den Ort nicht und schreiben Sie am Ende des Briefes herzliche oder liebe Grüße.

Camping in der DDR

Campingplatz Möschwitz ist einer der vielen Urlaubsorte, in denen Jugendliche aus der DDR ihre Sommerferein verbringen. Eine Gruppe kommt aus Greiz an der Vogtlandsperre Pöhl, eine andere aus Weimar, und viele Berliner sind auch da. Der Urlaub auf dem Campingplatz, ob im Zelt oder im Wohnwagen, bietet die willkommene Gelegenheit, mit anderen zu reden und zusammen etwas zu unternehmen. Wanderungen am Strand, ein Lagerfeuer° mit Gitarrenmusik und viele sportliche Aktivitäten lassen die Tage schnell vorbeigehen°.

campfire

pass by

Das Gebiet entlang der Ostseeküste ist zum Zelten° besonders geeignet, weil es schöne Badestrände, ein gutes Netz von Campingplätzen und eine schöne Umgebung hat. So ist der Urlaub hier sehr populär geworden und über eine Million Gäste verbringen jährlich ihre Ferien dort.

camping

In den schönsten Gegenden der DDR gibt es außer den Campingplätzen auch noch 23 000 Jugendherbergsbetten. Meistens bieten die Jugendherbergen neben dem Frühstück auch Mittag- und Abendessen an und man braucht nicht selber zu kochen. Beim Spülen müssen dann alle Gäste mithelfen. Aber hier, wie überall auf der Welt, ist das Leben auf dem Campingplatz freier, denn man ist immer draußen und kann vom Sonnenaufgang° bis zum Sonnenuntergang° an der frischen Luft sein.

sunrise/sunset

Campingplatz Möschwitz

Fragen über den Text

1. In welcher Gegend der DDR gibt es die meisten Campingplätze?
2. Woher kommen die Leute, die hier Urlaub machen?
3. Wo könnte man auch übernachten?
4. Warum ist es draußen schöner?
5. Was tun die Jugendlichen miteinander?

Übung

20. Machen Sie aus den folgenden Elementen Sätze.

1. Ferien / aus / DDR / verbringen / Campingplätzen / ihre / auf / Jugendliche / viele / der
2. Tage / das / vorbeigehen / die / läßt / schnell
3. Sport / ihre / verbringen / mit / sie / Ferien
4. es / Übernachten / viele / zum / außerdem / Jugendherbergen / gibt
5. Gäste / jährlich / hier / Million / verbringen / eine / Ferien / ihre
6. zum / frischen / kann / bis / Luft / sein / Abend / man / der / an

---

Leseecke

Mörder im Fahrstuhl (Teil 2)

Frau Alberti war eine noch junge Frau. Etwa Mitte dreißig. Sie war schlank° und hatte eine gute Figur. Ihr Gesicht war schön, aber ganz weiß in diesem Augenblick. Ich hatte lange keine so schöne, so interessante, so anziehende° Frau gesehen. Sie wirkte in der Tat aus dem Gleichgewicht° gebracht, konnte ihre Hände nicht ruhig halten, und ihre Stimme wirkte nicht sehr fest. *(slender / attractive / balance)*

Frau Alberti sah Brink an. Auch Brink hatte den Blick erhoben. So standen sie beide längere Zeit.

Brink begann zu sprechen, seine Stimme war schwach und kaum zu gebrauchen.

,,Celia . . .'', sagte er leise, ,,oh, Celia . . .''

Die Frau bewegte sich kaum. Sie fragte:

,,Warst du es? Bist du es gewesen?''

,,Nein'', sagte Brink leise, ,,ich war es nicht, Celia.''

Und jetzt weinte° er. Sidessen war der einzige, der sich in   *cried*
dieser merkwürdigen Lage sicher bewegte. Er trat nach vorn
und sagte:

„Sie werden diesem Mann doch nicht glauben. Ich habe
eine Aussage° gemacht, zu der ich stehe: Dies ist der Mann,   *statement*
der im Fahrstuhl war und der in den Keller lief."

„Geh", sagte Celia Alberti zu Brink, „geh."

„Warten Sie vor der Tür auf mich", sagte ich zu Brink.
Brink ging hinaus. Immer noch hob er nicht die Hand, um
sein Gesicht zu trocknen°. Es war, als habe er gar nicht   *dry*
bemerkt, daß er weinte.

Sidessen fing nun richtig an.

„Herr Kommissar", sagte er fast böse, „ich glaube nicht,
daß es richtig war, diesen Mann mit hereinzubringen. Sie
sehen doch, wie Frau Alberti sich fühlt!"

Der Mann wurde mir immer unangenehmer, weil er sich
so wichtig machte. Er sagte:

„Sie wissen einiges noch nicht, Herr Kommissar. Sie
wissen nicht, wieviel Alberti für Brink getan hat. Ein völlig
untüchtiger° Mann, dieser Brink. Seine Frau war die Schwe-   *incapable*
ster Albertis. Aus Mitgefühl hat Alberti diesem Mann
Arbeit gegeben. Kein anderer hätte diesen Mann genommen. Brink hat seinen Schwager gehaßt°."   *hated*

„Hören Sie auf", rief Celia Alberti und sagte zu mir:

„Mein Mann war ein sehr tüchtiger Mann, sicher auch ein
harter Mann. Ich will sagen, es sind auch andere Mörder
sehr gut möglich." Sie setzte sich und war plötzlich am Ende
ihrer Kraft°.   *strength*

Ich ging hinaus zu Brink, der still neben einem Baum
stand und nun wissen wollte, was Celia Alberti gesagt hatte.

„Sie hält es für möglich, daß auch ein anderer der Mörder
sein könnte", sagte ich. Er lachte auf.

„Vielleicht soll ich noch Dankeschön sagen, was? Und
wohin jetzt? Ins Gefängnis°?"   *prison*

„Nein", sagte ich, „ich werde Sie nach Hause bringen. Ich
möchte wissen, wo Sie wohnen und wie Sie leben."

Ich fuhr mit Brink zu seiner Wohnung. Sie lag im dritten
Stock eines großen Hauses am Goetheplatz. Wir stiegen aus,
aber Brink blieb plötzlich stehen.

„Kann ich einmal telefonieren?" fragte er. „Ich möchte
meinen Sohn anrufen. Er muß ja wissen, was geschehen
ist."

„Wie alt ist Ihr Sohn?" fragte ich.

„Er ist dreiundzwanzig", sagte Brink und ging, um zu
telefonieren. Ich wartete. Er kam bald wieder und sagte:

„Ich habe ihn nicht erreicht."

Wir gingen in seine Wohnung hinauf. Er schloß auf und

machte Licht. Ich sah eine Drei-Zimmer-Wohnung, die recht einfach und arm aussah.

„Meine Frau ist vor zehn Jahren gestorben", sagte Brink, hob die Stimme und sah mich an. „Seine Schwester, Albertis Schwester. Wir haben uns sehr gut verstanden, meine Frau und ich. Wenn Sie etwas anderes hören, dann stimmt es nicht. Es war Liebe zwischen uns, wirklich Liebe."

Der Mann stand gerade und ruhig in seiner armen Wohnung.

„Als meine Frau tot war, war ich auch tot. Für ihn, Alberti."

„Alberti hat Sie doch beschäftigt", meinte ich. Brink lächelte schwach.

„Ich habe mein Geld dafür bekommen, daß ich nicht gearbeitet habe. Er sagte: – Bitte, Johannes, nimm das Geld, setze dich von mir aus auch an den Schreibtisch, aber arbeite nicht. Das wird mir zu teuer! – Er hat zu Sidessen gesagt: – Lassen Sie den Menschen nicht arbeiten. Er kann es nicht. – Es war seine Meinung, und vielleicht hatte er recht."

„Das hört sich nicht schön an", sagte ich.

„Nein, was?" sagte Brink und fuhr fort:" Wissen Sie, er hat nie vergessen, daß ich seine Schwester geheiratet habe. Er wollte das nicht. Dafür hat er mich gehaßt. Deswegen nahm er mich in seine Firma. Er hatte mich immer vor Augen, und er hatte immer Gelegenheit, mir das Leben schwer zu machen, all die Jahre lang. Der Mann hat mich gehaßt, und ich, Herr Kommissar, habe seinen Haß aushalten müssen."

Ich verstand, wie unruhig der Mann sein mußte und ließ ihn deshalb allein. Auf der Straße benutzte ich das Telefon in meinem Wagen und rief Albertis Büro an. Ich sprach mit Grabert.

„Ich komme wieder hin zu euch", sagte ich, „aber es dauert noch ein bißchen." Denn aus dem Wagen heraus hatte ich Brink gesehen, der gerade sein Haus verließ und schnell wegging. Ich sprach ihn an und sagte:

„Wollen wir Ihren Sohn nicht zusammen suchen?"
Brink war erschrocken.

„Sind Sie noch nicht weg?"

„Nein", sagte ich, „ich habe auf Sie gewartet."

Er behielt mich im Blick, etwas traurig, dann ging er einfach. Ich hielt mich an seiner Seite. Er ging in eine Kneipe° hinein. Es war schon ziemlich spät geworden, und in der Kneipe waren nur wenige Leute. Ich sah, wie Brink stehenblieb und sich umsah. Dann setzte er sich an einen Tisch und sah mich an.

tavern

,,Sie glauben mir nicht", sagte er.

,,Nein", sagte ich.

Wir bekamen Bier. Brink sah nur vor sich hin und hob erst den Kopf mit einer schnellen Bewegung, als ein junger Mann eintrat. Ich wußte sofort, es war Brink junior.

Der junge Mann kam langsam auf uns zu. Mein erster Gedanke war, daß ich selten einen so hübschen Jungen gesehen hatte. Sein Gesicht war schön, sein Haar dicht und lang.

,,Mein Sohn", sagte Brink leise und sah den jungen Mann an. ,,Das ist Kommissar Keller."

Der junge Mann sagte höflich:

,,Guten Abend."

Dann setzte er sich zu uns an den Tisch.

,,Weißt du schon?" fragte Brink.

,,Ja", antwortete der junge Mann, ,,ich war oben, ich habe deinen Zettel gefunden. Alberti ist tot. Es hat ihn jemand erschossen?"

,,Ich werde verdächtigt°", sagte Brink.   *suspected*

Der junge Mann hob den Kopf. ,,Du?" sagte er erschrocken.

Brink wurde etwas lebhafter° und begann zu erzählen. Er   *more lively* erzählte die ganze Geschichte mit dem Fahrstuhl und sagte auch, daß Sidessen meinte, er, Brink, sei der Mann im Fahrstuhl gewesen.

Erwin Brink saß am Tisch und hörte ruhig zu. Er wirkte genauso traurig und verloren wie sein Vater.

,,Herr Kommissar", sagte er, ,,was mein Vater da erzählt, ist verrückt. Niemand kann so dumm sein und ihn verdächtigen. Dazu ist mein Vater nicht fähig°."   *capable*

,,Können wir gehen?" bat Brink mit leiser Stimme. ,,Ich bin nun wirklich am Ende meiner Kraft."

,,Gehen Sie schon vor", sagte ich.

Erwin half seinem Vater. Ich hatte das Gefühl einer sehr großen Liebe. Beide gingen langsam hinaus.

Ich ließ mir das Telefon geben und sprach mit Grabert, der noch immer in Albertis Büro war.

,,Gut, daß Sie anrufen", sagte Grabert. ,,Wir haben gerade einen Bericht bekommen. Die Spuren an Brinks Anzug sind völlig gleich mit dem Kellerstaub hier im Bürohaus. Ganz sicher, Chef, Brink war im Keller, Dann war er auch im Fahrstuhl. Und dann . . ."

,,. . . war er auch der Mörder?" fragte ich ihn.

,,Was denken Sie denn?" fragte Grabert zurück. Ich ging auf die Straße hinaus.

Ich sah Vater und Sohn zusammenstehen. Der junge

Mann sprach lebhaft zu seinem Vater und hörte sofort auf, als ich hinzutrat.

„Wir wollen hinaufgehen", sagte Erwin Brink. „Gehen Sie mit?"

„Natürlich geht er mit", sagte Brink. „Er wird mir nicht von der Seite gehen, bis er mein Geständnis° hat. Habe ich recht?" *confession*

„Ja", sagte ich kurz.

Wir gingen in die Wohnung hinauf. Brink schloß auf, machte Licht und blieb hilflos stehen. Der junge Mann wandte° sich zu mir: *turned*

„Ich wiederhole, Herr Kommissar, es ist ganz verrückt, meinen Vater zu verdächtigen. Er ist völlig unfähig, einen Mord zu begehen°. Es wäre ungefähr das Letzte, wozu er in diesem Leben fähig wäre." *commit*

„Das kannst du nicht sagen", meinte Brink schwach. „Man könnte vielleicht etwas tun, was man selber kaum für möglich hält. Ich versuche einmal zu denken, wie der Kommissar denken muß."

Ich überlegte°. Irgend etwas war hier merkwürdig. Irgendein Gedanke schien im Raum zu sein. *thought it over*

Brink fuhr fort:

„Er wird erfahren, Erwin, daß Alberti mich einmal sonntags ins Büro schickte. – Ich erwarte einen Anruf –, hatte er gesagt, – es muß jemand im Büro sein. – Ich war den ganzen Sonntag dort, ich wartete bis Montag morgen. Dann kam Alberti und sagte: – Ach, dich habe ich ganz vergessen, die Sache hat sich ja erledigt.°–" *settled*

Das erzählte Brink, sah seinen Sohn an und sagte mit leiser, sanfter Stimme:

„Ich hätte ihn töten können."

Erwin Brink lachte nur kurz und wandte sich zu mir:

„Glauben Sie ihm nicht. Mein Vater ist ein Mensch, mit dem man alles machen kann. Immer, bis an sein Lebensende."

Während ich hier in der Wohnung Brinks saß und über zwei merkwürdige Menschen nachdachte, geschah etwas im Büro Albertis.

Grabert und Heines hörten plötzlich den Fahrstuhl heraufkommen. Beide sahen sich an.

„Was", sagte Heines, „zwei Uhr nachts?"

Die Tür zum Büro ging auf, und Sidessen erschien mit Frau Alberti. Sidessen hatte nicht damit gerechnet, daß noch Polizei im Büro war.

„Ich bin mit Frau Alberti gekommen", sagte Sidessen, „kann man ins Büro gehen? Vielleicht gibt es dort persönliche Papiere, die jetzt von Bedeutung sein können."

Frau Alberti sagte keinen Ton und stand ruhig neben ihm.

Heines fragte Sidessen, ob er wirklich jetzt, mitten in der Nacht, den Schreibtisch nachsehen wollte.

„Warum nicht?" sagte Sidessen.

Grabert hatte die ganze Zeit Frau Alberti angesehen und sie endlich gefragt, ob sie einen Schreibtischschlüssel besitze. Der Schreibtisch war nämlich zugeschlossen.

„Ja", hatte Celia Alberti gesagt und einen Schlüssel hervorgeholt. Sie gab den Schlüssel Grabert und fragte, ob die Untersuchungen der Polizei schon Erfolg gehabt hätten. Dann hatte sie ziemlich plötzlich angefangen, es für unmöglich zu halten, daß ihr Schwager Brink der Mörder war.

Sidessen und Frau Alberti gingen sehr bald wieder, und Grabert und Heines fragten sich, was die beiden überhaupt° *actually*
gewollt hatten.

Ich hatte Grabert gesagt, wo ich zu finden war. Ich saß mit Brink und seinem Sohn zusammen, als Grabert mich anrief und mir erzählte, was da gerade geschehen war.

„Vielleicht können Sie sich das erklären, Chef", meinte Grabert. „Aber jetzt noch etwas Besonderes. Im Schreibtisch fand ich den Terminkalender° Albertis. Und was meinen Sie, *memo book*
was da für die Zeit nach Büroschluß steht? Brink steht da und drei Ausrufungszeichen° danach. Wollen Sie den Mann *exclamation marks*
nicht endlich festnehmen°?" *arrest*

(Schluß folgt)

Fragen über den Text

1. Wie sieht Celia Alberti aus?
2. Warum hat Alberti Brink gehaßt?
3. Wie wohnt Brink?
4. Wer ist Erwin Brink?
5. Warum hat Alberti Erwin Brink ins Büro gebeten?

Übung

21. Schreiben Sie eine kurze Analyse über „Mörder im Fahrstuhl". Wer könnte der Täter sein? Warum? Was spricht dafür, daß Alberti der Täter ist, was dagegen? Könnte es Brink gewesen sein? Welche Personen finden Sie nicht verdächtig?

Nena - schon seit Jahren eine beliebte
Rocksängerin. (oben links)
Begeisterung beim Rockkonzert.
(oben rechts)
Hier ist bald was los! (mitte links)
Modern Talking — ein Duo aus der
Pop-Szene. (mitte rechts)
Wo wollen wir am Wochenende
hingehen? (unten links)
Spider Murphy Gang. (unten rechts)

Angeln macht Spaß — und frischer Fisch ist
eine Delikatesse. (oben)
Hoffentlich fallen die nicht in den Schnee.
(mitte)
Die Richtung müssen die Wanderer schon
wissen — sonst kommt man niemals an.
(unten)

Wer sich kein Segelboot leisten kann, der
surft. (oben)
Die Schlittenfahrt im Winter ist ein
unvergeßliches Erlebnis. (mitte)
Nach der Wanderung gibt's endlich etwas
Leckeres zu essen. (unten)

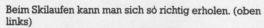

Beim Skilaufen kann man sich so richtig erholen. (oben links)

Das Bogenschießen ist bei vielen beliebt. (oben rechts)

Viel Ausdauer und gute Kondition braucht der Marathonläufer. (mitte links)

Anlauf, Absprung und...Landung beim Weitsprung. (mitte rechts)

Fußball steht immer noch an erster Stelle. (unten)

10 Die deutsche Jugend

Blick auf Morgen

Wir haben viele Informationen über das Leben in Deutschland gestern und heute gesammelt, ohne bisher° einen Blick auf Morgen zu werfen°. Wie unsere Zukunft aussieht, das hängt bei den Deutschen wie bei allen anderen Nationen von der Jugend ab, die gerade heranwächst°. Denn sie wird in wenigen Jahren die Posten der älteren Generation haben und für ihre Gesellschaft und Umwelt verantwortlich sein. Dabei ist es ein großer Vorteil, daß die Jugend meistens sehr kritisch, innovativ und aktiv ist, daß sie nicht so sein will wie die Eltern und sich neue Wege des Zusammenlebens sucht.

Je mehr der einzelne Jugendliche aber in den Arbeitsprozeß integriert wird, desto weniger glaubt er an große Veränderungen. Das kommt daher, daß der Arbeitsprozeß von der Firma und den Vorgesetzten bestimmt wird, und ein Jugendlicher hat da wenig mitzureden. „Lehrjahre sind keine Herrenjahre", heißt der alte Spruch, der seit Jahrhunderten schon die traditionellen Arbeitsprozesse und Autoritäten unterstützt hat. Und weil diese unveränderbar° scheinen, geben viele Jugendliche es schnell auf, ihre eigenen Ideen realisieren zu wollen. Wer vor seinem Eintritt in das Berufsleben noch lange Jahre in der Universität bleibt und dann erst mit etwa 25 bis 27 Jahren anfängt, regelmäßig zu arbeiten, hatte viel mehr Freiraum als derjenige, der schon in jungen Jahren arbeiten ging. Es mag scheinen, daß der graue Alltag, die morgendliche Fahrt zur Arbeit, die eigenen Kinder und der Stress des Geldverdienens oftmals viel zu schnell zu einem standardisierten° Leben führen, das von dem der eigenen Eltern nicht mehr so weit entfernt ist. Aber das scheint eben nur so zu sein, denn der gesellschaftliche Kontext jeder neuen Generation ist anders, die neuen Erkenntnisse° in Technik, Forschung und Soziologie geben der neuen Generation ein immer neues Gesicht. In dem Maße, wie sich unsere materielle Umwelt verändert, müssen wir uns mit unserer Kultur und Zivilisation anpassen° oder verweigern°, das heißt neue Technologien und Lebens-

up to now

cast

grows up

unchangeable

standardized

knowledge

adjust
refuse

Wer gut aufpaßt, lernt mehr.

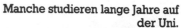

Manche studieren lange Jahre auf
der Uni.

Viele Experimente führen zu neuen
Erkenntnissen.

Die FDJ nimmt aktiv am politischen
Leben der DDR teil.

formen akzeptieren oder bewußt ablehnen. Dies zu tun ist
immer auch schon Aufgabe der jungen Leute, die die
Entscheidungen von Morgen treffen werden.

In der DDR ist die FDJ (Freie Deutsche Jugend) diejenige
Jugendorganisation, aus der sich junge Politiker und neue
Ideen rekrutieren. Die meisten Jungen und Mädchen sind
Mitglied in der FDJ und nehmen so aktiv am politischen
Leben der DDR teil. Wer nicht will, braucht nicht Mitglied zu
werden. Aber dann ist es sehr schwer, seine Interessen mit
anderen zu diskutieren und in die Tat umzusetzen°. Deshalb   *change to*
entschließen sich viele Jugendliche, der DDR-Jugendor-
ganisation beizutreten. Die FDJ ist schon dann eine wichtige
Hilfe für die Jugend, wenn die Jugendlichen in anderen
Ländern Europas noch gar keine politischen Repräsentan-
ten haben. In den Schulen und Universitäten hat die FDJ
Mitbestimmungsrechte°. So können die jungen Leute schon   *rights of*
heute über ihr Morgen mitbestimmen. Die alte Streitfrage°,   *codetermination*
ob die Jugendlichen denn auch sagen dürfen, was sie   *controversy*
denken, ein heimliches Vorurteil der Menschen im Westen,
beantwortet sich von selber, wenn man junge DDR-Bürger
danach fragt. Viele sind begeistert von der Möglichkeit, in
der FDJ schon selber Entscheidungen zu treffen, die das
eigene Land betreffen. Die Kritik an der FDJ, die man dabei
zu hören bekommt, unterscheidet sich nicht von der
allgemeinen Kritik an allen Gruppen und Organisationen, in
denen man mit vielen Kompromissen leben muß.
In der BRD gibt es die FDJ nicht. Dort können die Jugendlichen in die Jugendorganisationen der verschiedenen
Parteien eintreten°. In der SPD gibt es die ,,Jungsozialisten'',   *become a member*
die CDU hat eine ,,Junge Union'' und die Jugendorganisa-
tion der FDP heißt ,,Jungdemokraten''. Und dann ist da
noch eine Partei, in der es viel mehr junge Leute gibt als in
der traditionellen Parteien. Dies sind die Grünen, eine
Gruppe von politisch offenen Parlamentariern, die die
unterschiedlichsten Interessen aus der jungen Bevölkerung
vereinigt. Sie sind radikaler als die anderen Parteien,
sprechen eine freche Sprache und regen damit zum Denken
an. Daran mußten sich die alten Politiker erst einmal
gewöhnen – und einigen ist das bis heute noch nicht ganz
gelungen, wie viele politische Debatten° zeigen.   *debates*

Außer den politischen Parteien und deren Jugendorganisationen findet man einen großen Teil der Jugend auch in
der Gewerkschaft. Das ist deshalb der Fall, da viele Jugendliche schon mit 16 Jahren in einen Beruf gehen und nicht
mehr weiter zur Schule oder Universität. Auch die beiden
großen Kirchen, die Katholische Kirche und die Evan-

gelische Kirche, haben in den letzten Jahren immer mehr bundesdeutsche Jugendliche in ihre Jugendgruppen aufgenommen.

Während also in der DDR praktisch nur eine Jugendorganisation existiert, findet sich in der BRD eine große Anzahl davon. Aber je größer die Anzahl, desto weniger arbeiten die jungen Leute zusammen. Es hat also nicht nur Vorteile, wenn man sich aus vielen Organisationen eine aussuchen kann. Der große Nachteil kann sein, daß die politische Wirkung aller kleiner Organisationen viel geringer° ist. Da   *smaller* sind die FDJ-ler den bundesdeutschen Kollegen vielleicht schon einen Schritt voraus, denn sie haben eine gemeinsame Plattform zur politischen Arbeit.

Fragen über den Text

1. Welche Gruppe jeder Gesellschaft bestimmt das Morgen?
2. Warum sind Jungendliche meistens kritischer, wenn sie noch nicht regelmäßig arbeiten gehen?
3. Warum sieht jede Generation anders aus?
4. Welche Jugendorganisation hat die DDR?
5. Warum ist die FDJ wichtig für die Jugend?
6. Welche Jugendorganisationen hat die BRD?
7. Was sind die Vorteile einer großen Jugendorganisation?
8. Was sind die Vorteile vieler kleiner Jugendorganisationen?

Diskussionsrunde

Diskutieren Sie diese Fragen mit Ihren Klassenkameraden.

Jugendorganisationen

Welche Jugendorganisationen gibt es in den U.S.A.?
Was sind die Aufgaben dieser Jugendorganisationen?
Was erwarten Sie davon, und was muß jeder Jugendliche investieren?

Amerikaner und Europäer

Ist es ein wichtiger Unterschied, daß in den U.S.A. viel weniger Menschen organisiert sind als in Europa?
Wie erklären Sie das? Ist das Denken der Amerikaner individualistischer?
Was bedeutet für Sie das Wort ,,Freiheit''?
Wie kommt es, daß die meisten Amerikaner nicht dort sterben, wo sie geboren sind, die meisten Europäer aber doch?
Welchen Einfluß hat diese Mobilität auf das Denken der Leute?
Bietet Ihnen Ihr Land mehr als Europa den Europäern?

Grammatische Erklärungen

Flavoring particles (continued)

There are many more flavoring particles than those introduced in Chapter 9. One of them is *wohl* (well, supposedly, ...). The meaning of a sentence can change considerably depending on context.

> *Petra fühlt sich wohl.*
> (Petra feels well.)

> Gerd: *Dir geht es wohl nicht gut?*
> (Gerd: You don't feel well, do you?)

In this last example, "well" is the translation of *gut*. Notice that the word order is that of a statement, not that of a question (*Geht es dir nicht gut?*). This word order and the use of *wohl* indicate that Gerd feels very strongly about the truth of his statement. If the sentence is not posed as a question but instead as a statement, using a distinctive intonation, the meaning would change drastically. Think of a context where Gisela does something with which Gerd strongly disagrees.

> Gerd: *Dir geht es wohl nicht gut!*
> (Gerd: You have to be kidding. *or* That cannot be true.)

Other applications for this flavoring particle are:

> *Ihm ist nicht wohl.*
> (He doesn't feel well.)

> *Leben Sie wohl, Frau Müller.*
> (Farewell, Mrs. Müller.)

> *Sie ging wohl oder übel zum Arzt.*
> (Whether she liked it or not, she went to the doctor.)

> *Es ist wohl an der Zeit, daß wir anfangen.*
> (It surely is about time to start.)

> *Ich komme nicht heute, aber wohl morgen.*
> (I won't come today but perhaps tomorrow.)

> *Sie sind wohl der neue Direktor?*
> (I suppose you are the new director?)

The flavoring particle *so* is often used to emphasize observations or wishes.

> *Ich sehe den Unfall noch genau so vor mir.*
> (I can still see the accident exactly before me.)

> *Dieser Junge ist so hübsch.*
> (This boy is so handsome.)

> *So sind die Kinder.*
> (Children are like that.)

> *Ich ging so über die Straße, als ich es sah.*
> (I walked just so across the street, when I saw it.)

Disbelieve, impatience and strong statements might require the use of *so*.

Barbara: *Ich habe dir alles gesagt.* Hans: *So*?
(Barbara: I told you all about it. Hans: Really ?!)

Vater: *So kann es nicht weitergehenl*
(Father: This cannot go on like that!)

Übungen

1. **Was bedeuten die folgenden Sätze auf englisch?**

    1. Wir müssen das wohl bald machen.
    2. Ist dir nicht wohl, Birgit?
    3. Ich muß sie wohl oder übel anrufen.
    4. Ich werde wohl um 4 Uhr bei euch sein.
    5. Wie kann das so lange dauern?
    6. Diese Frau ist so freundlich!
    7. So wollen wir es nicht mehr machen!
    8. Du bist wohl neu in dieser Stadt?

2. **Benutzen Sie die Wörter *doch*, *so*, *aber* und *wohl* in den Sätzen, die Sie aus den Elementen der Tabelle konstruieren können. Geben Sie auch die englische Übersetzung an.**

    Beispiele: *Ich will sofort die Blumen pflanzen.*
    Ich will doch sofort die Blumen pflanzen.
    (But I want to plant the flowers right now.)
    Ihr könnt schwimmen gehen.
    Ihr könnt so schwimmen gehen.
    (You can go swimming as you are.)
    Lisa will heute schwimmen gehen.
    Lisa will heute wohl schwimmen gehen.
    (Lisa probably wants to go swimming today.)

Ihr	müssen	sofort	einen Beruf wählen
Sie	können	jetzt	die Blumen pflanzen
Ernst	lassen	heute	das Haus reinigen
du	wollen	morgen	die Sache diskutieren
ich	werden	gestern	es allen sagen
Lisa	dürfen	nun	schwimmen gehen

Diskussionsrunde

Sie haben doch sicher einige Dinge, die Sie nicht so richtig mögen? Dann spielen Sie doch einfach mit Ihren Klassenkameraden dieses Spiel. Es wird Ihnen sicher helfen, alles etwas lustiger zu sehen.

Nehmen Sie – und alle ihre Klassenkameraden – zwei Blätter Papier. Auf das erste Blatt schreiben Sie:
Es gefällt mir nicht, daß . . .
und auf das zweite Blatt:
Dann mußt du eben . . .

Jetzt schreiben Sie den ersten Satz zu Ende.

Beispiele: *Es gefällt mir nicht, daß mein Freund mich nicht mehr liebt.*
Es gefällt mir nicht, daß ich so viel lernen soll.

Auf das zweite Blatt schreiben Sie eine Lösung. Denken Sie also einfach an irgend ein Problem eines ihrer Klassenkameraden und geben Sie eine Lösung dafür.

Beispiele: *Dann mußt du eben mal ins Kino gehen.*
Dann mußt du eben vier Wochen als Tellerwäscher arbeiten und dir dann ein neues Auto kaufen.

Jemand aus der Klasse liest jetzt vor, was ihm nicht gefällt. Dann liest eine andere Person vor, was man eben tun muß. Manchmal paßt die Lösung gar nicht zum Problem. Manchmal paßt sie etwas. Manchmal paßt sie genau, obwohl das eigentlich unmöglich ist. Viel Spaß!

Grammatische Erklärungen

Punctuation

The comma is used to separate clauses from each other. One use is to separate a subordinate clause and a main clause:

Während wir auf sie warteten, saßen sie schon im Kino.
(While we were waiting for them, they already were sitting in the movie theater.)
Ich fragte sie, ob sie das in Ordnung fänden.
(I asked them whether they thought it was okay.)

The comma occurs between main clauses only if the clauses are linked by *und* or *oder* and the same subject is repeated.

Gerda rief an, und sie fragte Rolf nach der Adresse.
Gerda rief an und fragte Rolf nach der Adresse.
(Gerda called and asked Rolf for the address.)
Du solltest mehr arbeiten, oder du wirst nicht genug Geld haben.
(You should work more or you won't have enough money.)

A comma is used to separate a main clause and an infinitive clause with *zu* that contains other words and whenever *um ... zu* is involved. The infinitive with *zu* alone is never separated with commas.

> *Wir glauben zu verstehen.*
> (We think we understand)
> *Wir glauben, ihn zu verstehen.*
> (We think we understand him.)

> *Wir arbeiteten eine Woche, ohne eine Pause zu machen.*
> (We worked for a week without having a break.)
> *Sie arbeitete an dem Projekt, um zu lernen.*
> (She worked on the project in order to learn.)

In German, the colon is used to introduce direct speech and important information that the writer wants to emphasize.

> *Der Schauspieler sprach: ,,So kam es zu einem guten Ende.''*
> (The actor said, "This is how it ended well.")
> *Ich will noch einmal wiederholen: Das ist nicht möglich.*
> (I want to repeat it one more time: That is impossible.)

Übungen

3. **In den folgenden Sätzen fehlen alle Satzzeichen. Bitte ergänzen Sie alle Punkte (periods), Kommas (commas), Doppelpunkte (colons) und Anführungsstriche (quotation marks).**

   1. Als der Herbst gekommen war wollten die Freunde einen langen Spaziergang im Wald machen
   2. Die Blätter der Bäume bekamen langsam bunte Farben und sie sahen wunderschön aus
   3. Da schlug Lisa vor Wenn ihr alle kommenden Samstag Zeit habt können wir ja einen Ausflug mit Picknick machen
   4. Ernst meinte daß er doch am nächsten Wochenende arbeiten müsse und ob man nicht Montag nachmittags gehen könnte
   5. Klaus sagte Leider muß ich Montag Nachmittag zum Arzt und ich kann diesen Termin nicht fallen lassen
   6. Da meinte Brigitte daß doch jetzt alle zusammen seien und daß es am besten wäre jetzt sofort zu gehen
   7. Du denkst wirklich praktisch sagte Lisa
   8. Klaus schlug vor Da brauchen wir auf kein anderes Wochenende zu warten Also los holt ein paar Sachen aus dem Kühlschrank und dann ab in die Natur Wer weiß wie nächste Woche das Wetter sein wird

4. **Sehen Sie sich den Text ,,Blick auf Morgen" an. Gehen Sie durch den Text und erklären Sie, warum und wo dort welche Satzzeichen gebraucht worden sind.**

Grammatische Erklärungen

derjenige and *derselbe*

The emphatic demonstrative pronouns *derjenige* (he who), *diejenige* (she who) and *dasjenige* (that which) replace a person or thing that is given special emphasis by the user.

> *Sie ist diejenige, die den Unfall gehabt hat.*
> (She is the one who had the accident.)

> *Die Eltern desjenigen, der verletzt ist, haben uns angerufen.*
> (The parents of the person who was injured have called us.)

As you can see from the last example, both parts of *derjenige* are declined: *der* (nominative) changes to *des* (genitive), and the second part – *jenige* receives endings as do adjectives that follow *der*-words. Also, both parts are always written as one word.

	masculine	feminine	neuter	plural
nominative	derjenige	diejenige	dasjenige	diejenigen
accusative	denjenigen	diejenige	dasjenige	diejenigen
dative	demjenigen	derjenigen	demjenigen	denjenigen
genitive	desjenigen	derjenigen	desjenigen	derjenigen

The demonstrative pronoun *derselbe* (the same masculine thing or person), *dieselbe* (the same feminine thing or person) and *dasselbe* (the same neuter thing or person) follow the same pattern as *derjenige* does. Both parts of it are declined.

> *Denselben Kuchen kann man nur einmal essen.*
> (One can eat the same cake only once.)

> *Derselben Frau habe ich gestern schon geholfen.*
> (I helped the same woman already yesterday.)

	masculine	feminine	neuter	plural
nominative	derselbe	dieselbe	dasselbe	dieselben
accusative	denselben	dieselbe	dasselbe	dieselben
dative	demselben	derselben	demselben	denselben
genitive	desselben	derselben	desselben	derselben

Übungen

5. Diese Probleme scheinen immer dieselben zu sein. Benutzen Sie für die Dinge oder Personen die Demonstrativpronomen *derselbe, dieselbe, dasselbe* **und denken Sie auch an den richtigen Fall.**

Beispiele: *Ihr Freund fragt Sie immer etwas.*
Ich halte immer dieselben Fragen von meinem Freund nicht aus.

Er kauft immer langweilige Kassetten.
Ich halte immer dieselben langweiligen Kassetten nicht aus.

1. Bernd spielt immer seine Lieblingsplatte.
2. Ulrike redet immer nur über ein Thema.
3. Annette telefoniert immer mit Herbert.
4. Ihr Vater spricht immer über die Nachbarn.
5. Ihre Mutter fragt immer, wie es in der Schule gewesen ist.
6. Ein Freund bittet Sie, ihm wieder einmal zu helfen.
7. Ein Onkel bittet Sie immer, mit ihm über Politik diskutieren.
8. Im Fernsehen kommt immer Reklame.
9. Der Alltag im Büro ist immer gleich.
10. Der Autor ist immer langweilig.

6. Sie sind Zeuge bei einem Unfall. Der Polizist zeigt Ihnen später Bilder und fragt sie, ob sie denjenigen, den er auf dem Bild zeigt, schon einmal gesehen haben. Aber Sie können sich an nichts erinnern.

Beispiel: Polizist: *Hier ist ein bekannter Krimineller. Haben Sie den gesehen?*
Sie: *Nein, an denjenigen kann ich mich nicht erinnern.*

1. Hier ist eine alte Bekannte von uns. Haben Sie die gesehen?
2. Hier ist eine Gruppe von Leuten. Haben Sie die gesehen?
3. Hier ist der geflohene Motorradfahrer. Haben Sie den gesehen?
4. Hier ist seine Mutter. Haben Sie die gesehen?
5. Hier ist die Verletzte. Haben Sie die gesehen?
6. Hier sind drei andere Zeugen. Haben Sie die gesehen?
7. Hier ist der Helfer. Haben Sie den gesehen?

7. Setzen Sie die richtigen Demonstrativpronomen ein.

Peter: Sag mal, hast du meinen Freundschaftsring gesehen?
Claudia: _____ mit dem gelben Stein? Oder redest du von _____, den du von deiner letzten Freundin bekommen hast?
Peter: Nein, ich meine _____, den ich seit drei Wochen schon auf dem Finger hatte. Du weißt doch, der Blaue.
Claudia: Nee, weiß ich nicht, sind ja auch nicht immer _____ Freundinnen, mit denen du so ausgehst.

Peter: Du sollst mir nicht von ____ erzählen, die früher mal mit mir ausgegangen sind. Du sollst mir helfen ____ Ring zu finden, der mir am liebsten ist.

Claudia: Das ist dann wohl immer der neuste Ring, was?

Peter: Du versteht mich sowieso nicht. ____, die mich wirklich versteht, ist die, von der ich diesen Ring habe, der jetzt weg ist.

Claudia: Ist das ____, die du gestern zu meiner Geburtstagsfeier mitgebracht hast?

Peter: Genau die, und sie ist ____, mit der ich immer zusammen sein will.

Claudia: Ich glaube, ____Satz habe ich schon mal gehört. Oder ist jetzt etwas neues im Spiel?

Peter: Frag mich nicht so dumme Fragen. Hast du den Ring gesehen?

Claudia: ____ mit dem blauen Stein? Den hat sie gestern mitgenommen, weil er auf dem Fußboden herumlag.

Peter: Und das sagst du mir erst jetzt? Das Wichtigste sagst du mir am Ende?

Claudia: Ich kann doch nicht riechen, welchen Freundschaftsring du gerade meinst. Und außerdem mag ich ____ nicht, die ihn dir geschenkt hat.

Peter: Jetzt verstehe ich endlich, warum manche Leute ____ am meisten hassen, die in der Familie leben.

Claudia: Immer ruhig Blut, lieber Bruder. Und dann war da noch ein Anruf von Christine. Ob du mit ihr zu einer Party gehen willst. Vielleicht bekommst du ja einen neuen Ring?!

Grammatische Erklärungen

Adjectives used as nouns

Adjectives can have the same function as nouns. When adjectives are used as nouns, they are capitalized and have the same endings as adjectives following the definite article (*der*, *die*, *das*).

	masculine	feminine	neuter	plural
nominative	der Kranke	die Kranke	das Kranke	die Kranken
accusative	den Kranken	die Kranke	das Kranke	die Kranken
dative	dem Kranken	der Kranken	dem Kranken	den Kranken
genitive	des Kranken	der Kranken	des Kranken	der Kranken

When these nouns follow *ein*-words, the endings are those of the *der*-words (*ein Kranker*, *eine Kranke*, *ein Krankes*).

Übung

8. **Bilden Sie aus den folgenden Adjektiven neue Nomen und machen Sie Sätze damit. Benutzen Sie alle Fälle, nicht nur den Nominativ!**
   Beispiel: *reich*

   > *der Reiche, die Reiche, das Reiche*
   > *Jemand hat der Reichen einen neuen Wagen gekauft.*

   1. hübsch
   2. intelligent
   3. kalt
   4. arm
   5. talentiert
   6. stark
   7. schwach
   8. neu
   9. gut
   10. böse

Ein Posten ist frei

Ekkehard Müller

Herr Konrad bewarb° sich um einen Posten und stellte sich beim Personalchef einer großen Firma vor°.   *applied*
introduced

Der Personalchef fragte Herrn Konrad: ,,Können Sie Stenographie° und Schreibmaschine°?''

shorthand/typing

Herr Konrad konnte es nicht, aber er antwortete dem Personalchef: ,,Ja, ich kann Stenographie und Schreibmaschine.''

Der Personalchef fragte ihn weiter. ,,Können Sie Auto fahren?'' Herr Konrad konnte es nicht, aber er antwortete: ,,Ja, ich kann Auto fahren.''

Der Personalchef fragte Herrn Konrad: ,,Haben Sie schon einmal bei einer großen Firma gearbeitet?''

Herr Konrad hatte noch niemals bei einer großen Firma gearbeitet, aber er antwortete: ,,Ja, ich habe schon bei einer großen Firma gearbeitet.''

Der Personalchef fragte ihn weiter: ,,Haben Sie Erfahrung im Umgang° mit Kunden?''

in dealing

Herr Konrad hatte keine Erfahrung im Umgang mit Kunden, aber er antwortete: ,,Ja, ich habe Erfahrung im Umgang mit Kunden.''

Der Personalchef der Firma fragte ihn weiter: ,,Wissen Sie, daß unsere Firma ein internationales, weltweites° Unternehmen° ist?''

world-wide company

Herr Konrad wußte das nicht so genau, aber er antwortete: ,,Ja, ich weiß, daß die Firma ein internationales, weltweites Unternehmen ist.''

,,Wir suchen'', sagte der Personalchef, ,,einen Mann, der Selbstvertrauen° und ein gutes Gedächtnis° hat. Können Sie mir ein Beispiel für Ihr Selbstvertrauen und Ihr gutes Gedächtnis geben?''

self-confidence/ memory

Darauf sagte Herr Konrad: ,,Sie haben mich zunächst gefragt, ob ich Stenographie und Schreibmaschine kann. Ich sagte ja, obwohl ich weder Schreibmaschine noch Stenographie kann. Dann haben Sie mich gefragt, ob ich Auto fahren kann. Ich sagte ja, obwohl ich nicht Auto fahren kann. Sie fragten mich weiter, ob ich schon einmal in einer großen Firma gearbeitet habe. Ich antwortete ja, obwohl ich noch niemals in einer großen Firma gearbeitet habe.

Sie fragten mich, ob ich Erfahrung im Umgang mit Kunden habe. Ich antwortete ja, obwohl ich keine Erfahrung im Umgang mit Kunden habe. Sie fragten mich, ob ich weiß, daß Ihre Firma ein internationales, weltweites Unternehmen ist. Ich sagte ja, obwohl ich nicht wußte, daß Ihre Firma ein internationales, weltweites Unternehmen ist.''

Herr Konrad konnte am nächsten Tag seinen Dienst bei der Firma anfangen.

Fragen über den Text

1. Wo stellte sich Herr Konrad vor?
2. Was war seine Strategie, wenn er etwas gefragt wurde?
3. Warum hat er alle Fragen mit ja beantwortet?
4. Wann entschloß er sich, die Wahrheit zu sagen?
5. Warum glaubte er, daß dies ein Vorteil sei?
6. Warum fragte der Personalchef erst so spät nach den Beweisen für gutes Gedächtnis und Selbstvertrauen?
7. Welche anderen Qualifikationen sollte der Kandidat haben?
8. Waren die anderen Qualifikationen wirklich wichtig?
9. Warum bekam Herr Konrad den Posten?
10. Was können wir aus dieser Geschichte lernen?

Übungen

9. **Herr Konrad erzählt Ihnen, wie er den Posten bekommen hat. Aber er macht einen großen Fehler, denn er sagt alles im Imperfekt, wo doch das Perfekt beim Reden gebraucht werden soll. Herr Konrad denkt wohl, er schreibt?! Korrigieren Sie seine Sätze und schreiben Sie alles ins Perfekt um.**

   Beispiel: *Ich stellte mich beim Personalchef vor.*
   Ich habe mich beim Personalchef vorgestellt.

   1. Vorige Woche bewarb ich mich um einen Posten.
   2. Der Personalchef fragte mich viele Dinge.
   3. Zuerst wollte er wissen, ob ich Steno kann.
   4. Dann fragte er, ob ich Auto fahren kann.
   5. Über seine Firma wußte ich nicht viel.
   6. Aber er suchte einen Mann mit Selbstvertrauen.
   7. Ich hatte keine Erfahrung im Umgang mit Kunden.
   8. Am nächsten Tag konnte ich anfangen.

10. **Machen Sie aus diesen Elementen richtige Sätze.**

    1. stellte / sich / Personalchef / beim / Herr / vor / Konrad
    2. nicht / er / konnte / Schreibmaschine / schreiben
    3. im / Kunden / hatte / mit / Erfahrung / er / Umgang / keine
    4. Person / suchte / internationale / eine / Selbstvertrauen / Firma / die / mit
    5. seinen / Posten / an / Konrad / Herr / trat / nächsten / am / Tag
    6. war / Unternehmen / die / weltweites / ein / Firma

Die Jagd nach dem Job

Die Jagd nach dem Job ist in der Bundesrepublik zu einer alltäglichen Sorge geworden. Es gibt leider zu wenige Arbeits- und Ausbildungsplätze° für Jugendliche, weil Staat und Firmen nicht so viele Ausbildungsplätze anbieten, wie die Jugendlichen brauchen. Ausbildung kostet Geld und den Willen, dieses Geld in die Jugend zu investieren. Damit unterscheidet sich die Situation der BRD sehr von der der DDR. Dort gibt es keine Arbeitlosigkeit, und jeder Jugendliche bekommt garantiert eine Stelle. Ob das immer der „Traumberuf" ist, bleibt aber die Frage. Ihren Traumberuf bekommen aber auch die jungen Leute in der BRD schon lange nicht mehr. Oft bewerben sie sich bei verschiedenen Firmen um ganz verschiedene Stellen und bekommen sie dann doch nicht. Das Problem ist am größten für diejenigen, die nur auf der zehnjährigen Hauptschule waren und kein Abitur und kein Studium hinter sich gebracht haben. Es gilt also die Regel: „Mit einer guten Schulausbildung klappt's besser". Um denjenigen zu helfen, die aus der Hauptschule kommen, hat der Staat ein Berufsvorbereitungsjahr° geschaffen, damit sich diese Jugendlichen ein ganzes Jahr lang auf ihren späteren Beruf vorbereiten können. Aber damit

training places

year for professional preparation

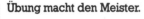

Übung macht den Meister.

Er hat eine Ausbildungsstelle gefunden.

Lieblingsberufe der Lehrlinge

Anzahl der Auszubildenden

JUNGEN / MÄDCHEN

JUNGEN	Anzahl	Anzahl	MÄDCHEN
Kfz-Mechaniker	88 325	104 659	Verkäuferin
Elektriker	48 509	65 076	Friseuse
Maschinenschlosser	41 486	35 906	Bürokaufmann
Tischler	34 512	32 350	Industriekaufmann
Maler	33 749	31 417	Arzthelferin
Maurer	29 908	23 810	Zahnarzthelferin
Gas-u.Wasserinstallateure	27 895	21 809	Einzelhandelskaufmann
Grosshandelskaufm.	27 822	19 968	Bankkaufmann
Bäcker	23 193	17 869	Grosshandelskaufmann
Industriekaufm.	22 393	16 703	Bürogehilfin

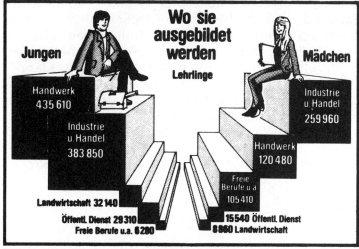

Wo sie ausgebildet werden

Lehrlinge

Jungen
Handwerk 435 610
Industrie u. Handel 383 850
Landwirtschaft 32 140
Öffentl. Dienst 29 310
Freie Berufe u.a. 6 280

Mädchen
Industrie u. Handel 259 960
Handwerk 120 480
Freie Berufe u.a. 105 410
15 540 Öffentl. Dienst
8 860 Landwirtschaft

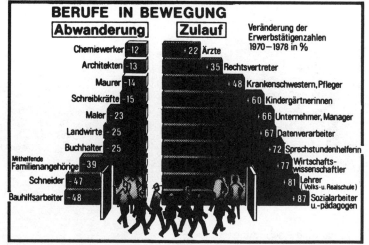

BERUFE IN BEWEGUNG

Abwanderung		Zulauf		Veränderung der Erwerbstätigenzahlen 1970–1978 in %
Chemiewerker	-12	+22	Ärzte	
Architekten	-13	+35	Rechtsvertreter	
Maurer	-14	+48	Krankenschwestern, Pfleger	
Schreibkräfte	-15	+60	Kindergärtnerinnen	
Maler	-23	+66	Unternehmer, Manager	
Landwirte	-25	+67	Datenverarbeiter	
Buchhalter	-25	+72	Sprechstundenhelferin	
Mithelfende Familienangehörige	-39	+77	Wirtschaftswissenschaftler	
Schneider	-47	+81	Lehrer (Volks-u. Realschule)	
Bauhilfsarbeiter	-48	+87	Sozialarbeiter u.-pädagogen	

verschiebt° sich das Problem nur um ein Jahr. Nicht alle   *is postponed*
werden die Stelle finden, die sie wollen, und einige werden
keine Chance bekommen. Dann ist die einzige Lösung°,   *solution*
weiter zur Schule zu gehen und eine höhere Ausbildung zu
bekommen. So kann man in der BRD heute von einer Eska-
lation der Schulabschlüsse° sprechen, weil immer mehr   *school completion*
Jugendliche immer mehr Examen machen, um bessere
Berufschancen zu haben.

In den folgenden Tabellen sehen Sie die Lieblingsberufe°   *favorite jobs*
der Lehrlinge°, wo sie ausgebildet werden und welche   *apprentices*
Berufe in Bewegung sind.

Wer eine Ausbildungsstelle gefunden hat, ist dann mei-
stens drei Jahre Auszubildender°. Das Wort „Auszubildender"   *apprentice*
gibt es noch nicht lange. Früher hießen die Auszubildenden
„Lehrlinge", und viele Leute benutzen dieses Wort noch
heute. Während der Ausbildungszeit gehen die Jugendlichen vier Tage die Woche zur Arbeit und einen Tag in die
staatliche Berufschule°. Dort lernen sie die theoretischen   *vocational school*
Hintergründe° für ihren Beruf und werden auf die staatliche   *backgrounds*
Schlußprüfung° vorbereitet. Die bestandene° Prüfung erlaubt   *final state exam/ passed*
dem Jugenlichen in diesem Beruf eine Stelle zu suchen und
zu arbeiten. Ohne dieses Zertifikat, das die Industrie- und
Handelkammer° oder die Handwerkskammer° nach be-   *chamber of commerce/ chamber of handicrafts*
standener Prüfung ausgibt, darf man in diesem Beruf nicht
arbeiten.

Was muß man also tun, um zum Beispiel als Verkäufer
oder Verkäuferin in einem Geschäft arbeiten zu können? Der
erste Schritt ist eine Bewerbung° an eine Firma, bei der man   *application*
arbeiten möchte.

```
Kerstin Kullig
Brunebeckerstr. 62 a
5810 Witten Rüdinghausen


Firma
Hohensyburger Blumenparadies
5813 Herdecke

Betr.:  Bewerbung um eine Stelle als Verkäuferin
Bezug:  Ihre Anzeige in der Westdeutschen Allgemeinen
        Zeitung vom 26. März d.J.

Sehr geehrte Damen und Herren,

ich beziehe mich auf Ihre Zeitungsanzeige und möchte mich
hiermit um die Stelle als Verkäuferin bewerben. Ich habe
die IHK-Prüfung zum Industriekaufmann 1983 bestanden.

Ich stehe jederzeit zu einem Gespräch zur Verfügung. Über
eine positive Antwort von Ihnen würde ich mich freuen.

Mit freundlichen Grüßen

        Kerstin Kullig

Anlagen

Lebenslauf
Kaufmannsgehilfenbrief
Foto
```

In dem Bewerbungschreiben° muß man einen Lebenslauf mitschicken, der über die Schul- und Berufsausbildung informiert.

letter of application

Lebenslauf von Kerstin Kullig

1968	Geboren am 9. Dezember in Witten
	Vater: Friedemann Kullig, Werkmeister°
	Mutter: Gudrun Kullig, geb. Olfs, Telefonistin°
	Ich habe zwei jüngere Schwestern
1975–1979	Besuch der Grundschule in Witten
1979–1984	Besuch der Realschule in Witten. Hauptschulabschluß (siehe Zeugnis)
1984–1987	Kaufmännische Ausbildung in einer Maschinenfabrik, Berufschule Witten.
1987	Kaufmannsgehilfenprüfung° vor der IHK Dortmund, Gesamtnote° „gut".

foreman
phone operator

trade apprentice exam
final grade

KAUFMANNSGEHILFENBRIEF

INDUSTRIE- UND HANDELSKAMMER

ZU DORTMUND

Prüfungszeugnis nach § 34

Berufsausbildungsgesetz

Kerstin Kullig

geb. am   9.12.1968

in   Witten/Ruhr

hat die Abschlußprüfung im Ausbildungsberuf

"Industriekaufmann"

bestanden.

Prüfungsergebnis:

Kaufmännisches Rechnen:	sehr gut
Stenographie:	sehr gut
Schreibmaschine:	sehr gut
Buchführung:	befriedigend
Schriftwechsel:	gut
Deutsch:	gut
Fachkunde:	ausreichend
Betriebskunde:	gut

Datum der Schlußprüfung: 7. Juni 1987

DIE GESCHÄFTSFÜHRUNG   DER VORSITZENDE
                                       DES
                                       PRÜFUNGSAUSSCHUSSES

A. Söth   *L. Reichert*

Wer Glück hat, bekommt dann von der Firma eine Ein-
ladung zu einem Vorstellungsgespräch°. Personalchefs sind   *interview*
daran interessiert, daß der Bewerber gut zu den anderen
Kollegen paßt, und man sollte sich vorher gut über die Firma
informieren. Mit ein bißchen Glück und Verstand wird
Kerstin ihr Vorstellungsgespräch erfolgreich hinter sich
bringen. Dann beginnt für sie der Arbeitsalltag, und sie muß
jeden Tag beweisen, daß sie für ihre Firma ein wichtiger
Mitarbeiter ist.

Fragen über den Text

1. Warum müssen viele Jugendliche auf die Jagd nach einem Job gehen?
2. Warum gibt es nicht genug Ausbildungsstellen?
3. Wie ist die Situation in der DDR?
4. Was muß man in einem Bewerbungsbrief alles mitschicken?
5. Mit wem spricht der Bewerber in der neuen Firma immer?
6. Warum bekommen die jungen Leute nicht oft ihren Traumberuf?

Beim Vorstellungsgespräch muß
man einen guten Eindruck machen.

Übungen

11. **Schreiben Sie ein Bewerbungsschreiben an eine der Firmen, die Sie in den Zeitungsanzeigen sehen. Schreiben Sie, warum Sie den Job haben wollen, und warum Sie besonders geeignet sind, Dann vergessen Sie auch nicht, einen Lebenslauf mit den wichtigsten Daten Ihres Lebens zu schreiben und mitzuschicken.**

12. **Setzen Sie die richtige Form von *derjenige* oder *derselbe* ein. Sie können wählen, ob der Täter eine Frau oder ein Mann sein soll.**

    1. (He who) _____, der das getan hat, soll es sagen.
    2. Wenn wir (him who) _____, der es getan hat finden, geht es ihm schlecht.
    3. (the same) _____ Person hat wohl auch die anderen Sachen gestohlen?
    4. Wir wissen nicht, ob (the same one) _____, der es war, derselbe ist, der die anderen Sachen gestohlen hat.
    5. (He who) _____, der uns hilft, den Täter zu finden, geben wir eine Belohnung.
    6. (the same) _____ Täter wird es wohl gewesen sein, der früher schon mal hier war.
    7. (the same) _____ Problem haben wir jetzt schon seit drei Wochen.
    8. Immer fehlen (him who) _____, die/der in der Küche arbeitet, die Sachen.
    9. Wir müssen unser Zelt abschließen, damit (he who) _____, der uns immer die Sachen klaut, nicht mehr hineinkommen kann.
    10. Na, auf jeden Fall gehen wir jetzt (the same) _____ Sachen wieder einkaufen, die wir gerade neu gekauft hatten.

13. **Ersetzen Sie in den folgenden Sätzen die eingeklammerten Adjektive oder Partizipien durch Nomen.**

    Beispiel: *Unter den (groß) gab es viele (klein).*
    Unter den Großen gab es viele Kleine.

    1. Unter den deutschen Jugendlichen gibt es viele (arbeitslos).
    2. Was sie mir erzählte, war nichts (neu) für mich.
    3. Alles (geschrieben) kann er auch nicht lesen.
    4. Sie wünscht uns alles (gut).
    5. Das (dramatisch), was er berichtete, hatten wir schon in der Zeitung gelesen.
    6. Das ist bestimmt etwas (interessant) für deinen nächsten Brief.
    7. Warum hast du nicht das (neu) gekauft?
    8. Ich kann nicht sagen, ob es etwas (bekannt) war, was er da vorgelesen hat.

Die Neue Welle – Songs made in Germany

Anfang der achtziger Jahre wurde die „Neue Deutsche Welle" viel gepriesen. Zu den international Bekanntesten der deutschen Rock-Szene zählte die Gruppe „Nena" mit ihrer Sängerin Gabriele Kerner. Mit ihrer leichten, aber trotzdem rockigen° Musik wurde sie vor allem im Ausland populär. Ihr Song „99 Luftballons" kam sogar in den U.S.A., England und Japan auf die ersten Plätze der Hitparaden. Nena ist nicht die Einzige. Andere Erfolgsbands° machen inzwischen deutschen Rock international bekannt. Zu diesen Gruppen gehört auch die „Spider Murphy Gang" mit ihrem bayerischen Rock n' Roll oder der international bekannte Udo Lindenberg mit seinen frechen° Kritik-Songs über das Leben der kleinen Leute.

 Noch nie war deutscher Rock quantitativ wie qualitativ so vielseitig und innovativ wie in den achtziger Jahren. Es scheint, daß sich viele Musiker aus den Fesseln° der englischen Idole befreit haben und nun erfolgreich eigene Wege gehen. Noch nie waren auch die Chancen fürs Überleben so groß. Fernsehen und Rundfunk haben ihre Kanäle° weit geöffnet, und über fehlende Resonanz bei der Jugend kann niemand klagen°. Sendungen wie „Rockpalast", in denen Life-Auftritte° deutscher und internationaler Rockgruppen

rock-type

successful bands

bold

chains

channels

complain
appearances

Nena, Deutschlands beliebte Rocksängerin

Viele Bands spielen heute ihre eigene Musik.

gesendet werden, ,,featuren'' (sprich: fietschern) die High
Society des Rockbusiness. Diese Sendung des Fernsehens
kann man zur gleichen Zeit auch im Radio empfangen und
dann Stereo-Aufnahmen° machen. Der Trend geht deutlich   *recordings*
weg von der Imitation hin zu eigenen deutschen Produk-
tionen. Einige Leute vergleichen Münchens Musikszene
schon mit Nashville, New York und Los Angeles. Und
immer öfter gehen die Gruppen auf internationale und
nationale Tourneen.

   ,,Unsere erste DDR-Tour hat soviel Spaß gemacht, daß wir
unbedingt wieder rüber wollen'', sagte Jürgen Türnau,
Manager der ,,Spyder Murphy Gang'' aus München. DDR-
Tourneen von Künstlern aus der BRD gab es früher nicht.
Heute gehören sie zum Alltag. ,,Nena'' kommt, ,,Blödel-
Otto'', ,,Udo Lindenberg'' und ,,Herbert Grönnemeyer''

haben ausverkaufte° Vorstellungen. Sie kommen weniger, um Geld zu verdienen. Sie kommen wegen des Publikums. Manager Türnau: „Wir haben in der DDR ein so phantastisches, liebenswertes° Publikum gehabt wie nirgends sonst. Wir wollen so schnell es geht wieder hin."

sold out

amiable

Video-Clips, Filmemacher, Freizeitindustrie und die Medien sorgen dafür, daß der Trend zur deutschen Rockmusik weiter steigt. Auch den Wichtigsten dabei, den Musikern, scheint immer Neues einzufallen, und man kann sich auf viele neue Produktionen freuen.

Fragen über den Text

1. Was begann Anfang der 80er Jahre mit dem deutschen Rock?
2. Warum wurde „Nena" so bekannt?
3. Welche anderen Gruppen und Künstler kennen Sie?
4. Was tun Radio und Fernsehen, um deutschen Rock bekannt zu machen?
5. Warum will die „Spyder Murphy Gang" wieder eine Tournee durch die DDR machen?
6. Warum steigt sich der Trend zum deutschen Rock noch mehr?

Grammatische Erklärungen

Prepositions associated with adjectives and verbs

Certain adjectives and verbs require the use of prepositions. Such adjectives and verbs do not always use the same prepositions in German as they do in English.

Frequently used adjectives	
abhängig von	dependent on
berühmt wegen/für	famous for
entfernt von	away from
erstaunt über (acc.)	surprised about
gewöhnt an (acc.)	used to
glücklich über (acc.)	happy about
interessiert an (dat.)	interested in
müde von	tired from/with
sauer auf (acc.)	angry with
überzeugt von	convinced about
verantwortlich für	responsible for
verliebt in (acc.)	in love with
zufrieden mit	content with

Frequently used verbs

abhängen von	to depend on
achten auf (acc.)	to watch for
arbeiten an (dat.)	to work on
sich beschäftigen mit	to be occupied with
bitten um	to beg/ask for
bestehen auf (dat.)	to insist upon
denken an (acc.)	to think of
sich erinnern an (acc.)	to remember
fliehen vor (dat.)	to escape from
fragen nach	to ask for
sich freuen auf (acc.)	to look forward to
glauben an (acc.)	to believe in
handeln von/über	to deal with, talk about
hoffen auf (acc.)	to hope for
sich interessieren für	to be interested in
sich kümmern um	to take care of
schützen vor (dat.)	to protect from
schreiben an (acc.)	to write to
warten auf (acc.)	to wait for
zeigen auf (acc.)	to point to

Übungen

14. **Setzen Sie die passenden Präpositionen ein, und finden Sie die richtigen Endungen für die eingeklammerten Wörter.**

    1. Dieser Film handelt _____ den (spannend) Reisen Marco Polos.
    2. Ich interessiere mich sehr _____ (dein) Krimis.
    3. Der Autor ist berühmt _____ (solche) komischen Geschichten.
    4. Meine (alt) Freundin war sauer _____ mich.
    5. Heinz wartet immer noch _____ viele (neu) Angebote.
    6. Kümmerst du dich _____ seine (dumm) Streiche?
    7. Marianne arbeitet _____ einem (schwierig) Problem.
    8. Daniela schreibt oft _____ die (dumm) Leute.

15. **Machen Sie vier Sätze mit den Adjektiven und acht Sätze mit den Verben aus den „Grammatischen Erklärungen". Schreiben Sie auch die englische Bedeutung Ihrer Sätze.**

    Beispiele: *Wer ist verantwortlich für das Projekt?*
    (Who is responsible for the project?)

    Sie kümmert sich um ihren kranken Mann.
    (She takes care of her sick husband.)

Mörder im Fahrstuhl (Teil 3)

Wir waren fertig. Brink und sein Sohn sahen mich an.

,,Gibt es etwas Neues?'' fragte Brink vorsichtig. Die Kräfte dieses Mannes schienen völlig am Ende zu sein. Nur mit größter Mühe° hielt er sich noch aufrecht°.   *effort/upright*

,,Ich sehe, Herr Kommissar, es hat keinen Sinn mehr'', sagte Brink, ,,ich mache ein Geständnis.''

Erwin Brink machte eine schnelle Bewegung:

,,Nein'', sagte er, ,,du kannst kein Geständnis machen, weil du es nicht warst.''

,,Doch'', sagte Brink ziemlich fest, ,,daß ich es war, ist klar und richtig. Man wird mich verstehen.''

In diesem Augenblick klingelte es an der Tür, und als Erwin Brink öffnete, kam Celia Alberti herein.

Sie sah mich und sah dann zuerst den alten und dann den jungen Brink an.

,,Du kommst zur richtigen Zeit'', sagte Erwin Brink. ,,Mein Vater macht gerade ein Geständnis.''

Celia Alberti sah ihn lange an und atmete tief, dann fragte sie:

,,Warum tut er das?''

,,Er ist ein Märtyrer°'', sagte Erwin Brink. ,,Es ist einfach   *martyr* die Rolle, die ihm am besten gefällt.''

Plötzlich schrie Brink seinen Sohn an:

,,Ich war es! Ich will nicht, daß man sich über mich lustig macht! Selbst du tust es jetzt, selbst du!''

,,Nein'', sagte Erwin Brink, ging zu seinem Vater, stand vor ihm, legte dem hilflosen Mann beide Arme um den Hals, zog ihn heran und sagte: ,,Nein.''

Dann ließ er ihn los°, sah mich an und sagte: *let go*

,,Ich werde Ihnen erzählen, wie es war.''

,,Nichts wirst du'', sagte Brink, aber seine Stimme war schon nicht mehr so fest.

Erwin wandte sich an mich und sagte:

,,Heute nachmittag rief Alberti an. Er rief mich an. Er sagte: – Komm her, ich muß mit dir sprechen. –''

Ich sah Celia an. Sie stand mitten im Zimmer, ganz still, mit weißem, traurigem Gesicht.

,,Mein Vater war dabei, als Alberti anrief. Er sagte: – Du gehst nicht hin. Es hat keinen Sinn°, diesen Mann zu   *doesn't make* besuchen. Was will er von dir? Ich will nicht, daß du   *sense* hingehst. – Ich sagte: – Ich will sehen, was er will. – Dann komme ich mit –, sagte mein Vater. Ich sagte: – Warum nicht? – und wir fuhren beide zu Alberti. Beide gingen wir in das Bürohaus. Beide fuhren wir im Fahrstuhl hoch."

Erwin Brink sprach mit völlig ruhiger Stimme.

Und Celia Alberti sagte immer noch nichts.

,,Der Fahrstuhl kam oben an. Jemand kam an die Tür des Fahrstuhls, und wir hörten die Stimme Albertis: – Kommt nicht heraus, einen Augenblick noch. – Kurz danach ließ er uns heraus und schrie gleich Vater an: – Was willst du hier? Dich will ich hier nicht sehen! –"

Ich fragte Erwin Brink:

,,Was wollte Alberti von Ihnen? Weshalb bat er Sie zu kommen?"

Erwin Brink sagte langsam:

,,Er wollte über meinen Vater mit mir reden. Wahrscheinlich versuchte er wirklich, nun auch mich in seinen persönlichen Krieg mit meinem Vater zu ziehen."

,,Versuchte er es wirklich?" murmelte° Brink. Erwin Brink wandte sich zu mir: *mumbled*

,,Mein Vater weiß nichts. Er kann nichts sagen. Mein Vater kam nicht mit, als ich mit Alberti ins Büro ging."

,,Ist das richtig?" fragte ich Brink. Der alte Mann konnte nichts mehr sagen.

,,Er ist kein Zeuge für das, was geschah", sagte Erwin Brink kühl. ,,Alberti sprach über meinen Vater mit mir. Er sprach in so schlechter Weise über ihn, daß ich es nicht aushalten° konnte. Ich erschoß ihn."   *stand*

Ich sah den jungen Mann an.

Es war plötzlich eine tiefe Stille im Raum. Ich sah von einem zum andern. Celia bewegte sich immer noch nicht. Brink konnte nichts mehr sagen.

,,Wo hatten Sie denn die Pistole her?" fragte ich. ,,Haben Sie sie mitgebracht? Wußten Sie schon vorher, daß Sie Alberti erschießen würden?"

,,Nein", sagte Erwin Brink, ,,mein Onkel hatte die Pistole in seinem Schreibtisch. Ich wußte, daß er sie dort hatte. Es war ganz leicht, den Schreibtisch zu öffnen und die Pistole zu nehmen."

,,Und zu schießen", sagte ich.

,,Und zu schießen", wiederholte Erwin Brink ruhig. Ich wandte mich an Brink:

,,Haben Sie den Schuß gehört?"

Sein Sohn antwortete:

,,Natürlich hat er ihn gehört. Er war erschrocken, wußte nicht, was er tun sollte. Da kam der Fahrstuhl hoch, und Sidessen trat herein. Sidessen kam ins Büro, sah den Toten und wollte telefonieren. In diesem Augenblick hörte er, wie mein Vater hinausrannte. Sidessen lief dem Fahrstuhl nach;

Sie kennen ja die Geschichte. Das ist alles, was mein Vater
mit der Sache zu tun hat, mehr nicht. Bitte, Herr Kommissar,
verhaften Sie mich. Ich habe ein Geständnis gemacht.''

Ich blieb ganz ruhig, wandte mich nur langsam um und
sah Celia Alberti an.

,,Nein'', sagte Celia Alberti ruhig. ,,verhaften Sie ihn
nicht. Er ist nicht der Mörder.''

,,Celia!'' rief der junge Mann hart.

,,Er war es nicht'', sagte Celia. ,,Er hat die Geschichte
nicht vollständig° erzählt. Er hat nur einen Teil davon   *completely*
erzählt.''

,,Celia'', sagte der junge Mann wieder, ,,du solltest alles
genau überlegen, was du da sagst.''

„Ich habe es überlegt", antwortete Celia, wandte sich wieder mir zu und sagte: „Mein Mann holte Erwin ins Büro. Aber er war nicht allein. Ich war auch dort." Sie atmete tief und sprach weiter:

„Sie haben meinen Mann nicht gekannt, Herr Kommissar. Er war nicht nur hart und grausam gegen seinen Schwager, er war es auch gegen mich. Ich habe kein gutes Leben mit ihm geführt. Ich sage das aber nicht zur Erklärung° von dem,   *explanation* was ich jetzt weiter sagen muß. Es ist mir gleich, was Sie oder irgend jemand darüber denkt. Ich habe ein Verhältnis mit Erwin Brink. Ich liebe ihn."

Sie sagte dies völlig ruhig.

Ich sah Erwin Brink an. Der Junge stand, ohne sich zu bewegen. Sein Gesicht war plötzlich ganz bleich.

Die Frau sprach weiter:

„Irgend jemand hat meinem Mann einen anonymen Brief geschrieben und ihm gesagt, daß ich ein Verhältnis mit Erwin habe. Das war der Grund, warum er Erwin zu sich gerufen hatte. Und das war der Grund, warum ich dabei war. Er warf sich auf Erwin, er schlug ihn. Er war wie ein wildes Tier – er war dabei, Erwin zu töten. Ich erkannte plötzlich, daß er wirklich fähig war, einen Mord zu begehen. Auch ich wußte, daß er eine Pistole im Schreibtisch hatte. Ich habe sie herausgeholt, ich habe auf meinen Mann geschossen."

Ich wußte sofort, das war die Wahrheit. Die Wahrheit hat ihren eigenen Ton.

Schweigen.

Erwin Brink bewegte sich nicht und sah zu Boden.

Celia hatte den Kopf erhoben, wie jemand, der sich frei fühlt.

Ich sah Erwin Brink an. Er sagte:

„Nun gut, Celia hat es gesagt. Ich wollte nicht, daß sie es sagte. Aber ich werde erzählen, wie Alberti mich am Halse gefaßt° hatte. Er war tatsächlich dabei, mich zu töten. Celia   *grabbed* hat mir das Leben gerettet. Das ist doch etwas wert."

„Ja", sagte ich und fragte ihn langsam:

„Wissen Sie vielleicht, wer den anonymen Brief geschrieben haben könnte?"

Wieder Schweigen.

Und plötzlich war Erwin Brink ganz weiß, totenbleich°.   *white as a sheet* Und Celia sah ihn plötzlich an, und sie wußte, wer den anonymen Brief geschrieben hatte. Sie verstand, daß der Haß Erwin Brinks gegen Alberti noch größer gewesen war als seine Liebe zu ihr.

Es folgte Schweigen. Ein Schweigen von der Art, die tötet.

Frage über den Text

Warum hat Celia Alberti ihren Mann erschossen? Erklären Sie das Motiv für den Mord!

Übungen

16. Ersetzen Sie die kursiv gedruckten (italicized) Wörter.

> **Beispiel:** *Dort befand sich der Schreibtisch.*
> *Dort war der Schreibtisch.*

1. Brink *hielt den Blick* auf den Boden.
2. Er hatte *seine Aussage gemacht*.
3. ,,Soll ich noch *Dankeschön sagen?"* fragte Brink.
4. *Es war seine Meinung*, daß der Mann nicht arbeiten konnte.
5. Sidessen *hatte* ihn immer *vor Augen*.
6. Er *benutzte das Telefon* in seinem Wagen.
7. Er *behielt* den Mann *im Blick*.
8. Mein Vater war *unfähig, einen Mord zu begehen*.
9. Plötzlich *bekam* sie *einen Schrecken*.
10. Er *behielt* den Mann *im Blick*.
11. ,,Ich *mache ein Geständnis"*, sagte er.
12. Celia hatte kein *gutes Leben* mit ihrem Mann *geführt*.

17. Bilden Sie aus den folgenden Wörtern Sätze. Benutzen Sie keine anderen Wörter. Die Endungen sind besonders wichtig.

1. Meinung / haben / deutsch / verschieden / Teenager / die
2. Mit / müssen / leben / sie / Geschichte / ihre
3. von ihnen / Schuldgefühl / so etwas / haben / wie / ein / viele
4. tun / Demokratie / alles / müssen / die / wir / zu / um erhalten
5. Kriegsgefangener / gewesen / war / der / in / Franzose / Deutschland
6. von / London / einer / Markus / die / auf / Schwester / in / Sprachschule / war
7. nicht / auf / Deutsche / die / sind / Nation / eigene / stolz / ihre
8. der / wieder / Krieg / nach / aufgebaut / worden / alles / ist

Berliner Studentenleben

Rosemarie H. Langer (geb. 1953)

Draußen wimmelt° der Verkehr,	*is swarming*
Es fällt einem das Hören schwer.	
Unten poltert° die Straßenbahn.	*is rumbling*
Links schrein sich die Nachbarn an.	
Oben rauscht das Radio,	
Und das Wasser läuft im Klo°.	*toilet*
Auf dem Ofen brennt mein Essen,	
Hab ich wohl total vergessen.	
Auf dem Alex° dröhnt° ein Hammer,	*(Alexanderplatz)/ roars*
Donnert laut in seinem Jammer.°	*distress*
Aus dem Keller kommt ein Tönen°.	*sounds*
Ich könnt mich nie dran gewöhnen.	
Unsre Post wird spät gebracht,	
Daß man Sorgen sich nicht macht.	
Meine Schreibmaschine klemmt°,	*is stuck*
Was meine Arbeit etwas hemmt.	
Das alles macht mir wenig aus°,	*doesn't matter*
Denn ich bin ja nicht zu Haus.	

Terminology

The terms used in the exercises in this book are provided here for reference.

abtrennen to separate
achten auf to watch for
das *Adverb* adverb
ähnlich similar
der *Akkusativ* accusative
das *Aktiv* active
ändern to change
angeben to indicate
der *Artikel* article, *der bestimmte Artikel* definite article, *der unbestimmte Artikel* indefinite article
der *Ausdruck* expression
ausdrücken to express
ausfüllen to fill out
aussuchen to select, choose
bedeuten to mean
die *Bedeutung* meaning
benutzen to use
beschreiben to describe
die *Besprechung* discussion
bestimmt definite, certain
bezeichnen to designate, name
bilden to form
der *Dativ* dative
das *Demonstrativpronomen* demonstrative pronoun
die *Diskussionsrunde* discussion round
einklammern to put in parentheses (brackets)
einleiten to introduce
einsetzen to insert, put in
eintragen to insert, fill in
die *Endung* ending
sich *entscheiden* to decide
entsprechen to correspond to, *entsprechend* corresponding
ergänzen to complete, supplement
erklären to explain
ersetzen to substitute
der *Fall* case
fehlen to miss, *fehlend* missing

feminin feminine
folgen to follow, *folgend* following
das *Fragepronomen* interrogative pronoun
das *Fragewort* question word
das *Futur* future tense
der *Genitiv* genitiv
das *Gespräch* conversation
die *Grundbedeutung* basic meaning
der *Hauptsatz* main clause
das *Hilfsverb* helping verb
das *Imperfekt* past tense
der *Indikativ* indicative
der *Infinitiv* infinitive
die *Infinitivkonstruktion* infinitive construction
die *Klammer* parenthesis, bracket; *in Klammern* in parentheses (brackets)
der *Klassenkamerad* classmate
kombinieren to combine
der *Konditionalsatz* conditional sentence
die *Konjunktion* conjunction
der *Konjunktiv* subjunctive
konstruieren to construct
korrigieren to correct
kritisieren to criticize
die *Leseecke* reading corner
die *Liste* list
die *Lösung* solution
maskulin masculine
die *Meinung* opinion
das *Modalverb* modal verb, modal auxiliary
der *Nebensatz* subordinate clause
das *Nomen* noun
der *Nominativ* nominative
die *Partikel* particle
das *Partizip* participle
passen to fit, *passend* suitable, appropriate

das *Passiv* passive voice
das *Perfekt* present perfect tense
das *Personalpronomen* personal pronoun
das *Plusquamperfekt* past perfect
das *Possessivpronomen* possessive pronoun
das *Präfix* prefix
die *Präposition* preposition
das *Präsens* present tense
das *Pronomen* pronoun
prüfen to check
die *Redewendung* idiomatic expression
das *Reflexivpronomen* reflexive pronoun
das *Reflexivverb* reflexive verb
die *Reihenfolge* sequence
das *Relativpronomen* relative pronoun
der *Satz* sentence
der *Satzanfang* beginning of sentence
das *Satzzeichen* punctuation mark
die *Spalte* column
das *Subjekt* subject
das *Suffix* suffix
das *Synonym* synonym
trennen to separate, divide
die *Überschrift* title, heading
übersetzen to translate
umgekehrt vice versa
umschreiben to convert
unbestimmt indefinite, uncertain
variieren to vary
das *Verb* verb
verbinden to connect, combine
vergleichen to compare
vervollständigen to complete
verwenden to use
vollständig complete
wählen to chose, select
weglassen to leave off

die *Wortfolge* word order
der *Wunsch* wish
    zusammensetzen to combine,
        zusammengesetzte Adjektive
        compound adjectives

Basic Grammar Summary

Personal Pronouns

Singular	Nominative	Accusative	Dative
1st person	ich	mich	mir
2nd person	du	dich	dir
3rd person	er sie es	ihn sie es	ihm ihr ihm

Plural			
1st person	wir	uns	uns
2nd person	ihr	euch	euch
3rd person	sie	sie	ihnen
formal form (plural or singular)	Sie	Sie	Ihnen

Relative Pronouns

	Singular			Plural
	Masculine	*Feminine*	*Neuter*	
Nominative	der	die	das	die
Accusative	den	die	das	die
Dative	dem	der	dem	denen
Genitive	dessen	deren	dessen	deren

Reflexive Pronouns

Singular		Accusative	Dative
1st person	*(ich)*	mich	mir
2nd person	*(du)*	dich	dir
3rd person	*(er)* *(sie)* *(es)*	sich	sich

Plural			
1st person	*(wir)*	uns	uns
2nd person	*(ihr)*	euch	euch
3rd person	*(sie)*	sich	sich
formal form *(Sie)* (plural or singular)		sich	sich

Demonstrative Pronouns

	Singular			Plural
	Masculine	*Feminine*	*Neuter*	
Nominative	der	die	das	die
Accusative	den	die	das	die
Dative	dem	der	dem	denen

Definite Article

	Singular			Plural
	Masculine	*Feminine*	*Neuter*	
Nominative	der	die	das	die
Accusative	den	die	das	die
Dative	dem	der	dem	den
Genitive	des	der	des	der

Der-Words

	Singular			Plural
	Masculine	*Feminine*	*Neuter*	
Nominative	dieser	diese	dieses	diese
Accusative	diesen	diese	dieses	diese
Dative	diesem	dieser	diesem	diesen
Genitive	dieses	dieser	dieses	dieser

Other *der*-words introduced are *welcher, jeder, solcher, mancher, derselbe.*

Question Words: *Wer? Was?*

Nominative	wer	was
Accusative	wen	was
Dative	wem	
Genitive	wessen	

Indefinite Article and *Ein*-Words

	Singular			Plural
	Masculine	*Feminine*	*Neuter*	
Nominative	ein	eine	ein	keine
Accusative	einen	eine	ein	keine
Dative	einem	einer	einem	keinen
Genitive	eines	einer	eines	keiner

Ein-words are *ein, kein* and all possessive adjectives *(mein, dein, sein, ihr, sein, unser, euer, ihr, Ihr).*

Comparison of Adjectives and Adverbs

Adjective/Adverb	schnell	warm	gut	hoch	gern
Comparative	schneller	wärmer	besser	höher	lieber
Superlative	schnellst-	wärmst-	best-	höchst-	liebst-

Adjectives after *Der*-Words

	Singular			Plural
	Masculine	*Feminine*	*Neuter*	
Nominative	-e	-e	-e	-en
Accusative	-en	-e	-e	-en
Dative	-en	-en	-en	-en
Genitive	-en	-en	-en	-en

	Singular			Plural
	Masculine	*Feminine*	*Neuter*	
Nominative	der alt*e* Film	die nett*e* Dame	das neu*e* Haus	die gut*en* Schüler
Accusative	den alt*en* Film	die nett*e* Dame	das neu*e* Haus	die gut*en* Schüler
Dative	dem alt*en* Film	der nett*en* Dame	dem neu*en* Haus	den gut*en* Schüler*n*
Genitive	des alt*en* Film*es*	der nett*en* Dame	des neu*en* Haus*es*	der gut*en* Schüler

The following words expressing quantity can be used only in the plural with their corresponding adjective endings for *der*-words: *alle, beide*.

Adjective Endings for Adjectives Not Preceded by Articles

	Singular			Plural
	Masculine	*Feminine*	*Neuter*	
Nominative	alt*er* Freund	rot*e* Bluse	neu*es* Auto	klein*e* Kinder
Accusative	alt*en* Freund	rot*e* Bluse	neu*es* Auto	klein*e* Kinder
Dative	alt*em* Freund	rot*er* Bluse	neu*em* Auto	klein*en* Kinder*n*
Genitive	alt*en* Freund*es*	rot*er* Bluse	neu*en* Auto	klein*er* Kinder

Adjectives after *Ein*-Words

	Singular			Plural
	Masculine	*Feminine*	*Neuter*	
Nominative	-er	-e	-es	-en
Accusative	-en	-e	-es	-en
Dative	-en	-en	-en	-en
Genitive	-en	-en	-en	-en

	Singular			Plural
	Masculine	*Feminine*	*Neuter*	
Nominative	ein alt*er* Film	eine nett*e* Dame	ein neu*es* Haus	keine gut*en* Schüler
Accusative	einen alt*en* Film	eine nett*e* Dame	ein neu*es* Haus	keine gut*en* Schüler
Dative	einem alt*en* Film	einer nett*en* Dame	einem neu*en* Haus	keinen gut*en* Schüler*n*
Genitive	eines alt*en* Film*es*	einer nett*en* Dame	eines neu*en* Haus*es*	keiner gut*en* Schüler

The following words expressing quantity can be used only in the plural with their corresponding endings for adjectives after *ein*-words: *andere, ein paar, einige, viele, wenige.*

Plural of Nouns

	Singular	Plural
no change or add umlaut	das Zimmer die Mutter	die Zimmer die Mütter
add -*n*, -*en* or -*nen*	die Ecke der Automat die Freundin	die Ecken die Automaten die Freundinnen
add -*e* or ⁻*e*	der Tag die Stadt	die Tage die Städte
Add ⁻*er*	das Buch	die Bücher
add -*s*	das Café das Büro	die Cafés die Büros

Prepositions

Dative	Accusative	Dative or Accusative	Genitive
aus	durch	an	anstatt
außer	für	auf	trotz
bei	gegen	hinter	während
mit	ohne	in	wegen
nach	um	neben	
seit		über	
von		unter	
zu		vor	
		zwischen	

Inverted Word Order

1. Formation of questions beginning with verb
   Spielst du heute Fußball?
2. Formation of questions beginning with question word
   Wohin gehen Sie heute nachmittag?
3. Command forms
   Hab keine Angst!
   Lauft schnell!
   Passen Sie auf!
   Gehen wir!
4. Sentence beginning with word other than subject
   Am Sonntag fahren wir zu meiner Tante.

Word Order of Dative and Accusative Case (Objects and Pronouns)

Er gibt	dem Fluggast	eine Bordkarte.
Er gibt	ihm	eine Bordkarte.
Er gibt	sie	dem Fluggast.
Er gibt	sie	ihm.

Word Order When Using Relative Pronouns and Conjunctions

1. Relative pronouns
   Der Mann, der ins Auto einsteigt, ist mein Vater.
   Wer ist der Mann, den du getroffen hast?
2. Coordinating conjunctions
   Ich möchte bleiben, aber ich habe keine Zeit.
3. Subordinating conjunctions
   Wir gehen ins Restaurant, weil wir hungrig sind.
   Weil wir hungrig sind, gehen wir ins Restaurant.

Verbs Followed by Dative Case

antworten   danken   folgen   gefallen   gehören   glauben   gratulieren   helfen   passen

   Gabi hilft ihrer Mutter.
   Der Ball gehört mir.

The verb *glauben* may take either the dative or accusative case. If used with a person, the dative follows *(Ich glaube ihm)*. If used with an object, the accusative is used *(Ich glaube das nicht)*.

Verbs with Prepositions Followed by Accusative Case

bitten um	to ask for
denken an	to think of
sich erinnern an	to remember
sich freuen auf	to look forward to
grenzen an	to border on
sich interessieren für	to be interested in
schreiben über	to write about
sehen auf	to look at
sprechen über	to talk about
warten auf	to wait for
zeigen auf	to point to

Verbs with Prepositions Followed by Dative Case

bestehen aus	to consist of
sich beteiligen an	to participate in
erzählen von	to tell about
fragen nach	to ask for
stammen aus	to come from (place of birth, residence)
teilnehmen an	to participate in

Verb Forms — Present Tense

	gehen	**heißen**	**finden**	**arbeiten**
ich	gehe	heiße	finde	arbeite
du	gehst	heißt	findest	arbeitest
er, sie, es	geht	heißt	findet	arbeitet
wir	gehen	heißen	finden	arbeiten
ihr	geht	heißt	findet	arbeitet
sie, Sie	gehen	heißen	finden	arbeiten

	haben	**sein**	**wissen**
ich	habe	bin	weiß
du	hast	bist	weißt
er, sie, es	hat	ist	weiß
wir	haben	sind	wissen
ihr	habt	seid	wißt
sie, Sie	haben	sind	wissen

Verbs with Stem Vowel Change — Present Tense

	a to *ä*	*e* to *i*	*e* to *ie*
ich	fahre	spreche	sehe
du	fährst	sprichst	siehst
er, sie, es	fährt	spricht	sieht
wir	fahren	sprechen	sehen
ihr	fahrt	sprecht	seht
sie, Sie	fahren	sprechen	sehen

Command Forms

Familiar (singular)	Geh!	Warte!	Sei!	Hab!
Familiar (plural)	Geht!	Wartet!	Seid!	Habt!
Formal (singular/plural)	Gehen Sie!	Warten Sie!	Seien Sie!	Haben Sie!
***Wir*-form (Let's...)**	Gehen wir!	Warten wir!	Seien wir!	Haben wir!

Modal Auxiliaries

	dürfen	**können**	**mögen**	**müssen**	**sollen**	**wollen**
ich	darf	kann	mag	muß	soll	will
du	darfst	kannst	magst	mußt	sollst	willst
er, sie, es	darf	kann	mag	muß	soll	will
wir	dürfen	können	mögen	müssen	sollen	wollen
ihr	dürft	könnt	mögt	müßt	sollt	wollt
sie, Sie	dürfen	können	mögen	müssen	sollen	wollen

Future Tense (*werden* + infinitive)

ich	werde
du	wirst
er, sie, es	wird
wir	werden
ihr	werdet
sie, Sie	werden

Sie werden nächstes Jahr nach Deutschland fahren. Wirst du morgen ins Kino gehen?

Past Tense (Narrative Past Tense)

	Regular Verbs		Irregular Verbs				
	sagen	**arbeiten**	**kommen**	**gehen**	**fahren**	**haben**	**sein**
ich	sagte	arbeitete	kam	ging	fuhr	hatte	war
du	sagtest	arbeitetest	kamst	gingst	fuhrst	hattest	warst
er, sie, es	sagte	arbeitete	kam	ging	fuhr	hatte	war
wir	sagten	arbeiteten	kamen	gingen	fuhren	hatten	waren
ihr	sagtet	arbeitetet	kamt	gingt	fuhrt	hattet	wart
sie, Sie	sagten	arbeiteten	kamen	gingen	fuhren	hatten	waren

Present Perfect Tense

regular verbs: *haben* + past participle (*ge* + 3rd person singular)
Sie hat gefragt.
Hast du etwas gesagt?

irregular verbs: *haben* or *sein* + past participle
Ich habe das Brot gegessen.
Wir sind dorthin gefahren.

with modal auxiliaries: *Haben Sie in die Stadt gehen müssen?*
Er hat das nicht essen können.

Past Perfect Tense

Past tense of *haben* or *sein* plus past participle
Hattest du den Brief geholt?
Wart ihr zu Hause gewesen?

Passive

present:	Der Lehrer wird gefragt.
past:	Der Lehrer wurde gefragt.
present perfect:	Der Lehrer ist gefragt worden.
past perfect:	Der Lehrer war gefragt worden.
future:	Der Lehrer wird gefragt werden.

Irregular Verbs

The following list contains all the irregular verbs used in *Deutsch: Aktuell* (Levels 1 and 2) and *Deutsch: gestern und heute*. Verbs with separable or inseparable prefixes are not included when the basic verb form has been introduced (example: *kommen, ankommen*). If the basic verb has not been introduced, then the verb with its prefix is included. Verbs with stem vowel change as well as those constructed with a form of *sein* have also been indicated. In most cases only one meaning for each verb is shown. Additional meanings can be found in the vocabulary section at the end of this book.

Infinitive	Present	Past	Present Perfect	Meaning
befehlen	befiehlt	befahl	befohlen	to order
beginnen		begann	begonnen	to begin
besinnen		besann	besonnen	to think
beweisen		bewies	bewiesen	to prove
bewerben	bewirbt	bewarb	beworben	to apply
biegen		bog	gebogen	to bend
bieten		bot	geboten	to offer
binden		band	gebunden	to tie
bitten		bat	gebeten	to ask
bleiben		blieb	ist geblieben	to stay, remain
brechen	bricht	brach	gebrochen	to break
brennen		brannte	gebrannt	to burn
bringen		brachte	gebracht	to bring
denken		dachte	gedacht	to think
dringen		drang	ist gedrungen	to penetrate
dürfen	darf	durfte	gedurft	to be allowed, may
empfehlen	empfiehlt	empfahl	empfohlen	to recommend
empfinden		empfand	empfunden	to feel
entrinnen		entrann	ist entronnen	to escape
entscheiden		entschied	entschieden	to decide
erringen		errang	errungen	to achieve
erschrecken	erschrickt	erschrak	erschrocken	to frighten
essen	ißt	aß	gegessen	to eat
fahren	fährt	fuhr	ist gefahren	to drive
fallen	fällt	fiel	ist gefallen	to fall
fangen	fängt	fing	gefangen	to catch
finden		fand	gefunden	to find
fliegen		flog	ist geflogen	to fly
fließen		floß	ist geflossen	to flow, run
geben	gibt	gab	gegeben	to give
gedeihen		gedieh	ist gediehen	to grow
gefallen	gefällt	gefiel	gefallen	to like
gehen		ging	ist gegangen	to go, walk
gelingen		gelang	ist gelungen	to succeed
gelten	gilt	galt	gegolten	to be considered
genießen		genoß	genossen	to enjoy
geschehen	geschieht	geschah	geschehen	to happen
gießen		goß	gegossen	to pour
graben	gräbt	grub	gegraben	to dig
greifen		griff	gegriffen	to grab
haben	hat	hatte	gehabt	to have
halten	hält	hielt	gehalten	to hold
hängen		hing	gehangen	to hang
heben		hob	gehoben	to lift
heißen		hieß	geheißen	to be called
helfen	hilft	half	geholfen	to help
kennen		kannte	gekannt	to know (person)

Infinitive	Present	Past	Present Perfect	Meaning
klingen		klang	geklungen	to sound
kommen		kam	ist gekommen	to come
können	kann	konnte	gekonnt	to be able to, can
laden	lädt	lud	geladen	to load
lassen	läßt	ließ	gelassen	to leave, let
laufen	läuft	lief	ist gelaufen	to run
leiden		litt	gelitten	to suffer
leihen		lieh	geliehen	to loan, lend
lesen	liest	las	gelesen	to read
liegen		lag	gelegen	to lie, be located
messen	mißt	maß	gemessen	to measure
mißlingen		mißlang	ist mißlungen	to fail
mögen	mag	mochte	gemocht	to like
müssen	muß	mußte	gemußt	to have to, must
nehmen	nimmt	nahm	genommen	to take
nennen		nannte	genannt	to name
preisen		pries	gepriesen	to praise
raten	rät	riet	geraten	to guess
reißen		riß	gerissen	to tear
reiten		ritt	ist geritten	to ride (animal)
riechen		roch	gerochen	to smell
rufen		rief	gerufen	to call
schaffen		schuf	geschaffen	to manage, create
scheinen		schien	geschienen	to shine
schieben		schob	geschoben	to push
schießen		schoß	geschossen	to shoot
schlafen	schläft	schlief	geschlafen	to sleep
schlagen	schlägt	schlug	geschlagen	to hit, beat
schließen		schloß	geschlossen	to shut, close
schneiden		schnitt	geschnitten	to cut
schreiben		schrieb	geschrieben	to write
schweigen		schwieg	geschwiegen	to be silent
schwimmen		schwamm	ist geschwommen	to swim
sehen	sieht	sah	gesehen	to see
sein	ist	war	ist gewesen	to be
singen		sang	gesungen	to sing
sinnen		sann	gesonnen	to meditate
sitzen		saß	gesessen	to sit
sollen	soll	sollte	gesollt	to be supposed to, should
sprechen	spricht	sprach	gesprochen	to speak, talk
springen		sprang	ist gesprungen	to jump
stechen	sticht	stach	gestochen	to sting
stehen		stand	gestanden	to stand
steigen		stieg	ist gestiegen	to climb
sterben	stirbt	starb	ist gestorben	to die
stoßen	stößt	stieß	gestoßen	to push
streiten		stritt	gestritten	to quarrel, fight

Infinitive	Present	Past	Present Perfect	Meaning
tragen	trägt	trug	getragen	to carry
treffen	trifft	traf	getroffen	to meet
treiben		trieb	getrieben	to pursue, do
treten	tritt	trat	ist getreten	to step
trinken		trank	getrunken	to drink
tun	tut	tat	getan	to do
vergessen	vergißt	vergaß	vergessen	to forget
verlieren		verlor	verloren	to lose
vermeiden		vermied	vermieden	to avoid
verschlingen		verschlang	verschlungen	to devour
verschwinden		verschwand	ist verschwunden	to disappear
wachsen	wächst	wuchs	ist gewachsen	to grow
waschen	wäscht	wusch	gewaschen	to wash
wenden		wandte	gewandt	to turn
werfen	wirft	warf	geworfen	to throw
wiegen		wog	gewogen	to weigh
wissen	weiß	wußte	gewußt	to know
wollen	will	wollte	gewollt	to want to
ziehen		zog	gezogen	to pull
zwingen		zwang	gezwungen	to force

Subjunctive

Present subjunctive I

	fragen	kommen	haben	sein
ich	frage	komme	habe	sei
du	fragest	kommest	habest	seiest
er, sie, es	frage	komme	habe	sei
wir	fragen	kommen	haben	seien
ihr	fraget	kommet	habet	seiet
sie, Sie	fragen	kommen	haben	seien

Present subjunctive II

	fragen	kommen	haben	sein
ich	fragte	käme	hätte	wäre
du	fragtest	kämest	hättest	wärest
er, sie, es	fragte	käme	hätte	wäre
wir	fragten	kämen	hätten	wären
ihr	fragtet	kämet	hättet	wäret
sie, Sie	fragten	kämen	hätten	wären

Past subjunctive I

Present subjunctive I of *haben* or *sein* plus past participle.
du habest gesucht
er sei gegangen

Past subjunctive II

Present subjunctive II of *haben* or *sein* plus past participle.
du hättest gesucht
er wäre gegangen

Vocabulary

All the words introduced in *Deutsch: Aktuell* (Levels 1 and 2) and *Deutsch: gestern und heute* have been summarized in this section with the following exceptions:

1. some nouns that are capitalized verbs (*das Wandern*)
2. obvious cognates (*Computer*)
3. easily recognizable compound nouns where component parts are listed in the vocabulary
4. feminine forms of nouns ending with *-in* (*Sängerin*)
5. negative forms of adjectives and adverbs with *-un* (*unfreundlich*)
6. diminutives ending with *-chen* or *-lein* (*Stühlchen, Tischlein*)
7. some verbs ending in *-ieren* whose stem is easily recognizable from English (*demonstrieren*)
8. some low-frequency words, usually appearing only once in a special connotation, whose meaning is explained in the margin

All nouns have been listed with their respective articles and plural forms. Verbs with stem vowel change as well as past and present perfect forms of irregular verbs are listed in the grammar summary preceding this section.

A

ab und zu once in a while
abbiegen to turn off
abbilden to reproduce
abbrechen to break off
der **Abend,-e** evening
das **Abendbrot** supper
das **Abendessen** supper, dinner
das **Abendland** western world, Occident
das **Abenteuer,-** adventure
aber but
abermals again
die **Abfahrt,-en** departure
die **Abfahrtszeit,-en** departure time
abfliegen to take off (plane)
der **Abflug,-̈e** departure (flight)
die **Abfüllerei,-en** bottling company
das **Abgas,-e** exhaust fume(s)
der **Abgeordnete,-n** representative
abhängig dependent
abheben to lift, take off, *den Hörer abheben* to lift the receiver

abholen to pick up, fetch
das **Abitur,-e** final examination (secondary school)
sich **abkühlen** to cool off
das **Abkommen,-** agreement
die **Abkürzung,-en** abbreviation
ablassen to drain
ablehnen to refuse
ablesen to read (off)
abräumen to clear
die **Abreise** departure
abreißen to tear down
abschieben to push off
der **Abschied,-e** farewell
abschleppen to tow (away)
abschließen to lock
der **Abschluß** final exam
abschneiden to cut off
der **Abschnitt,-e** slip (of paper)
der **Absender,-** sender
absperren to block off
der **Abstand,-̈e** gap, distance
absteigen to step down
abstreiten to deny
das **Abteil,-e** compartment
die **Abteilung,-en** department

der **Abtransport,-e** deportation
abtrennen to take off, separate
abtrünnig rebellious
die **Abwechslung** change, *zur Abwechslung* for a change
abwechslungsreich varied
ach oh
acht eight
achtzehn eighteen
der **Adelige,-n** nobleman, *in den Adelstand setzen* to grant nobility
der **Adler,-** eagle
der **Affe,-n** ape, monkey
aggressiv aggressive
ähnlich similar
die **Ahnung,-en** hunch, idea
die **Akademie,-n** academy, college
das **Akkordeon,-s** accordion
die **Akte,-n** file
die **Aktentasche,-n** briefcase
aktiv active
akzeptieren to accept
alle all, everyone

allerdings at any rate, though
alles everything
allgemein general
der **Alltag,-e** every day
alltäglich everyday
das **Alltagsleben** every-day life
die **Alpen** Alps
das **Alpenvorland** Alpine
    foothills
alphabetisch alphabetical
als than
also O.K. then . . .
alt old
das **Alter** age
die **Altersgruppe,-n** age group
das **Althochdeutsch** Old High
    German
die **Altstadt,-̈e** old town
Amerika America
der **Amerikaner,-** American
    (male)
die **Amerikanerin,-nen** American
    (female)
amerikanisch American
das **Amt, die Ämter** town hall,
    office
amtlich official
an at, on
anbieten to offer
ändern to change
anders different
andeuten to indicate, suggest
die **Anerkennung** recognition
die **Anerkennungsgebühr,-en**
    recognition fee
der **Anfang,-̈e** beginning
anfangen to begin
anfänglich initial
anfassen to touch
anfertigen to manufacture
der **Anführer,-** leader
die **Angabe,-n** description, detail
angeben to indicate
das **Angebot,-e** offer
angehen to concern
die **Angelegenheit,-en** matter,
    affair
angemessen properly
angenehm pleasant
angesichts in view of
der **Angestellte,-n** employee
    (male)
angreifen to attack
der **Angriff,-e** attack
die **Angst,̈-e** fear, *Hab keine Angst!*
    Don't worry! Don't be
    afraid!

angstfrei free from fear
anhaben to have on
anhalten to stop
sich **anhören** to listen to, sound
die **Anklage,-n** charge
ankommen to arrive, *Es
    kommt darauf an.* It
    depends on it.
die **Ankunft,-̈e** arrival
die **Anlage,-n** installation
anlegen to set
das **Anmeldeformular,-e**
    registration form
die **Annäherung,-en**
    rapprochement
annehmbar acceptable
annehmen to assume, accept
anordnen to arrange, group
anpassen to adjust
anpflanzen to grow, plant
anprobieren to try on
die **Anregung,-en** idea
anrucken starting to jolt
anrufen to call up
der **Ansager,-** announcer
anschaulich vivid
anschlagen to post, put up
sich **anschließen** to join, attach
die **Anschrift,-en** address
sich **ansehen** to look at
das **Ansehen** reputation
die **Ansicht,-en** opinion
die **Ansichtskarte,-n** picture
    postcard
der **Anspruch,-̈e** demand
der **Anstand** decency
anstecken to ignite, set fire,
    infect
anstrengen to exert, strain,
    tire out, *Es strengt an.* It is
    exhausting.
anstrengend strenuous,
    exhausting
die **Antike** (classical) autiquity
der **Antrieb** driving device
die **Antwort,-en** answer
antworten to answer
die **Anzahl** number
die **Anzeige,-n** ad, *Anzeige machen*
    to inform against
anzeigen to signal
anziehen to put on (clothes),
    dress, attract
sich **anziehen** to get dressed,
    Er ist angezogen. He is
    dressed.

der **Anziehungspunkt,-e**
    attraction
der **Anzug,-̈e** suit
der **Apfel,-̈** apple
der **Apfelkuchen,-** apple cake
das **Apfelmus** apple sauce
der **Apfelsaft,-̈e** apple juice
die **Apfelsine,-n** orange
die **Apotheke,-n** pharmacy
der **Apotheker,-** pharmacist
der **Apparat,-e** camera
der **April** April
der **Appetit** appetite, *Appetit
    haben auf* to have appetite
    for, *Guten Appetit!* Enjoy
    your meal!
die **Arbeit,-en** work, *eine Arbeit
    schreiben* to take a test
arbeiten to work
der **Arbeiter,-** worker
der **Arbeitnehmer,-** worker
die **Arbeitsbedingung, -en**
    working condition
die **Arbeitsgruppe,-n** work team
die **Arbeitskraft,-̈e** worker
arbeitslos unemployed
die **Arbeitslosigkeit**
    unemployment
der **Architekt,-en** architect
architektonisch architectural
der **Ärger** anger
der **Arm,-e** arm
das **Armaturenbrett** dashboard
die **Armut** poverty
die **Art,-en** kind
der **Arzt,-̈e** doctor
das **Arztzimmer,-** doctor's office
die **Asche,-** ashes
Aschenbrödel Cinderella
Asien Asia
das **Aspirin** aspirin
der **Ast,-̈e** branch
astronomisch astronomical
atmen to breathe
die **Atmosphäre,-n** atmosphere
das **Attentat,-e** assault
auch also, too
auf to, on, at, *auf der Post* at
    the post office
auf und ab up and down
aufbauen to build up
aufbauen (auf) to base (on)
aufdrehen to turn on
der **Aufenthalt,-e** stay
auffallen to strike

a
auffordern to demand
die **Aufforderung,-en** request
aufführen to perform
die **Aufführung,-en** performance
auffüllen to fill up
die **Aufgabe,-n** problem, exercise
aufgebaut (auf) based (on)
aufgeben to check (luggage),
   send, dispatch
aufgeschlossen open-minded
aufhören to stop, finish
auflegen to put on
aufleuchten to light up
auflösen to dissolve
aufmachen to open
der **Aufmacher,-** layout man
aufmerksam machen (auf)
   to draw attention (to)
die **Aufmerksamkeit,-en**
   attention
aufnähen to sew on
die **Aufnahme,-n** picture, photo,
   recording, *Aufnahmen*
   machen to take pictures
aufnehmen to receive (as
   guest)
aufpassen to watch, keep an
   eye on something
aufräumen to clean up
aufregen to excite
sich **aufrichten** to stand up
der **Aufruf,-e** appeal,
   announcement
die **Aufrüstung,-en** armament
aufrütteln to stir up
der **Aufsatz,-̈e** essay, composition
aufschlagen to open
aufschließen to unlock
aufschreiben to write down
die **Aufschrift,-en** inscription
der **Aufseher,-** attendant
der **Aufstand,-̈e** uprising
aufstehen to get up
aufstellen to put up,
   organize, plan, *einen*
   Rekord aufstellen to set a
   record
aufteilen to divide
der **Auftrag,-̈e** obligation, order
auftreten to appear, to occur
der **Auftritt,-e** appearance
das **Auge,-n** eye
der **Augenblick,-e** moment
der **August** August
aus from, out of
der **Ausbau,-ten** extension

die **Ausbeutung,-en** exploitation
ausbilden to train
die **Ausbildung,-en** training,
   education
der **Ausblick,-e** view
sich **ausbreiten** to spread
der **Ausdruck,-̈e** expression
außerdem besides
außergewöhnlich unusual
äußerlich from the outside
der **Ausflug,-̈e** outing, trip
der **Ausflugsort,-e** excursion area
ausführen to execute
ausführlich at length
ausfüllen to fill out
der **Ausgang,-̈e** exit
ausgeben to spend (money)
ausgeprägt distinct
ausgezeichnet excellent
ausgraben to excavate
aushalten to bear, endure
aushängen to hang out,
   display
ausheben to raid
die **Auskunft,-̈e** information
das **Ausland** foreign country,
   foreign countries
der **Ausländer,-** foreigner
ausländisch foreign
der **Auslandserfolg,-e** success
   abroad
ausleihen to check out,
   borrow
ausmachen to matter
das **Ausmaß,-e** extent
die **Ausnahme,-n** exception
der **Ausnahmespieler,-**
   exceptional player
der **Ausnahmezustand,-̈e** state of
   emergency
ausnehmen to except
das **Auspuffrohr,-e** exhaust pipe
ausreichen to suffice
ausreichend sufficient
das **Ausrufungszeichen,-**
   exclamation mark
ausruhen to rest, relax,
   zum Ausruhen for resting
ausschließlich exclusively
aussehen to look, appear
der **Außenspiegel,-** outside
   mirror
außer besides, except
außerdem besides
außerhalb outside
aussetzen to sit out, expose (to)

die **Aussicht,-en** view,
   expectation
aussprechen to express
ausstatten to equip
aussteigen to get off
die **Ausstellung,-en** exhibition
ausstrecken to stretch out
aussuchen to select
der **Austausch,-e** exchange
austauschen to exchange
ausverkauft sold out
die **Auswahl** selection, choice
auswählen to choose, select
auswandern to emigrate
der **Ausweis,-e** identification
   (card)
auswendig lernen to
   memorize, learn by heart
sich **auszeichnen** to distinguish
   (oneself)
die **Auszeichnung,-en** distinction
der **Auszug,-̈e** excerpt
das **Auto,-s** car
die **Autobahn,-en** freeway, super
   highway
der **Autofahrer,-** (car) driver
der **Automat,-en** automat
die **Automatik** automatism
automatisch automatic(ally)
der **Autor,-en** author

B

die **Backe,-n** cheek
der **Bäcker,-** baker
die **Bäckerei,-en** bakery
die **Backware,-n** baked goods
die **Badesachen** (pl.) swimming
   stuff
das **Badezimmer,-** bathroom
die **Bahn,-en** train
der **Bahnhof,-̈e** (train) station
der **Bahnsteig,-e** platform
bald soon
der **Ball,-̈e** ball
die **Banane,-n** banana
das **Band,-e** link
bang(e) sein to be afraid
die **Bank,-̈e** bench
die **Bank,-en** bank
der **Bär,-en** bear
die **Barkasse,-n** large motor boat,
   launch
der **Barockstil** baroque style
der **Bart,-̈e** beard
bärtig bearded

der **Basketball,-̈e** basketball
basteln to tinker
die **Batterie,-n** battery
der **Bau,-ten** structure
der **Bauch,-̈e** stomach
die **Bauchschmerzen** (pl.) stomachache
bauen to build
der **Bauernhof,-̈e** farm
der **Baukran,-̈e** construction crane
die **Bauleitung,-en** construction supervision
das **Bauprojekt,-e** building project
die **Baustelle,-n** construction site
bayrisch Bavarian
beachten to notice
beachtlich noticeable
die **Beachtung,-en** attention
der **Beamte,-n** official
der **Beamte,-n** official (male)
die **Beamtin,-nen** official (female)
beantragen to apply for
beantworten to answer, *eine Frage beantworten* to answer a question
sich **bedanken** to thank
der **Bedarf** need, demand
bedecken to cover
bedeckt overcast
bedenken to think over, consider, *Es gibt ihm zu bedenken.* It makes him think.
bedeuten to mean, signify
die **Bedeutung,-en** meaning, significance
bedienen to help, wait on
sich **bedienen** to help oneself
die **Bedienung** service
sich **beeilen** to hurry, *Beeilen wir uns!* Let's hurry.
beenden to end, finish
sich **befassen mit** to deal with
der **Befehl,-e** order, *zu Befehl!* yes, sir!
befehlen to order
sich **befinden** to be located, be
befriedigend satisfactory
begabt talented
die **Begabung,-en** talent
begegnen to meet
begehen to commit
begeistern to enthuse
begeistert enthusiastic
beginnen to begin

begleiten to accompany
begnadigen to pardon
begreifen to understand
der **Begriff,-e** term
der **Begründer,-** founder
die **Begründung,-en** foundation
begrüßen to greet
begutachten to look over, evaluate
behalten to keep
der **Behälter,-** container
behandeln to treat, deal with
die **Behandlung,-en** treatment
behaupten to claim
beherrschen to rule over, dominate, master, know
bei at, with
beibringen to teach
beide both
der **Beifall** applause
beifügen to attach
die **Beilage,-n** addition, *Beilagen* served with
das **Beileid** sympathy
das **Bein,-e** leg
beinahe almost
der **Beiname,-n** surname
beisammensitzen to sit together
das **Beispiel,-e** example, *zum Beispiel* for example
beitragen to contribute
beitreten to join
bekannt well-known
der **Bekannte,-n** friend, acquaintance
der **Bekanntenkreis,-e** (circle of) friends
bekanntgeben to announce
die **Bekanntmachung,-en** announcement
bekennen to confess
beklagen to complain
sich **beklagen über** to complain about
beklauen to steal from
bekommen to get, receive
beleben to enliven
belegt covered, *belegte Brote* sandwiches
beleuchten to light up, illuminate
Belgien Belgium
beliebig whatever, random
beliebt popular
die **Beliebtheit** popularity

bellen to bark
die **Belohnung,-en** reward
bemerken to remark, notice
die **Bemerkung,-en** remark
die **Bemühung,-en** trouble, effort
sich **benehmen** to behave
das **Benzin** gasoline
der **Benzinbetrag** amount for gasoline
beobachten to watch, observe
bepflanzen to plant
bequem comfortable
berechnen to calculate
der **Bereich,-e** area
bereiten to prepare, *anderen Freude bereiten* to please others
bereits already
die **Bereitschaft** readiness
bereitstehen to be ready, stand ready
der **Berg,-e** mountain
die **Bergbahn,-en** mountain train
das **Bergwerk,-e** coal mine
der **Bericht,-e** report
der **Beruf,-e** job, profession
die **Berufspflicht,-en** professional duty
die **Berufsschule,-n** vocational school
beruhigend soothing
berühmt famous
die **Besatzung,-en** occupation
sich **beschäftigen mit** to be busy/ occupied with
beschäftigt busy, occupied
die **Beschäftigung,-en** occupation
bescheiden modest
die **Bescheidenheit** humility
beschießen to shoot at
beschreiben to describe
die **Beschreibung,-en** description
die **Beschwerde,-n** complaint, trouble, *Beschwerden haben* to have trouble
beschwören to conjure up
besetzen to occupy
besetzt taken, occupied
besichtigen to view, look over
die **Besichtigung,-en** viewing
sich **besinnen** to think
besinnungslos unconscious
besitzen to own, possess
der **Besitzer,-** owner (male)
die **Besitzerin,-nen** owner (female)
besonders especially

besorgt worried

die **Besorgung,-en** errand,
Besorgungen machen to do
some shopping

besprechen to discuss

die **Besserung,-en** improvement,
Gute Besserung! Get well!

bestaunen to marvel at

bestehen auf to insist on

bestehen aus to consist of

bestehen (Examen) to pass

bestellen to order, reserve

bestimmen to determine

bestimmt undoubtedly,
certainly

bestimmt sein to be specified

der **Bestimmungsort,-e**
destination

die **Bestleistung,-en** best
performance

bestrafen to punish

bestrebt sein to strive

der **Besuch,-e** visit

besuchen to visit

der **Besucher,-** visitor

betäuben to anesthetize

das **Beton** concrete

betrachten to observe,
betrachten als to consider as

die **Betrachtung,-en** observation

der **Betrag,-̈e** amount

betragen to amount (come) to

betreffen to affect, to concern

betreuen to take care of

die **Betreuung,-en** medical care

der **Betrieb,-e** business, firm
traffic

betriebseigen company-
owned

betrübt saddened

das **Bett,-en** bed, *Er muß ins Bett.*
He has to go to bed.

sich **beugen** to bow

bevölkern to populate

die **Bevölkerung,-en** population

bewahren to preserve,
bewahren vor to save from

sich **bewegen** to move

der **Beweis,-e** proof

beweisen to prove

beweglich movable

die **Bewegung,-en** movement

sich **bewerben** to apply

die **Bewerbung,-en** application

bewohnen to live in

der **Bewohner,-** resident, tenant

bewölkt cloudy, *leicht bewölkt*
slightly overcast

bewundern to admire

bewußt deliberate

bezahlen to pay

die **Bezahlung,-en** payment

bezeichnen to label,
designate

die **Bezeichnung,-en** designation

sich **beziehen auf** to refer to

der **Bezirk,-e** (large) district

die **Bibliothek,-en** library

der **Bibliothekar,-e** librarian
(male)

das **Bier,-e** beer

bieten to offer

das **Bild,-er** picture

bilden to form

sich **bilden** to form

die **bildenden Künste** fine arts

der **Bildhauer,-** sculptor

das **Bildungswesen,-** educational
system

billig cheap

binnen within

der **Binnensee,-n** inland lake

die **Biologie** biology

die **Birne,-n** pear

bis until

bisher up to now

der **Bissen,-** bite

bitte please, *bitte schön* here
you are,
Bitte sehr? May I help you?

bitten to ask

blaß pale

das **Blatt,-̈er** leaf

die **Blätter** (pl.) papers

blau blue

blauäugig blue-eyed

die **Blaubeerenmarmelade,-n**
blueberry jam

die **Blechschachtel,-n** tin box

das **Blei** lead

bleiben to stay, remain

bleich pale, white as a sheet

bleifrei leadfree

der **Bleistift,-e** pencil

der **Blick** view, look

blinken to flash

blinzeln to squint

der **Blitz,-e** lightning

der **Blitzableiter,-** lightning
conductor

die **Blockflöte,-n** recorder

blöd dumb, stupid

die **Blöße,-n** nakedness

blühen to bloom, *Das Geschäft
blüht.* Business is
booming.

die **Blume,n** flower

das **Blumengeschäft,-e** flower
shop

der **Blumenstand,-̈e** flower stand

die **Bluse,-n** blouse

der **Blutdruck** blood pressure

die **Blütezeit,-en** heyday

der **Boden,-̈** attic

der **Bogen,-** sheet, *einen Bogen
machen* to make a detour

die **Bohne,-n** bean

bohren to drill

die **Bombe,-n** bomb

der **Bonze,-n** bigwig

das **Boot,-e** boat

der **Bord,-e** board (ship), *an
Bord* on board

die **Bordkarte,-n** boarding pass

die **Bordsteinkante,-n** curb

böse auf angry with

die **Botschaft,-en** embassy

der **Brand,-̈e** fire

das **Brandopfer,-** fire sacrifice

die **Bratkartoffel,-n** fried potato

die **Bratwurst,-̈e** bratwurst, fried
sausage

brauchen to need

die **Braue,-n** eye-brow

braun brown

brausen to roar

die **Braut,-̈e** bride

der **Bräutigam,-e** groom

brav well-behaved

brechen to break

breit wide

die **Bremse,-n** brake

brennen to burn

die **Brezel,-n** pretzel

der **Brief,-e** letter

das **Brieffach,-̈er** postal box

die **Brieffreundin,-nen** pen pal
(female)

der **Briefkasten,-̈** mailbox

die **Briefmarke,-n** stamp

der **Briefmarkenautomat,-en**
stamp automat

der **Briefträger,-** mail carrier
(male)

der **Briefumschlag,-̈e** envelope

der **Briefwechsel,-** correspondence
die **Brille,-n** glasses
bringen to bring
die **Brombeere,-n** blackberry
das **Brot,-e** bread
das **Brötchen,-** hard roll
die **Brotkrume,-n** bread crumb
der **Brotstand,-̈e** bread stand
die **Brücke,-n** bridge
der **Bruder,-̈** brother
der **Brunnen,-** fountain, well
das **Buch,-̈er** book
der **Buchdruck** letterpress printing
buchen to book
die **Bücherabteilung,-en** book department
das **Bücherregal,-e** bookshelf
der **Buchhalter,-** bookkeeper
der **Buchhändler,-** bookseller
sich **bücken** to bow
der **Bummel,-** stroll
bummeln to stroll
das **Bundesland,-̈er** Federal District
die **Bundesliga** Federal League
die **Bundesrepublik Deutschland** Federal Republic of Germany
bunt colorful
die **Burg,-en** castle, fortress
der **Bürger,-** citizen
bürgerlich civil, civic, *bürgerlicher Kampf* civil war
der **Bürgermeister,-** mayor
das **Bürgertum** citizenry
das **Büro,-s** office
sich **bürsten** to brush one's hair
der **Bus,-se** bus
der **Busch,-̈e** bush
die **Busfahrerei** driving by bus
die **Bushaltestelle,-n** bus stop
die **Büste,-n** bust
die **Butter** butter
das **Butterbrot,-e** sandwich

C

das **Café,-s** café, coffee shop
der **Campingplatz,-̈e** camping ground
der **Champignon,-s** mushroom
die **Chance,-n** chance
der **Charakter,-e** character
der **Chef,-s** boss

der **Chefredakteur,-e** editor-in-chief
die **Chemie** chemistry
der **Chemiker,-** chemist
chemisch chemical
China China
christlich Christian
die **Cola,-s** cola
der **Computer,-** computer
die **Computeranlage,-n** computer equipment

D

da there, *da drüben* over there
dabei in the process, while doing that
das **Dach,-̈er** roof
dafür for that, for it
dagegen on the other hand, however
damalig of that time, then
die **Dame,-n** lady
die **Damenabteilung,-en** ladies' department
damit so that, in order that
danach after that
daneben next to it
Dänemark Denmark
der **Dank** thanks, *Vielen Dank.* Many thanks.
danke thanks, *Danke schön.* Thank you.
danken to thank
dann then
der **Darsteller,-** performer
die **Darstellung,en** reproduction
das the, that
daß that
dasselbe the same
das **Datum, Daten** date (calendar)
dauern to last, take (time)
davon of those, of it
dazu with it
decken to cover, *den Tisch decken* to set the table
defekt defective
dein your
dekorieren to decorate
das **Delikatessengeschäft,-e** delicatessen (store)
die **Demokratie,-n** democracy
demoralisieren demoralize
denken to think, *denken an* to remember, think about
das **Denkmal,-̈er** monument, memorial

denn used for emphasis, because, for, *Wieviel Geld brauchst du denn?* Well, how much money do you need?
dennoch nevertheless
denunzieren to denounce
derselbe the same
deshalb therefore
deuten to point
deutlich clearly
das **Deutsch** German (the language, subject in school)
deutsch German
der **Deutsche,-n** German
die **Deutsche Demokratische Republik** German Democratic Republic
Deutschland Germany
der **Dezember** December
dicht close
der **Dichter,-** poet
der **Dichterfürst,-en** prince of poetry
die **Dichterlesung,-en** poetry reading
dick thick, fat
der **Dieb,-e** thief
der **Diebstahl,-̈e** theft
dienen to serve
der **Dienst,-e** job, duty
der **Dienstag** Tuesday
der **Dienstbereich,-e** service area
dieser this
diesmal this time
das **Diktat,-e** dictation, *ein Diktat aufnehmen* to take a dictation
die **Diktatur,-en** dictatorship
diktieren to dictate
das **Diktiergerät,-e** dictating machine
direkt direct, immediate, straight
die **Disko,-s** discotheque
diskutieren to discuss
doch still, but on the contrary (used for emphasis)
das **Dock,-s** dock, dockyard
der **Doktor,-en** doctor
das **Dokument,-e** document
der **Dollar,-s** dollar
der **Dolmetscher,-** interpreter
der **Dom,-e** cathedral
die **Donau** Danube
der **Donner** thunder

donnern to thunder
der **Donnerstag** Thursday
Donnerwetter! You don't say!
das **Doppelzimmer,-** double room
das **Dorf,¨er** town, village
dort there
dorthin (to) there
die **Dose,-n** can
der **Dramaturg,-en** dramatist
dran sein to be one's turn, *Ich bin dran.* It's my turn.
der **Drang** drive
draußen outside
drehen to turn around, produce (a film), roll (a cigarette)
der **Drehkolben,-** rotary piston
drei three
dreizehn thirteen
drin inside, *Das ist nicht drin.* That's not possible.
dringen to penetrate
droben up there
drohen to threaten
drohnen to roar
die **Drohung,-en** threat
drüben over there
drucken to print
die **Druckpresse,-n** printing press
die **Drucksache,-n** printed matter
drunter und drüber topsy-turvy
du you (familiar singular)
der **Duft,¨e** fragrance
dunkeln to get dark
durch through
durchfahren to drive through
durchlesen to read through
durchleuchten to screen
durchsägen to saw through
der **Durchschnitt** average
durchschnittlich on the average
durchsuchen to search
durchziehen to cross, go through
dürfen to be permitted to, may
dürr barren
der **Durst** thirst, *Durst haben* to be thirsty
durstig thirsty
sich **duschen** to shower, take a shower
das **Düsenflugzeug,-e** jet airplane

das **Dutzend,-e** dozen

E

die **Ebbe,-n** low tide
eben just
die **Ebene,-n** plain
ebenso just as
die **Ecke,-n** corner
ehe before
die **Ehe,-n** marriage
die **Ehefrau,-en** wife
ehemalig former
der **Ehemann,¨er** husband
die **Ehre,-n** honor
der **Ehrendoktor,-en** honorary doctor
die **Ehrfurcht** reverence
ehrgeizig ambitious
das **Ei,-er** egg, *ein gekochtes Ei* a boiled egg
die **Eiche,-n** oak (tree)
eigen own
die **Eigenschaft,-en** quality
eigentlich actual(ly), real(ly)
die **Eile** hurry
eilig speedy, urgent
es eilig haben to be in a hurry
der **Eimer,-** pail, bucket
ein(e) a, an
der **Einband,¨e** cover (book), *im Einband* in hard cover
der **Einblick,-e** insight
der **Eindruck,¨e** impression
einfach simple, one-way (ticket)
die **Einfahrt,-en** entrance
das **Einfamilienhaus,¨er** single family home
sich **einfinden** to appear
der **Einfluß,¨sse** influence
einflußreich influential
einführen to introduce
der **Eingang,¨e** entrance
eingliedern to integrate
der **Einheimische,-n** native
die **Einheit** unity, *Tag der Einheit* Day of Unity
einheitlich uniform
einig united
einige a few, several
sich **einigen** to come to an agreement
der **Einkauf,¨e** purchase
das **Einkaufen** shopping
einkaufen to shop, *einkaufen gehen* to go shopping

der **Einkaufskorb,¨e** shopping basket
die **Einkaufstasche,-n** shopping bag
das **Einkaufszentrum,-tren** shopping center
das **Einkommen,-** income
einladen to invite
der **Einlaß,¨sse** entrance
einlegen to put in, *den Gang einlegen* to put in gear
einlösen to cash (in)
einmal once, *wieder einmal* once again, *noch einmal* one more time
einpferchen to coop up
einrichten to accomodate
eins one
einsam lonely
die **Einsamkeit** loneliness
einschlagen to hit
einschließen to include
einschließlich including
einschmuggeln to smuggle in
das **Einschreiben** registered (letter)
einsetzen to put into service
sich **einsetzen für** to stand up for
einsteigen to get in (to), board
einstellen to adjust
eintönig monotonous
der **Eintritt** admission
die **Eintrittskarte,-n** admission ticket
der **Eintrittspreis,-e** admission price
einverstanden sein to agree
einwerfen to mail (letter)
einwickeln to wrap (up)
der **Einwohner,-** inhabitant
die **Einzelheit,-en** detail
einzeln individual, single
einziehen to draft
einzigartig unique
das **Eis** ice, ice cream
die **Eisdiele,-n** ice cream parlor
die **Eisenbahn,-en** railway, train
der **Elefant,-en** elephant
elegant elegant
der **Elektriker,-** electrician
die **Elektronik** electronics
elend miserable
elf eleven
der **Ellbogen,-** elbow
die **Eltern** (pl.) parents
der **Empfang,¨e** reception

empfangen to receive
der Empfänger,- receiver, addressee
empfehlen to recommend
empfinden to feel
das Ende end
enden to end
das Endergebnis,-se final result
endgültig final
der Endkampf,-e final battle
endlich finally
das Endspiel,-e final game
eng narrow, tight
England England
das Englisch English (language, subject in school)
englisch English
der Enkel,- grandson
die Enkelin,-nen granddaughter
entdecken to discover
der Entdecker,- discoverer
die Ente,-n duck
entfernt away, distant
die Entfernung,-en distance
entgegenlachen to laugh at
entgegenlaufen to run towards
enthalten to contain
entladen to discharge
die Entladung,-en discharge
entlangfahren to drive along
entlanggehen to walk along
entlassen to dismiss
entnehmen to take out of
entrinnen to escape
sich entscheiden to decide
die Entscheidung,-en decision, *eine Entscheidung treffen* to make a decision
entschieden definitely
sich entschließen to decide
sich entschuldigen to apologize
entsetzlich terrible
die Entspannung,-en relaxation
entsprechen to correspond to
entspringen to originate (river)
entstehen to originate
die Entstehung origin
enttäuschen to disappoint
die Enttäuschung,-en disappointment
entweder ... oder either ... or
entwerfen to design
der Entwerfer,- designer

entwerten to cancel (tickets)
entwickeln to develop
die Entwicklung,-en development
der Entwurf,-e design
entzündet infected
entzwei apart
die Epidemie,-n disease
die Epoche,-n stage
das Epos,- epic (poem)
er he
erbauen to build, construct
der Erbe,-n heir
das Erbe heritage
erblicken to see
die Erbse,-n pea
die Erbsensuppe pea soup
die Erdbeere,-n strawberry
das Erdbeereis strawberry ice cream
das Erdgeschoß,-sse ground floor, first floor (in America)
die Erdkunde geography
die Erdnuß,-sse peanut
das Ereignis,-se event
ereignisreich eventful
erfahren to learn
die Erfahrung,-en experience, idea
erfinden to invent
der Erfinder,- inventor
der Erfolg,-e success
erfolgreich successful
erfordern to require
erforschen to explore
der Erforscher,- explorer
erfrieren to freeze to death
erfrischen to refresh
erfüllen to fulfill
das Ergebnis,-se score
erhalten to receive, get
erheben to raise
die Erholung,-en vacation, relaxation, recreation
das Erholungsheim,-e resort
erinnern an to remind of
sich erinnern to remember
sich erkälten to catch a cold
die Erkältung,-en cold
sich erkennen to recognize each other
die Erkenntnis,-se knowledge
erklären to explain
die Erklärung,-en explanation

sich erkundigen nach to inquire about, ask for/about
erlauben to permit
erlaubt allowed
erleben to experience
das Erlebnis,-se experience, event
erledigen to settle
erledigt done with, exhausted
erleiden to suffer
erlernen to learn
die Erlösung,-en relief
ermitteln to find out
ermüdend tiring
ernennen to name
ernst serious
die Ernte,-n harvest
ernten to harvest
die Eroberung,-en conquest
eröffnen to start, inaugurate
erreichen to reach
errichten to erect
erringen to achieve
das Ersatzteillager,- parts department
erschießen to shoot (dead)
erschlagen to slay
erschrecken to scare, frighten
erschrocken frightened
erschüttern to shake
ersetzen to replace
erst only, first, not until
erstaunlich amazing, astonishing
erstaunt astonished, amazed
erstklassig first-class
sich erstrecken to extend, stretch
ertragen to bear
der Erwachsene,-n adult
erwähnen to mention
erwarten to expect
die Erwartung,-en expectation
erwidern to reply
erwischen to get (hold of)
erwünscht desired
erzählen to tell
die Erzählung,-en story
erzeugen to produce
der Erzieher,- educator
erzieherisch educational
die Erziehung education
das Erziehungswesen,- educational system
es it
der Esel,- donkey

das **Essen** meal, food
essen to eat
die **Essenausgabe,-n** serving
counter
etwa about
etwas some, a little
Europa Europe
europäisch European
die **Europäische Gemeinschaft
(EG)** European
Community
ewig eternal
die **Ewigkeit,-en** eternity
das **Exemplar,-e** copy (of a paper)
der **Experte,-n** expert
exportieren to export
der **Expressionismus**
expressionism

F

die **Fabrik,-en** factory
der **Fabrikant,-en** manufacturer
das **Fach,-er** (school) subject
das **Fachgebiet,-en** subject (area)
die **Fachleute** (pl.) specialists
die **Fachschule,-n** vocational
school
das **Fachwerkhaus,-er** half-
timbered house
der **Faden,-** thread
fähig capable
die **Fähigkeit,-en** capability
die **Fahne,-n** flag
die **Fahrbahn,-en** road
fahren to drive, go
der **Fahrer,-** driver
der **Fahrgast,-e** passenger
die **Fahrkarte,-n** ticket
der **Fahrplan,-e** schedule
die **Fahrprüfung,-en** driver's test
das **Fahrrad,-er** bicycle
der **Fahrradfahrer,-** biker
der **Fahrstuhl,-e** elevator
die **Fahrt,-en** trip
der **Fahrunterricht** driver's
training, driving
instruction
das **Fahrzeug,-e** vehicle
der **Fall,-e** case, *auf jeden Fall* in
any case, *auf keinen Fall* by
no means
falls in case, if
falsch false, incorrect
die **Familie,-n** family
die **Farbe,-n** color, paint

farbig colorful
der **Fasching** carnival
der **Faschismus** fascism
fast almost
fassen to grab
die **Fassung,-en** version
faul lazy
der **Faulschlamm** sludge
der **Februar** February
der **Federball,-e** badminton
das **Federbett,-en** feather-bed
fegen to sweep
fehlen to be missing, *Was fehlt
dir?* What's wrong with
you?
der **Feierabend,-e** time for
leaving, *Feierabend machen*
to call it a day
feierlich solemn, festive
feiern to celebrate
der **Feiertag,-e** holiday
der **Feind,-e** enemy
feindlich enemy
das **Feingefühl** delicacy
das **Feld,-er** field
der **Feldweg,-e** field path
der **Felsen,-** rock
das **Felsenriff,-e** cliff
das **Fenster,-** window
die **Ferien** (pl.) vacation
das **Ferienland,-er** vacation
country
der **Ferienort,-e** vacation place
die **Ferienreise,-n** vacation trip,
auf einer Ferienreise sein to
be on a vacation trip
fermentieren to ferment
die **Ferne,-n** distance, *in der Ferne*
away from home
ferner also
das **Ferngespräch,-e** long-
distance call, *ein
Ferngespräch führen* to
make a long-distance call
der **Fernsehapparat,-e** television
set
das **Fernsehen** TV, television,
im Fernsehen on TV
fernsehen to watch TV
der **Fernsehturm,-e** television
tower
fertig ready, done, finished,
exhausted
fertigstellen to finish,
complete
die **Fessel,-n** chain

fest firm
das **Fest,-e** festival
festhalten to hold on to
das **Festland,-er** mainland
festlich festive
die **Festlichkeit,-en** festivity
festmachen to attach, fasten,
anchor
festnehmen to arrest
feststellen to determine, find
out
die **Festung,-en** fortress
der **Festwagen,-** float
feucht humid
das **Feuer** fire
der **Feuerkopf,-e** hothead
die **Feuerwehr** fire department
das **Fieber** fever
das **Fieberthermometer,-** fever
thermometer
die **Figur,-en** figure
der **Film,-e** movie, film
das **Filmgelände** studio grounds
das **Filmschaffen** movie-making
das **Filmunternehmen,-** movie
enterprise
der **Finanzier,-e** financial backer
finden to find
der **Finger,-** finger
der **Fingerabdruck,-e** finger print
finster sinister
die **Firma,-en** firm, company
der **Fisch,-e** fish
die **Fischerei** fishing industry
der **Fischmarkt,-e** fish market
fix clever
flach flat
die **Fläche,-n** area, surface
die **Flasche,-n** bottle
der **Flakbunker,-** anti-aircraft
bunker
der **Flakturm,-e** anti-aircraft
tower
flattern to flutter
fliegen to fly
die **Fliegerei** flying, aviation
das **Fleisch** meat
der **Fleischer,-** butcher
die **Fleischwaren** (pl.) meats,
Fleisch-und Wurstwaren
meats and sausages
der **Fleiß** industriousness
fleißig hard-working,
industrious

das **Fließband,-̈er** conveyer belt
fließen to flow, run
die **Flöte-n** flute
der **Flug,-̈e** flight
der **Flugbegleiter,-** flight
attendant
das **Flugblatt,-̈er** leaflet
der **Fluggast,-̈e** flight passenger
die **Fluggesellschaft,-en** airline
company
der **Flughafen,-̈** airport
das **Flughafengebäude,-n** airport
building
der **Flugpreis,-e** cost of air-travel
der **Flugschein,-e** flight ticket
der **Flugsteig,-e** gate (flight)
der **Flugverkehr** air traffic, air
service
die **Flugzeit** flying time
das **Flugzeug,-e** airplane
der **Flur,-e** hallway, corridor
der **Fluß,-̈sse** river
flüssig liquid
flüstern to whisper
die **Folge,-n** consequence
folgen to follow
folgend following
foltern to torture
fördern to promote
der **Förderer,-** promoter
die **Förderung,-en** (*von Kohle*)
extraction and production
die **Forelle,-n** trout
die **Form,-en** form, shape
die **Formel,-n** formula
das **Formular,-e** printed form
der **Forscher,-** researcher
die **Forschung,-en** research
fortlaufend continuous
der **Fortschritt,-e** progress
fortsetzen to continue,
eine Reise fortsetzen to
continue a trip
die **Fortsetzung,-en** continuation
das **Foto,-s** photo
das **Fotoalbum,-ben** photo album
fotografieren to photograph,
take pictures
foulen to foul
die **Frage,-n** question
der **Fragebogen,-** questionnaire
fragen to ask, *fragen nach* to
ask for
der **Franken,-** Swiss monetary
unit
Frankreich France

Französisch French
(language)
die **Frau,-en** Mrs., woman, wife
das **Fräulein,-** Miss, Waitress!
frech insolent, bold
frei free, available
Freie: ins Freie outside
die **Freiheit,-en** freedom
die **Freilichtbühne,-n** open-air
theater
freinehmen to take (time) off
der **Freitag** Friday
die **Freizeit,-en** leisure time
der **Fremde,-n** stranger
der **Fremdenverkehrsverband**
tourist office
die **Fremdsprache,-n** foreign
language
die **Freude** pleasure, joy, *Es macht
mir Freude.* I enjoy it.
freudlos joyless
sich **freuen auf** to look forward to
sich **freuen über** to be happy
about
der **Freund,-e** boyfriend, friend
die **Freundin,-nen** girlfriend
freundlich friendly, *mit
freundlichen Grüßen*
sincerely
die **Friedensbedingung,-en** peace
condition
friedlich peaceful
frieren to freeze
frisch fresh
der **Friseur,-e** barber, hair stylist
die **Friseuse,-n** ladies' hair stylist,
beautician
froh happy, glad
fröhlich happy, glad
die **Frucht,-̈e** fruit
die **Fruchtart,-en** kind of fruit
der **Fruchtstand,-̈e** fruit stand
früh early
früher earlier, in earlier times
der **Frühling,-e** spring
das **Frühstück** breakfast
frühstücken to have breakfast
die **Frühzeit** early times
fühlen to feel, *sich wohl fühlen*
to feel well
führen to lead
der **Führer,-** leader
der **Führerschein,-e** driver's
license
die **Führung,-en** leadership,
command post

füllen to fill
der **Fund,-e** discovery, finding
fünf five
fünfjährig five-year old
fünfzehn fifteen
funkeln to glitter
funktionieren to function
für for
furchtbar terrible, awful
fürderhin furtheron
der **Fürst,-en** prince
das **Fürstentum,-̈er** principality
der **Fuß-̈e** foot, *zu Fuß* on foot
zu Fuß gehen to walk
der **Fußball,-̈e** soccer
der **Fußballfan,-s** soccer fan
der **Fußballplatz,-̈e** soccer field
das **Fußballspiel,-e** soccer game
der **Fußboden,-̈** ground floor
der **Fußgänger,-** pedestrian
der **Fußgängerüberweg,-e**
pedestrian crossing
die **Fußgängerunterführung,-en**
pedestrian underpass
füttern to feed

G

die **Gabel,-en** fork
der **Gabelbaum,-̈e** boom (surfing)
gähnen to yawn
der **Galgen,-** gallow
der **Gang,-̈e** gear (car), corridor
ganz quite, whole
ganz und gar completely
gar nicht not at all
garantieren to guarantee
die **Garderobe,-n** dressing room
das **Gartenlokal,-e** outside
restaurant, beer garden
die **Gasmaske,-n** gasmask
das **Gaspedal,-e** gas pedal
die **Gasse,-n** narrow street
der **Gast,-̈e** guest
die **Gasteltern** (pl.) host parents
das **Gasthaus,-̈er** restaurant, inn
der **Gasthof,-̈e** guest house
die **Gaststätte,-n** restaurant, inn
gebannt fascinated
das **Gebäude,-** building
die **Gebeine** (pl.) bones
geben to give, *es gibt* there is
(are)
das **Gebet,-e** prayer

das **Gebiet,-e** area, territory
gebildet educated
gebirgig mountainous
gebrauchen to use, apply
gebraucht used
die **Gebrüder Grimm** Brothers
Grimm (well-known
German authors)
die **Gebühr,-en** fee
das **Geburtsdatum,-daten** date of
birth
der **Geburtsort,-e** birthplace
die **Geburtsstadt,-̈e** native town,
city of birth
der **Geburtstag,-e** birthday
die **Geburtsurkunde,-n** birth
certificate
das **Gedächtnis** memory
gedeihen to grow
das **Gedicht,-e** poem
die **Geduld** patience
geduldig patient(ly)
geehrt honored, *Sehr geehrte
Damen und Herren!* (Dear)
Ladies and Gentlemen!
geeignet suitable
geeignet sein to be suitable
die **Gefahr,-en** danger
gefährden to endanger
gefährlich dangerous
gefallen to like, *Es gefällt ihr.*
She likes it.
der **Gefallen,-** favor
sich **gefallen lassen** to bear
das **Gefängnis,-se** prison
der **Gefrierpunkt** freezing point
der **Gegenbesuch** counter visit
die **Gegend,-en** area
das **Gegenteil,-e** opposite
gegenüber across
die **Gegenwart** presence
der **Gegner,-** opponent
Gehacktes ground meat
das **Gehalt,-̈er** salary
geheim secret
der **Geheimdienst,-e** secret
service
geheimnisvoll mysterious
gehen to go, *Wie geht's?* How
are you? (familiar), *zu Fuß
gehen* to walk, *Das geht.*
That's possible. *Wohin
geht's denn?* Where are you
going? *Das geht schon.*
That's O.K.

gehen über to go into, merge
with
der **Gehilfe,-n** assistant
gehören zu to belong to
die **Geige,-n** violin
der **Geist** mind
die **Geister** (pl.) intellectuals
geistig mental
gekocht cooked, boiled
gelangen zu to reach
gelb yellow
das **Geld** money
die **Geldmünze,-n** coin
gelegen located
gelegentlich occasional
die **Gelegenheit,-en** opportunity
gelingen to succeed
gelten to be considered
geltend valid
das **Gemälde,-n** painting
die **Gemäldesammlung,-en**
collection of paintings
gemäßigt mitigated
gemein mean
die **Gemeinde,-n** community
der **Gemeindeverband,-̈e**
community association
gemeinsam together,
common, joint
die **Gemeinschaft,-en**
community
das **Gemüse** vegetable(s)
die **Gemüseabteilung,-en**
vegetable department
die **Gemüseart,-en** kind of
vegetable
der **Gemüsestand,-̈e** vegetable
stand
die **Gemüsesuppe,-n** vegetable
soup
das **Gemüt,-er** emotional
disposition
gemütlich pleasant
comfortable, cozy, *sich
gemütlich machen* to get
comfortable
genau exact, closely
genauso wie just like/as
die **Genesung,-en** recovery
die **Genetik** genetics
genial ingenious
genießen to enjoy
genug enough, sufficient
der **Genuß,-̈sse** pleasure
geöffnet open, *Das Geschäft ist
geöffnet.* The store is open.

der **Geowissenschaftler,-** geo-
scientist
das **Gepäck** luggage, baggage
die **Gepäckausgabe,-n** baggage
claim
gerade just
geradeaus straight ahead
das **Gerät,-e** piece of equipment,
gadget
gering small
gern gladly, with pleasure,
gern gehen like (enjoy) to
walk, *gern haben* to like
der **Geruch,-̈e** odor
das **Gerücht,-e** rumor
gesamt total, complete
die **Gesamtbevölkerung,-en** total
population
die **Gesamtfläche,-n** total area
das **Gesamtgebiet,-e** total area
die **Gesamtnote,-n** final grade
die **Gesamtschule,-n**
comprehensive school
der **Gesang,-̈e** singing
das **Geschäft,-e** store
der **Geschäftsbrief,-e** business
letter
der **Geschäftsführer,-** manager
geschehen to happen, occur,
gern geschehen you're
welcome, don't mention it
das **Geschenk,-e** present
die **Geschichte** history, story
geschichtlich historical
das **Geschirr** dishes
geschlossen closed
der **Geschmack,-̈e** taste
das **Geschmeide,-** jewelry
geschwind fast
die **Geschwindigkeit,-en** speed
die **Geschwister** (pl.) siblings
der **Geselle,-n** journeyman
die **Gesellschaft,-en** society
das **Gesetz,-e** law
gespannt sein to wonder, be
curious
gespenstig spooky
das **Gespräch,-̈e** conversation,
talk, *ein Gespräch führen* to
make a call
der **Gesprächsstoff,-e** topic of
conversation
gestalten to form
die **Gestaltung,-en** arrangement
das **Geständnis,-se** confession
gestern yesterday

gesund healthy, well
das **Getränk,-e** beverage
das **Getreide** grain
getrennt separate, *mit getrennter Post* under separate cover
gewachsen suited (for), grown
gewahr aware
gewähren to yield, grant, *Vorfahrt gewähren!* Yield the right of way!
gewaltig immense
das **Gewehr,-e** rifle
der **Gewerbefleiß** diligence
die **Gewerkschaft,-en** union
gewerkschaftlich labor
das **Gewicht,-e** weight
gewinnen to win
gewiß certainly
das **Gewissen** conscience
das **Gewitter,-** thunderstorm
sich **gewöhnen** to get accustomed
gewöhnlich usually
gewohnt usual
gießen to pour
der **Gipfel,-** summit
die **Gitarre,-n** guitar
glänzend outstanding
das **Glas,-̈er** glass
der **Glaskasten,-̈** glass box
das **Glatteis** slippery ice
glauben to believe, think
gleich immediately, right away, same, *gleich um die Ecke* right around the corner
die **Gleichberechtigung,-en** equal rights
das **Gleichgewicht** balance, *das Gleichgewicht behalten* to keep the balance
gleichmäßig equivalent
gleichzeitig simultaneous
das **Gleis,-e** track
das **Glück** luck, *Glück haben* to be lucky
glücklich happy
der **Glückwunsch,-̈e** congratulations (pl.), *Herzlichen Glückwunsch zum Geburtstag!* Happy Birthday! *Herzlichen Glückwunsch!* Congratulations!
die **Gnade,-n** pity, mercy

das **Gold** gold
gold gold
das **Golf** golf
der **Gott,-̈er** God
die **Götterfigur-en** deity figure
graben to dig
der **Grad,-e** degree
der **Graf,-en** count
das **Gramm,-e** gram
das **Gras,-̈er** grass
gratulieren to congratulate
grau gray
grauen to dread
grausam cruel
greifen an to touch
der **Greis,-e** old man
die **Grenze,-n** border
grenzen an to border on
der **Grenzübergang,-̈e** border crossing
griechisch Greek
grinsen to grin
großziehen to raise
die **Grippe,-n** flu
groß big, large
die **Größe,-n** size
die **Großeltern** (pl.) grandparents
die **Großmutter,-̈** grandmother
die **Großstadt,-̈e** large city, metropolis
der **Großvater,-̈** grandfather
die **Grube,-n** hole
grün green
der **Grund,-̈e** reason, *aus diesem Grund* for this reason
gründen to set up, organize, found
der **Gründer,-** founder
die **Grundfläche,-n** basis
das **Grundgesetz** Basic Law
die **Grundlage,-n** basis
gründlich thorough, careful
die **Grundplatte,-n** foundation plate
der **Grundsatz,-̈e** principle
der **Grundstein,-e** corner stone
die **Gruppe,-n** group
der **Gruß,-̈e** greeting, *mit freundlichen Grüßen* sincerely
Grüß dich! Hi! **Grüß Gott!** Hello!
die **Gulaschsuppe,-n** goulash soup

günstig favorable, reasonable
der **Gurkensalat,-e** cucumber salad
gut good, well, O.K.
die **Güte** goodness, *Du meine Güte!* My goodness!
die **Güter** (pl.) goods
die **Gutmütigkeit** benevolence
das **Gymnasium,-sien** secondary school, *Sie geht auf ein Gymnasium.* She goes to a secondary school.

H

das **Haar,-e** hair
haben to have
der **Hafen,-̈** harbor
die **Hafenpolizei** harbor police
die **Hafenrundfahrt,-en** trip around harbor
das **Hagelkorn,-̈er** hailstone
der **Hahn,-̈e** rooster
häkeln to crochet
der **Haken,-** catch
halb half
halbtags half days
die **Halbzeit,-en** halftime
die **Halle,-n** hall
das **Hallenbad,-̈er** indoor swimming pool
der **Hals,-̈e** neck
die **Halsschmerzen** (pl.) sore throat
halten to hold, to stop, *Halt die Klappe!* Shut up! *halten von* to think about
die **Haltestelle,-n** stop (for bus or streetcar)
die **Haltung,-en** attitude
die **Hand,-̈e** hand
die **Handbremse,-n** hand brake
der **Handel** trade
handeln to deal, to act, *handeln von* to deal with
der **Handelsplatz,-̈e** trading center
die **Handschrift,-en** manuscript
der **Handschuh,-e** glove
die **Handtasche,-n** purse
das **Handwerk** handicraft
der **Handwerker,-** craftsman, skilled worker

die **Handwerkskammer,-n** chamber of handicrafts
hängen to hang
hart hard
der **Haß** hatred
hassen to hate
der **Hauch** breath
das **Haupt,⁼er** head
die **Hauptmahlzeit,-en** main meal
die **Hauptperson,-en** main character
die **Hauptsache,-n** main thing
hauptsächlich primarily, mainly
die **Hauptschule,-n** main school
die **Hauptstadt,⁼e** capital (city)
die **Hauptstraße,-n** main street
der **Hauptteil,-e** main part
das **Haus,⁼er** house, *nach Hause gehen* to go home, *zu Hause* at home
die **Hausaufgabe,-n** homework, *die Hausaufgaben machen* to do homework
der **Haushalt,-e** household
der **Hausmann,⁼er** house husband
der **Hausmeister,-** caretaker
die **Hausnummer,-n** street number
das **Heft,-e** notebook
heftig intense
das **Heftpflaster,-** adhesive tape, Band-Aid
die **Heide,-n** heath
heidnisch pagan
das **Heilbad,⁼er** spa
die **Heilquelle,-n** mineral spring
das **Heim,-e** home
das **Heimatland,⁼er** homeland
der **Heimatort,-e** home town
heimisch at home
die **Heimkehr** homecoming
heimlich secret
der **Heimweg,-e** way home
das **Heimweh** home sickness
die **Heirat,-en** marriage
heiraten to marry
die **Heiratsurkunde,-n** marriage certificate
heiß hot
heißen to be called, named, *Wie heißt du?* What's your name?

heiter cheerful, bright (weather)
der **Held,-en** hero
das **Heldenlied,-er** heroic epos
helfen to help
hell light, *ein Helles* a light beer
der **Helm,-e** helmet
das **Hemd,-en** shirt
hemmen to hem in, to obstruct
herankommen to come close to
heranwachsen to grow up
herausbringen to publish
herausfordern to challenge
herauskommen to come out (of)
herausragen to loom out of
sich **herausstellen** to turn out, prove
der **Herbergsvater,⁼** youth hostel director
der **Herbst,-e** fall, autumn
die **Herkunft** origin
der **Herr,-en** Mr., gentleman
herrlich great, splendid
die **Herrschaft,-en** rule, political control
herrschen to be, exist, rule
der **Herrscher,-** ruler
herstellen to produce
der **Hersteller,-** producer
herumfahren to drive (ride) around
herumlaufen to run around
herumrudern to row around
herumspielen to play around
hervorragen to stand out
das **Herz,-en** heart
die **Herzensgüte** kindheartedness
herzlich sincere, hearty, *herzliche Grüße* kind regards, (intimately) love
herzzerbrechend heartbreaking
der **Heurige** wine of this year's vintage, new wine
heute today, *heute abend* this evening, tonight
heutig today's
hier here
hierherkommen to come here
hierherziehen to attract here
die **Hilfe** help, assistance

hilfreich helpful
hilfsbereit helpful
der **Himmel** sky
der **Himmelfahrtstag** Ascension Day
hin und zurück round trip
hinabschauen to look down
hinauswerfen to throw out
hineingehen to go inside
hineinreichen to reach into
hineinschütten to pour in
hinfallen to fall down
hinrichten to execute
sich **hinsetzen** to sit down
hinter behind
hintergehen to deceive
der **Hintergrund,⁼e** background
hinterlassen to leave behind
der **Hinweis,-e** instruction, hint, indication
hinweisen to hint
historisch historical, historic
die **Hitze** heat, *bei der Hitze* in this heat
das **Hobby,-s** hobby
hobeln to plane
hoch high
hochangesehen highly respected
der **Hochbetrieb** peak period
das **Hochdeutsch** High German
das **Hochhaus,⁼er** skyscraper
die **Hochschule,-n** college, university
der **Hochstapler,-** swindler
hochziehen to pull up
die **Hochzeit,-en** wedding
der **Hochzeitsgast,⁼e** wedding guest
die **Hochzeitskutsche,-n** wedding carriage
das **Hockey** hockey
der **Hof,⁼e** yard, court
hoffen to hope
hoffentlich hopefully
die **Hoffnung,-en** hope
die **Höhe,-n** height
der **Höhepunkt,-e** highlight
höfisch courtly
höflich polite
das **Holzbrett,-er** wooden plank
der **Holzschnitzer,-** wood carver
die **HO-Kaufhalle,-n** (government-owned) supermarket
holen to get, fetch

die **Holzschnitzerei,-en** woodcarving

das **Holzfaß,-̈sser** wooden barrel

hören to listen, hear

der **Hörer,-** receiver (phone)

das **Hörspiel,-e** radio play

die **Hose,-n** pants, slacks

der **Hosenboden,-** backside of pants

die **Hosenträger** (pl.) suspenders

das **Hotel,-s** hotel

das **Hotelschild,-er** hotel sign

das **Hotelzimmer,-** hotel room

hübsch nice, pretty

der **Hügel,-** hill

das **Huhn,-̈er** chicken

humorvoll humorous

der **Hund,-e** dog

der **Hundertmarkschein,-e** one-hundred-mark bill

der **Hunger** hunger, *Hunger haben* to be hungry

hungrig hungry

der **Hustenbonbon,-s** (also: *das Bonbon*) cough drop

der **Hustensaft,-̈e** cough syrup

der **Hut,-̈e** hat, *auf der Hut sein* to be on guard

das **Hüttenwerk,-e** foundry

I

ich I

ideal ideal

idealisieren to idealize

die **Identität,-en** identity

die **Idee,-n** idea

idyllisch idyllic

ihn it, him

ihr you (familiar plural), their, her

Ihr your (formal)

die **Ikone,-n** icon

die **Imbißstube,-n** snack bar

imitieren to imitate

immer always, *immer wieder* again and again

immerzu all the time

in in

die **Industrie und Handelskammer** Chamber of Commerce

die **Industriestadt,-̈e** industrial city

die **Information,-en** information

der **Ingenieur,-e** engineer

der **Inhalt,-e** content

inmitten in the midst of

der **Innenspiegel,-** inside mirror

die **Innenstadt,-̈e** downtown, center of city

das **Innere** inside

innerhalb within

die **Insel,-n** island

insgesamt altogether, in all

inspizieren to inspect

installieren to install

interessant interesting

das **Interesse,-n** interest

interessieren to interest

international international

inzwischen in the meantime

irgendetwas something

der **Irrtum,-̈er** error

Italien Italy

Italienisch Italian (language)

J

ja yes

die **Jagd,-en** hunt

jagen to hunt

das **Jahr,-e** year

die **Jahreszeit,-en** season

das **Jahrhundert,-e** century

der **Jammer** distress

der **Januar** January

je each, *je zuvor* ever before

die **Jeans** (pl.) jeans

jedenfalls in any case

jeder each, every

jederzeit any time

der **Jet,-s** jet airplane

jetzt now

jubeln to cheer

der **Jude,-n** Jew

die **Judenmetzig,-e** butcher shop for Jews

die **Judenverfolgung,-en** Jewish persecution

die **Jugend** youth, young people

das **Jugendbuch,-̈er** juvenile book

die **Jugendherberge,-n** youth hostel

der **Jugendherbergsausweis,-e** youth hostel identification (card)

der **Jugendliche,-n** youngster, teenager, youth

Jugoslawien Yugoslavia

der **Juli** July

jung young

der **Junge,-n** boy

die **Jungfrau,-en** virgin, maiden

das **Jüngste Gericht** the Last Judgement

jungverheiratet married young

der **Juni** June

der **Jurist,-en** lawyer

K

die **Kabine,-n** cabin

der **Kaffee** coffee

der **Käfig,-e** cage

der **Kahn,-̈e** boat

der **Kai,-s** wharf

der **Kaiser,-** emperor

kaiserlich imperial

der **Kakao** hot chocolate, cocoa

das **Kalbsfrikassee** veal fricassee

kalt cold

die **Kalte Platte** cold plate

die **Kamera,-s** camera

der **Kamerad,-en** buddy

sich **kämmen** to comb one's hair

der **Kampf,-̈e** battle, *der bürgerliche Kampf* civil war

kämpfen to fight

der **Kanal,-̈e** canal, channel (TV)

das **Kanalsystem,-e** canal system

das **Kaninchenfutter** rabbit food

der **Kaninchenstall,-̈e** rabbit cage

die **Kantine,-** canteen, lunchroom

der **Kanzler,-** chancellor

die **Kapelle,-n** band

kaputt broken

Karfreitag Good Friday

der **Karneval** carnival

der **Karnevalszug,-̈e** carnival parade

die **Karotte,-n** carrot

der **Karpfen,-** carp

die **Karte,-n** ticket, map, card

die **Kartei,-en** card-index

die **Kartoffel,-n** potato

der **Kartoffelsalat** potato salad

der **Karton,-s** carton, cardboard box

der **Käse** cheese, *Schweizer Käse* Swiss cheese

die **Kaserne,-n** barracks

die **Käsesorte,-n** kind of cheese

der **Käsestand,-̈e** cheese stand

die **Kasse,-n** cashier's counter
die **Kassette,-n** cassette
die **Kassiererin,-nen** cashier
die **Kasten,-̈** box
der **Katalog,-e** catalog
die **Katastrophe,-n** catastrophy
die **Katze,-n** cat
kaufen to buy
das **Kaufhaus,-̈er** department
　　store
kaufmännisch commercial
der **Kaufmannsgehilfenbrief,-e**
　　certification of trade
　　apprentice
kaum hardly
kegeln to bowl
kein no
keineswegs not at all
der **Keller,-** basement, cellar
der **Kellner,-** waiter
die **Kellnerin,-nen** waitress
kennen to know (someone)
kennenlernen to get to know
der **Kenner,-** expert
der **Kerker,-** prison
der **Kerkermeister,-** prison guard
der **Kerl,-e** guy
die **Kernkraft** atom power
das **Kilo,-s** kilogram
der **Kilometer,-** kilometer
das **Kind,-er** child
der **Kindergarten,-̈** kindergarten
die **Kindheit,-en** childhood
das **Kinn,-e** chin
das **Kino,-s** movie theater
der **Kiosk,-e** kiosk
kippen to dump, pour
die **Kirche,-n** church
die **Kirsche,-n** cherry
die **Kiste,-n** box, trunk
das **Kistenbrett,-er** box board
klagen to complain
der **Klang,-e** sound
klappen to clap, *Das klappt
　　prima.* That works out
　　well.
klar clear, O.K.
die **Kläranlage,-n** sewage plant
die **Klarinette,-n** clarinet
die **Klasse,-n** class, *zweiter Klasse*
　　second class
klasse sein to be great
der **Klassenausflug,-̈e** class trip
klassisch classical
die **Klassiker** (pl.) classics
klatschen to applaud

das **Klavier,-e** piano
das **Kleid,-er** dress
die **Kleidung** clothing
das **Kleidungsstück,-e** article of
　　clothing
klein small, little
die **Kleinigkeit,-en** small
　　item, thing
der **Kleinstaat,-en** small state
die **Kleinstadt,-̈e** small town
klemmen to jam
das **Klettergerät,-e** climber
klettern to climb
klingeln to ring, *an der Tür
　　klingeln* to ring the
　　doorbell
klingen to sound
klug smart
knallen to bang, *Ich knalle dir
　　eine.* I'll smash you.
knapp scarce
die **Kneipe,-n** tavern
knipsen to take a picture
der **Knochen,-** bone
der **Knochenbruch,-̈e**
　　bonefracture
der **Knödel,-** dumpling
knusprig crisp, crunchy
kochen to cook
der **Kocher,-** stove
der **Koffer,-** suitcase
der **Koffer-Kuli,-s** luggage cart
der **Kofferraum,-̈e** trunk
die **Kohle,-n** coal
der **Kollege,-n** colleague
die **Kollektivschuld** collective
　　guilt
der **Komfort** comfort
der **Komiker,-** comedian
komisch strange, funny
kommen to come, *Komm doch
　　mit.* Why don't you come
　　along? *Es kommt auf...an.*
　　It depends on...
die **Kommode,-n** (chest of)
　　drawers
das **Kompliment,-e** compliment,
　　Komplimente machen to pay
　　compliments
das **Kompott,-e** stewed fruit
die **Konditorei,-en** café
der **König,-̈e** king
konkurrieren to compete
können to be able to, can
das **Konzentrationslager,-**
　　concentration camp

der **Konzertsaal,-säle** concert hall
der **Kopf,-̈e** head
köpfen to head (the ball)
das **Kopfkissen,-** pillow
die **Kopfschmerzen** (pl.)
　　headache
der **Korb,-̈e** basket
der **Korbball,-̈e** basketball
körperlich physical
der **Körperteil,-e** part of body
der **Korridor,-e** corridor, hallway
kostbar valuable
die **Kosten** (pl.) costs
kosten to cost, taste
köstlich delicious
das **Kostüm,-e** costume
der **Krach** (loud) noise
die **Kraft,-̈e** strength
krank sick, ill
das **Krankenhaus,-̈er** hospital
der **Krankenpfleger,-** (male)
　　nurse
die **Krankenschwester,-n** nurse
die **Krawatte,-n** tie
kreativ creative
der **Kreis,-e** district, circle
das **Kreuz,-e** cross, back, *in die
　　Kreuz und in die Quer* in all
　　directions
die **Kreuzung,-en** intersection,
　　crossing
kriegen to get
die **Kriegsgefahr,-en** risk of war
der **Kriegsgefangene,-n** prisoner
　　of war
der **Krimi,-s** detective story
die **Krise,-n** crisis
die **Kritik,-en** review
kritisch critical
krönen to crown
krumm crooked
der **Kübel,-** tub, big bucket
die **Küche,-n** kitchen
der **Kuchen,-** cake
die **Kuh,-̈e** cow
kühl cool
der **Kühlapparat,-e** cooling
　　machine
der **Kühler,-** radiator
die **Kuhle,-n** groove
der **Kühlraum,-̈e** cooler
der **Kuli,-s** (ballpoint) pen
kulturell cultural
das **Kulturamt** office for cultural
　　affairs

sich **kümmern um** to pay attention
to
der **Kunde,-n** customer
die **Kundschaft,-en** customers
die **Kunst** art
die **Kunstausstellung,-en** art
exhibition
die **Kunstbewegung,-en** art
movement
der **Kunstgegenstand,-̈e** artifact
der **Kunstgeschichtler,-** art
historian
der **Kunstladen,-̈** art store
künstlerisch artistic
künstlich artificial
die **Kunstsammlung,-en** art
collection
der **Kunstschatz,-̈e** art treasure
die **Kupplung,-en** clutch
die **Kur,-en** cure
kuren to cure
der **Kurgast,-̈e** guest at a health
resort
der **Kurs,-e** currency exchange
rate, course, direction
kurz short(ly)
kürzen to shorten
kürzlich recently
das **Kurzportrait,-s** short portrait
küssen to kiss
die **Kutsche,-n** carriage, coach
das **KZ** (*Konzentrationslager*)
concentration camp

L

lächeln to smile
der **Laden,-̈** store
der **Ladenschluß** closing time for
stores
der **Ladentisch,-e** counter
die **Ladung,-en** load
lagern to store
lahm lame
lahmlegen to paralyze
der **Laienspieler,-** amateur
performer
die **Lampe,-n** lamp
das **Land,-̈er** country, land,
"state" in the *BRD*,
auf dem Lande in the
country
landen to land
die **Landfläche,-** territory
das **Landflugzeug,-e** landplane

der **Landkreis** county
ländlich rural
die **Landschaft,-en** landscape
landschaftlich scenic
die **Landstraße,-n** two-lane
highway
der **Landungssteg,-e** gangway
der **Landwirt,-e** farmer
die **Landwirtschaft** agriculture
landwirtschaftlich
agricultural
lang long
lange long
die **Länge,-n** length
die **Langeweile** boredom
längs along
langsam slow(ly)
langweilig boring
lassen to leave, let
die **Last,-en** weight
der **Lastwagen,-** truck
die **Laterne,-n** street lamp,
lantern
die **Laufbahn,-en** career
laufen to run, *sich warm laufen*
to warm up
die **Läufer,-** runner
die **Laune,-n** mood, *guter Laune
sein* to be in a good mood
der **Lautsprecher,-** loudspeaker
das **Leben** life
leben to live
die **Lebenserinnerungen** (pl.) life
memoirs
die **Lebensgefahr,-en** risk of life
der **Lebenslauf,-̈e** personal record
lebenslustig vivacious
die **Lebensmittel** (pl.) groceries
das **Lebensmittelgeschäft,-e**
grocery store
die **Lebensmittelkarte,-n** ration
coupons
der **Lebensstandard,-e** living
standard
der **Lebensstil,-e** lifestyle
lebhaft lively
lecker delicious
die **Lederhosen** (pl.) leather pants
leer empty
leeren to empty
legen to place, put
lehnen to lean
der **Lehrer,-** (male) teacher
die **Lehrerin,-nen** (female)
teacher

der **Lehrling,-e** apprentice
der **Lehrplan,-̈e** curriculum
die **Leibesübung,-en** physical
exercise
der **Leichengeruch,-̈e** odor of a
corpse
leicht easy
leid tun to feel sorry, *Es tut
mir leid.* I am sorry.
das **Leiden,-** suffering
leiden to suffer
die **Leidenschaft,-en** passion
leidenschaftlich enthusiastic,
passionate, *leidenschaftlich
gern spielen* to love to play
leider unfortunately
leihen to loan
die **Leine,-n** rope
leise softly
leisten to achieve
sich **leisten** to afford
der **Leiter,-** head, person in
charge, director
der **Leitsatz,-e** motto
die **Leitung,-en** management
lenken to direct
lernen to learn, *auswending
lernen* to memorize, learn
by heart
lesen to read
der **Lesesaal,-säle** reading room
die **Lesewut** mania for reading
die **Leute** (pl.) people
das **Licht,-er** light
lieb haben to be fond of
lieben to love
liebenswert amiable
die **Liebenswürdigkeit,-en**
amiability
lieber rather
die **Liebesdichtung** love poetry
das **Liebeslied,-er** love song
der **Lieblingskuchen,-** favorite
cake
der **Lieblingsort,-e** favorite place
die **Lieblingssendung,-en**
favorite TV program
das **Lied,-er** song
liefern to deliver
liegen to lie, be located
der **Linienrichter,-** linesman
die **Limonade,-n** soft drink
lind gentle
das **Lineal,-e** ruler
links left, on (to) the left

die **Lippe,-n** lip
das **Liter,-** liter
loben to praise
das **Loch,-̈er** hole
locker loose
der **Lohn,-̈e** wage
der **Lohnempfänger,-** wage earner
sich **lohnen** to pay
lokal local
die **Lokalzeitung,-en** local paper
los: was ist los? What's the matter? *Los!* come on! *Los, kommt!* Come on, let's go! *Es ist viel los.* A lot is going on.
losbrausen to dash off
löschen to extinguish
lösen to solve, to loosen, release (brake)
losfahren to drive off
losgehen to start, take off
loslaufen to start running
sich **losreißen** to tear loose
die **Lösung,-en** solution
loswerden to get rid of
der **Löwe,-n** lion
die **Luft,** air
die **Lüfte** winds
der **Luftdruck** air pressure
die **Luftfeuchtigkeit** humidity
die **Luftpost** airmail
der **Luftpostdienst** airmail service
das **Luftschiff,-e** dirigble, blimp
lügen to lie
die **Lust** pleasure, joy, *Sie hat Lust . . .* She would like to . . .
Luxemburg Luxembourg
der **Luxus** luxury
die **Lyrik** lyric poetry

M

machen to do, make, *Das macht fünf Mark.* That's five marks. *Das macht nichts.* That doesn't matter.
die **Macht,-̈e** power
die **Machtergreifung,-en** seizure of power
mächtig powerful
das **Mädchen,-** girl
mager lean, slender
die **Mahlzeit,-en** meal

das **Mahnmal** memorial
die **Mahnung,-en** admonition
der **Mai** May
Majo (short for: *Mayonnaise*) mayonnaise
das **Makel,-** flaw
das **Mal,-e** time(s)
mal times
der **Maler,-** painter
die **Malerei,-en** painting
man one, they, you, people
manche a few
manchmal sometimes
die **Mandel,-n** tonsil
die **Mandelentzündung** tonsilitis
mangelhaft inadequate
der **Mann,-̈er** man, husband
die **Mannschaft,-en** team
der **Mantel,-̈** coat
der **Marathonlauf,-̈e** marathon run
das **Märchen,-** fairy tale
märchenhaft legendary, fairy tale-like
die **Margarine** margarine
die **Mark** mark (German monetary unit)
markieren to mark, *gut markiert* well marked
der **Markt,-̈e** market
der **Marktplatz,-̈e** market square
der **Markttag,-e** market day
der **Marktwert,-e** market value
die **Marmelade** jam
der **Marmor** marble
der **März** March
der **Mast,-en** pole
das **Maß,-e** measure
das **Massengrab,-̈er** mass grave
die **Maßnahme,-n** measure
die **Matheaufgabe** math problem
die **Mathematik** (or: *Mathe*) mathematics
der **Mauerrest,-e** wall remnant
der **Mechaniker,-** mechanic
die **Medizin** medicine
das **Meer,-e** sea
mehr als more than
mehrere several
der **Meilenstein,-e** milestone
mein my
meinen to mean, think be of the opinion
die **Meinung,-en** opinion

die **meisten** most
meistens mostly, most of the time
der **Meister,-** boss
meistern to conquer
der **Meistersänger,-** mastersinger
die **Meisterschaft,-en** championship
die **Melange,-n** Austrian coffee (mixed with cream)
melden to report
die **Melodie,-n** melody
die **Menge,-n** crowd, quantity
die **Mensa** student cafeteria
der **Mensch,-en** person, human being
die **Menschenbildung** all-round education
die **Menschenrechte** (pl.) human rights
menschlich human
die **Menschlichkeit** humanity
merken to notice
merkwürdig strange
die **Messe,-n** trade fair
messen to measure
das **Messer,-** knife
der **Meter,-** meter
der **Metzger,-** butcher
mieten to rent
das **Mietshaus,-̈er** apartment building
die **Milch** milk
das **Milieu** environment
militärisch military
die **Million,-en** million
die **Minderheit,-en** minority
mindestens at least
die **Mineralsammlung,-en** collection of minerals
das **Mineralwasser** mineral water
minus minus, less
die **Minute,-n** minute
mischen to mix
die **Mischung,-en** mixture
mißbrauchen to misuse
mißhandeln to mistreat
mißlingen to fail
mißtrauisch distrustful
mit with
der **Mitarbeiter,-** co-worker
mitbestimmt co-influenced
das **Mitbestimmungsrecht,-e** right of codetermination

mitbringen to bring along
der Mitbürger,- fellow citizen
miteinander with each other
mitfliegen to fly along
das Mitgefühl,-e sympathy
das Mitglied,-er member
mithalten to keep up
mitkommen to come along,
    Ich komme mit dir nicht mit.
    I can't keep up with you.
mitmachen to participate
mitnehmen to take along
der Mitreisende,-n fellow traveler
der Mittage,-e noon
das Mittagessen lunch
die Mittagszeit,-en noon time,
    lunch time
die Mitte,-n middle, center
die Mittel (pl.) means
das Mittelalter Middle Ages
mittelalterlich medieval
das Mittelgebirgsland central
    highlands
mittelhochdeutsch Middle
    High German
der Mittelpunkt,-e focal point, center
mittlerweile in the meantime
mitwirken to take part
der Mittwoch Wednesday
die Möbel (pl.) furniture
das Modehaus,¨er fashion store
das Modell,-e model
modern modern
mögen to like
möglich possible
die Möglichkeit,-en possibility
die Möhre,-n carrot
der Moment,-e moment
der Monat,-e month
der Mönch,-e monk
der Montag Monday
der Mord,-e murder
der Mörder,- murderer
der Morgen morning, *heute*
    morgen this morning
morgen tomorrow
der Mörtel mortar
das Motorboot,-e motor boat
die Motorhaube,-n hood
das Motorrad,¨er motorcycle
müde tired
die Mühe,-n effort
der Mund,¨er mouth
mündlich oral
das Münster,- cathedral
munter awake, cheerful,
    happy

die Münze,-n coin
murmeln to mumble
das Museum,-seen museum
die Musik music
der Musiker,- musician
das Musikfest,-e music festival
die Musikgruppe,-n music group
das Musikinstrument,-e musical
    instrument
müssen must, to have to
die Mutter,¨ mother
die Muttersprache,-n mother
    tongue
der Muttertag Mother's Day
die Mutti,-s mom

N

na well
nach to, after, *nach wie vor* still
nachahmen to imitate
die Nachbarin,-nen neighbor
    (female)
das Nachbarland,¨er neighboring
    country
die Nachbarschaft,-en
    neighborhood
nachdem after (having)
nachdenken to ponder
nachkommen to follow
die Nachkriegszeit,-en time after
    the war
der Nachmittag,-e afternoon
der Nachname,-n family name
die Nachrichten (pl.) news
nachsehen to check
die Nachsicht patience
nachsichtig tolerant
nächst next
der Nachteil,-e disadvantage
der Nachtisch,-e dessert
der Nachttisch,-e night stand
nachweisen to prove
der Nagel,¨ nail
die Nähe nearness, proximity,
    in der Nähe nearby
nahezu almost
naja well . . .
der Name,-n name
nämlich namely
die Narbe,-n scar
die Nase,-n nose
naß wet
der Naßdampf,¨e wet steam
das Nationalbewußtsein national
    consciousness

die Nationalfahne,-n national
    flag
der Nationalstolz national pride
natürlich of course,
    natural(ly)
der Nebel,- fog
neben next to, besides
nebenan close by
nebenbei on the side
nebeneinander beside each
    other
das Nebentalent,-e side-talent
das Nebenzimmer,- adjacent
    room
nehmen to take
neigen to bow
nein no
nennen to name, call
nervös nervous
neu new
der Neuanfang,¨e new beginning
die Neugier curiosity
neugierig curious
neuhochdeutsch New High
    German
das Neujahr New Year's Day
neulich recently
neun nine
neunzehn nineteen
die Neuzeit modern age
nicht not
nichts nothing
nicken to nod
die Niederlande Netherlands
der Niederschlag,¨e rain
niedrig low
niemand nobody, noone
noch still, yet
nochmal once more
die Nominierung,-en nomination
der Norden north
nördlich northern, to the
    north of
die Nordsee North Sea
normal normal
normalerweise normally
die Note,-n (school) grade, mark
notieren to jot down, make a
    note of
nötig necessary
notwendig necessary
die Notwendigkeit,-en necessity
die Novelle,-n short story
der November November
null zero
die Nummer,- number

das **Nummernschild,-er** license plate
nur only, just
nutzen to use

O

ob if, whether
oben on top, above
die **Oberschule,-n** secondary school, high school
obgleich although
das **Obst** fruit
die **Obstabteilung,-en** fruit department, *die Obst- und Gemüseabteilung* the fruit and vegetable department
die **Obstschnitte,-n** piece of fruit pie
der **Obststand,-̈e** fruit stand, *der Obst- und Gemüsestand* fruit and vegetable stand
obwohl although
oder or
offen open
offen stehen to be open (to)
öffentlich public
die **Öffentlichkeit** public
offiziell official
öffnen to open
oft often
oftmals often
ohne without
ohnedies besides
das **Ohr,-en** ear
der **Oktober** October
das **Öl** oil
der **Ölstand** oil level
die **Oma,-s** grandma
der **Onkel,-** uncle
der **Opa,-s** grandpa
die **Opernbühne,-n** opera house
das **Opfer,-** victim
orange orange
ordentlich proper
die **Ordnung,-en** order, *Es geht in Ordnung.* It will be taken care of. *In Ordnung.* O.K.
die **Organisation,-en** organization
der **Organisator,-en** organizer
organisieren to organize
die **Orientierung-en** orientation
der **Ort,-e** town, place
die **Ortschaft,-en** village, town

der **Osten** east
Ostern Easter, *Frohe Ostern!* Happy Easter!
Österreich Austria
die **Ostsee** Baltic Sea
das **Ostseebad,-̈er** Baltic Sea resort

P

das **Paar,-e** pair, couple
paar: ein paar a few, some, *ein paarmal* a few times
das **Pack** darn bunch
das **Päckchen,-** parcel, packet
packen to pack, grab
die **Packung,-en** package
der **Pädagoge,-n** educator
das **Paket,-e** package
die **Paketkarte,-n** package card (form to be filled out when sending a package)
der **Paketschalter,-** package counter
die **Panne,-n** car trouble, breakdown
das **Papier** paper
das **Paradies,-e** paradise
der **Park,-s** park
parken to park
der **Parkplatz,-̈e** parking space, parking lot
die **Parkuhr,-en** parking meter
das **Parlament** Parliament
die **Party,-s** party
der **Paß,-̈sse** passport
der **Passagier,-e** passenger
passen to fit, suit
passend suitable, right, *das passende Geld* the right change
passieren to happen
die **Paßkontrolle,-n** passport inspection
patent ingenious, clever
patentieren to take out a patent
der **Patient,-en** patient
die **Pause,-n** break, *eine Pause machen* to take a break
das **Pech** bad luck
der **Pendler,-** commuter
die **Pension,-en** boarding house, type of inn
die **Pensionierung,-en** retirement

die **Person,-en** person
die **Personenkontrolle,-n** bodily search, security check
persönlich in person, personal, private
die **Pest** plague
die **Pfanne,-n** pan
der **Pfarrer,-** minister
die **Pfeife,-n** pipe
pfeifen to whistle
das **Pferd,-e** horse
die **Pferdekutsche,-n** horse-drawn carriage
pflegen to take care (of)
das **Pflichtbewußtsein** sense of duty
das **Pflichtfach,-̈er** required subject
Pfingsten Pentecost
der **Pfirsich,-e** peach
die **Pflanze,-n** plant
die **Pflaume,-n** plum
pflücken to pick, pluck
das **Pfund,-e** pound
phantastisch fantastic, great
die **Physik** physics
die **Physikaufgabe,-n** physics problem
der **Picknickplatz,-̈e** picnic area
der **Pilot,-en** pilot
die **Pistole,-n** pistol
der **Plan,-̈e** plan
planen to plan
planmäßig scheduled
das **Plattdeutsch** Low German
die **Platte,-n** plate
der **Plattenspieler,-** record player
der **Platz,-̈e** seat, place
der **Platzanweiser,-** usher
platzen to burst
plaudern to chat
plötzlich suddenly
plus plus
die **Poesie** poetry
die **Pointe,-n** punch line
der **Pokal,-e** cup
das **Poliermittel,-** polish
politisch political
die **Polizei** police
der **Polizist,-en** policeman
die **Pommes frites** (pl.) French fries
das **Portemonnaie** pocketbook, billfold
das **Porto,-s** postage
die **Post** mail, post office

das **Postamt,-̈er** post office
der **Posten,-** position
das **Postfach,-̈er** post office box
die **Postkarte,-n** postcard
die **Postleitzahl,-en** zip code
die **Pracht** splendor
prächtig magnificent
prägen to form
praktisch practical
der **Preis,-e** price
preisen to praise
die **Preisklasse,-n** price category
preiswert reasonable
die **Presse,-n** press
die **Presseleute** (pl.) journalists
pressen to press
der **Priester,-** priest
prima great, splendid
der **Prinzenwagen,-** prince's float
prinzipiell principal(ly)
die **Privatpension,-en** private
pension
pro per
probieren to try
das **Problem,-e** problem
die **Produktionsgenossenschaft**
farmers' cooperative
der **Produzent,-en** producer
produzieren to produce
profan secular
das **Programm,-e** program
die **Prophezeihung,-en** prophecy
der **Prospekt,-e** brochure
das **Prozent,-e** per cent
der **Prozess,-e** trial
prüfen to check
der **Prüfer,-** tester
die **Prüfung,-en** examination
das **Prüfungsergebnis,-se** exam
results
der **Psychologe,-n** psychologist
publizieren to publish
der **Pudding,-e** pudding
der **Pullover,-** pullover
der **Puls,-e** pulse
das **Pult,-e** desk
pumpen to pump
der **Punkt,-e** point
punkt punctually
pünktlich punctual, on time
die **Puppenvorstellung,-en**
puppet show
der **Putsch,-e** uprising, coup
sich **putzen** to clean oneself,
sich die Zähne putzen to
brush one's teeth

Q

das **Quadrat,-e** square
die **Qual,-en** torture
die **Qualität,-en** quality
die **Qualitätsbezeichnung,-en**
quality designation
die **Quelle,-n** source, spring
die **Quittung,-en** receipt

R

der **Radfahrer,-** bicycle rider
der **Radiergummi,-s** eraser
das **Radio,-s** radio
der **Radler,-** bicyclist
der **Radwechsel,-** wheel change
raffiniert cunning
ragen to loom
der **Rahm** cream, *saurer Rahm*
sour cream
'ran: 'Ran an die Arbeit! Let's
go to work!
rangehen to go up, *Geh näher
ran!* Move closer!
der **Rasen,-** lawn
sich **rasieren** to shave oneself
die **Rast,-en** rest, break, *eine Rast
machen* to take a
rest
raten to advice, give advice,
guess
das **Rathaus,-̈er** city hall
ratsam advisable, wise
der **Ratschlag,-̈e** advice
der **Ratskeller,-** restaurant (in the
basement of the city hall)
die **Ratte,-n** rat
das **Raubtier,-e** beast of prey
rauchen to smoke
rauf up
der **Raum,-̈e** room
rauschen to murmur
das **Realgymnasium,-sien** (non-
classical) secondary school
die **Realschule,-n** secondary
school (grades 4–10)
die **Rebe,-n** vine
der **Rebstock,-̈e** vine
der **Rechner,-** calculator
die **Rechnung,-en** bill, invoice,
check
recht right, *Das ist mir recht.*
That's all right (O.K.) with
me. *Du hast recht.* You're
right.

Recht: mit Recht rightfully
rechtfertigen to justify
rechts on (to) the right
der **Rechtsanwalt,-̈e** lawyer
rechtzeitig at the right time
die **Redakteurin,-nen** (female)
editor
reden to talk
die **Redewendung,-en** idiom
der **Redner,-** speaker
referieren to lecture
das **Regal,-e** shelf
die **Regel,-n** rule
regelmäßig regular(ly)
der **Regen** rain
reger lively
regieren to rule
das **Regierungsgebäude,-**
government building
die **Regierungsstelle,-n**
government office
der **Regisseur,-e** director
registrieren to register
regnen to rain
reich rich
reichen to reach
reichlich generous, plentiful
der **Reichtum,-̈er** wealth
reif ripe
der **Reifen,-** tire
die **Reihe,-n** row, *Er ist an der
Reihe.* It's his turn. *Er
kommt an die Reihe.* It's his
turn.
das **Reihenhaus,-̈er** terraced
house
reingehen to go inside
reinigen to clean
der **Reis** rice
die **Reise,-n** trip
das **Reisebüro,-s** travel agency
der **Reisende,-n** traveler
der **Reisepaß,-̈sse** passport
der **Reisescheck,-s** traveler's
check
das **Reiseziel,-e** destination
reiten to ride (on animal)
die **Reklame,-n** advertising,
Reklame machen to
advertise
die **Reklamesendung,-en**
commercial
renovieren to renovate
die **Reparatur,-en** repair
reparieren to repair
die **Republik,-en** republic

der **Rest,-e** rest
das **Restaurant,-s** restaurant
retten to save
das **Rezept,-e** prescription
der **Richter,-** judge
richtig really, correct
die **Richtung,-en** direction
riechen to smell
riesengroß gigantic
das **Riesenrad,-er** Ferris wheel
riesig gigantic
das **Riff,-e** reef
der **Rinderbraten,-** beef roast
das **Rinderfilet,-s** beef tenderloin
der **Ritter,-** knight
die **Robbe,-n** seal
der **Rock,-̈e** skirt
roh raw
das **Rohöl,-e** crude oil
die **Röhre,-n** tube
der **Rohstoff,-e** raw material
die **Rolle,-n** role, part
rollen to roll
der **Rollstuhlfahrer,-** wheel
chair driver
die **Rolltreppe,-n** escalator
der **Roman,-e** novel
röntgen to make an X-ray
der **Röntgenstrahl,-en** X-ray
rosa pink
der **Rosengarten** Rose Garden
der **Rosenmontag** Monday before
Lent
rot red
das **Rote Kreuz** Red Cross
der **Rotwein,-e** red wine
rüberkommen to come over
rücken to move
die **Rückenschmerzen** (pl.)
backache
die **Rückfahrt,-en** return trip
der **Rucksack,-̈e** knapsack
die **Rücksicht,-en** consideration
der **Rücksitz,-e** back seat
rückwärts backwards
der **Ruf,-e** cheer, slogan
der **Ruf** reputation
rufen to call
die **Ruhe** peace, silence, *Immer
mit der Ruhe!* Take it
easy.
ruhen to rest
ruhig quiet, peaceful, *Du
kannst ruhig . . .* It's all
right for you to . . .
der **Ruhm** fame

rühren to touch
rund round, about
runter down

S

die **S-Bahn,-en** city train,
suburban express train
der **S-Bahnhof,-̈e** suburban line
station
die **Sache,-n** thing, item
die **Sachertorte,-n** Sacher torte
(famous Viennese torte)
die **Sachlichkeit** objectivity
der **Saft,-̈e** juice
saftig juicy
die **Sage,-n** legend
sagen to say
die **Salami,-** salami
der **Salat,-e** salad, *Gemischter Salat*
mixed salad, tossed salad
der **Salatteller,-** salad plate
die **Salbe,-n** ointment
die **Salzkartoffel,-n** boiled potato
sammeln to collect
die **Sammlung,-en** collection
der **Samstag** Saturday
der **Sand** sand
sanft soft
satt full, *satt sein* to have had
enough (to eat), *satt haben*
to be fed up (with)
sauber clean
die **Sauberkeit** cleanliness,
neatness
saubermachen to clean
sauer angry, annoyed, sour,
acid
der **Sauerbraten,-** sauerbraten
(marinated beef)
die **Säule,-n** pillar, post
sausen to rush
das **Schach** chess
die **Schachfigur,-en** chess figure
das **Schachspiel,-e** game of chess
die **Schachtel,-n** box, can
schade too bad
der **Schaden,-̈** damage
schaden to hurt
schädlich damaging
das **Schaf,-e** sheep
das **Schaffen** creativity
schaffen to manage, create
der **Schaffner,-** conductor
das **Schafott,-e** scaffold
die **Schallplatte,-n** record

der **Schalter,-** (ticket) counter
die **Schaltung,-en** gearshift
schänden to shame
scharf sharp
der **Schatten,-** shadow
der **Schatz,-̈e** treasure
schätzen to appreciate
schauen to look, *Schau mal!*
Look!
der **Schauer,-** downpour
die **Schaufel,-n** shovel
das **Schaufenster,-** display
window
das **Schauspiel,-e** play
der **Schauspieler,-** actor
die **Schauspielerin,-nen** actress
der **Scheck,-s** check
die **Scheibe,-n** slice, (TV) tube
die **Scheibenbremse,-n** disc
brake
sich **scheiden lassen** to seek a
divorce
der **Schein,-e** bill, note
scheinen to shine, seem,
appear
der **Scheinwerfer,-** headlight
scheitern to fail
schenken to give (as a gift)
der **Scherz,-e** joke
scheu shy, timid
die **Scheune,-n** barn
die **Schicht,-en** shift
das **Schichtende,-n** end of shift
das **Schicksal,-e** fate
schicken to send
schieben to push
der **Schiedsrichter,-** referee
schießen to shoot
das **Schiff,-e** ship, boat
das **Schild,-er** sign
schildern to describe
das **Schimpfwort,-̈er** swear-word
der **Schinken** ham
die **Schlachterei,-en** butcher shop
schlafen to sleep
die **Schlafkoje,-n** bunkbed
der **Schlafsack,-̈e** sleeping bag
der **Schlafwagen,-** sleeping car
das **Schlafzimmer,-** bedroom
schlagen to beat, hit
die **Schlagsahne** whipped cream
die **Schlagzeile,-n** headline
der **Schlamm** mud
die **Schlange,-n** snake
schlängeln to wind, twist

das **Schläfchen** nap, *ein Schläfchen machen* to take a nap
schlank slender
schlau clever
der **Schlauch,-̈e** hose
der **Schlaukopf,-̈e** genius, smartie
schlecht bad
schleppen to haul, drag, lug
die **Schleuse,-n** sluice
schließlich finally
schlimm bad
Schlittschuh laufen to skate
der **Schlitz,-e** slot
das **Schloß,-̈sser** castle
der **Schlosser,-** locksmith
schluchzen to sob
schlucken to swallow
der **Schluß** end
der **Schlüssel,-** key
die **Schlußprüfung,-en** final exam
schmecken to taste
der **Schmerz,-en** pain
schmerzhaft painful
schmücken to adorn, decorate
das **Schmuckstück,-̈e** piece of jewelry
schmuggeln to smuggle
schmutzig dirty
der **Schnee** snow
schneiden to cut
die **Schneiderei** tailoring
schneidern to tailor
schneien to snow
schnell fast, quick(ly)
der **Schnell-Imbiß,-sse** fast-food restaurant
das **Schnellrestaurant,-s** fast food restaurant
das **Schnitzel,-** cutlet, *Wiener Schnitzel* breaded veal cutlet
schnitzen to carve (wood)
der **Schnitzer,-** wood carver
schnuppe: es ist jemandem schnuppe someone doesn't give a hoot
die **Schnur,-̈e** string
schon already, *schon wieder* again
schön beautiful, nice
die **Schönheit,-en** beauty
der **Schrank,-̈e** closet, wardrobe

die **Schraube,-n** propeller (ship)
der **Schreck** fright, *einen Schreck bekommen* to be frightened
der **Schrecken** fear
schrecklich terrible
der **Schrei,-e** cry
die **Schreibmaschine,-n** typewriter
das **Schreiben** letter, correspondence
schreiben to write
sich **schreiben** to correspond
das **Schreibpapier** writing paper
der **Schreibposten,-** clerical job
der **Schreibtisch,-e** desk
die **Schreibwaren** (pl.) stationary
schriftlich written
die **Schriftsprache,-n** written language
der **Schriftsteller,-** writer
der **Schritt,-e** step
der **Schuh,-e** shoe
der **Schuhmacher,-** shoemaker
der **Schulbereich,-e** school district
die **Schuld** fault
schuld fault, *schuld sein* to be at fault
schuldig guilty
das **Schuldgefühl,-e** guilt feeling
die **Schule,-n** school
der **Schüler,-** pupil, student (at elementary and secondary school)
der **Schülerlotse,-n** school patrol
die **Schulpflicht** compulsory education
die **Schultasche,-n** school bag
die **Schulter,-n** shoulder
die **Schulverwaltung,-en** school administration
der **Schulweg,-e** way to school
das **Schulzeugnis,-se** school certificate
der **Schuß,-̈sse** shot
die **Schüssel,-n** bowl
der **Schutt** rubble
der **Schutz** protection
schützen to protect
schwach weak
die **Schwäche,-n** weakness
schwächen to weaken
schwächlich weakly
der **Schwager** brother-in-law
der **Schwan,-̈e** swan

schwarz black
das **Schwarze Meer** Black Sea
der **Schwarzmarkt,-̈e** black market
der **Schwarzwald** Black Forest
schweben to float
schweigen to be silent
das **Schwein,-e** pig
der **Schweinebraten** roast pork
das **Schweinefilet,-s** pork tenderloin
der **Schweißer,-** welder
die **Schweiz** Switzerland
schwenken to swing
schwer difficult, hard
schwer fallen to be hard (for someone)
der **Schwerpunkt,-e** focus
die **Schwester,-n** sister
die **Schwierigkeit,-en** difficulty
das **Schwimmbad,-̈er** swimming pool
schwimmen to swim
schwindlig dizzy, *Mir ist schwindlig.* I'm dizzy.
schwitzen to sweat
das **Schwyzerdütsch** Swiss German
sechs six
sechzehn sixteen
der **See,-n** lake
der **Seehund,-e** seal
die **Seele,-n** soul
die **Seemeile,-n** nautical mile
das **Segel,-** sail
sehen to see, look, watch, *Mal sehen . . .* Let's see . . ., *Seht mal!* Look! *sehen auf* to look at, *einen Film sehen* to watch a a movie
die **Sehenswürdigkeit,-en** sight(s)
sehr very
die **Seife,-n** soap
die **Seilbahn,-en** cable car
sein to be
sein his
seinethalben for his sake
seit since, for
seitab next to
seitdem since
die **Seite,-n** page, side
der **Sekretär,-e** secretary (male)
die **Sekunde,-n** second

selbst in person, myself, itself, even
selbständig independent
der Selbstausdruck,-̈e self-expression
selbstverständlich of course
selten rare
seltsam peculiar
senden to televise, send
die Sendung,-en parcel, shipment, program (TV)
der Senf mustard
senken to sink, lower
der September September
servieren to serve
die Serviette,-n napkin
der Sessel,- armchair
setzen to set, put, place
sich setzen to sit down
die Seuche,-n disease
seufzen to sigh
sicher safe, secure, sure
die Sicherheit security
der Sicherheitsgurt,-e safety belt
die Sicherheitsüberprüfung,-en security check
sicherlich surely, certainly
sichern to assure
sicherstellen to make sure
sichtbar visible
Sie you (formal)
sie she, they
sieben seven
siebzehn seventeen
der Siedler,- settler
der Sieg,-e victory
der Sieger,- winner
die Siegermacht,-̈e victorious power
singen to sing
der Sinn,-e sense, *es hat keinen Sinn* it doesn't make sense
sinnen meditate
sinnlos senseless
die Sitte,-n custom
der Sitz,-e seat
sitzen to sit
der Sitzplatz,-̈e seat
das Skelett,-e skeleton
der Ski,-er ski
Ski laufen to ski
so so, *So weit* as far as, *So ... wie* as ... as
sobald as soon as
die Socke,-n sock

das Sofa,-s sofa
sofort right away, immediately
sogar even
sogenannt so-called
der Sohn,-̈e son
solange as long as
der Soldatenschwarm,-̈e troops
sollen to be supposed to, should
der Sommer,- summer
der Sommermonat,-e summer month
die Sommerresidenz summer residence
das Sonderangebot,-e special offer
sonderbar strange
sondern but, *nicht nur ... sondern auch* not only ... but also
der Sonderzug,-̈e special train
der Sonnabend Saturday
die Sonne sun
der Sonnenaufgang,-̈e sunrise
der Sonnenuntergang,-̈e sunset
sonnig sunny
der Sonntag Sunday
sonntags on Sundays
sonst otherwise, besides, *Sonst noch etwas?* Anything else?
sonstwo anywhere else
die Sorge,-n worry, trouble
sorgen to worry, take care
sorgen für to care for, provide for
sorgfältig careful
sorglos carefree
die Soße,-n gravy
soweit as far as
sowie as well as
sowieso anyhow, anyway
sozialistisch socialistic
die Spalte,-n column
spannen to tighten, stretch
spannend exciting
sparen to save
der Spargel,- asparagus
das Sparkonto,-ten savings account, *ein Sparkonto führen* to keep a savings account
der Spaß fun, *Viel Spaß!* Have fun! *Es macht Spaß.* It is fun.
spät late, *Wie spät ist es?* What

time is it? How late is it?
die Spätgotik late Gothic period
spazierengehen to stroll, take a walk
die Speise,-n meal, dish
die Speisekarte,-n menu
der Speisesaal,-säle dining hall
der Speisewagen,- dining car
die Spesen (pl.) expenses
das Spezialgeschäft,-e specialty store
sich spezialisieren auf to specialize in
die Spezialität,-en specialty, special
speziell special
der Spiegel,- mirror
das Spiel,-e game
spielen to play
der Spieler,- player
der Spielfilm,-e feature film
der Spielplan,-̈e program
der Spielplatz,-̈e playground
die Spielwaren (pl.) toys
der Spinat,-e spinach
die Spitze,-n top, peak, *an der Spitze sein* to be in front, be on top
der Spitzname,-n nickname
der Sport sport
die Sportabteilung,-en sports department
die Sportanlage,-n sports facility
die Sportart,-en kind of sport
der Sportler,- athlete
der Sportplatz,-̈e athletic field
die Sportschau sport show
der Sportwettbewerb,-e sports competition
der Spott mockery
der Spottvers,-e mockery verse
die Sprache,-n language
sprachenbegabt talented in languages
das Sprachgebiet,-e language area
das Sprachlabor,-s language lab
die Sprachschule,-n language school
sprechen to speak, talk, *sprechen über* to talk about
die Sprechstundenhilfe,-n receptionist, (doctor's) assistant
sprengen to blow up
das Sprichwort,-̈e proverb

springen to jump
spritzen to spray
der **Spruch,⸚e** saying
spülen to gurgle (mouth)
der **Sprung,⸚e** jump
die **Spur,-en** trace
spurlos traceless
der **Staat,-en** state
der **Staatenbund,-e** confederation
staatlich national, state-
die **Staatsangehörigkeit,-en** citizenship
die **Staatsschule,-n** state school
das **Stadion,-dien** stadium
das **Stadium, Stadien** stage
die **Stadt,⸚e** city, *in die Stadt gehen* to go downtown
der **Städtebau** city planning
das **Städtische Kunstmuseum** City Art Museum
die **Stadtkapelle,-n** city band
die **Stadtkarte,-n** city map
die **Stadtmauer,-n** city wall
der **Stadtplan,⸚e** city map
der **Stadtrand,⸚er** outskirts of city
die **Stadtrundfahrt,-en** city tour, *eine Stadtrundfahrt machen* to take a city tour
der **Stadtteil,-e** city district
das **Stadttor,-e** city gate
die **Stadtverwaltung,-en** city administration
das **Stadtwappen,-** city coat of arms
der **Stahl** steel
die **Stahlkonstruktion,-en** steel structure
der **Stamm,⸚e** tribe
stammen aus to come from
der **Stand,⸚e** stand
das **Standbild,-er** statue
das **Standesamt,⸚er** marriage (license) bureau
die **Standesbeamtin,-nen** registrar, official at marriage bureau
ständig always
die **Stange,-n** rod
stark strong, severe
die **Stärke,-n** strength
starr rigid
der **Start,-s** start, take-off
startbereit ready to take off
starten to start
das **Startsignal,-e** starting signal

die **Station,-en** station
stattdessen instead
stattfinden to take place
der **Status** status
der **Staub** dust
staunen to be amazed
stechen to sting
stecken to put, *einen Brief in den Briefkasten stecken* to put a letter into the mailbox
stehen to stand, be located, *Es steht ihr gut.* She looks good in it. *Es steht 1:0.* The score is 1–0.
der **Stehplatz,⸚e** standing room
steigen to climb
steigern to increase
sich **steigern** to increase
der **Stein,-e** stone, rock
der **Steinmetz,-e** mason
die **Stelle,-n** place, spot, position
stellen to put, place
die **Stellung,-en** position
stempeln to stamp
die **Stenographie** short-hand
die **Stenotypistin,-nen** shorthand typist
sterben to die
der **Stern,-e** star
die **Steuer,-n** tax
steuern to steer, to control
das **Steuerrad,⸚er** steering wheel
der **Steuerzahler,-** taxpayer
sticken to embroider
stimmen to be correct, vote, *Das stimmt.* That's right. That's true.
die **Stimmung,-en** atmosphere, mood
die **Stirn,-en** forehead
der **Stock,⸚e** floor, *erster Stock* first floor (America: second floor)
das **Stockwerk,-e** floor
der **Stoff,-e** substance
stolpern to stumble
der **Stolz** pride
stolz proud
stopfen to fill
stören to disrupt, disturb to bother
die **Störungsstelle,-n** repair department
der **Stoß,⸚e** shock

stoßen to push
stottern to stutter
die **Strafe,-n** punishment, sentence
straff tight
der **Strahl,-en** ray
strahlen to beam
der **Strand,⸚e** beach
der **Strandkorb,⸚e** beach chair
die **Straße,-n** street
die **Straßenbahn,-en** streetcar
die **Straßenbahnhaltestelle,-n** streetcar stop
die **Straßenseite,-n** side of street
der **Straßenverkehr** street traffic
der **Streich,-e** prank
streicheln to stroke, pet
die **Strecke,-n** stretch, distance, *auf der Strecke* on the track (road)
streiken to strike, stall (motor)
der **Streit,-e** quarrel
sich **streiten** to argue
die **Streitfrage,-n** controversy
stricken to knit
der **Strom** electrical current
die **Stromleitung,-en** power line
die **Strömung,-en** stream, current
der **Strumpf,⸚e** stocking
die **Stube,-n** (living) room
das **Stück,-e** piece, play
der **Student,-en** student (at university)
das **Studentenleben** student life
die **Studiengebühr,-en** tuition
studieren to study (at university)
das **Studium,-dien** studies
der **Stuhl,⸚e** chair
die **Stunde,-n** hour
stundenlang for hours
der **Sturm,⸚e** storm, assault
der **Sturzbach,⸚e** torrent
stürzen to overthrow
suchen to look for, search
Südamerika South America
südamerikanisch South American, Latin American
der **Süden** south
der **Südatlantik** South Atlantic Ocean
südlich southern, southerly
südwestlich south-western
sühnen to punish

die **Summe,-n** sum
die **Suppe,-n** soup
der **Suppenlöffel,-** soupspoon
das **Surfbrett,-er** surfboard
surfen to surf, *surfen gehen* to go surfing
die **Süßigkeiten** (pl.) sweets
süßlich somewhat sweet
das **Symbol,-e** symbol
synchronisieren to dub (film), synchronize

T

die **Tabelle,-n** chart
die **Tablette,-n** tablet, pill
die **Tafel,-n** board
der **Tag,-e** day, *Tag!* Hello! (conversational), Hi! *Guten Tag!* Hello!
die **Tagebuchnotiz,-en** diary note
der **Tagesausflug,-̈e** one-day excursion
das **Tagesgericht,-e** daily menu
der **Tagesplan,-̈e** daily schedule
die **Tagessuppe,-n** soup of the day
täglich daily
tagsüber during the day
die **Taille,-n** waist
das **Tal,-̈er** valley
der **Tank,-s** tank
tanken to fill up, tank
die **Tankstelle,-n** service station
der **Tankwart,-e** service station attendant
die **Tante,-n** aunt
der **Tanz,-̈e** dance
tanzen to dance
die **Tanzgruppe,-n** dance group
der **Tanzpartner,-** dancing partner
die **Tanzschule,-n** dancing school
der **Tanzunterricht** dancing lessons (pl.)
die **Tapete,-n** wallpaper
die **Tasche,-n** bag
das **Taschengeld** pocket money
die **Tasse,-n** cup
die **Tat,-en** deed, action
tätig active
die **Tatsache,-n** fact
tatsächlich really
die **Taube,-n** pigeon
tauschen to barter, exchange

täuschen to deceive
tausend thousand
das **Tausendjährige Reich** Nazi propaganda name for the Th Reich
die **Technik,-en** technology
der **Techniker,-** technician, engineer
der **Tee** tea
der **Teelöffel,-** teaspoon
der **Teich,-e** pond
der **Teil,-e** part, section, *zum größten Teil* for the most part, mostly *zum Teil* partly, in part
teilen to separate
die **Teilnahme** participation
teilnehmen to participate
der **Teilnehmer,-** participant
das **Telefon,-e** telephone
das **Telefonbuch,-̈er** phone book
das **Telefongespräch,-e** phone call, *ein Telefongespräch führen* to make a phone call
die **Telefonleitung,-en** phone line
die **Telefonzelle,-n** telephone booth
das **Telegramm,-e** telegram
der **Teller,-** plate
die **Temperatur,-en** temperature
das **Tempo,-s** tempo, pace
das **Tempolimit** speed limit
das **Tennis** tennis
der **Teppich,-e** carpet
der **Terminkalender,-** memo book
teuer expensive
der **Teufel,** devil, *Zum Teufel!* What the devil!
die **Textverarbeitungsanlage,-n** word processor
das **Theater,-** theater
die **Theater- und Musiksaison** theater and music season
die **Theateraufführung,-en** theater performance
das **Theaterstück,-e** play
die **Theke,-n** counter
das **Tief** low (weather)
die **Tiefe,-n** depth
das **Tiefland** lowlands
der **Tiefpunkt,-e** low
das **Tier,-e** animal

die **Tier- und Pflanzenproduktion** animal and plant production
das **Tierkreiszeichen,-** sign of the zodiak
der **Tiger,-** tiger
der **Tip,-s** hint
tippen to type
der **Tisch,-e** table
die **Tischdecke,-n** table cloth
der **Tischler,-** carpenter
das **Tischtennis** table tennis
der **Titel,-** title
die **Tochter,-̈** daughter
der **Tod** death
todkrank seriously ill
tödlich deadly
die **Toilette,-n** toilet
der **Toilettenartikel,-** toiletry
toll fantastic, wild, terrific
die **Tomate,-n** tomato
der **Tomatensalat,-e** tomato salad
die **Tomatensuppe,-n** tomato soup
der **Ton,-̈e** sound
tönen to sound
der **Topf,-e** pot
die **Töpferei,-en** pottery
das **Tor,-e** gate, goal
die **Torte,-n** torte, type of cake
der **Torwart,-̈er** goalie, goalkeeper
tot dead
der **Tote,-n** dead (man)
töten to kill
der **Tourist,-en** tourist
die **Tradition,-en** tradition
tragbar portable
tragen to carry
trainieren to train, practice
der **Traktor,-en** tractor
die **Traube,-n** bunch of grapes, grapes
die **Trauer** mourning
das **Traumgeschehen,-** imagined happening
traurig sad
der **Trauring,-e** wedding ring
das **Treffen,-** meeting
treffen to meet, *die Wahl treffen* to make the selection
sich **treffen** to meet
der **Treffpunkt,-e** meeting place

das **Treiben** hustle
treiben to pursue, do, drive,
Sport treiben to do sports
trennen to separate
die **Treppe,-** stair
treu true
die **Tribüne,-n** grandstand
trinken to drink
das **Trinkgeld,-er** tip
trocknen to dry
die **Trompete,-n** trumpet
tropisch tropical
der **Trottel** fool
trotzdem nevertheless, in
spite of it
trübe cloudy
das **Trümmergrab,-er** grave in
ruins
der **Trunk** drink
die **Tschechoslowakei**
Czechoslovakia
Tschüs! See you! (sometimes
spelled, *Tschüss!* or
Tschüß!)
der **Tuberkelbazillus,-en**
bacterium causing
tuberculosis
die **Tuberkulose** tuberculosis
tüchtig efficient
die **Tugend,-en** virtue
tun to do
die **Tür,-en** door
der **Turm,-e** tower
sich **türmen** to tower
der **Turner,-** gymnast
die **Turnhalle,-n** gymnasium
die **Tüte,-n** bag
typisch typical

U

die **U-Bahn,-en** subway
üben to practice
über over, above, about
überall all over, everywhere
der **Überblick,-e** survey
überblicken to overlook
übereinstimmen mit to agree
with
überfahren to run over
der **Übergang,-e** transition
übergenau overprecise
überhaupt actually
überheizt overheated
überhitzt overheated

überholen to pass by, to
overhaul
überlassen to leave to, *Das ist
dir überlassen.* That's up to
you.
überleben to survive
überlegen to ponder, think
over, superior
übermitteln to transmit
übernachten to stay overnight
die **Übernachtung,-en**
(overnight) accomodation
überprüfen to check (over),
examine
die **Überprüfung** review,
examination
überqueren to cross
überragen to tower above
die **Überraschung,-en** surprise
überreden to persuade, talk
into, *sich überreden lassen* to
be talked into
überreichen to hand over,
present
die **Überschrift,-en** title, headline
die **Übersee-Partnerschaft**
oversea-partnership
übersehen to ignore
übersetzen to translate
die **Übersetzung,-en** translation
die **Überstunden** (pl.) overtime
übertragen to translate
übertreffen to surpass, beat
übertreiben to exaggerate
überwachen to control, spy
upon
überwiegen to be
predominant
überwinden to overcome,
master
überzeugen to convince
sich **überzeugen von** to convince/
satisfy oneself of
die **Überzeugung,-en** conviction
üblich usual, customary
übrig remaining
übrigens by the way
die **Übung,-en** exercise, practice,
Übung macht den Meister!
Practice makes perfect.
das **Ufer,-** embankment
die **Uhr,-en** clock, watch, *Wieviel
Uhr ist es?* What time is it?
Es ist vier Uhr. It's four
o'clock.

um at, around, in order to, to,
Um wieviel Uhr? At what
time?
um . . . herum around
umarmen to embrace
umbringen to kill
sich **umdrehen** to turn around
umfangreich comprehensive
umfassen to comprise
die **Umfrage,-n** poll
der **Umgang** relations, *im Umgang
mit* dealing with
die **Umgangssprache,-n**
colloquial language
umgeben to surround,
umgeben von surrounded
by
die **Umgebung,-en** surrounding,
vicinity
umgehen to evade, *umgehen
mit* to manage
der **Umkleideraum,-e** changing
room
umkommen to perish
umnennen rename
umrechnen to convert
sich **umschauen** to look around
sich **umsehen** to look around
der **Umsiedler,-** resettler
umständlich complicated,
awkward
umsteigen to transfer
umstreiten to dispute
die **Umwälzung,-en** radical
change
die **Umwandlung,-en**
transformation
die **Umwandlungsformel,-n**
conversion formula
die **Umwelt** environment
die **Umweltverschmutzung,-en**
pollution of the
environment
sich **umziehen** to change (clothes)
unabhängig independent
unangenehm unpleasant
unausgeruht unrested
unbedingt by all means
unbestritten undisputed
und and
undenkbar unthinkable,
unimaginable
das **Unechte** untrue, unreal
uneinig divided
die **Uneinigkeit** dissention

unendlich never-ending
unentbehrlich indispensable
unentschieden tied (game)
unerträglich unbearable
unerwartet unexpected
unerwünscht undersired
unfähig incapable
der Unfall,-e accident
Ungarn Hungary
die Ungeduld impatience
ungeduldig impatient(ly)
ungefähr approximate(ly)
ungenügend unsatisfactory
ungerecht unfair
unglaublich unbelievable,
   incredible
das Unglück,-e accident
ungünstig inconvenient
das Unheil,-e disaster
die Uni "U" (abbreviation for
   Universität), university
die Universität,-en university
die Unkenntnis,-se ignorance
das Unkraut weeds
unpünktlich unpunctual
unrecht haben to be wrong
die Unruhe,-n unrest
unruhig restless
uns us
unsicher uncertain
unsichtbar invisible
unsterblich immortal
die Untat,-en atrocity
unten downstairs
unterbrechen to interrupt
unterbringen to accommodate
unterdessen meanwhile, in
   the meantime
unterdrücken to suppress
der Untergang decline
untergehen to perish
sich unterhalten to converse, talk
die Unterhaltung entertainment
die Unterkunft,-e accommodation
ohne Unterlaß without a break
das Unternehmen,- company
unternehmen to do
der Unterricht education
unterrichten to instruct,
   jemanden davon unterrichten
   to let someone know
   about it
unterscheiden to distinguish
der Unterschied,-e difference
unterschiedlich different

unterschreiben to sign
unterstützen to support
die Unterstützung,-en support
untersuchen to examine,
   inspect
die Untersuchung,-en (medical)
   examination
untrennbar inseparable
die Untertasse,-n saucer
unterwegs on the way
untüchtig incapable,
   inefficient
unveränderbar unchangeable
unvergänglich imperishable
unvergeßlich unforgetful
die Unverschämtheit,-en
   impertinence
das Unwetter,- stormy weather
uralt ancient
der Urenkel,- great-grandson
der Urlaub,-e vacation, *den Urlaub*
   verbringen to spend the
   vacation, *Urlaub nehmen* to
   take vacation, *Urlaub*
   machen to go on vacation
der Urlauber,- vacationer
der Urlaubsgast,-e vacationer
das Urlaubsgebiet,-e vacation
   area
das Urlaubsziel,- vacation place
die Ursache,-n cause, reason,
   Keine Ursache. Don't
   mention it.
der Ursprung,-e origin
ursprünglich original
urteilen to judge
die Urzeit,-en primeval time
utopisch utopian

V

die Vakuumröhre,-n vacuum
   tube
der Vater,- father
der Vatertag Father's Day
der Vati,-s dad
sich verabreden to make an
   appointment, *wie*
   verabredet as agreed
sich verabschieden to say good-
   bye
verändern to change
die Veränderung,-en change
veranstalten to organize

die Veranstaltung,-en event
verantwortlich responsible
die Verantwortung,-en
   responsibility
verärgert angry
der Verband,-e bandage
verbessern to improve
verbieten to forbid
verbinden to connect
die Verbindung,-en connection,
   link
das Verbrechen,- crime
verbrecherisch criminal
verbreiten to spread
verbrennen to burn
verbringen to spend (a
   vacation)
verdächtigen to suspect
verdanken to owe
verderben to spoil
verdienen to earn
der Verdienst,-e merit, earnings
der Verein,-e club
vereinen to unify
vereinigen to unify
die Vereinigten Staaten United
   States
die Vereinigung,-en unification
vereinzelt sporadic
vererben to inherit
die Vererbungslehre,-n genetics
das Verfahren,- procedure
verfassen to write
die Verfassung,-en constitution
verfilmen to make into
   movies
Verflixt! Darn it!
verfolgen to follow up
die Verfolgung,-en persecution
Verfügung: zur Verfügung
   stehen to be available
die Vergangenheit past
vergebens in vain
vergeblich futile
vergehen to pass, *Die Zeit*
   vergeht. The time passes.
vergehen to pass by
vergessen to forget
vergiften to poison
der Vergleich,-e comparison
vergleichen to compare
das Vergnügen enjoyment
sich vergnügen to enjoy oneself
der Vergnügungspark,-s
   amusement park

vergrößern to enlarge
verhaften to arrest
das **Verhältnis,-se** circumstance, relation
verheeren to destroy
verheiratet married
verhindern to prevent
die **Verhinderung,-en** prevention
verhören to interrogate
der **Verkauf,-̈e** sale
der **Verkäufer,-** sales clerk (male)
die **Verkäuferin,-nen** sales clerk (female)
das **Verkaufszentrum,-tren** shopping center
der **Verkehr** traffic
das **Verkehrsbüro,-s** tourist office
der **Verkehrslärm** traffic noise
das **Verkehrsmittel,-** means of transportation
die **Verkehrsregel,-n** traffic rule
das **Verkehrsschild,-er** traffic sign
verkommen to go to the dogs
verlassen to leave
sich **verlassen** to depend
verleihen to bestow, loan
verletzen to hurt
sich **verlieben** to fall in love
verlieren to lose, *Verlier keine Worte!* Don't waste any words!
der **Verlust,-e** loss
vermeiden to avoid
vermieten to rent
vermissen to miss
vermutlich supposedly
vernünftig sensible, wise
veröffentlichen to publish
verpacken to pack
verpassen to miss
verpesten to pollute
die **Verpflegung** food
verreisen to go on a trip
verrichten to peform
verrückt crazy
sich **versammeln** to gather, meet
sich **verschieben** to shift
verschieden different, various, *verschiedenes* different items
verschließen to lock
verschlingen to devour
die **Verschmutzung,-en** pollution
verschollen lost
verschreiben to write out (a prescription)

verschwinden to disappear
der **Verschwörer,-** conspirator
die **Versicherung,-en** insurance
versorgen to supply, provide
verspotten to mock
versprechen to promise
der **Verstand** reason, mind, *mehr Glück als Verstand haben* to have more luck than brains
die **Verständigung,-en** understanding
verstecken to hide
verstehen to understand
verstorben deceased
verstört disturbed
die **Verstörung-en** disconcertedness
versuchen to try
die **Versuchsanlage,-n** testing plant
verteidigen to defend
das **Vertrauen** trust
vertrauen to trust
vertreten to represent
der **Vertreter,-** representative
die **Vertretung,-en** representation
verursachen to cause
verurteilen to sentence
die **Verwaltung,-en** administration
der **Verwandte,-n** relative
verwarnen to caution, warn
verweigern to refuse
verwenden to use
die **Verwirklichung,-en** realization
verwundern to astonish
die **Verwunderung** astonishment
die **Verwundung,-en** wound
verzichten to do without, decline
verzieren to decorate
viel much
viele many
vielfach diverse
vielgeprüft much tried
vielgestaltig manifold
vielleicht perhaps
vier four
das **Viertel,-** quarter, *Es ist Viertel nach acht.* It's a quarter after eight.
vierzehn fourteen
der **Vogel,-̈** bird

die **Vokabel,-n** (vocabulary) word
die **Volksdichtung,-en** folk literature
der **Volksgerichtshof,-̈e** people's court
das **Volkslied,-er** folk song
der **Volksmund** colloquial speech
die **Volksschule,-** elementary school
der **Volksspruch,-̈e** popular saying
der **Volkstanz,-̈e** folk dance
Volkstrauertag Day of National Mourning
volkstümlich popular
voll full
vollenden to complete
die **Vollendung,-en** completion
der **Volleyball** volleyball
der **Volleyballspieler,-** volleyball player
völlig completely
die **Vollpension,-en** board and lodging
vollständig complete
das **Volontariat,-e** training
von from, of
vor in front of, before
voraus ahead
die **Voraussage,-n** forecast, prediction
vorbehalten reserved for
vorbei over
vorbeifahren to drive by
vorbeifließen to flow (run) by
vorbeiführen to go past
vorbeigehen to pass by
vorbeikommen to come by
sich **vorbeischlängeln an** to wind past
vorbereiten to prepare
das **Vorbild,-er** model
Vorderasien Near-East
der **Vordergrund,-̈e** foreground
der **Vordersitz,-e** front seat
die **Vorfahrt** right of way
die **Vorfahrtsstraße,-n** main street
vorführen to perform, stage
der **Vorgesetzte,-n** superior
vorhaben to plan, intend
vorher before, in advance
vorhergehend previous
vorherig previous
die **Vorherrschaft,-en** supremacy

vorhin before, earlier
die **Vorlesung,-en** lecture
vorletzt prior to the last
der **Vormittag,-e** forenoon
der **Vorname,-n** first name
vorne in front
der **Vorort,-e** suburb
die **Vorrichtung,-en** device
vorschieben to move forward
der **Vorschlag,⸚e** suggestion
vorschlagen to suggest
die **Vorschrift,-en** directive
vorschwindeln to make
believe
vorsichtig careful(ly)
vorstellen to introduce
sich **vorstellen** to imagine
die **Vorstellung,en** performance,
show
das **Vorteil,-e** advantage
der **Vortrag,⸚e** lecture
vortragen to lecture
das **Vorurteil,-e** prejudice
der **Vorverkauf** advance booking
die **Vorwahlnummer,-n** area
code
vorwerfen to reproach
vorzeigen to show
vorziehen to prefer
das **Vorzimmer,-** outer office
der **Vorzug,⸚e** advantage
vorzüglich excellent

W

die **Waage,-n** scale
die **Wachablösung** changing of
the guard
Wache halten to be on guard
duty
wachsen to grow
die **Waffe,-n** weapon, *unter Waffen*
in arms
der **Wagen,-** car, cart
wagen to risk
der **Wagenheber,-** jack
die **Wahl,-en** choice, selection,
*Wer die Wahl hat, hat die
Qual.* It's hard to make a
choice.
wählen to select
der **Wähler,-** voter
während during, while
die **Wahrhaftigkeit** truthfulness
die **Wahrheit,-en** truth
wahrscheinlich probably

die **Walze,-n** roll
die **Währung,-en** currency
das **Wahrzeichen,-** landmark
der **Wald,⸚er** forest
der **Walzer,-** waltz
der **Wandel** change
der **Wanderer,-** hiker
die **Wandergans,⸚e** wild goose
wandern to hike
die **Wanderung,-en** hike
die **Wanderschaft** wanderings,
auf die Wanderschaft gehen
set out on one's travels
der **Wanderweg,-e** hiking path
die **Wange,-n** cheek
wann when
die **Wanne,-n** tub
das **Wappen,-** coat of arms
die **Ware,-n** product, goods,
article, ware
warm warm
die **Wärme** warmth
die **Wärmeisolation,-en** heat
insulation
das **Warndreieck,-e** warning sign
warnen to warn
warten to wait, *warten auf* to
wait for
der **Wartesaal,-säle** waiting room
warum why
was what, *was für* what kind
of
die **Waschanlage,-n** car wash
sich **waschen** to wash oneself
das **Wasser** water
der **Wasserbehälter,-** water
container
der **Wasserhahn,⸚e** faucet
wässerig watery
der **Wasserkran,⸚e** feeding crane
die **Wasserstraße,-n** waterway
der **Wasserverkehr** water traffic
weben to weave
der **Wechsel** change
das **Wechselgeld** change
wechseln to change
wecken to awaken
der **Wecker,-** alarm clock
der **Weg,-e** way, path, *auf dem
Weg* on the way
weg sein to be gone,
weit weg sein to be far away
der **Wegbereiter,-** forerunner
weglocken to lure away
wegräumen to remove
das **Weh,-e** grief

weh: weh tun to hurt, *Es tut
mir weh.* It hurts me.
wehen to wave
sich **wehren** to defend (oneself)
die **Wehrmacht** German army
weihen to consecrate
Weihnachten (pl.) Christmas,
Fröhliche Weihnachten!
Merry Christmas!
weil because
die **Weile** while, *eine Weile* a while
der **Wein,-e** wine
der **Weinberg,-e** vineyard
der **Weinbau** wine-growing
das **Weinbaugebiet,-e** wine-
growing area
der **Weinbauort,-e** wine-growing
town
das **Weindorf,⸚er** wine town
weinen to cry
die **Weinernte,-n** harvest of
grapes
das **Weinfest,-e** wine festival
die **Weinflasche,-n** wine bottle
der **Weingarten,⸚** vineyard
das **Weingut,⸚er** winery
die **Weinkönigin,-nen** wine
queen
die **Weinlese,-n** vintage,
gathering of grapes
der **Weinmarkt,⸚** wine market
die **Weinprobe,-n** wine test, wine
testing
der **Weinstand,⸚e** stand offering
wine for sale
der **Weinstock,⸚e** grape vine stake
die **Weintraube,-n** bunch of
grapes, grapes
weise wise
die **Weise,-n** manner, way, tune,
kind, *auf diese Weise* in this
way
weisen auf to point to
weiß white
weiter further, *Sie gehen
weiter.* They keep going.
weiterfahren to continue
(driving)
weitergehen to keep going
der **Weitsprung,⸚e** broad jump
welcher which
die **Welle,-n** wave
die **Welt,-en** world
weltberühmt world-famous
die **Weltberühmtheit,-en** world
reputation

der **Weltkrieg** world war, *der
2. Weltkrieg* World War II
weltlich mundane, secular,
worldly
weltoffen open-minded
die **Weltoffenheit** worldly candor
weltweit world-wide
das **Weltwunder,-** wonder of the
world
wenden to turn
wenig little
wenige few
wenigstens at least
wenn when, if, whenever
wer who
die **Werbesendung,-en**
commercial
werden to become
werfen to cast
der **Werkleiter,-** manager
der **Werkmeister,-** supervisor,
foreman
die **Werkstatt,-̈e** repair shop,
workshop
der **Werktag,-e** working day
der **Werktätige-n** worker
das **Werkzeug,-e** tool
wert worth
wertlos worthless
wertvoll valuable
der **Wesenszug,-̈e** character
der **Westen** west
westlich western
das **Wetter** weather
die **Wettervoraussage,-n** weather
forecast
der **Wettkampf,-̈e** contest
wichtig important
der **Widerhall** resonance
widersprechen to contradict
widerspiegeln to reflect
der **Widerstand,-̈e** resistance
widerstehen to resist
widmen to devote
wie how, like, as, *Wie geht's?*
How are you? (familiar),
wie viele? how many
wieder again
die **Wiederanfachung** re-kindling
der **Wiederaufbau** reconstruction
wiederaufladbar rechargeable
der **Wiederentdecker,-** redis-
coverer
wiederholen to repeat

die **Wiedereröffnung,-en** reopening
wiedergeben to quote
wiederkommen to come
again
wiedersehen to see again
wiegen to weigh
der **Wiener,-** Viennese
die **Wiese,-n** meadow
wieviel how much, *Um
wieviel Uhr?* At what time?
wimmeln to swarm
der **Wind,-e** wind
die **Windschutzscheibe,-n**
windshield
der **Winter,-** winter
der **Wintermonat,-e** winter
month
der **Wintersportler,-** winter
sportsman
der **Wipfel,-** tree top
wir we
wirken to work, effect,
Es wirkt Wunder. It's
working wonders.
wirklich really
die **Wirkung,-en** effect
der **Wirt,-e** innkeeper
wirtschaftlich economic
die **Wirtschaftlichkeit** economy
wischen to wipe
wissen to know, be familiar
with
der **Wissenschaftler,-** scientist
witzig witty
wo where
das **Wochenende,-n** weekend
der **Wochenlohn,-̈e** weekly wages
woher where from
wohin where to
das **Wohl** well-being, *Wohl: Zum
Wohl!* Cheers! To your
health!
wohl indeed, well, probably,
used for emphasis,
sich wohl fühlen to feel well
wohnen to live
das **Wohnheim,-e** rooming
house, dormitory
die **Wohnung,-en** apartment
das **Wohnviertel,-** residential area
der **Wohnwagen,-** camper
das **Wohnzimmer,-** living room
der **Wolf,-̈e** wolf

die **Wolke,-n** cloud
wolkig cloudy
die **Wolle** wool
wollen to want to
womit with what
das **Wort,-e** word (saying,
quotation), *Verlier keine
Worte!* Don't waste any
words.
das **Wort,-̈er** word
das **Wörterbuch,-̈er** dictionary
die **Wortfolge,-n** word sequence
das **Wunder,-** wonder, miracle
sich **wundern** to wonder
wundersam strange
der **Wunsch,-̈e** wish
wünschen to wish
der **Wunschtraum,-̈e** pipe dream
die **Würde** dignity
die **Wurst,-̈** sausage
das **Würstchen,-** hot dog
das **Wurstschaschlik** sausage
kebab
die **Wurzel,-n** root
wütend furious

Z

zahlen to pay
zahlreich numerous
der **Zahn,-̈e** tooth
der **Zahnarzt,-̈e** dentist
die **Zahnbürste,-n** toothbrush
die **Zahnpasta,-sten** toothpaste
die **Zahnradbahn,-en** cog-wheel
(train)
die **Zahnschmerzen** (pl.)
toothache
die **Zange,-n** pliers
die **Zapfsäule,-n** gas pump
zart tender
der **Zauber** magic
der **Zaun,-̈e** fence
das **Zebra,-s** zebra
zehn ten
das **Zeichen,-** signal, sign
der **Zeichner,-** illustrator
zeigen to show,
zeigen auf to point to
die **Zeit,-en** time
das **Zeitalter** age, generation
dee **Zeitgenosse,-n** contemporary
zeitlich as to time
die **Zeitschrift,-en** magazine

die **Zeitung,-en** newspaper
der **Zeitungsstand,-̈e** newspaper
   stand
der **Zeitvertreib,-e** pastime
   activity
die **Zelle,-n** booth
das **Zelt,-e** tent
die **Zensur,-en** grade
der **Zentimeter,-** centimeter
das **Zentrum,-tren** center
   zerfallen to disintegrate to,
      decay
   zerfetzen to tear up
   zermürben to wear down
   zersplittern to split up
   zerstören to destroy
der **Zettel,-** piece of paper
der **Zeuge,-n** witness
das **Zeugnis,-se** certificate
die **Ziege,-n** goat
der **Ziegelstein,-e** brick, tile
   ziehen to pull, to move
das **Ziel,-e** finish (line),
      destination
   zielen to aim
   ziemlich rather, quite
das **Zimmer,-** room
der **Zimmermann,-̈er** carpenter
der **Zimmernachweis** room
      referral agency
der **Zimmerschlüssel,-** room key
   zittern to tremble
   zitieren to quote
die **Zofe,-n** maid
   zögern to hesitate
der **Zoll** customs
der **Zoo,-s** zoo
   zoologisch zoological
   zu at, too, to, *zu Hause* at
      home
   zubereiten to prepare (a meal)
   züchten to raise (animals)
das **Zuchthaus,-̈er** penitentiary
   zucken to shrug, *die Achseln
      zucken* to shrug one's
      shoulders
die **Zuckerrübe,-n** sugar beet
   zuerst first
   zufällig accidental(ly)
   zufrieden satisfied
der **Zug,-̈e** train, parade, move
      (chess)
der **Zugang,-̈e** access way
   zugeben to admit

   zugehen lassen to forward
   zuhören to listen
   zuletzt finally, last of all
   zumachen to close
   zunächst first
   zünden to ignite
die **Zündkerze,-n** spark plug
die **Zunge,-n** tongue
   zurück back
   zurückfahren to drive back
   zurückgeben to return, give
      back
   zurückgehen to go back
   zurückkehren to return
   zurücksehen to look back
   zusammen together
die **Zusammenarbeit** cooperation
   zusammenarbeiten to work
      together
der **Zusammenbruch,-̈e** collapse
   zusammenfassen tc combine,
      summarize
   zusammenkommen to come
      together
   zusammensacken to collapse
sich **zusammenschließen** to merge
der **Zusammenschluß,-̈sse**
      unification
   zusammensetzen to put
      together
   zusammensitzen to sit
      together
   zusammenzählen to add
der **Zuschauer,-** spectator
   zuschicken to send, mail (to)
   zusehen to watch
der **Zustand,-̈e** situation,
      condition
   zuteilen to allocate
   zutraulich trusting
die **Zuversicht** confidence
   zuversichtlich confident
   zuwinken to wave at
   zwanzig twenty
   zwar it is true
der **Zweck,-e** purpose
   zwei two
der **Zweifel,-** doubt
   zweifeln to doubt
der **Zweikampf,-̈e** duel
die **Zwiebel,-n** onion
   zwingen to force
   zwischen between
   zwölf twelve

Index

Credits

The authors would like to thank the following publishers for their permission to use copyrighted material:

Hans Fallada, "Ankunft in Hamburg" from *Das Festgeschenk*, copyright © 1967 by Emma D. Hey, Braunschweig.

Anneliese Probst, "Das Wiedersehen" from *Das Wiedersehen und andere Erzählungen über die Kunst, in Gelassenheit alt zu werden*, copyright © 1970 by Union Verlag (VOB), Berlin.

Mustapha el Hajaj, "Wie ich als Türke Deutschland sehe" or "Die Deutschen" from *Vom Affen, der ein Visum suchte*, copyright © 1969 by Jugenddienst Verlag, Wuppertal.

Thomas Mann, "Bekenntnisse des Hochstaplers Felix Krull", copyright © 1954 by Thomas Mann. By permission of S. Fischer Verlag GmbH, Frankfurt am Main.

Albrecht Goes, "Das Brandopfer", copyright © 1954 by S. Fischer Verlag GmbH, Frankfurt am Main.

Wolfgang Borchert, "Nachts schlafen die Ratten doch", from *Das Gesamtwerk*, copyright © 1949 by Rowohlt Verlag GmbH, Hamburg.

Erich Kästner, "Warum ich geblieben bin" from *Der tägliche Kram*, copyright © by Erich Kästner Erben, München.

Werner Baroni, "Vergeblicher Hilferuf", copyright © by Werner Baroni.

Günter Wallraff, "Am Fließband", copyright © by Rowohlt Verlag GmbH, Hamburg.

"Der Wagen als Streitobjekt! Wer wagt noch (k)einen zu haben?" or "Braucht der Mensch ein Auto?" from *Petra*, copyright © Jahreszeiten-Verlag GmbH, Hamburg.

Max von der Grün, "Der Fremde" from *Die Entscheidung*, copyright © 1979 by Ernst Klett Verlag, Stuttgart.

Christian Bock, "Das sonderbare Telefon", copyright © Ian Pieter Bock, Hamburg.

Heinrich Böll, "Mein Onkel Fred" und "Der Lacher" from *Erzählungen*, copyright © 1973 by Grafisk Forlag A/S, Copenhagen.

Anne und Klaus Vorderwülbecke, "Gastarbeiter und ihre Probleme" from *Blick auf Deutschland*, copyright © 1977 by Ernst Klett Verlag, Stuttgart.

Herbert Reinecker, "Mörder im Fahrstuhl" from *Der Kommissar läßt bitten*, copyright © 1976 by Kindler Verlag GmbH, München.

Ekkehard Müller, "Ein Posten ist frei" from *Menschen um Müller*, copyright © 1971 by Ernst Klett Verlag, Stuttgart.

Additional gratitude is also expressed to Aschehoug Dansk Forlag A/S, Copenhagen, for permission to reproduce graphic material and illustrations in Chapters 1, 3, 6, 7, 8, 9 and 10.

Furthermore, the authors would like to pay tribute to Rosemary J. Barry for the layout and design of the book, Cyril John Schlosser for the cover design and Michael Reed for some of the illustrations in the book.

The black-and-white photos have been provided by the following people and organizations:

Bundesbildstelle: pages 1 (top right), 54, 64 (top and bottom), 87 (center and bottom), 98, 109 (bottom right), 112 (top and bottom right), 117 (top), 127, 130, 149, 155 (all), 157, 177, 184, 206 (bottom), 212, 233 (bottom), 234 (top right), 240 (top), 242 (top left), 277 (bottom), 280, 314, (top and bottom right), 327 (right)

Deutsche Bundespost: pages 257 (top and bottom right), 331 (left)

German Information Center: pages 26, 107, 109 (top center and bottom left), 187 (left), 206 (top left), 218 (left), 233 (top), 240 (center and bottom), 258 (bottom left), 294 (center left and bottom), 297 (left), 299 (bottom left), 327 (left)

German Rail: pages 234 (bottom left), 299 (bottom right)

Hoffmann, Uta: pages 145 (top), 259 (all)

Informations- und Presseamt der Stadt Dortmund: page 246 (left)

Inter Nationes: pages 29 (all), 30, 31 (all), 37, 40, 51, 64 (center), 132 (top), 139, 145 (bottom), 153, 154, 170 (top left and right), 172 (left), 183 (all), 187 (right), 189 (bottom), 206 (center), 213 (all), 223 (bottom right), 234 (top left and center), 236 (all), 277 (top), 294 (top), 299 (top left), 333

Kraft, Wolfgang: pages 63 (right), 206 (top right), 218 (right), 234 (bottom right), 242 (bottom right), 245 (top), 265 (top), 297 (top right), 334 (left)

Landesbildstelle Berlin: pages 87 (top), 117 (left and bottom right)

Panorama DDR: pages 170 (bottom left), 189 (top and center), 223 (top and bottom left), 231, 242 (bottom left), 246 (right), 306, 314 (bottom left)

Schroder, Frank (Tannenblick): pages 61, 172 (right), 245 (bottom), 253

Specht, Roland: pages 1 (bottom left) 21, 63 (left), 94, 250 (all), 283

Storto, Walter: pages 121, 242 (top right), 276, 297 (bottom right), 299 (top right)

Walbruck, Harry: page 17

The color photos have been provided by the following people and organizations:

Bundesbildstelle: pages 24B (bottom right), 24C (top and bottom left), 168A (center right and left), 168E (bottom left) 168H (top left and bottom right)

German Information Center: page 168H (center right)

German Rail: page 168H (center right)

Inter Nationes: page 168H (top right)

Kraft, Wolfgang: pages 24A (all), 24C (top right), 24D (top right, center right and bottom), 168B (center right), 168F (all), 168G (top left, center and bottom), 168H (center left), 312A (center and bottom left), 312D (center and bottom)

Lange, Claus: page 312A (top right/left, center right and bottom right)

Lufthansa: pages 24D (center left), 168B (bottom), 168D (top), 168G (top right)

Specht, Roland: pages 24B (top right and left), 24D (top left), 168A (bottom)

Storto, Walter: pages 24B (bottom left), 24C (bottom right), 168B (top and center left), 168C (top and center), 168D (bottom), 168E (top right/left and center), 168H (bottom left), 312B (all), 312C (all), 312D (top)

Daimler-Benz Aktiengesellschaft: page 168A (top right and left)